Risak / Deyhle
Controlling

Controlling

State of the Art und Entwicklungstendenzen

Herausgegeben von
Johann Risak und Albrecht Deyhle

Mit Beiträgen von

Albrecht Deyhle · Anton Egger · Ronald Gleich · Richard Hammer · Hans Robert Hansen · Hans H. Hinterhuber · Rudolf Krüger · Wolfgang Männel · Fredmund Malik · Rudolf Mann · Elmar Mayer · Heinrich Müller · Peter R. Preißler · Thomas Reichmann · Johann Risak · Peter Stahl · Alfred Voßschulte · Bernd Warnick · Jürgen Weber

Rolf Eschenbach zum 60. Geburtstag

GABLER

Die Deutsche Bibliothek – CIP-Einheitsaufnahme

Controlling : State of the Art und Entwicklungstendenzen ;
Rolf Eschenbach zum 60. Geburtstag / hrsg. von
Johann Risak und Albrecht Deyhle. –
Wiesbaden ; Gabler, 1991
ISBN 3-409-12116-1
NE: Risak, Johann (Hrsg.); Eschenbach Rolf: Festschrift

Der Gabler Verlag ist ein Unternehmen der Verlagsgruppe Bertelsmann International.

Lektorat: Ute Arentzen

Dieses Buch wurde auf säurefreiem und chlorarm gebleichtem Papier gedruckt.

Druck und Bindung: Lengericher Handelsdruckerei, Lengerich/Westfalen

Printed in Germany

ISBN 3-409-12116-1

Vorwort des Mitherausgebers

Dieses Buch ist Professor Rolf Eschenbach als „Missionar" des Controlling in Österreich - man könnte sagen des Donauraumes - gewidmet, der in diesem Jahr seinen 60. Geburtstag feiert. „Sein" Institut für Unternehmensführung an der Wirtschaftsuniversität Wien, der Österreichische Controllertag, das Österreichische Controller-Institut, seine Kunden (Studenten, Seminarteilnehmer), seine Vorträge und Schriften haben nachhaltig die „Controllerszene" gestaltet. Alle tragen die Handschrift von Professor Eschenbach, mit welchem sich die Begriffe Unternehmertum, Ordnung, Reife und Pflicht verbinden.

Die einzelnen Beiträge dieses Buches zeigen das weite Gebiet des Controlling und die Entwicklungstendenzen in diesem Fachgebiet auf. Alle sind ein Geburtstagsgeschenk an Professor Eschenbach, zeigen die vielen Zutritte zum Controlling auf und spiegeln wohl auch recht deutlich die Persönlichkeiten und die Professionen der Verfasser wider.

Für das straffe „Projektcontrolling" und vieles mehr sei besonders Universitätsassistent Wolfgang Klien, lic. oec. HSG, gedankt. Für die Kunst, die Beiträge in die vorliegende Form zu bringen, zeichnet Frau Helene Sereinig verantwortlich. Das Erscheinen dieses Buches wurde durch die finanzielle Unterstützung einiger namhafter Unternehmen und Institutionen ermöglicht. Den Sponsoren ein herzliches Dankeschön!

Besonderer Dank gebührt den Autoren und dem Mitherausgeber. Freuen wir uns alle gemeinsam, daß wir es terminlich geschafft haben, das Geburtstagsgeschenk rechtzeitig (ein ehernes Gesetz des Controlling) fertigzustellen.

Für mehr als ein Jahrzehnt „Gastrecht" und für das „Gewährenlassen" als „Zugeteilter" bedankt sich bei Professor Eschenbach und wünscht gemeinsam mit allen, die an diesem Buch mitgewirkt haben, weiterhin Dynamik und Freude sein

Linz

Johann Risak

Inhalt

Neue Anwendungsgebiete

Entwicklungstendenzen

... über Prof. Eschenbach.

Die Autoren

Dipl.-Kfm. Dr. Albrecht *Deyhle*, Leiter der Controller Akademie, Inhaber Management Service Verlag und Herausgeber Controller Magazin, Gauting/München.

o. Prof. Dkfm. Dr. Anton *Egger*, Vorstand des Institutes für Revisions-, Treuhand- und Rechnungswesen an der Wirtschaftsuniversität Wien.

Dipl.-Kfm. Ronald *Gleich*, Wissenschaftlicher Assistent am Lehrstuhl für Controlling am Betriebswirtschaftlichen Institut der Universität Stuttgart.

Prof. Dr. Richard *Hammer*, Professor am Institut für Unternehmensführung an der Universität Innsbruck.

o. Prof. Dipl.-Kfm. Dr. Hans Robert *Hansen*, Rektor, Professor am Institut für für Informationsverarbeitung und Informationswirtschaft an der Wirtschaftsuniversität Wien.

Prof. Dipl.-Ing. Dr. Hans H. *Hinterhuber*, Vorstand des Institutes für Unternehmensführung der Universität Innsbruck, Professor an der Universität Mailand.

o. Prof. Dr. Rudolf *Krüger*, Lehrstuhl für Wirtschaftslehre der Brauerei an der Technischen Universität München in Weihenstephan, Wirtschaftsprüfer, Rechtsanwalt und Steuerberater.

o. Prof. Dr. rer. pol. Wolfgang *Männel*, Ordinarius für Betriebswirtschaftslehre, insbesondere Rechnungswesen und öffentliche Betriebe, Friedrich-Alexander-Universität Erlangen-Nürnberg.

Prof. Dr. Fredmund *Malik*, Professor für Unternehmensführung an der Hochschule St. Gallen, Verwaltungsratspräsident des Management Zentrum St. Gallen.

Dr. Rudolf *Mann*, Geschäftsführer von UNTERNEHMENSERFOLG, Praxis für ganzheitliche Unternehmensführung, München.

Prof. Dr. Elmar *Mayer*, Professor für Betriebswirtschaftslehre, Controlling und Rechnungswesen an der Fachhochschule Köln, Gründer und Leiter der AWW Köln (1971), Herausgeber „Der Controlling-Berater".

Dipl.-Ing. Dr. Heinrich *Müller*, Mitglied der Geschäftsleitung der Plaut-Gruppe, München, Lehrbeauftragter an der Wirtschaftsuniversität Wien.

Prof. Dipl.-Kfm. Dr. Peter R. *Preißler*, Professor und Gesellschafter der WBG Revisions- und Treuhand GmbH, Unternehmensberater und Mitbegründer der Gesellschaft für angewandtes Controlling (DGC)

Prof. Dipl.-Kfm. Dr. Thomas *Reichmann*, Lehrstuhl für Controlling und Unternehmensrechnung an der Universität Dortmund.

Ing. Dkfm. Dr. Johann *Risak*, Vorsitzender des Vorstandes der Chemie Holding AG, Linz, Universitätsdozent am Institut für Unternehmensführung an der Wirtschaftsuniversität Wien.

Dipl.-Kfm. Peter *Stahl*, Gesellschafter und Geschäftsführer der DEGEMA, Bad Soden.

Dr. Alfred *Voßschulte*, Präsident der Industrie- und Handelskammer zu Dortmund.

Dipl.-Kfm. Dr. rer. pol. Bernd *Warnick*, Wissenschaftlicher Assistent am Lehrstuhl für Rechnungswesen und öffentliche Betriebe der Universität Erlangen-Nürnberg, Nürnberg.

Prof. Dr. Jürgen *Weber*, Rektor, Lehrstuhl für Rechnungswesen und Controlling an der Wissenschaftlichen Hochschule für Unternehmensführung, Koblenz.

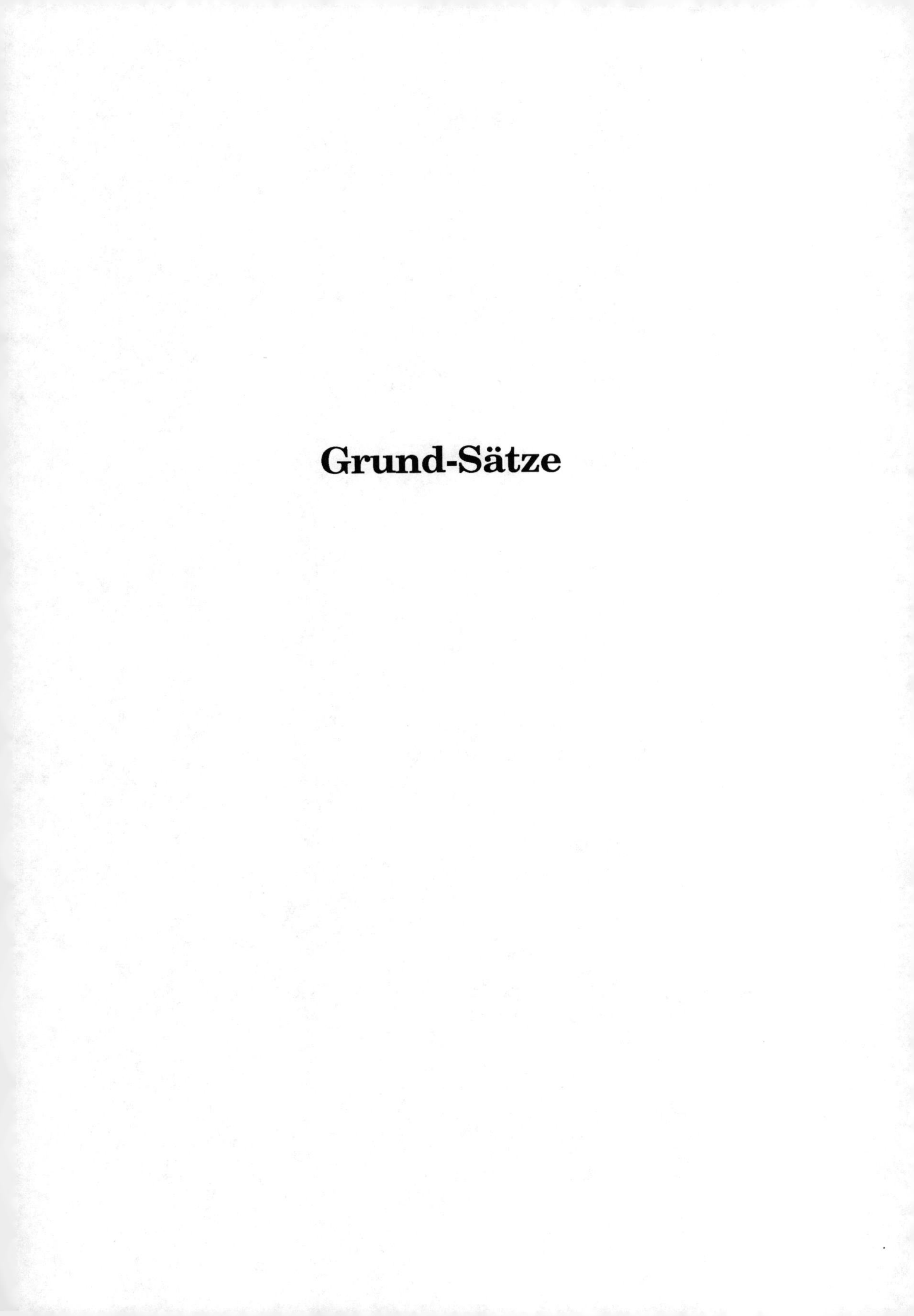

Grund-Sätze

Vorüberlegungen zur Gestaltung

Johann Risak

Stichworte

1 Einleitende Bemerkungen
- Vordenken
- Zündende Idee
- Kurze Machzeiten
- Autonomie

2 Dilemma mit den Grundannahmen
- Dauer
- Veränderungen
- Überlebensvorsorge
- Wachstum
- Schöpferische Ergänzung
- Eigener Standpunkt

3 Ganzes und Teile
- Unternehmung = Abenteuer
- Dienen
- Glaubenssätze
- Chance zum Wiederbeginn
- Hülse

4 Lebenszyklus der Unternehmung
- Corporate Lifecycle
- Selbstdisziplin
- Führungswille
- Reale Verantwortlichkeit

5 Unternehmungskrise als Chance gesehen
- Macht
- Eskalierter Nullpunkt
- Existenzkrise kann bestandssichernden Wert haben
- Krisengeleitete Führung
- Tarnvermögen

6 Homogenität versus Heterogenität
- Vielfalt
- Unternehmung in Liquidation oder in Subvention
- (Rechts-)Mantel
- Inhalt
- Wettbewerb ist Bestandssicherung
- Vorlaufzeiten zur Gestaltung

7 Wege zurück
- Genügend Zeit
- Accountability
- Rücksichtslose Beschreibung des Ist-Zustandes
- Entwicklungspfad

7.1 In der Phase der "Aristrocracy"
- Bewahren
- Sanfter Weg zurück
- Innengeleiteter Wandel noch möglich
- Stufenkonzept
  keine Vergangenheitskritik
  Projekte
  Geschäfte
- Abschneider (short cut)

7.2 In der Phase der „Early Bureaucracy"
- Schwimmbojenansatz
  Voraussetzungen schaffen
  Konsequenz

7.3 In der Phase der „Bureaucracy"
- Zerschlagungskonzept

8 Wandel oder Umbruch
- Ist dies noch die gleiche Unternehmung?
- Organizational learning
- Spannung zwischen Wandel und Umbruch
- Bereitschaft zum Suchen und Offenheit zum Finden

9 Bewußter „Interner Ausgleich”
- Ausgleichsprüfung
- Selbstdisziplinierung
- Liquidations- und Ausgleichsfonds

10 Vision
- Überleben in Freiheit und Würde
- Bewahren
- Werden
- Abschaffen
- Das BWA-Konzept
- Kunst
- Anderssein ertragen
- Strategy follows people
- Erkennende Tatführungskraft
- Kosten-, Qualitäts- und Zeitführerschaft
- Bauplan einer zukunftsfähigen Unternehmung
- Intrapreneurs und Entrepreneurs
- Hochleistungsdenken
- Vision ist eine erfolgswirksame Leitgröße

Die Stichworte sind im folgenden Text hervorgehoben. Sie könnten, wenn sich der Leser genug Zeit nähme, als Gerippe für ein eigenständiges Vordenken verwendet werden. Dieses Gerippe sollte mehr als einen Haufen von Knochen darstellen. Wir finden oft Knochen (Ideen), nehmen uns aber zu wenig Zeit, sie in unser Denkgebäude einzuordnen, zu reflektieren und vielleicht auch unser Denkgebäude zu revidieren (renovieren).

Vielleicht macht es den Leser mehr betroffen, ein Stichwort herauszugreifen und über dieses „vorzudenken”, als den folgenden Artikel „nachzulesen”.

Die Stichwortsammlung könnte auch auf Folien gebracht, wie es der Autor zu Testzwecken tat, und könnte sich für einen Vortrag vor den Führungskräften der eigenen Unternehmung eignen. Sagen wir doch diesen, was uns die Unternehmung bedeutet und wie wir diese begreifen und haben wollen.

Organizational learning auf dem Weg zu einer Hochleistungsorganisation ist angesagt![1)]

1 Einleitende Bemerkungen

Der Autor hat diesen Titel gewählt, um zu zeigen, daß die Arbeitszeit und die Freizeit zum reflektierenden Denken über das eigene Tun (Nichttun) zu einem sehr wesentlichen Teil genutzt werden sollte. Wenn die Führungskräfte dominant mit dem „Machen" im Betrieb und in der Freizeit ausgelastet sind, dann werden sie zu „Nachvollziehern" und „Improvisierern".

Lange „Machzeiten" sind unübersehbare Krisensignale. Sie verlagern das Denken nach außen (z.B. an Berater), unterdrücken es oder eröffnen der informellen (manipulativen, unverantwortenden) Führung Tür und Tor. Denken, gepaart mit dem Willen zu Veränderung, ist Gestaltung, und es gilt der Grundsatz: Wer sich nicht selbst gestaltet, der wird fremdgestaltet, denn Gestaltung ist immer präsent.

Fehlt die Zeit zum *Vordenken*, dann kann die Unternehmung von „Machern" vorübergehend am Leben gehalten werden. Fehlen auch diese, dann befindet sich die Unternehmung bereits in der akuten Existenzkrise. Durch „Vordenken" soll das Feuer der *zündenden Idee* der Unternehmung immer wieder neu entfacht werden, um in *kurzen Machzeiten* zu konkreten Resultaten umgesetzt zu werden.

Verliert die Unternehmung, aus welchen Gründen auch immer, die Fähigkeit zum „Vordenken", dann verliert sie auch ihre Autonomie. *Autonomie* und Dauer sind keine gebbaren Eigenschaften. Sie müssen errungen werden.

Zum Abschluß der Vorbemerkungen paßt das vermeintliche Schiller-Wort: „Freiheit ist das menschliche Vermögen, mehr leisten zu dürfen, als man muß."[2)] Nutzen wir diese Freiheit nicht nur zum „Machen", sondern auch oder besonders zum „Vordenken"!

2 Dilemma mit den Grundannahmen

Die Unternehmung ist ein Gebilde auf *Dauer*.[3)] Der Wettbewerb wird immer schärfer, und das Tempo der *Veränderungen* nimmt ständig zu. Zwei Sätze, die wir ständig hören und deren hohes Herausforderungsniveau uns wenig stört. Wenn jedoch der Satz zwei gilt, dann ist die Unternehmung ständig in einem hohen Ausmaß gefährdet, also potentiell tot. Es ist erstaunlich, wie sehr diese Möglichkeit verdrängt und wie wenig *Überlebensvorsorge* dafür getroffen wird. Das Ende wird als rechtliches Phänomen (Liquidation, Ausgleich, Konkurs) abgehandelt. Die Betriebswirtschaftslehre hat darüber bisher kaum nachgedacht.

Nun ist es ja nicht so, daß der potentielle Tod nicht hinausschiebbar und in seiner Art gestaltbar wäre. Auch wir haben es in einem gewissen Ausmaß in der Hand zu gestalten, ob und besonders wie wir das 80. Lebensjahr erreichen. Voraussetzung zur Gestaltung ist die Problemerkennung und -anerkennung. Nur ein Teil ist Schicksal. Der andere Teil ist gestaltbar und unterliegt damit der eigenen Verantwortung.

Anerkennt man die Dauer als ein Problem, dann folgt daraus, daß man das Ende als natürliches Phänomen zu akzeptieren hat. Diese Akzeptanz hat dann eine Reihe von Konsequenzen für die Gestaltung von Strukturen, Verträgen, Kostenpositionen und dergleichen.

Die Dauer wurde hier nur als eine der unbewußten Grundannahmen angeführt. Eine andere ist jene des *Wachstums.* Durch das Wachstum, den „additiven Wandel"[4] kann viel an Modernität und Fortschritt vorgetäuscht werden, ohne zum Beispiel veraltete Strukturen verändern oder überholte Leistungen abschaffen zu müssen. Mit Dauer und Wachstum geht die Gefahr des Entstehens von Scheinzufriedenheit und nicht abgesicherten Anspruchsniveaus einher.

Jede Führungskraft sollte daher sehr sorgfältig ihre Grundannahmen reflektieren. Die gleiche Sache mit unterschiedlichen Grundannahmen betrachtet, scheint unterschiedlich begehrlich. Die eigenen Grundannahmen werden direkt oder indirekt durch unser Verhalten, unsere Pläne etc. der Umwelt mitgeteilt und gestalten diese wiederum.

Hier zeigt sich ein anderes Phänomen: die Notwendigkeit des Dialogs, der Konfrontation der eigenen Gedankenwelt mit jener der anderen. Wer sich nicht mit dem Geist anderer ergänzt, wird geistig arm sein und bleiben. Für ein gutes (großes) Werk ist die *schöpferische Ergänzung* erforderlich. Die schöpferische Ergänzung bezieht sich nicht nur auf Gesprächspartner, sondern beispielsweise auch auf den unermeßlichen Reichtum an Büchern. Um in dieser „Unendlichkeit" der Ergänzung nicht verloren zu gehen, bedarf es eines *eigenen Standpunktes,* den es weiterzuentwickeln gilt.

3 Ganzes und Teile

Stellen wir einmal einleitend fest: Wir sind Teil eines (übergeordneten) Ganzen.[5] Mit dieser Feststellung können wir gedanklich viel schaffen. Wir können nicht mehr in den Fehler verfallen, uns aus uns heraus zu erklären, uns also als Selbstzweck zu sehen. Die *Unternehmung* als *„venture"* (*Abenteuer*) ist aus der Umwelt gekommen und wird dereinst in dieser wieder aufgehen. Wollen wir also die Unternehmung gestalten und nicht nur etwas machen, dann bedarf es eines hohen Maßes an Wissen über die Umwelt.

Die Relation des Ressourceneinsatzes für die Gewinnung und Verarbeitung von externen und internen Informationen zeigt das hohe Maß an Innenorientierung, das allgemein gegeben ist. Für die Öffnung der Unternehmung zur Welt haben die großen internationalen Unternehmungen und Berater hervorragende Pionierarbeit geleistet. Erst aus dem Blick zum Ganzen hin kann man die eigene Position und den gegebenen, meist sehr vielschichtigen Handlungsbedarf abschätzen. Es kann als empirisch gesichert angesehen werden, daß ein enger Zusammenhang zwischen der externen Orientierung (Verankerung, Beziehungsnetz) und dem Unternehmenserfolg gegeben ist.[6]

Wenn man das Ganze als das Höhere ansieht, dann kommt man von selbst zum Wort *„dienen"*, zur Selbstbeschränkung. Der Mensch neigt dazu, ein „Overexploiter" zu werden (siehe Verbauung, Arbeitskräfte, Luft, Wasser, Boden usw.). Dieses Überziehen bei der Ressourcennutzung führt dann zu meist krisengeleiteten Korrekturen und dem Aufbauen von organisierter Gegenmacht. Diese organisierten Gegenmächte geraten selbst in eine Krise, wenn sie ihre Korrekturaufgaben erfüllt haben und sich vom „Dienst" entfernen sollten.

Das Ganze, der vorgelagerte Inhaber der Verfügungsmacht, hat dafür zu sorgen, daß die Teile ihre außenbestimmte Nützlichkeit behalten oder sonst aufgelöst werden. Der Unternehmer strebt nach Autonomie, braucht aber die permanente Gefährdung durch den Wettbewerber, Veränderungen im Kundenverhalten etc., um beweglich zu bleiben. Läßt diese externe Herausforderung nach oder gelingt es, diese (vorübergehend) auszuschalten, dann ist die „hohe Zeit" für die Konzernmütter bzw. die Eigentümer gekommen.

Diese gleiche Herausforderungsordnung ist in den Unternehmungen selbst zu realisieren. Meist durch Erfolge - welcher Art auch immer - in der Vergangenheit tabuisierte Bereiche tragen den Keim des Endes in sich. Erfolge werden zu *Glaubenssätzen* und verhindern als solche, trotz Wegfall der Erfolgsvoraussetzungen, den rechtzeitigen Wandel.

Ist das Ganze wahrhaftig ein Ganzes, dann können sich die Teile aufgeben (hineinfallen lassen), um aus dem Ganzen heraus wieder neue Teile zu werden; die Organisation ist ein wandlungsfähiges Gebilde. Ist das Aufgeben ein Ende ohne eine realistische *Chance zum Wiederbeginn*, dann wird sich der Teil mit allen Mitteln gegen die Aufgabe - Voraussetzung für den Wandel - sträuben.

Wir sehen: Es lohnt sich, über das Verhältnis von Ganzem und Teil nachzudenken. Das Ganze ist vor den Teilen und stellt sich in den Teilen dar. Nicht nur die Teile haben sich im Ganzen zu finden, sondern auch das Ganze hat für seine Teile zu sorgen, denn real stellt es sich nur in diesen dar. Ein entartetes Ganzes ist nur mehr eine *Hülse*,[7] welche es abzuwerfen gilt.

4 Der Lebenszyklus der Unternehmung

Die Unternehmung ist als ein venture (Projekt) zu sehen, bei welchem das Ende nur sehr diffus zu sehen ist. Die Unternehmung selbst stellt dann ihrerseits eine Summe von mehr oder weniger geordneten Subprojekten dar. Aus dem diffusen Ende, Wachstum und Tabuisierung kann man eine Fülle von Erklärungen für die Phasen des Lebenszyklus einer Unternehmung entwickeln. *Andizes* hat einen solchen in einer äußerst lesenswerten Monographie beschrieben.

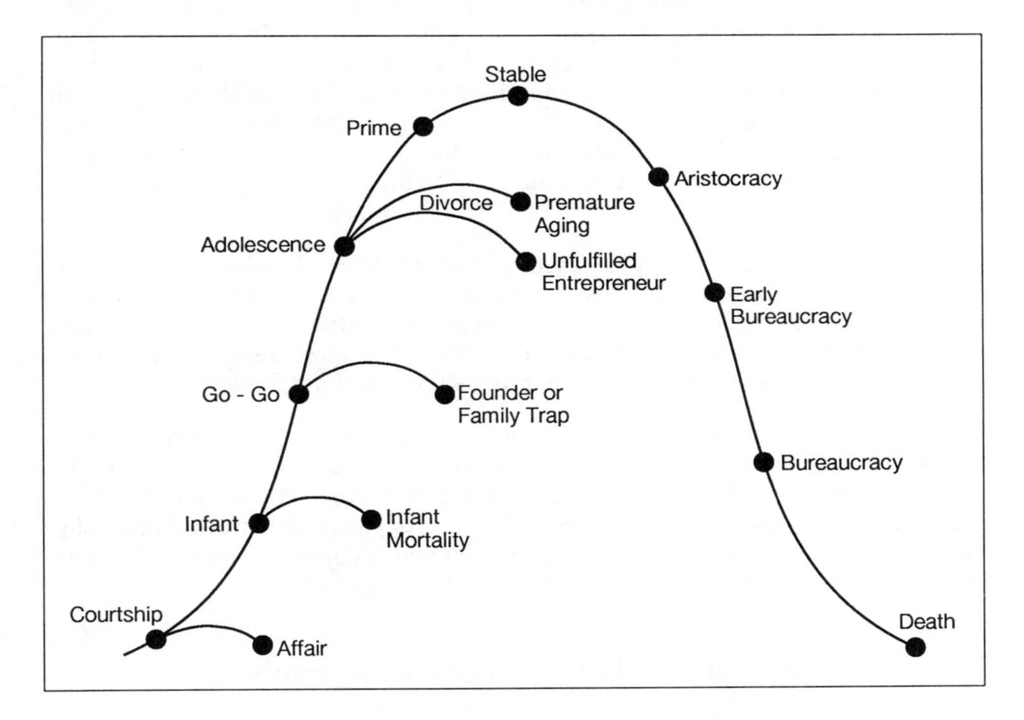

Abb. 1: Corporate Lifecycle[8)]

Es ist leicht einsichtig, daß sich eine „erwachsene" Unternehmung möglichst lange in der Phase „Prime" aufhalten sollte. In der Phase „Stable" ist der Höhepunkt erreicht, und es aktualisieren sich die Gefahren des überzogenen Bewahrens und des Verlustes der Flexibilität (Gelenkigkeit). Wenn man eine Unternehmung nicht bewußt in der Phase „Prime" hält, dann zieht es sie zum Abstieg hin (Verkalkung und Verlust der Sinnhaftigkeit).

Das Halten der Unternehmung in der Phase „Prime" bedarf der Reorganisation, der Entwicklung neuer Produkte und neuer personeller Fähigkeiten, des Aufgebens von Standorten, des Auflassens von Produkten, usw. Verzicht auf Gegenwartserfolge und Inkaufnahme von Unannehmlichkeiten müssen getragen werden von einem ansprechenden operativen Ergebnis. Warum sollte man aber „verzichten" und „leiden", wenn doch die Erfolge gut sind? Da das frühzeitige (rechtzeitige) „Verzichten" und „Leiden" offensichtlich nicht die Regel darstellen, ist die Phase „Prime" meist eine Durchgangs- und nicht eine Haltephase. Ähnlich argumentiert auch *Krystek*[9)], der erst in der akuten Krise ein wesentliches Ansteigen des Krisenbewältigungspotentials feststellt. Je mehr diese Gefahr kennen (Missionierung), desto mehr tragen die Verantwortung, trotz dieses Wissens nicht gehandelt zu haben. Hier stellt sich die Frage nach der *Selbstdisziplin* auf. Ein Instrument dafür ist sicherlich das Controlling. Ein Controlling nicht nach der Art des „Me too" eingeführt, sondern situativ gemäß einem *Führungswillen* entwickelt. Disziplin kann man nicht von einem Berater kaufen, sondern diese muß selbst (vielfach mit Hilfe eines Beraters) entwickelt werden.

Es fällt in einer Studie des Verfassers auf, daß österreichische Tochtergesellschaften von multinationalen Gesellschaften in einem hohen Ausmaß Merkmale einer langfristig erfolgsfähigen Unternehmung entwickelt haben.[10)] Dabei drängt sich die Vermutung auf, daß hier eine Fremddisziplinierung über Karrieremöglichkeiten, Budgets, Unternehmenspläne und dergleichen wirkt.

Die *reale Verantwortlichkeit*, die für die verschiedenen Einflußnehmer unterschiedlich auszuformen ist, ist wahrscheinlich der Schlüssel zur Gestaltung. Wo die reale Verantwortlichkeit fehlt oder verwischt wird, dort nimmt der Verfall seinen Lauf. Antworten in Jahresergebnissen, Budgets und Unternehmensplänen müssen beachtliche persönliche oder sachliche (Vermögens- bzw. Einkommensminderung) Konsequenzen nach sich ziehen.

5 Unternehmungskrise als Chance gesehen

Wir haben bereits im vorhergehenden Punkt gesehen, daß es keineswegs so ist, daß durch Denken allein gestaltet werden kann. Das Denken ist mit *Macht*[11)]zu paaren, damit daraus ein durchsetzungswirksames Gespann entsteht. Die Macht durch Überzeugung ist ein hochwirksames Mittel, um Gefolgschaft zu schaffen. Kompensatorische Macht findet ihre Grenze im Vorhandensein der Mittel und in der Höhe des bereits erreichten Anspruchsniveaus. Erinnern wir uns immer wieder daran, daß jede erzwungene oder freiwillige Zuwendung den *Nullpunkt eskaliert*. Dies heißt, vor Herbeiführung einer Motivationswirkung ist zumindest das bisherige Zuwendungsniveau zu erreichen. Je höher dieses liegt, desto mehr scheidet die kompensatorische Macht als Mittel zur Gestaltung aus. Damit verbleibt die Existenzkrise oder das Akutwerden von bedrohlichen Problemen als Mittel der Gestaltung. Hier könnte, wenn auch in abgeschwächter Form, ein Regreß auf frühere existenzbedrohende Ereignisse oder ein aktueller Verweis auf Existenzkrisen naheliegender Unternehmungen eine positive Wirkung erzielen.

Wenn auch vordergründig eine *Existenzkrise* wertvernichtend in Erscheinung tritt, so kann ihr doch, wenn kein anderes Potential zur Führung da ist, oder dieses Potential durch andere Interessenlagen nicht zur Wirkung gebracht werden kann, ein *bestandssichernder Wert* zugestanden werden. Dies auch dann, wenn nach der Bestandssicherung die Unternehmung ihre Form wesentlich verändert haben wird. Sowohl praktisch als auch theoretisch hoch interessant dürfte die Frage nach der kritischen Masse einer gestaltungsrelevanten Unternehmenskrise sein. So gesehen haben kleine und schleichende Krisen nur einen geringen Steuerungswert, obwohl sie über die Jahre kumulativ hohe Wertvernichtungen herbeiführen können. Das herkömmliche periodenorientierte Rechnungswesen portioniert die Krise.[12)] Eine Barwertrechnung kann hier problem- und damit krisenkonstituierend wirken.

Eine istzustandsorientierte *krisengeleitete Führung* ist besser als keine. Dieses „Management by muddling through" (Problem tritt auf und wird gelöst, Problem tritt auf und wird gelöst usw.) gibt es nicht selten und kann durchaus in wenig vernetzten Unternehmungen mit relativ geringen Fixkosten die adäquate Führungsform sein. In vielen Fällen nimmt aber die Vernetzung der Unternehmung mit der Umwelt zu. Wenn nicht bewußt gegengesteuert wird, nimmt die Flexibilität der Unternehmungen ab und reduziert sich die effiziente Anwendungsmöglichkeit des „Management by muddling through" zunehmend. Die Anwendung wird sich auf kleinere Unternehmungen, die noch auflösbar sind, reduzieren.

Je weniger auflösbar eine Unternehmung (Institution) ist, desto wahrscheinlicher wird ein Krisenrückstau sein, bis es dann zum „Dammbruch" kommt. Je mehr eine Unternehmung zu einer „Institution" geworden ist, desto größer muß die Krise sein, um noch eine Sanierung (Aufschwimmen) zu ermöglichen. „Institutionen" haben ein hohes Vermögen, potentielle, latente und auch noch akute Krisen zu tarnen. Dieses *Tarnvermögen* stützt sich auf Erfolge in der Vergangenheit, Berufung auf höhere Werte und Personen, Vermeidung von „Fehlern", restriktive Informationsabgaben und dergleichen. Der herkömmliche und auch zur Phasenkennzeichnung im Lebenszyklus der Unternehmung verwendete Begriff „Bürokratie" wird mit dem vorstehenden Satz inhaltlich recht gut gekennzeichnet.

Wer Fehler vermeidet, vergibt die Chance der Krise, reduziert aber gemäß herkömmlicher Betrachtung das Risiko, zur Verantwortung gezogen werden zu können. Was vielfach als Fehler auf der rechten Seite des Lebenszyklus der

Unternehmung gesehen wird, dient oft zur Auslotung der Grenzen auf der linken Seite (im Aufstieg).

Krisen im Aufstieg sind notwendig und dienen der Entwicklung. Sie werden meistens in größerer Zahl (neue Märkte, neue Produkte, neue Verfahren, neue Standorte, neue Mitarbeiter usw.), jedoch in kleinerem Umfang auftreten. Krisen im Abstieg sind selten offensichtlich, jedoch wenn sie offensichtlich werden, meist existenzgefährdend.

6 Homogenität versus Heterogenität

Im Laufe der Zeit strebt eine Unternehmen, wenn nicht bewußt gegengesteuert wird, nach Homogenität. *Vielfalt*, Andersartigkeit wirkt störend. Was störend wirkt, soll dann möglichst ausgeschaltet oder angepaßt werden. Dafür gibt es eine Reihe von „wirtschaftlichen" Argumenten wie Kostendegression, Lernkurve, Übertragbarkeit.

Homogenität hebt aber unsere Definition der Unternehmung als eine mehr oder weniger geordnete Menge von Projekten auf. Die Unternehmung ist dann eine Institution, die sich aus sich heraus zu erklären sucht und zunehmend an „Stimmigkeit" mit der Umwelt verliert. Das „Abenteuer" (venture) Unternehmung ist dann, obwohl das Vorhandensein der Hülse noch darüber hinwegtäuscht, zu Ende. Die Unternehmung befindet sich *in Liquidation* oder *in Subvention*. Nicht von ungefähr spricht man von einem *(Rechts-)Mantel*, der von verschiedensten Personen getragen werden kann. Der Inhalt selbst tut da wenig zur Sache.

Was unternehmerisch interessiert, ist der *Inhalt*, die verschiedenen Projekte und der Boden, auf welchem diese gedeihen. Projekte sind definitionsgemäß einzigartig (jedes ist anders), komplex, haben ein Sach- und ein Formalziel, eine Leitung und einen wohldefinierten Anfang und ein definiertes Ende. Projekte schaffen Heterogenität, Vielfalt. Auch die Natur reagiert bei Bedrohung durch Vielfalt.

Jede Unternehmung ist potentiell tot. Dies ergibt sich aus der Wettbewerbswirtschaft. Solange uns nichts Besseres einfällt, darf als Hypothese gelten, daß *Wettbewerb* auf lange Sicht die beste *Bestandssicherung* einer Unternehmung darstellt, denn dieser fordert permanent neue Projekte und damit Heterogenität heraus.

Das Wissen, daß wenig wettbewerbsintensive Märkte nicht von Dauer sind, erfordert es, permanent die Fähigkeit zur Bildung von Heterogenität aufrecht zu erhalten. Mono- oder Duoproduktunternehmen scheinen hier besonders gefährdet zu sein. Tritt noch dazu ein durch Dauer entstandenes internes

Anspruchdenken, dann sind die *Vorlaufzeiten* für eine *Gestaltung* extrem lang. Es erfordert eine Neugestaltung, einen meist mehrfachen Führungswechsel, eine Änderung der Art der Unternehmung und einen extrem hohen Mitteleinsatz, der von der Existenzkrise oder einer neuen Aufgabenstellung her (man spricht dann meist von „Neu" oder ändert bewußt den Namen) zu begründen ist.

7 Wege zurück

Es kann jeder Unternehmung passieren, daß sie - aus welchen Gründen interner oder externer Art auch immer - auf den absteigenden Ast der Lebenskurve gerät. Die Frage, die sich hier stellt, ist: Gibt es einen Weg zurück?

Wir meinen in vielen Fällen ja, nämlich dann, wenn zumindest ein lebensfähiges Kerngeschäft geortet werden kann, und die Wettbewerbssituation speziell und die wirtschaftliche Lage allgemein *genügend Zeit* gibt, auf den linken Teil der Lebenszykluskurve zurückzukehren. Dabei nimmt der Eigentümervertreter eine besondere Rolle ein. Ist eine Rückkehr auf den linken Teil nicht wahrscheinlich, dann sollte die Unternehmung zur Vermeidung weiterer Wertvernichtungen möglichst rasch beendet werden.

Ist eine Rückkehr auf „Prime" absehbar, dann ist es wichtig, zu wissen, in welcher Phase des Abstieges sich die Unternehmung befindet. In der Phase „Aristocracy" mag das Konzept der stufenweisen Erneuerung genügen, in der Phase „Early Bureaucracy" ist auf das „Aufschwimmkonzept" überzugehen und in der Phase „Bureaucracy" wird wohl nur mehr das „Zerschlagungskonzept" helfen.

Es gibt also in vielen Fällen Wege zurück. Sie sind jedoch aufwendig und bedürfen hoher Managementzuwendung. Dabei besteht die Gefahr, daß wegen der „Fokussierung" auf den „Weg zurück" jene Mittel und Managementressourcen fehlen, um den dann noch notwendigen „Weg vorwärts" realisieren zu können.

Ein solcher „Turnaround"[13)] hat seine Attraktivität. Es ist eben unterschiedlich attraktiv, etwas fortzusetzen, neu aufzubauen oder herumzureißen. Der Konflikt zwischen den dann erforderlichen „Go-Go-Typen" und den „Bürokraten" ist meist programmiert. Wesentlich dabei ist, daß die „Go-Go-Typen" die notwendige Eigentümerunterstützung haben und relativ rasch durch Neumotivation des vorhandenen Personals und Personalakquisition die notwendige kritische Masse erreichen. Personelle Veränderungen in Schlüsselpositionen werden unvermeidlich sein, wobei jedoch den verbleibenden Personen ein hohes Maß an Einfühlungsvermögen und Achtung entgegenzubringen ist. Mitnahme der positiven Ziele der Vergangenheit und Ergänzung durch neue Einsichten sollte das Ziel sein. Fast alles, was heute ist, hatte einmal einen Sinn. Wenn es heute sinnentleert noch vorhanden ist, dann ist dies meist auf Managementfehler, unverantworteten Außeneinfluß oder nicht gelöste Strukturfragen zurückzuführen.

Fragen der Besetzung der Schlüsselpositionen, der Autonomie der Unternehmung und deren Struktur dulden nur wenige oder keine Kompromisse. Verwaschene Verantwortlichkeiten reduzieren die *Accountability*, die klare Ansprache der Ziele und der Nebenbedingungen, unter welchen es diese zu realisieren gilt.

Überdies ist eine *rücksichtslose Beschreibung* des *Ist-Zustandes*, die meist eines hohen Rückhaltes bedarf, eine Voraussetzung eines erfolgreichen „Turnarounds" (Umkehr). Die Ist-Zustandsbeschreibung erlaubt die Einstufung in die Phasen des „Lebenszyklus" der Unternehmung oder auf einen *Entwicklungspfad*[14]. Der Abstieg erfolgt durch Zeitablauf. Der „Weg zurück" bedarf außerordentlicher Anstrengungen und verstärkender Ereignisse (akuter Krise) und das Halten einer Unternehmung auf „Prime" ordentlicher Anstrengungen und großer Voraussicht.[15]

7.1 In der Phase der „Aristocracy"

In dieser Phase beginnt sich das *Bewahren* in den Vordergrund zu schieben und die Bereitschaft zu Neuerungen nimmt ab. Das operative Ergebnis ist ansprechend, und man ist durchaus bereit, traditionell eingegangene Risken - auch hohe - weiterhin einzugehen. Der „Nullpunkt" (Zuwendungsniveau zur Sicherung der Zufriedenheit) liegt hoch und eskaliert bei einem Ausbau der Zufriedenheit weiter. Sporadisch werden Bedenken betreffend der längerfristigen Haltbarkeit des Zustandes geäußert. Diese Bedenken finden wenig Beachtung und deren Äußerung wird pönalisiert oder durch Inklusion in den Kreis der Berechtigten stillgelegt.

Will eine Unternehmung aus dieser Phase zum Zustand „Prime" zurückkommen, dann dürfte eine möglichst „rücksichtslose" Beschreibung des Ist-Zustandes und das darauf aufbauende Entwickeln von Szenarien bei Nichthandeln die tauglichsten Instrumente zur Begründung eines Handlungsbedarfes sein. Der *sanfte Weg zurück* hat zur Voraussetzung, daß das Aufzeigen von voraussichtlichen Fehlentwicklungen bereits zur Problem- und damit Verantwortungskonstitution genügt. Krisenhafte Entwicklungen im Umfeld der Unternehmung können die Problemakzeptanz wesentlich erhöhen. Erlauben ist zu wenig. Es bedarf eines Mindestmaßes an Unterstützung durch die Führung und/oder die Eigentümer. In dieser Phase hat es die Führung noch in der Hand, die Umkehr selbst und ohne Hilfe einer akuten Existenzkrise herbeizuführen. Ab dieser verliert die Unternehmung die Fähigkeit zum *innengeleiteten Wandel* und die Führung wird real von außen oder durch Existenzkrisen übernommen.

Ziel aller Maßnahmen ist es, wieder die Merkmale einer Unternehmung in der Phase „Prime" zu erhalten.

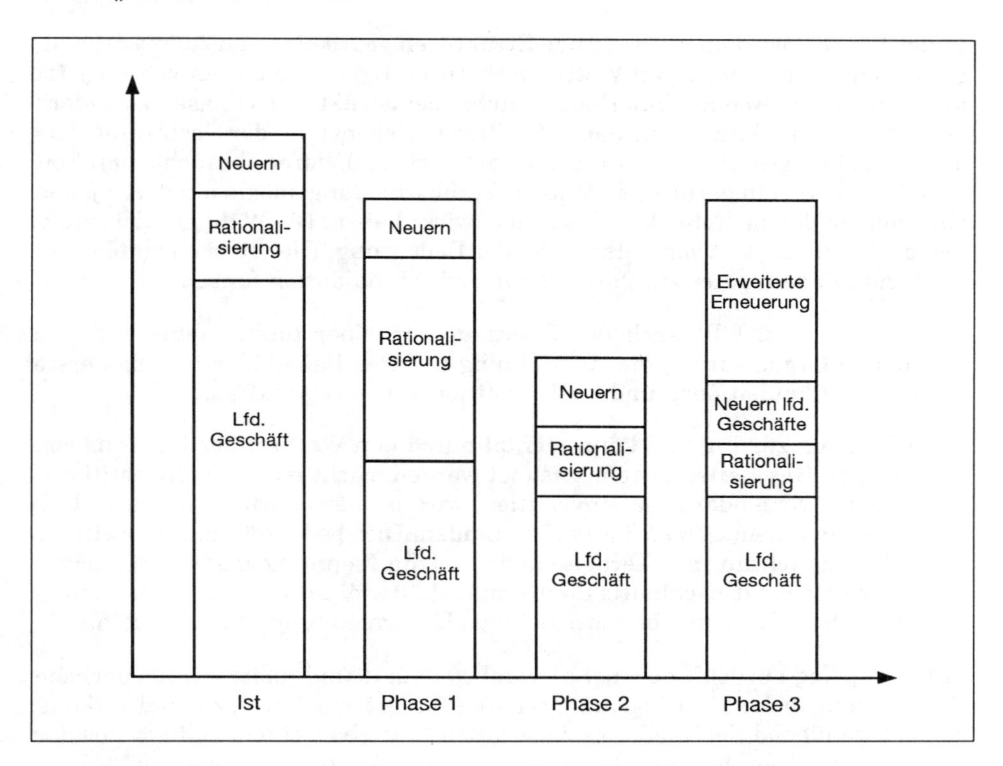

Abb. 2: „Stufenkonzept"[16)]

In der Phase „Aristocracy" wird, gestützt auf das Erfolgsmomentum der Vergangenheit, dem herkömmlichen Geschäft eine unangemessen hohe Bedeutung beigemessen. Man rationalisiert und innoviert, jedoch mehr aus einem „Me too"-Gehaben heraus. Das bewußte Anstreben einer Kosten- oder Technologieführerschaft fehlt. Die Erfolge der Vergangenheit sind mehr der Vergleichsmaßstab als die Wettbewerber (aktuelle und wohl auch potentielle).

In der Phase 1 gilt es, „Gewicht zu machen" und jene Voraussetzungen zu schaffen, die zu einer Wiedererlangung der Gelenkigkeit (Flexibilität) notwendig sind. Anzusprechen sind hier die GWA, das ZBB, die Automatisation, die Prozeßsteuerung usw. Die verbesserte Kostenposition und das Erfahren der eigenen Stärke (man traut sich wieder etwas zu) ergeben einen sich selbst verstärkenden Prozeß. Wesentlich dabei ist, von jeder Art von *Vergangenheits-*

kritik Abstand zu nehmen, so schwer dies auch sein mag. Sonst bauen sich unnötige Gestaltungsbarrieren auf.

In der Phase 2 wird an den internen Strukturen gearbeitet und zuerst zaghaft, dann immer bestimmter an Wettbewerbern Maß genommen. Es kommt jetzt nicht nur zur Bewegung innerhalb bestehender Strukturen (Phase 1), sondern es sind diese Strukturen und damit Positionen Gegenstand der Gestaltung. Um diese Strukturgestaltung auf die sanfte Art zu realisieren, braucht man Zeit und Geld sowie ein gerütteltes Maß an Verabschiedungsmöglichkeit von jenen Kräften, die den bedrohlichen Zustand bewirkt haben. Die Wahl des Zeitpunktes für die Phase 2 ist von entscheidender Bedeutung. Hier stecken zu bleiben, wird früher oder später zur Zerschlagung oder Liquidation führen.

In diese Phase 2 fällt auch der Übergang von einer funktionalen auf eine divisionale Organisation, die Ausrichtung auf Geschäftsfelder und das erste Denken an Akquisitionen und Desinvestitionen von Geschäften.

Der Übergang zur Phase 3 kann mental durch den Wechsel des Denkens von *Projekten* zu Geschäften gekennzeichnet werden. Nicht mehr das Investitionsprojekt (eine Neu- oder Ersatzinvestition) wird primär beurteilt, sondern ob es sich lohnt, in einem *Geschäft* Mittel zu binden. Dies bedeutet dann in weiterer Folge die Ausrichtung auf Kerngeschäfte und die Trennung von Nebengeschäften, sofern sie nicht nachhaltig die Kerngeschäfte fördern. Die Unternehmung beginnt sich in Richtung fortschrittsfähige Unternehmung zu entwickeln.

Auf dem „Weg zurück", der mehrere Jahre dauert und meist eine neuerliche Veränderung in der Führungsmannschaft erfordert, werden oft Zweifel aufkommen, ob genügend Zeit bleibt, es zu schaffen bzw. ob es einem gelingt, aus der Nachläuferposition herauszukommen. Hier gilt es, über *„Abschneider"* (*shortcuts*) nachzudenken, mit deren Hilfe man bei hoher Risikotragung entscheidend Zeit gewinnen kann. Man macht für den Wettbewerber ansatzlos Züge und ist dabei selbst kaum oder wenig vorbereitet.

7.2 In der Phase der „Early Bureaucracy"

Hier ist die schrittweise Vorgangsweise wie in der Phase der „Aristocracy" nicht ausreichend, da die inneren Kräfte schon zu weit abgebaut sind. Es bedarf der Zuführung von Neuem. Die Zuführung hat sehr subtil zu erfolgen, damit diese nicht, bevor sie ihre Wirkung entfaltet, reduziert wird. Wir sprechen hier vom peripheren Ansatz oder *„Schwimmbojenansatz"*.[17)] Es bleiben die inneren Bereiche, da nicht veränderbar, vorerst unverändert, sondern es werden z.B. durch Gestaltungen in Tochtergesellschaften, durch Akquisitionen, an der Peripherie jene Verhaltensmuster entwickelt, die dann auch die Gestaltung des „Kreuzers" ermöglichen. Es wird also der indirekte Weg gewählt.

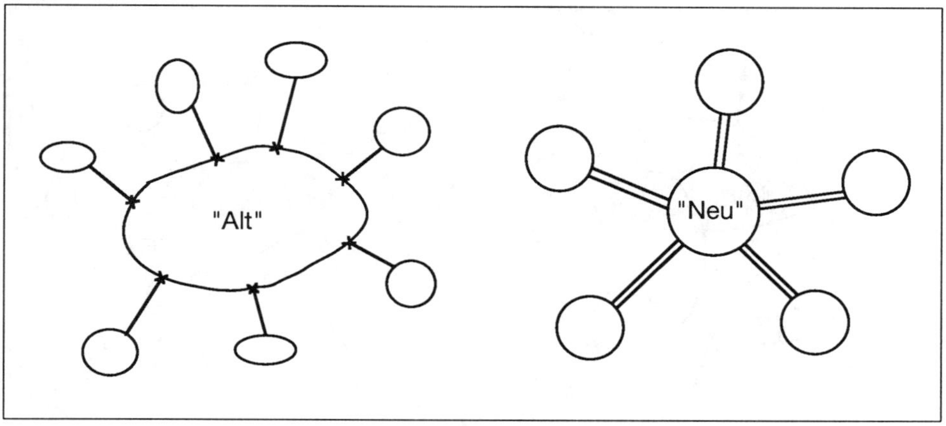

Abb. 3: Aufschwimmkonzept

Auch in diesem Zusammenhang ist auf ein interessantes Phänomen hinzuweisen: „Das ist nicht machbar." „Das können wir nicht durchsetzen." und ähnliche Aussagen werden oft ins Treffen geführt. Diese sind meist richtig, weil die Voraussetzungen noch nicht geschaffen sind. Wer nicht aufgeben will, hat eben diese *Voraussetzungen* zu *schaffen* (z.B. die personellen, finanziellen, kapazitativen) und danach das Durchsetzungsproblem zu lösen. *Konsequenz* ist eine Eigenschaft, die nicht selten fehlt, und daher durchaus, wenn genügend Zeit zur Verfügung steht, als Instrument der Differenzierung eingesetzt werden kann.

7.3 In der Phase der „Bureaucracy"

Obwohl bereits einfache und herkömmliche Instrumente der Steuerung eine späte Phase der akuten Krise aufzeigen, ist der „Weg zurück" blockiert. Hier hilft nur eine weitere Verstärkung der Krise und die Zerschlagung.

Die Zerschlagung ist ein harter und wohl auch meist ein brutaler „Weg zurück". Die Brutalität wurde aber nicht von jenen verursacht, die den Weg leiten, sondern von denen, die es so weit haben kommen lassen.

Bei einer Zerschlagung werden jene Teile, die noch Synergien und Lebensfähigkeit aufweisen, in einer Holding zusammengefaßt, und jene ohne Synergien, aber Lebensfähigkeit, an andere abgegeben. Der Rest wird liquidiert (still oder offen, meist rasch).

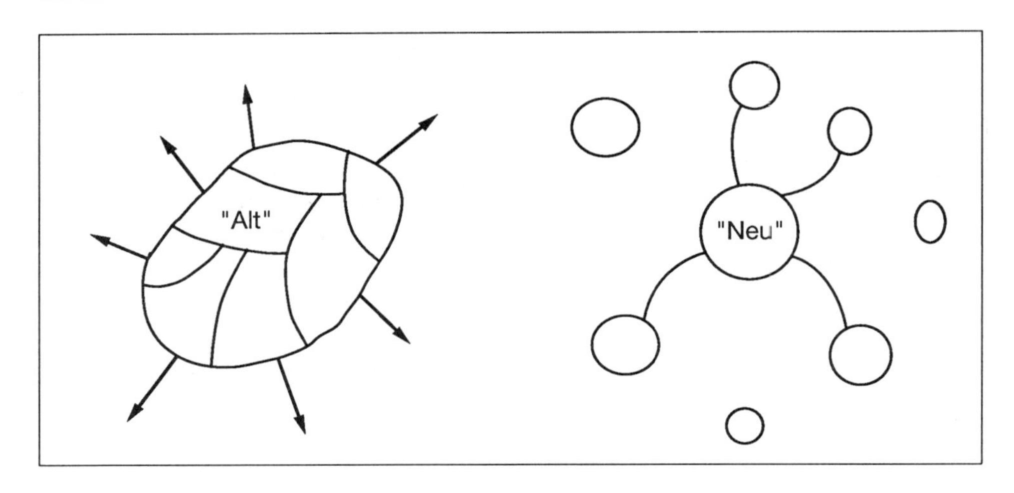

Abb. 4: Zerschlagungskonzept

8 Wandel oder Umbruch

Eine Gedächtnis- und Gedankenübung soll uns für die weiteren Überlegungen aufwärmen. Was waren die wesentlichen Merkmale der Unternehmung 1980, was sind sie 1990 und was werden sie im Jahr 2000 sein? Die Differenz in den Merkmalsausprägungen zwischen 1980 und 1990 wird überraschen, und vielleicht wird sich die Frage aufdrängen: „*Ist dies noch die gleiche Unternehmung*?" Angesichts dieser Differenz werden wir schon vorsichtiger oder gar verunsichert sein, Aussagen über die Merkmalsausprägungen für das Jahr 2000 zu machen. Es wird dabei nicht nur um die Frage der Merkmalsausprägungen gehen, sondern auch darum, welche Merkmale als bedeutungslos wegfallen und welche als bedeutend dazukommen. Wenn die Allgemeinaussagen über das Tempo der Veränderungen stimmt, dann muß die Differenz 1990 und 2000 wesentlich größer sein als für das abgelaufene Jahrzehnt.

Erhaltung eines Zustandes der Vergangenheit kann daher nur dann eine zulässige Denkkategorie sein, wenn er sich in der Zukunft voraussichtlich bewähren wird; und der Wandel hat sich mit dem Erhaltungsdenken zu paaren. Die Begriffswandlungskette von der nominellen Kapitalerhaltung zur realen Kapitalerhaltung, zur Substanzerhaltung, zur wachstumsadäquaten Erhaltung und dann zur entwicklungsadäquaten Erhaltung weist uns hier den richtigen Weg. Geben wir dem Wandel nicht freien Lauf, dann kommt es zum Rückstau und schließlich zum Umbruch. Evolution oder Revolution sind hier die gesellschaftspolitischen Begriffspaare.

Die Lebenskurve der Unternehmung weist darauf hin, daß es ohne ein bewußtes (emotionales?) Gegensteuern den Tod gibt. Wartet man zu lange mit dem bewußten Gegensteuern, dann sind mehr oder weniger ausgeprägte umbruchartige Korrekturmaßnahmen notwendig. Anzustreben wäre eine Wandlungsfähigkeit der Unternehmung, welche diese in der Phase „Prime" hält. Wenn wir sagen anzustreben, so schwingt hier der Zweifel mit, daß dies auf Dauer realisierbar sei. Es ist jedoch ein anstrebenswerter Zustand, wir sollten es als Organisationen *lernen* (*Organizational learning*), dort hinzukommen und dort möglichst lang zu bleiben.

Diese Spannung zwischen Wandel und Umbruch hat *Henzler* graphisch gefaßt:[18)]

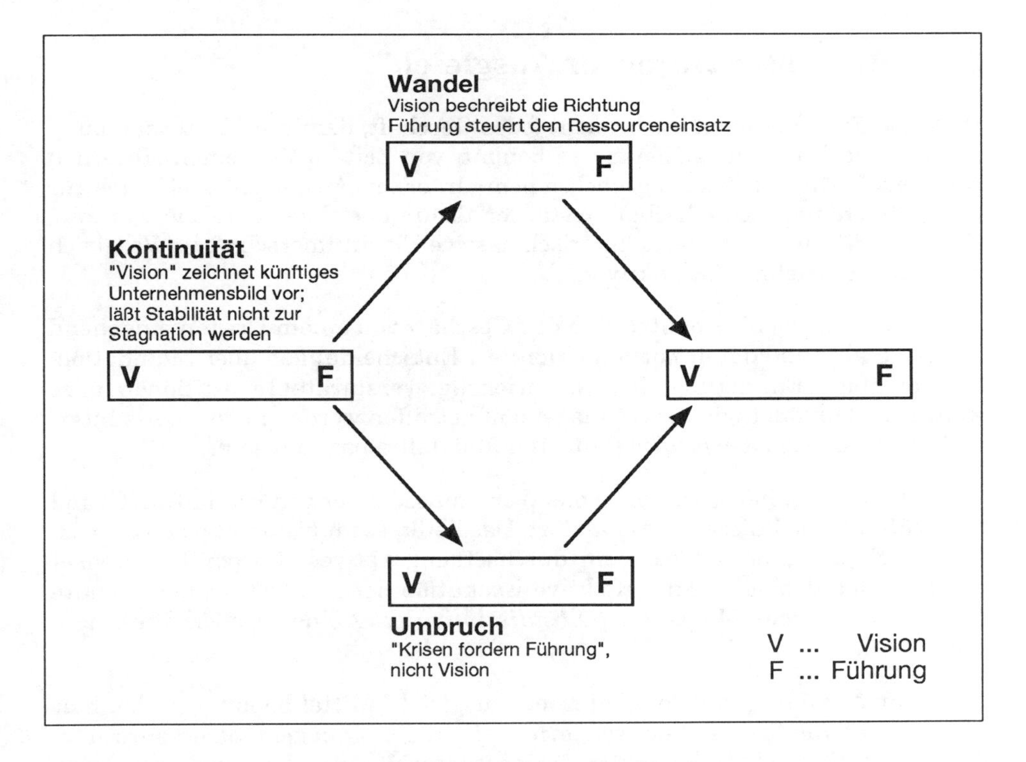

Abb. 5: Spannung zwischen Wandel und Umbruch

In dieser Abbildung zeigt sich auch, daß es Phasen der Kontinuität, des Wandels und des Umbruchs gibt. Keine darf zu lange dauern, sonst entartet sie.

„Wo bin ich?", ist eine mehrdimensionale Frage. Was hindert uns aber daran, die Gegenwart sensibler wahrzunehmen? „In dem Sinnmodell der zukunftsfähigen Organisation bilden Handlungsfähigkeit, Lernfähigkeit, die Fähigkeit zur Wahrnehmung und Berücksichtigung der Interessen anderer sowie die ästhetische Fähigkeit, d.h. die Wiedergewinnung aller Sinne zur Wahrnehmung der Befindlichkeit in Umwelten, ein Dimensionenbündel notwendiger Fähigkeiten. Leistungsbereitschaft, Kooperationsbereitschaft, die *Bereitschaft* zum *Suchen* und die *Offenheit* zum *Finden* spannen die Dimension der Bereitschaft und des Wollens auf."[19)]

Befreien wir uns von vermeintlichen Gesetzmäßigkeiten wie des Lebenszyklus, der Lernkurve etc. Treten wir bewußt und emotional gegen sie an.

9 Bewußter „Interner Ausgleich"

Da keine Führung ideal ist, braucht jedes Geschäft, damit die Unternehmung nicht in die Nähe eines Konkurses kommt, von Zeit zu Zeit einen „Internen Ausgleich". Diese Forderung nach einem „Internen Ausgleich" stellt sich für nicht börsenotierte Gesellschaften stärker als für jene, die eine solche erfahren. Gleiches gilt für eine unternehmerisch passive Eigentümerschaft im Vergleich zu einer unternehmerisch aktiven.

„Interner Ausgleich" bedeutet, daß das Geschäft von einem Dritten eingehend bewertet wird und damit portfolioorientiert Entscheidungen über Liquidation, kostenmäßige Entlastung, Restrukturierung, verstärkte Investitionen usw. weitgehend unabhängig vom Management getroffen werden müssen. Als Intervall für die *„Ausgleichsprüfung"* dürften fünf Jahre passend sein.

Wesentlich ist, daher wurde oben das Wort „müssen" verwendet, daß auf Grund der Prüfungsergebnisse etwas passiert. Das heißt, es muß ein unternehmerisch aktiver Eigentümer und/oder ein durchsetzungsaktives „Corporate management" vorhanden sein. Eine effektive Exekution der „Ausgleichsidee" könnte ein hervorragendes Mittel zur *Selbstdisziplinierung* einer großen Unternehmung sein.

Naturgemäß werden für den „Internen Ausgleich" Mittel benötigt, wobei hier nicht nur an die finanziellen, sondern auch an die Managementressourcen zu denken ist. Da früher oder später für jedes Geschäft ein „Ausgleich" oder eine Liquidation fällig wird, haben diese zu einem *„Liquidations- und Ausgleichsfonds"* Beiträge zu leisten. Erst nach Abzug eines solchen Beitrages dürfte man von einem „erwirtschafteten" Ergebnis sprechen.

Die Höhe des Beitrages wird wesentlich zwischen den Unternehmungen und Geschäften differieren und damit wertbestimmend für die Geschäfte und Unternehmungen sein. Ziel des Unternehmensmanagements sollte es sein, Geschäfte mit einem niedrigen Ausgleichsbedarf zu führen. Restrukturierungen, Kostenentlastungen, Liquidationen und dergleichen leisten direkt für den Kunden nichts und werden daher von diesem nicht wie Preis, Qualität, Vielfalt und Schnelligkeit anerkannt.

Die Rechtzeitigkeit der „Ausgleichsprüfung" mit Konsequenzen sollte helfen können, die Unternehmung „lean and hungry", also bereit für den Kunden in der Lebenszyklusphase „Prime" zu halten.

Harte Wege zurück sollten möglichst vermieden und sanfte Wege zurück permanent im Auge behalten werden. Da dies aber in vielen Fällen nicht gelingt, hat hier der „Interne Ausgleich" als Puffer zu fungieren.

10 Vision

Wenn man sich eingehend damit beschäftigt, was eine Unternehmung zusammenhält, dann drängt sich die Vision der langfristig erfolgsfähigen (zukunftsfähigen) Unternehmung auf. Dieser Vision wollen wir durch organisatorisches Lernen mit Hilfe des BWA-Konzeptes nahekommen.

Als Ergebnis der Bemühungen wird ein *Überleben* in *Freiheit* (Autonomie) und *Würde* angestrebt. Wobei beide Ziele weiter, in der konkreten Situation, auszuformen sind. Um dieses Ergebnis über der Zeit zu realisieren, bedarf es der Kunst, die drei so unterschiedlichen Funktionen Bewahren, Werden und Abschaffen mit situativ wechselnder Ausprägung auszuüben.

Bei dem *Bewahren* geht es darum, sich von dem unhaltbaren Teil des Erhaltungsdenkens zu verabschieden. Zu Bewahren gilt es gesunde Kerngeschäfte, die aber ihrerseits eine kritische Masse erreichen müssen, um eine, auch nach diversen Wertanalysen schon schlanke, Infrastruktur tragen zu können. Wird die kritische Masse unterschritten, dann sind Partnerschaften einzugehen, oder es ist zu liquidieren. Bewahren bedeutet Verbessern, Rationalisieren usw., also auch die Vielfalt zu reduzieren.

Abschaffen[20)] erfolgt in „straffen Projekten" unter Zeit- und Krisendruck. Abschaffen stört vorerst das Klima, wird aber, wenn es zur Gesundung des Ganzen beigetragen hat, als positiv empfunden.

Bewahren und Abschaffen ist jedoch nicht genug. Es bedarf des *Werdens* von neuen Geschäftsideen, Produkten, Leistungen, reduzierten Zeiten zur Erfüllung der Kundenwünsche und dergleichen. Diese „losen Projekte" sind ganz anderer Art als beim Abschaffen und erfordern ein unterschiedliches Personal.[21)]

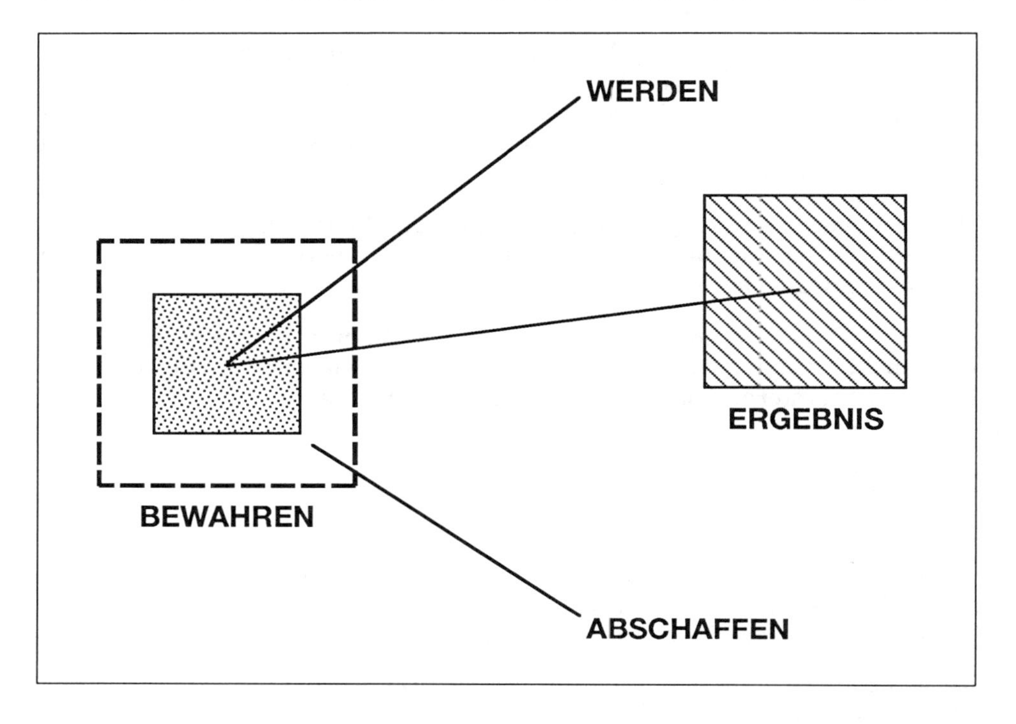

Abb. 6: Das BWA-Konzept

Rationalisierung, Trennung und Vielfalt gleichzeitig in einer Organisation zu realisieren, ist eine *Kunst*, die neben aller Rationalität auch auf Glück und Zufall („surprise management") aufbaut. Das *Anderssein* ist zu *ertragen*, ja herbeizuführen. Man muß eben akzeptieren, daß viele Geschäftsideen durch „Gewährenlassen" und „Wachsenlassen" passieren.

Sensibilität für die Erfordernisse des jeweilig notwendigen Ausmaßes an Bewahren, Werden und Abschaffen ist gefragt. Dabei sollte man nicht übersehen, daß die Hypothese *„strategy follows people"* möglich bzw. wahrscheinlich ist. Ist dies der Fall, dann bedarf es der erkennenden Tatführungskräfte. Was ist nun eine erkennende Tatführungskraft?

Eine *erkennende*, bekennende *Tatführungskraft* ist

- ein Macher
- ein Akquisiteur
- ein Regisseur und
- ein von der Geschäftsidee Besessener.

Dies ist viel verlangt von einer Person. Aber es kann ja auch ein Team diese Eigenschaften besitzen, das sich gegenseitig ergänzt. Ein Regisseur wählt das Stück und die Akteure aus und begeistert mit seiner in das Stück hineingelegten Idee. Es „passiert" nun eine einzigartige (USP) Aufführung, oder es wird ein Krampf (Kampf). Um diesen möglichen Krampf zu lösen, bedarf es den Eigenschaften eines Machers, die nur im Bedarfsfall dominieren sollten.

Da *Kosten-*, *Qualitäts-*[22] oder *Zeitführerschaft*[23] nicht über punktuelle, sondern nur über systemische Ansätze zu erreichen sind, gilt es, an der Struktur und deren Ausstattung anzusetzen. Der Bauplan einer zukunftsfähigen Unternehmung könnte wie folgt aussehen.

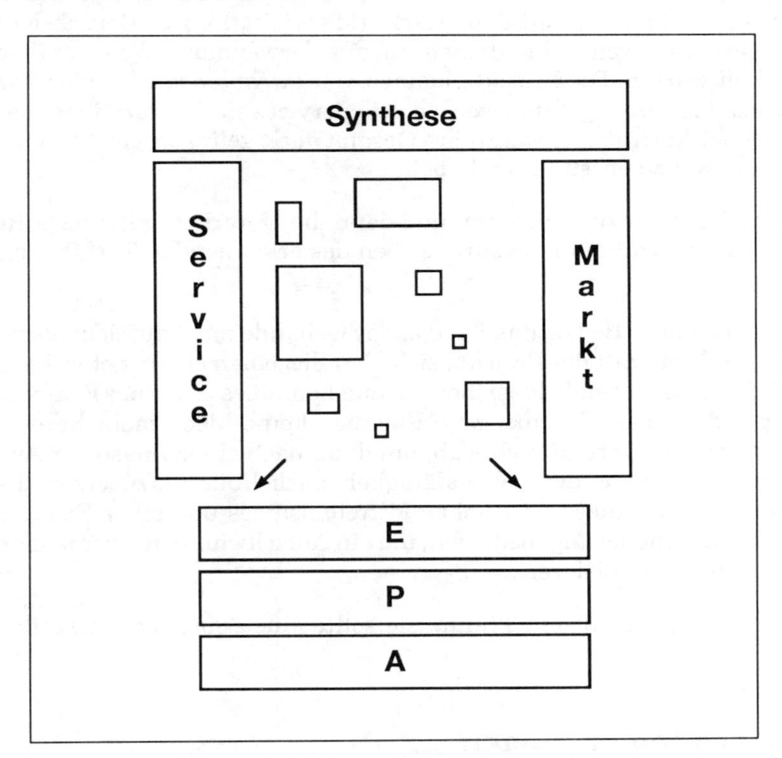

Abb. 7: Bauplan einer zukunftsfähigen Unternehmung

Dieser Bauplan will die Merkmale

– Fokussierung

– Freiheit

- Momentum
- Begeisterung und
- Kompetenz

vereinen.

Das Momentum wird von der Kompetenz in den drei Grundfunktionen Entwikkeln, Produzieren und Absetzen gebildet. Die sich im Raum mehr oder weniger frei bewegenden Vierecke kennzeichnen die Unternehmung als eine mehr oder weniger geordnete Menge von Projekten. Die Generierung, Entwicklung und Beendigung von Projekten ist keine Selbstverständlichkeit. Dazu bedarf es einer engen Verbindung mit dem Markt (Marketing) unter Berücksichtigung der Kompetenzen, welche im Momentum auf Verwendung, Weiterentwicklung und Ausbau warten. Die Projekte können von *Intrapreneurs*[24] oder *Entrepreneurs* (Ausgliederung) geführt werden. Die Services sind unterstützende Funktionen, wobei auch diese, wenn das Gesamtwerk gelingen soll, einem *Hochleistungsdenken* zu entsprechen haben.

Um diesen Bauplan zu realisieren und dann die Unternehmung nach Realisationen zusammenzuhalten, bedarf es eben des erkennenden Tatführungskräfteteams.

Von entscheidender Bedeutung ist, daß das Gebäude nicht auf dem Momentum aufsetzt, sondern kraft der Projekte sich über diesem in einem Schwebezustand befindet. Kommen zu viele Ideen herein, und kommt es zu keiner Fokussierung, dann kippt das Gebäude links weg. Kommen keine Ideen mehr herein, dann sinkt das Gebäude vorerst rechts ab, um dann nach einer Phase der Aufrechterhaltung des Scheins der Lebensfähigkeit auch links aufzusetzen. Es wird dann vieler Mühe, eines meist hohen Mitteleinsatzes und einer Existenzkrise (Treibsatz zur Erneuerung) bedürfen, um ein Aufschwimmen - wenn überhaupt noch möglich - zu realisieren.

Eine Vision ist mehr als ein Traum, sie sollte eine *erfolgswirksame Leitgröße* sein.

10 Nachbemerkungen

Wer Controlling (systematische und kompetente Gestaltung) anwenden möchte, sollte vorerst über den Zustand, den Sinn und das mögliche Ende seiner Unternehmung „vordenken".[25] Der instrumentale Ansatz, aus einem „Me too"-Denken hergeleitet, schadet meist mehr als er hilft.

Zum Steuern gehört auch die Schaffung der dafür notwendigen Voraussetzungen. Diese sind für die meisten Controllinginstrumente nicht definiert und damit stiften sie nicht selten mehr Schaden als Nutzen. Das Durchdenken der Unternehmung und der Umwelt kann nicht durch Instrumente ersetzt werden.

Aus dieser Sicht heraus ist das Controlling als ein System der Gestaltung anzusehen. Der Gestaltungswille hat von der Spitze auszugehen (getragen zu werden), und die Controlling-Organisation und die Instrumente sollten dessen Manifestation darstellen. Wenn hier keine Stimmigkeit gegeben ist, sind Fehlentwicklungen programmiert, und Frustration und Unzufriedenheit unvermeidlich.

Controlling ist nicht etwas, was man hat, sondern ist ein Teil der Unternehmenskultur, wie widersprüchlich diese auch sein mag oder ist.

Anmerkungen und Literatur

[1] Vgl. A.D. Little: *Management oder Hochleistungsorganisation*, Wiesbaden 1989

[2] Der Autor vermeint, dies vor Jahren als Schillerzitat gelesen zu haben und hat sich dieses Zitat zu einem Grundsatz des Lebens gemacht.

[3] Risak, J. (Ende): *Die Unternehmung, eine geordnete Menge von Projekten? oder „Über die Herausforderung des Endes"*, in: Schwerpunkte der Unternehmensführung von Morgen. Hrsg. R. Eschenbach, Wien 1987, S 45 ff

[4] Risak J.: *Einführung und Entwicklung der Personalplanung*, Wien 1981, S. 379 f (Bedarf an einer Theorie der Rücknahme)

[5] Über seinen Dissertationsvater Prof. Dr. W. Heinrich wurde dem Autor die Ideenwelt von O. Spann eröffnet. Siehe z.B. Spann, O.: *Fundament der Volkswirtschaftslehre*, Bd. 3 der Gesamtausgabe, Hrsg. v. W. Heinrich u.a., Graz 1967

[6] Risak J. (Internationalisierung): *Die Internationalisierung der Unternehmung - Ein Instrument zur Erlangung und Gestaltung der Fortschrittsfähigkeit,* in: Internationalisierung der Unternehmung, Hrsg. v. Lück W. und Trommsdorff V., Berlin 1982, S 191 ff

[7] Risak, J. (Ende), S. 48

[8] Andizes, I.: *Corporate Lifecycles*, Englewood Cliffs, N.J. 1989, S. 79

[9] Krystek, U.: *Krisenbewältigungsmanagement und Unternehmensplanung*, Wiesbaden 1981, S. 39

[10] Risak J. (Internationalisierung), besonders Tabelle auf S. 197

[11] Vgl. zu den weiteren Ausführungen Galbraith, J.K.: *Anatomie der Macht*, München 1987, S. 28 ff

[12] Siehe z.B. Johnson H., Kaplan, R.S.: *Relevance Lost*, Boston 1987

13) Zum Turnaround vgl.: Bibeault, D.B.: *Corporate Turnaround*, New York 1982
14) Risak, J.: *Situationsentsprechende Controlling-Strategie - Voraussetzung für die erfolgreiche Realisierung*, in: Strategische Unternehmensführung und Controlling, Hrsg. R. Eschenbach, Wien 1982, S. 34 ff
15) Zum Aufwärmen lese man: Kanter, R.M.: *When Giants learn to dance*, London 1989
16) Risak, J.: *Kostengestaltung aus eigener Kraft*, in: Jahrbuch für Controlling und Rechnungswesen '88, Hrsg. v. G. Seicht, Wien 1988, S. 107 ff, hier S. 121
17) Risak, J. (Internationalisierung), S. 206
18) Henzler, H.A.: *Vision und Führung*, in: Management heute (Management), Hrsg. Gabler, Wiesbaden 1991, S. 51
19) Kappler, E.: *Unternehmenskontinuität*, in: Management S. 67
20) Grün, O. u. Risak, J.: *Der Weg aufwärts! Abschaffen*, in: Die Betriebswirtschaft, 1985, S. 646 ff
21) Vgl. z.B. A.D. Little International: *Innovation als Führungsaufgabe*, Frankfurt/New York 1988
22) Vgl. Crosby, Ph.B.: *Quality is free*, New York und Scarborough 1979
23) Vgl. Stalk, G. Jr. und Haut, Th.M.: *Zeitwettbewerb*, Frankfurt/New York 1990
24) Vgl. Pinchot, G.: *Intrapreneur*, Wiesbaden 1988
25) Zur Unterstützung wird hier empfohlen: Anthony, R.N.: *The Management Control Function*, Boston 1988; Merchant, K.A.: *Control in Business Organizations*, Boston 1985

Operatives Controlling

Der Werkzeugkasten des Controllers - Vernetzung von strategischem und operativem Controlling

Elmar Mayer

Inhalt:

Controlling versteht sich als Lehre für eine erfolgreiche Unternehmenssteuerung. Der Controller-Dienst liefert über ein empfänger- und zukunftsorientiertes DV-gestütztes Berichtswesen wesentliche Entscheidungshilfen. Dabei unterstützen strategische und operative Werkzeuge die Führungsebenen, den Kurs des Unternehmens im Rahmen der Zielvereinbarungen unter Wahrung des finanziellen Gleichgewichtes in die Gewinnzone zu steuern.

Die Zielsteuerung, abhängig vom Entscheidungsvermögen der Führungsebenen und der Qualität der Werkzeugkästen, beobachtet, ob sich Zahlenwerte vor dem Zeithorizont und/oder Bedingungen hinter dem Zeithorizont - z.B. durch Technologiesprünge - ändern. Feedback- und feedforward-vernetzte Planungen

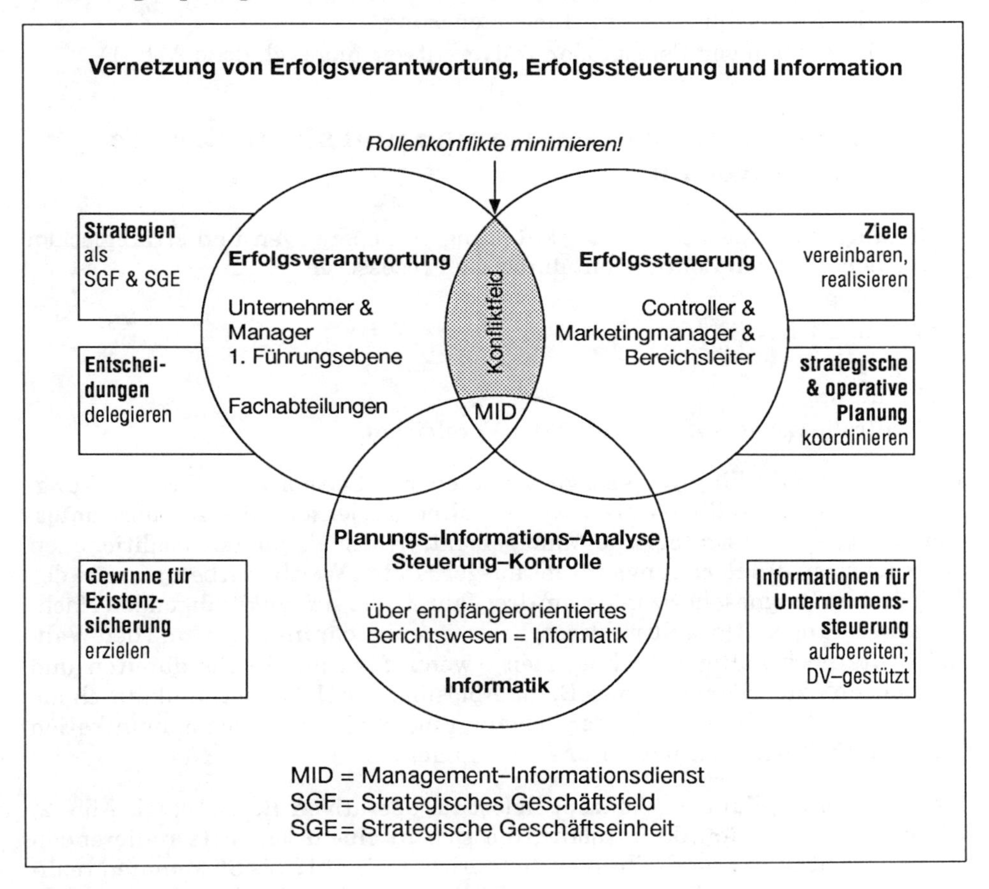

Abb. 1: Vernetzung von Erfolgsverantwortung, Erfolgssteuerung und Informatik

überbrücken den Zeithorizont und signalisieren über Soll/Ist-Vergleiche Abweichungen, die wiederum Gegensteuerungsmaßnahmen auslösen.

Controlling-Werkzeuge unterstützen die Vernetzung von Erfolgsverantwortung (= strategischer Bereich) mit der Erfolgssteuerung (= operativer Bereich), liefern mit Hilfe der Datenverarbeitung empfängergerechte Informationen für die Erfolgssteuerung, ermöglichen die Koordination strategischer und operativer Planungen, ihre Umsetzung vor bzw. hinter dem Zeithorizont, erlauben beim Überschreiten von Wachstums- und Organisationsschwellen den Übergang

- von der Fremdkontrolle zur Selbstkontrolle,
- von der Fremdsteuerung zur Eigensteuerung,
- zur Delegation von Selbst- oder Teilverantwortung (vgl. dazu Abb. 1).

1 Vernetzung von operativen und strategischen Regelkreisen

Abbildung 2 verdeutlicht die Verknüpfung von operativen und strategischen Bereichen über den Zeithorizont durch die Prozessoren

- Planung
- Information
- Analyse
- Steuerung
- Kontrolle (zu verstehen als Soll/Ist-Vergleiche).

Operative Controlling-Werkzeuge verlieren am Zeithorizont ihre Wirkung, strategische Controlling-Werkzeuge entfalten sie jenseits des Zeithorizontes. Sie befähigen das strategische Management, *früher* als die mit traditionellen Instrumenten des Rechnungswesens ausgerüsteten Wettbewerber, jenseits des klassischen Prognosehorizontes von drei Jahren, die sich ankündigenden Nachfrageänderungen, Umweltprobleme, Ressourcenbeschränkungen und den Wandel heute noch gültiger Technologien - wenn auch nur in Bandbreiten und Tendenzen - zu erkennen, wie z.B. die Ablösung der Hebelmechanik durch die Elektronik, die Schlüsselrolle der Roboter, Biotechnik und Telekommunikation für die technologische Zukunft unseres Landes.

Das Controlling-Führungskonzept liefert im operativen Bereich (vgl. Abb. 2) Steuerungshilfen für Aktionspläne, die sich in einem vorwärts rollierenden Planungszeitraum innerhalb eines Zeithorizontes von 12 bis 36 Monaten realisieren lassen, wenn Prognosen und Wirtschaftswirklichkeit sich innerhalb einer Bandbreite decken.

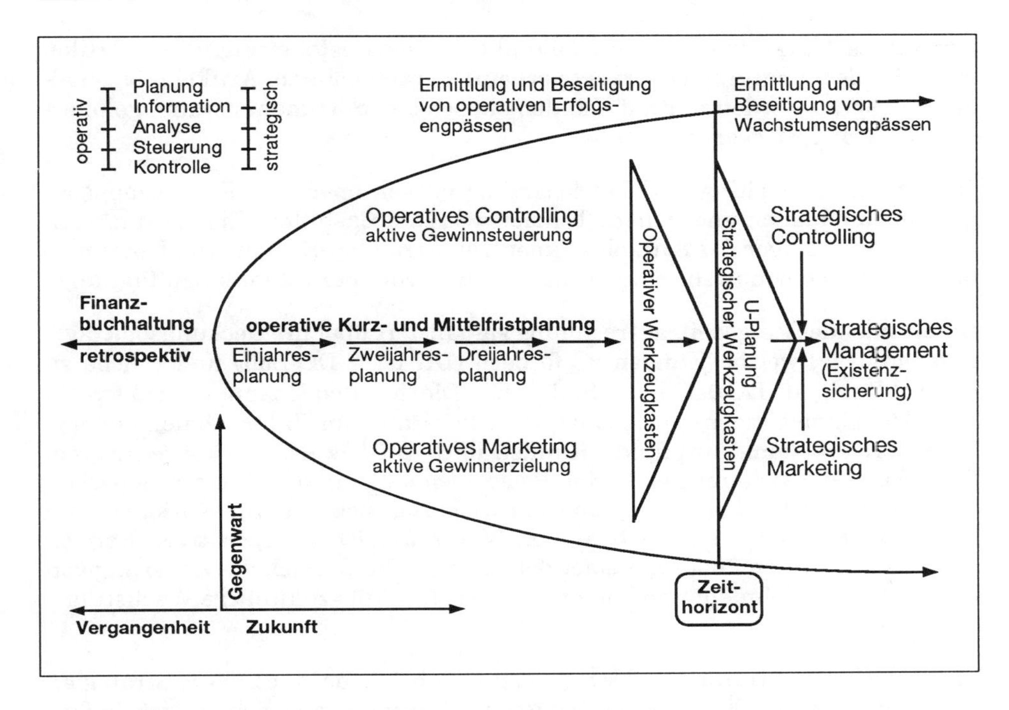

Abb. 2: Vernetzung von operativem und strategischem Controlling und Marketing

2 Zeithorizont als Brücke

Die Finanzbuchhaltung analysiert Substanzveränderungen der Aktiva und Passiva von der Vergangenheit bis zur Gegenwart, steuert über Aktiva und Passiva, um die Substanz zu vermehren oder zu erhalten.

Operatives Controlling erlaubt eine aktive Gewinnsteuerung über den Solldekkungsgrad (Deckungsbeitrag in Prozenten), wenn eine ordnungsgemäße Deckungsbeitragsrechnung die Zielgrößen definiert. Dann vergleicht die DV-gestützte Nachkalkulation den Soll- und Ist-Deckungsgrad je Auftrag und drückt die Abweichung in Prozenten aus:

DG-Ist 37 % < DG-Soll 40 % = minus 3 %

Ursachenforschung und -analyse sind sofort nachvollziehbar, üblich bei einer Abweichung von plus/minus 5 Prozent.

Operatives Marketing realisiert eine aktive Gewinnsteuerung, wenn Artikel mit ≥ Solldeckungsgrad bevorzugt verkauft werden können. Artikel mit < Solldeckungsgrad werden nur auf Kundenwunsch (bei Sortimentszwang) geliefert und nicht mehr beworben.

Operatives Controlling und Marketing beseitigen operative Erfolgsengpässe gemeinsam, planen und sichern Teilziele wie RoI, Cash-flow, Zieldeckungsbeitragsvolumina über das Artikelsortiment, steuern über Kosten- und Leistungsfaktoren die Gewinnsicherung bis zum Zeithorizont der rollierenden Planung.

Die Kundendeckungsbeitragsrechnung signalisiert über die Deckungsbeitragstiefenanalyse, welche Kunden zu fördern (DG-Ist ≥ DG-Soll) und welche zu vernachlässigen (DG-Ist > DG-Soll) sind. Die Kundendeckungsbeitragsrechnung löst einen Umdenkprozeß aus, alle Aktivitäten im Unternehmen auf eine schnellere Problemlösung für die Kunden als die Mitbewerber zu konzentrieren. Dadurch bildet sich unbewußt eine Brücke vom operativen zum strategischen Controlling, wenn Forschung und Entwicklung sich um Innovationen, um strategische Geschäftsfelder bemühen. Während sich im operativen Bereich bekanntlich Zahlen ändern, meldet der strategische Bereich die Änderung von Bedingungen in Umfeld und Umwelt, als Auslöser für zukünftige Wachstumsengpässe.

Strategisches Controlling und Marketing gewährleisten gemeinsam Strategien für die nachhaltige Existenzsicherung des Unternehmens, sobald sich Bedingungen jenseits des Zeithorizontes zu ändern beginnen. Durch die Vernetzung der strategischen Unternehmensplanung mit strategischen Controlling- und Marketing-Werkzeugen lassen sich Entscheidungshilfen entwickeln, die mehr als die traditionellen Hochrechnungen liefern. Die Aufheizung des Erdklimas durch Störung des biokybernetischen Gleichgewichts verändert die Bedingungen für den Wintersport und damit für die Wintersportindustrien. Die Skiindustrie hat die schwachen Frühwarnsignale empfangen und entwickelt schon heute neue Geschäftsfelder im Flugzeugbau, um von den zu erwartenden Wachstumsengpässen nicht erdrückt zu werden. Ein nachahmenswertes Beispiel für alle betroffenen Controller-Dienste.

3 Strategisches Management

Fortwährende Umfeld- und Umweltänderungen schaffen neue Rahmenbedingungen für eine Gewinn- und Existenzsicherung, Wachstumsengpässe fluktuieren, Technologiesprünge beschleunigen sich, Führungskonzepte und Führungsstile sind gezwungen, sich permanent anzupassen.

Operative Werkzeuge und strategische Planung wurden nach dem Jahre 1973 (Erdölkrise) durch strategische Werkzeuge ergänzt und miteinander vernetzt.

Offener Führungsstil, unterstützt durch die Moderationstechnik, ermöglichte eine Potentialsuche, verstärkte die Kreativitätsschöpfung und Bereitschaft zur Mitverantwortung, mobilisierte die immateriellen Faktoren Motivation und Identifikation durch das gemeinsam erarbeitete Unternehmensleitbild.

Operative und strategische Werkzeuge fördern die Managemententfaltung für die Existenzsicherung, der Terminus „Strategisches Management" symbolisiert die mentale Fähigkeit, früher als die Mitbewerber Wachstumsengpässe jenseits des Zeithorizonts zu erkennen, aus eigener Kraft, d.h. mit Hilfe eines Strategie-Teams rechtzeitig Gegensteuerungsmaßnahmen einzuleiten.

Der Aufbau arbeitsfähiger operativer und strategischer Werkzeuge für die 1. Führungsebene benötigt erfahrungsgemäß drei bis fünf Jahre. Es empfiehlt sich daher, die Blindfluginstrumente rechtzeitig zu installieren, in kritischen Zeiten fehlen oft liquide Mittel, Zeit und qualifizierte Mitarbeiter.

Operativer und strategischer Werkzeugkasten im Überblick:

Gewinn- und Liquiditätssicherung	
	Operativer Werkzeugkasten *Mit Zeithorizont*
• Erfolgs-rechnungen	Umsatzkostenverfahren auf Grenz- oder Leistungskostenbasis mit Deckungsbeitragsanalysen ermittelt Artikelerfolgsbeiträge mit Preis-, Mengen- und Kostenabweichungen über Plan/Ist-Vergleiche
• Erfolgs-analysen	nach Entscheidungsparametern mit ausführlichen Rangfolgebestimmungen und -analysen (für Unter-/Vollbeschäftigung)
• Erfolgs-planungen	mit Alternativplänen nach Entscheidungsparametern, Zieldeckungsbeiträgen und Iso-Deckungsbeitragsverteidigungskurven
• Erfolgs-steuerungen	über Nutzenprovision, kombiniert mit dem Nutzentrapez (Planerfüllungsprämie) und einer Kundendeckungsbeitragsrechnung
• Erfolgs-kontrollen	über kumulierte Deckungsbeitragsanalysen, Solldeckungsbeiträge, Zieldeckungsgrade mit Plan/Ist-Vergleichen, Kennzahlen
• Erfolgs-engpässe	über die Zieldeckungsgrade finden und über die Vorsteuergrößen Kosten und Leistungen beseitigen (Facharbeitermangel, Beschaffungshemmungen, Prämiensysteme).
• Erfolgs-motivation	durch Identifikation mit der Unternehmensphilosophie auslösen! Wenn berufliche Einzel-Zielvorstellungen und bejahte Unternehmensziel-Vorstellungen übereinstimmen, erfolgt die Selbstverwirklichung in der Gruppe leichter.

• Grenz- und Schwellenwerte	erkennen und berücksichtigen! Mindestlosgrößen für den Mindermengenzuschlag ermitteln, Mindestverkaufsmengen zur Deckung der auftragsfixen Kosten errechnen, Marginaldeckungsbeiträge zur Sicherung der Vollkostendeckung festlegen!

Zielvereinbarung - Zielsteuerung - Zielerfüllung	
	Denken in Wirkungsketten und Wirkungsnetzen *Ganzheitlich orientierte Unternehmensführung*
• Zielvereinbarung	durch 1. und 2. Führungsebenen in Klausurtagungen unter Leitung eines Moderators erarbeiten. Die Zielvereinbarung fragt nach dem Sinn des Unternehmens, seinen Verpflichtungen gegenüber Kunden, Mitarbeitern, Kapitalgebern, Lieferanten und der Umwelt generell, setzt ethische und moralische Wertmaßstäbe. Der Identifikationsprozeß setzt Kräfte frei für die Liquiditäts- und Existenzsicherung (Innovationen, Beseitigen von Wachstumsengpässen), realisiert die Strategie des Unternehmensleitbildes, läßt eine Unternehmenskultur wachsen.
• Zielsteuerung	über Frühwarnsysteme im operativen und strategischen Bereich, Plan/Ist-Vergleiche, die Abweichungen und Umweltänderungen rechtzeitig für Gegensteuerungsmaßnahmen melden
• Zielerfüllung	durch Koordination der Controlling- und Marketing-Führungskonzepte mit gemeinsamen Planungs-, Berichts-, Analyse-, Steuerungs- und Kontrollinstrumenten, abgestimmter Engpaßorientierung, Zukunftsausrichtung und Feedforward-Denken!

Existenz und Liquiditätssicherung	
	Strategischer Werkzeugkasten *Ohne Zeithorizont*
• Potentialanalysen	Schlüsselfaktorenwahl hilft bei der Stärken/Schwächen-Analyse, Festlegung von Maßnahmeplänen für die Verstärkung der Stärken und den Abbau der Schwachstellen, Engpaßanalysen mit strategischer Bilanz
• Zielvereinbarung	qualitativ (Leitbild) und quantitativ (RoI, Cash-flow, Zieldekkungsbeitragsvolumen) als Zielbündel
• Wachstumskonzept	oder Erhöhung der Wertschöpfung bei gleichem Mengenvolumen in der Stagnation
• Produkt/Markt-Strategien mit Portfolio für die Artikelpolitik	
• Funktionsstrategien zur Erfüllung der Produkt/Markt-Strategie	
• Umsetzung in Projekte und Maßnahmen mit Plan/Ist-Vergleich	

- Fünf-Jahres-Eckwert-Planungen für Cash und Ergebnis
- Prämissen, Chancen, Risiken im strategischen Plan/Ist-Vergleich

vgl. dazu ausführlich:
Mayer, Elmar, in: Handbuch Controlling, Hrsg. Mayer/Weber, Stuttgart 1990, S. 33-89
Kraus, Heinz, ebenda, S. 117 ff
Mann, Rudolf, Praxis strategisches Controlling, 5. Auflage, Landsberg/Lech 1989
Mann, Rudolf, in: Handbuch Controlling, Hrsg. Mayer/Weber, Stuttgart 1990, S. 90-116
Liessmann, Konrad, ebenda, S. 303-323
Liessmann, Konrad, in: Controllingkonzepte, Perspektiven für die 90er Jahre, 2. Auflage, Wiesbaden 1987, S. 85-145

4 Controlling-Werkzeugkästen

Der operative Controlling-Werkzeugkasten dient dem Controller (im Mittelstand identisch mit dem Geschäftsführer oder Leiter des Finanz- und Rechnungswesens) zur aktiven Gewinnsteuerung, Ermittlung und Beseitigung von operativen Erfolgsengpässen im Beschaffungs-, Fertigungs-, Absatz- und Verwaltungsbereich. Wenn man z.B. Gold durch Palladium, angelernte Mitarbeiter durch Fachkräfte ersetzt, das manuell geführte Rechnungswesen auf ein EDV-gestütztes umstellt, das Wachstum des Fixkostenblocks bremst, von der Umsatz- auf die Nutzenprovision umsteigt, die nur verkaufte Deckungsbeiträge honoriert, den Übergang von den mechanischen zu den elektronischen Ingenieurwissenschaften vollzieht, aktiviert der Controller den operativen Werkzeugkasten.

Ohne einen leistungsfähigen operativen Controlling-Werkzeugkasten auf Deckungsbeitragsbasis ist kein erfolgswirksamer Einstieg in Innovationen, keine Umsetzung der strategischen Planung in operative Handlungsprogramme möglich.

Der strategische Werkzeugkasten unterstützt den Controller beim Aufbau eines Informationsdienstes für die Früherkennung von zukünftigen Wachstumsengpässen. Der Einstieg in den strategischen Bereich erfolgt in der Regel erfolgreich nur über moderierte Klausursitzungen, um die latent vorhandenen Kreativitätspotentiale der leitenden Mitarbeiter auf die Engpaßprobleme des Unternehmens fokussieren und sichtbar machen zu können (Aktivierung des Münchhausen-Effekts, sich am eigenen Zopf aus dem Sumpf zu ziehen, statt externe Berater zu engagieren). Der Stärken- und Schwächenanalyse folgen die Engpaßanalysen (operativ und strategisch). Die Vernetzung des Neun-Felder-

Portfolios mit den Lebenszykluskurven und der Investitionsplanungsrechnung, ergänzt durch Risikoanalysen mit Risikosimulationen, unterstützen den strategischen Planungsprozeß. Natürlich entwickelt jeder Controller-Dienst seine eigenen Vorgehensweisen anhand seiner erlebten Erfahrungstatbestände.

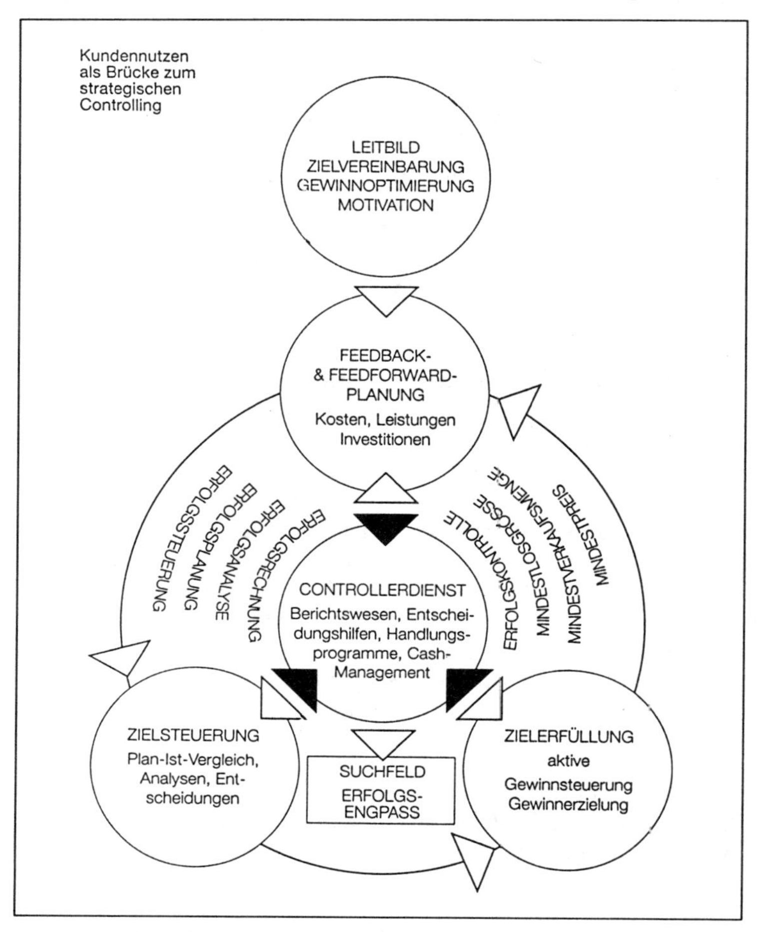

Abb. 3: Regelkreis „Operativer Werkzeugkasten"
(vgl. dazu auch Liessmann (1987), S. 90)

Abb. 3 definiert den Regelkreis „Operativer Werkzeugkasten" im Controlling-Konzept. Das für den strategischen und operativen Bereich gültige Leitbild steuert die Aktivitäten des Controller-Dienstes für den Transfer strategischer Pläne in operationale Maßnahmenpläne mit Soll/Ist-Vergleichen für eine angemessene Gewinnerzielung.

Abb. 4 definiert den Regelkreis „Strategischer Werkzeugkasten" im Controlling-Konzept. Controller- und Marketing-Dienste führen gemeinsam Umfeld- und Prognoseanalysen durch. Der Controller-Dienst verzahnt die operative und

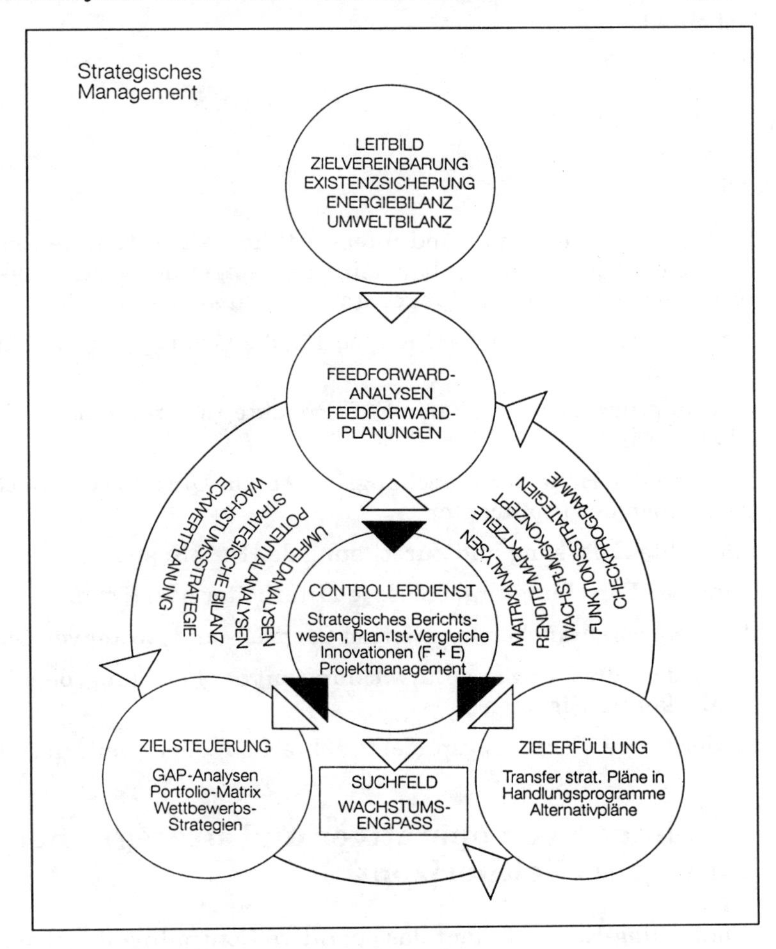

Abb. 4: Regelkreis „Strategischer Werkzeugkasten"
(vgl. dazu auch Liessmann (1987), S. 91)

strategische Planung, erweitert die Handelsbilanz um Energie- und Umweltbilanzen, beobachtet die technologische Weiterentwicklung der:

- Mikroelektronik
- Computer der 5. Generation

- Biotechnik und Biokraft
- Bionik
- Kalter Laser
- Lichtwellenleiter
- Telekommunikation
- Raumfahrt
- Kernkraftfusion
- Plasmaantrieb
- Supraleiter.

Der Controller-Dienst verknüpft und integriert die F+E-Aktivitäten mit dem Projektmanagement zu einem Kernbaustein im strategischen Werkzeugkasten, um den Führungsebenen Empfehlungen anbieten zu können für die:

- Planung und Trennung der F+E-Kosten für die Grundlagen- und Innovationsforschung
- Positionierung und Steuerung der F+E-Projekte in ihren entsprechenden Geschäftsfeldern
- Genehmigung der Höhe der Forschungskosten am Umsatz oder Deckungsbeitragsvolumen der Profitcenter
- Kausalgerechte Erfassung und Zurechnung der F+E-Kosten
- Bewertung der Forschungsergebnisse je Mitarbeiter oder Team
- Durchführung von branchenorientierten Sachziel- und Kostenvergleichen
- Vernetzung der Forschung und Entwicklung mit der Fertigung, den Controller- und Marketing-Diensten
- Klärung der Frage, Forschungsprojekt „abbrechen" oder „weiterforschen".

5 Verzahnung von operativer und strategischer Planung am Zeithorizont

In einem Controlling-Konzept dient das operative Controlling der Existenzerhaltung durch Gewinnerzielung und -steuerung, das strategische Controlling der nachhaltigen Existenzsicherung durch den ständigen Aufbau neuer Potentiale. Beide Aufgaben sind nur im gemeinsamen Wirkungsnetz der Werkzeugkästen realisierbar. Neue Potentiale erfordern Vorleistungen, Investitionen in die Zukunft und einen Verzicht auf Gewinnausschüttungen. Gewinnmaximierung durch kurzfristiges Gewinnstreben (wenn man als Jobhopper den höchsten RoI aller Zeiten je Quartal anstrebt) blockiert den Aufbau zukünftiger Potentiale. „Zukunftssicherung ist ohne Sparleistungen nicht erfüllbar" (Rudolf Mann).

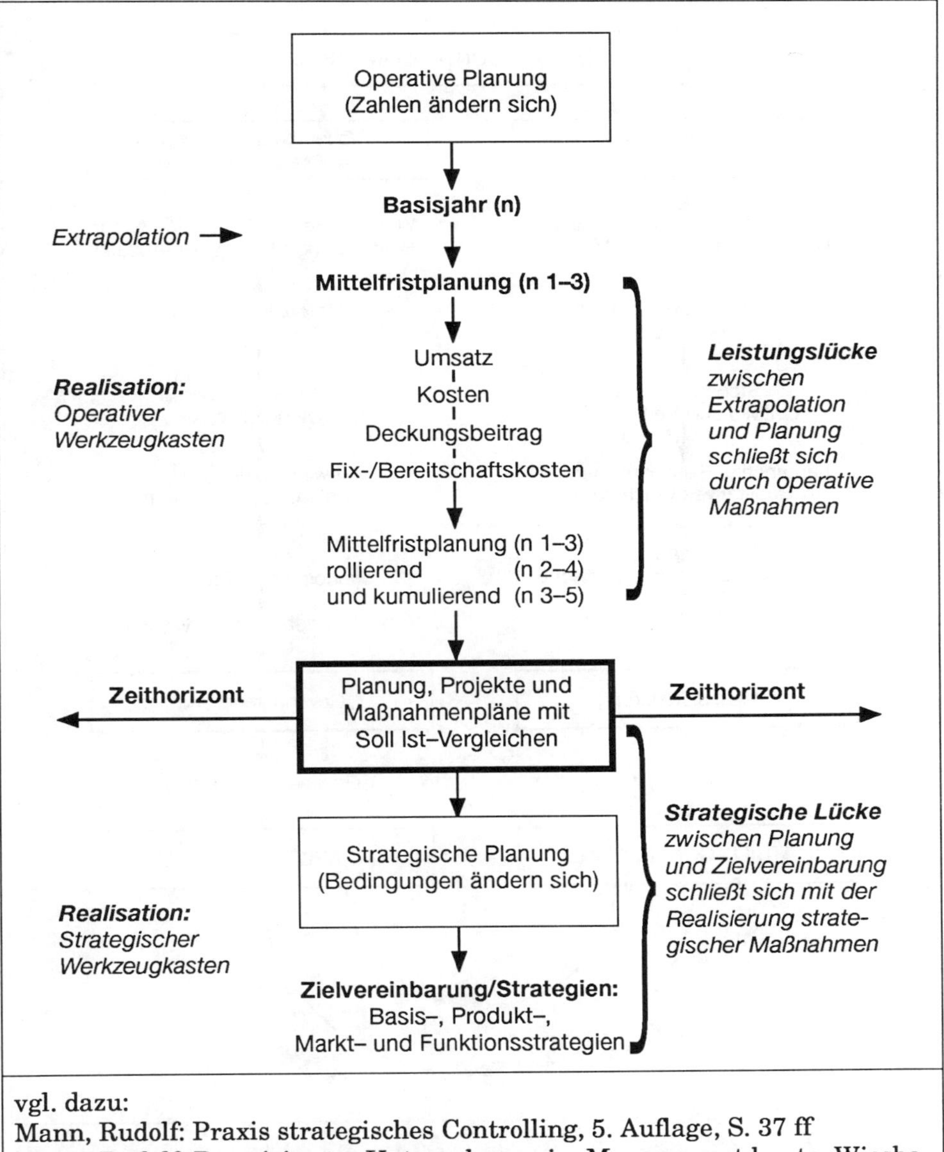

vgl. dazu:
Mann, Rudolf: Praxis strategisches Controlling, 5. Auflage, S. 37 ff
Mann, Rudolf: Das visionäre Unternehmen, in: Management heute, Wiesbaden 1991, S. 113
Liessmann, Konrad: Strategisches Controlling, in: Controlling-Konzepte, Perspektiven für die 90-er Jahre, 2. Auflage, Wiesbaden 1987, S. 138 ff

Abb. 5: Vernetzung der Werkzeugkästen

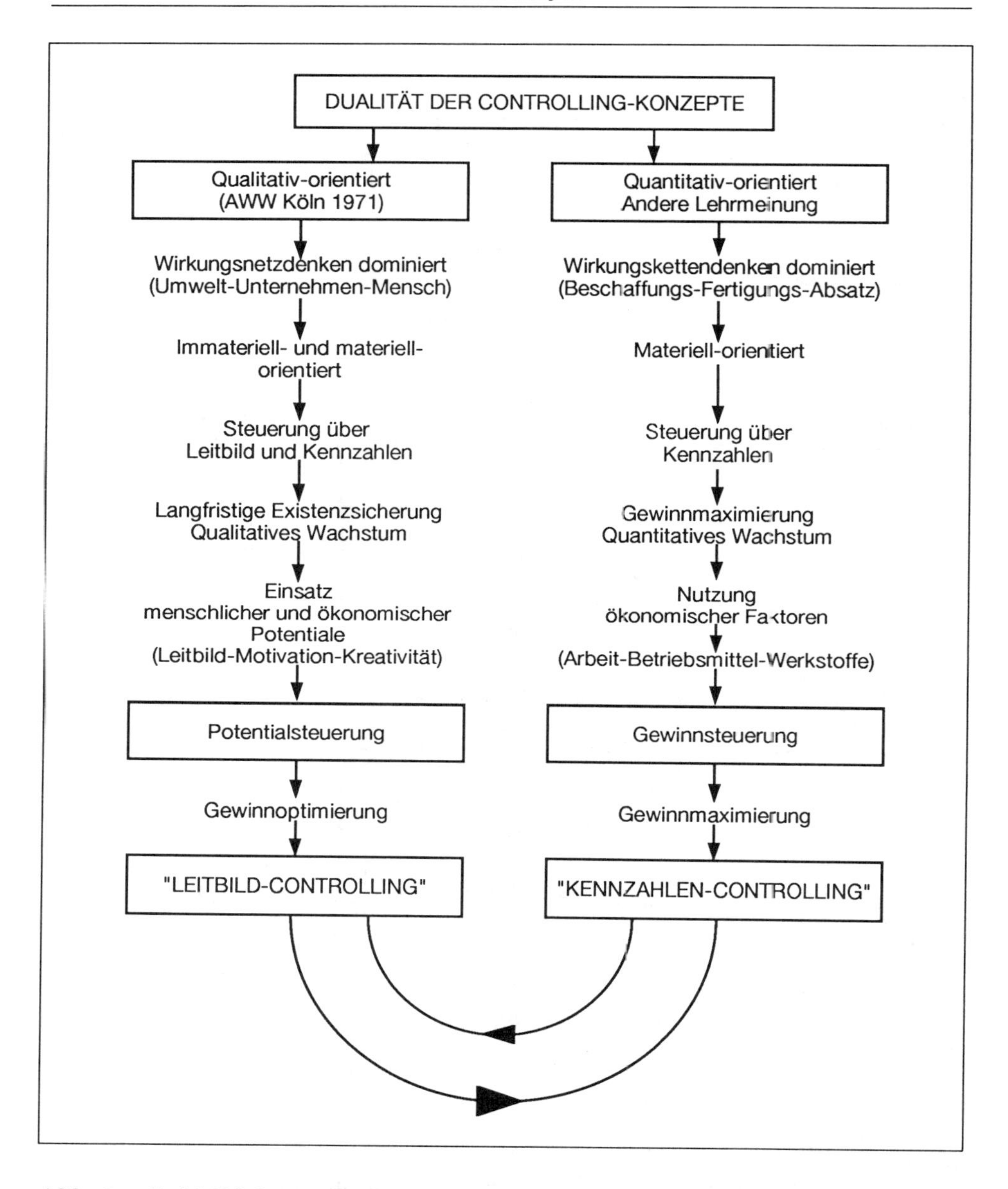

Abb. 6: „Leitbild-Controlling" versus „Kennzahlen-Controlling"
(Quelle: E. Mayer, Handbuch Controlling, S. 44)

Beide Werkzeugkästen benötigen die Prozessoren (vgl. Abb. 2) Planung, Information, Analyse, Steuerung und Soll/Ist-Vergleich, damit ein Controlling-Konzept mit organisatorisch vernetzten Regelkreisen und Planungsabläufen entstehen kann. Deshalb ist der Controller-Dienst besonders erfolgswirksam, wenn er für den operativen *und* strategischen Bereich verantwortlich zeichnet. Dadurch wird internen Machtumverteilungskämpfen und Rollenkonflikten vorgebeugt. Wenn die operativen Werkzeuge beim Transferprozeß strategischer Pläne versagen, muß der operative Controller-Dienst in der Lage sein, die „Strategen" auf Schwachstellen und Fehlplanungen hinzuweisen. Strategische Planung kann ihre Aufgaben nur erfüllen, wenn ein operativer Werkzeugkasten vorhanden und in der Lage ist, eine feedforward-Planung in den Wirtschaftsalltag zu übersetzen. Das ist nur realisierbar, wenn operatives und strategisches Controlling über eine vernetzte feedback- und feedforward-Planung verfügen und organisatorisch miteinander „verzahnt" sind. Aus diesen Überlegungen und Erkenntnissen heraus propagiert die AWW Köln das von ihr in 20 Jahren entwickelte „Leitbild-Controlling", in dem das Wirkungsnetzdenken im Sinne von Frederic Vester dominiert (vgl. Abb. 6).

Diese lassen sich auch wie folgt charakterisieren:

Leitbild-Controlling	Kennzahlen-Controlling
• KANT: Ich lebe vorbildlich, also bin ich!	• DESCARTES: Cogito, ergo sum!
• Ich bin der erste Diener des Unternehmens.	• Das Unternehmen bin ich.
• Fühlwissen = rechte Gehirnhälfte gleichberechtigt	• Kopfwissen = linke Gehirnhälfte dominiert
• Ganzheitsorientiert = Vernetzung von operativem und strategischem Controlling	• Teilorientiert = Trennung von operativem und strategischem Controlling
• Wirkungsnetzdenker = Gewinnoptimierer	• Wirkungskettendenker = Gewinnmaximierer
• Potentialkombination dominiert.	• Faktorkombination dominiert.
• Vierdimensionaler Denkansatz gewährt Zeitfreiheit, weil sich im strategischen Raum-Zeit-Kontinuum nicht Zahlen, sondern Bedingungen hinter dem Zeithorizont ändern.	• Dreidimensionaler Denkansatz unterliegt dem Zeitzwang, weil sich im operativen Raum Zahlen ändern, der Planungshorizont besteht.
• Qualitativ maßvolle Orientierung am RoI praktiziert nur umweltschützendes Wachstum.	• Quantitativ maßlose Orientierung am RoI oder Mengenwachstum mißachtet das ökologische Gleichgewicht, gefährdet Weiterleben.

6 Welche Mindestbausteine soll ein Controlling-Konzept vernetzen?

Ein Controlling-Konzept liefert den Führungsebenen Früherkennungssignale für entstehende Erfolgs- und Wachstumsengpässe - und damit Hinweise für einen rechtzeitigen Einstieg in Innovationen und Schlüsseltechnologien - wenn in einem organisatorisch vernetzten operativen und strategischen Controlling folgende Mindestbausteine arbeitsfähig sind:

- Dokumentationsfähiges (gedrucktes) Leitbild, das mit Hilfe der Moderationstechnik von den Führungsebenen als Zielvereinbarung erarbeitet worden ist
- Feedback- und feedforward arbeitende Planung in beiden Werkzeugkästen mit rollierenden und kumulierenden Plan/Ist-Vergleichen
- Selbstrückkopplung im biokybernetisch orientierten Regelkreis (vgl. Frederic Vester), energie-, umwelt- und recyclingbewußt
- Günstige Energiebilanz, die kostensparend Biokraft einsetzt, wie z.B. die Colonia-Versicherungs-AG in Köln
- Günstige Umweltbilanz, die kostensparend in den Umweltschutz investiert, vgl. Deutsche Bank, Mittelstandsbroschüre Nr. 11, 1989
- Sensoren für rechtzeitiges Erkennen von Erfolgs- und Wachstumsengpässen
- Vollkosten- und maßgeschneiderte Deckungsbeitragsrechnung
- Aktivierte immateriellen Faktoren MOTIVATION UND IDENTIFIKATION durch Einsatz der Moderationstechnik für den „offenen Führungsstil" und rechtzeitige Anpassung der Unternehmensorganisation beim Überschreiten von Wachstums- und Organisationsschwellen.

7 Zusammenfassende Darstellung und Ausblick

Im operativen Bereich ändern sich Zahlenwerte. Die operativen Werkzeuge greifen bis zum Zeithorizont, helfen Erfolgsengpässe finden bzw. beseitigen, den Gewinn optimieren, strategische Planungen in operative Maßnahmen transferieren und Plan/Ist-Vergleiche durchführen. Im strategischen Bereich ändern sich Bedingungen. Die strategischen Werkzeuge wirken jenseits des Zeithorizontes, helfen Wachstumsengpässe finden, beseitigen und erhöhen die Überlebenschancen im internationalen Wettbewerb, wenn sie mit den operativen Werkzeugen organisatorisch vernetzt sind.

Das Leitbild-Controlling-Konzept, in vielen Unternehmen praktiziert, unterstellt die Beherrschung vernetzter operativer und strategischer Werkzeuge, führungspsychologischer Erkenntnisse und bemüht sich, den Menschen mit seinen „ungenutzten" Potentialen gleichberechtigt neben den Faktor Kapital zu stellen. Gewinnerzielung gilt im Controlling-Konzept als Belohnung für markt- und sozialgerechtes Verhalten.

Gewinnverwendung dient primär der Existenzsicherung der Unternehmen in den Turbulenzen des fortwährenden Technologie-Strukturanpassungsprozesses, der Erhaltung der Arbeitsplätze für viele Familien. Die Führungspersönlichkeiten stehen vor der Wahl, ihre Existenzsicherung durch ein Controlling-Konzept mit Wirkungsnetzdenken abzusichern. Das Leitbild-Controlling-Konzept integriert die Kennzahlen, läßt sie aber nicht dominieren. Controlling- und Marketing-Dienste unterstützen die Führungsebenen durch sachlich fundierte Entscheidungshilfen, koordinieren Tunneldenker, vernetzen die Werkzeugkästen organisatorisch, bieten fachkompetente Navigationshilfen freiwillig an, motivieren durch Vorleben im Sinne des dokumentierten Unternehmensleitbildes, arbeiten nach dem Leitspruch:

Heute schon tun, woran andere erst morgen denken, denn:
„Nur beständig ist der Wandel" (Heraklit, 480 v. Chr.)!

Weiterführende Literatur

[1] Deyhle, A.: *Controller-Handbuch*, 8 Bände, 3. Aufl., Gauting 1990

[2] Hórvath, P.: *Controlling*, 3. Aufl., München 1990

[3] Kraus, H.: *Operatives Controlling*, in: Handbuch Controlling, Hrsg. Mayer/ Weber, Stuttgart 1990, S. 117 ff

[4] Liessmann, K.: *Strategisches Controlling als Aufgabe des Management*, in: Handbuch Controlling, Hrsg. Mayer/Weber, Stuttgart 1990, S. 303 ff

[5] Liessmann, K.: *Strategisches Controlling*, in: Controlling-Konzepte, Perspektiven für die 90er Jahre, 2. Auflage, Wiesbaden 1987, S. 85 ff

[6] Mann, R.: *Praxis strategisches Controlling*, 5. Auflage, Landsberg/Lech 1989

[7] Mann, R.: *Strategisches Controlling*, in: Handbuch Controlling, Hrsg. Mayer/Weber, Stuttgart 1990, S. 90 ff

[8] Mann, R.: *Das visionäre Unternehmen*, in: Management heute, Wiesbaden 1991, S. 113

[9] Mann/Mayer: *Controlling für Einsteiger*, 4. Auflage, Freiburg 1990, Peking 1990

[10] Mayer, E. (Hrsg.): *Der Controlling-Berater*, Loseblatt-Zeitschrift (Grundwerk 1983), Freiburg 1991

[11] Mayer, E. und Weber J., Hrsg.: *Handbuch Controlling*, Stuttgart 1990

[12] Schröder, E.F.: *Modernes Unternehmenscontrolling*, 4. Auflage, Ludwigshafen 1990

[13] Weber, J.: *Einführung in das Controlling*, 3. Auflage, Stuttgart 1991

Operative Unternehmensplanung - Die operativen Teilpläne und deren Integration in die unternehmerische Gesamtplanung

Anton Egger

Inhalt:

1 Problemstellung

Erwerbswirtschaftliche und gemeinwirtschaftliche Unternehmen unterliegen in einer Reihe von betriebswirtschaftlichen Probleme gleichen Grundsätzen. So gilt für beide der *Grundsatz der Wirtschaftlichkeit*, d.h. ihre Sachziele (Erstellung bestimmter Leistungen) mit dem sparsamsten Mitteleinsatz zu erreichen.

Sie unterscheiden sich aber in einem wesentlichen Punkt voneinander. Erwerbswirtschaftliche Unternehmen unterliegen ohne Ausnahme dem *Rentabilitätsprinzip*. Sie müssen ihre gesamte Leistungserstellung und Leistungsverwertung auf den Markt ausrichten, von dem sie Gegenleistungen erhalten, Gewinne erzielen, die wiederum das Überleben bzw. Wachsen des Unternehmens und die Deckung der sozialen Bedürfnisse der Eigentümer und Mitarbeiter ermöglichen. Die Unternehmen haben daher ihre gesamte Tätigkeit auf dieses Ziel abzustellen. Sollte ein Unternehmen, aus welchen Gründen auch immer, nicht mehr in der Lage sein, die von ihm erstellten Gesamt- oder Teilleistungen gewinnbringend auf dem Markt unterzubringen, müßte, wenn dieser Verlust nicht nur vorübergehenden Charakter hat, entweder die verlustbringende Leistung durch andere Leistungen ersetzt oder das Unternehmen liquidiert werden.

Für *erwerbswirtschaftliche Unternehmen* gilt daher auch der *Vorrang des Formalzieles „Gewinn"* vor dem Sachziel der Erstellung einer bestimmten Leistung.

Anders ist die Lage in gemeinwirtschaftlichen Unternehmen, welche jene für die Volkswirtschaft unabdingbar notwendigen Leistungen zu erbringen haben, die ein erwerbswirtschaftliches Unternehmen nicht mehr erstellen kann, weil der Leistungsempfänger nicht in der Lage ist, die entsprechende Gegenleistung hiefür aufzubringen. Dazu zählen in erster Linie Leistungen auf dem Gesundheits- und Sozialsektor einer Volkswirtschaft.

Gemeinwirtschaftliche Unternehmen können durchaus mit Gewinn arbeiten. Für sie gilt aber der *Vorrang des Sachzieles*, der Erstellung einer bestimmten vorgegebenen Leistung, vor dem Formalziel „Gewinn", allerdings unter Beachtung des Wirtschaftlichkeitsprinzips.

Die nachfolgenden Ausführungen beziehen sich auf das erwerbswirtschaftliche Unternehmen im Hinblick auf die Gestaltung seines operativen Gesamtplanes und die diesem zugrundeliegenden Teilpläne.

Man kann den operativen Unternehmensplan als einen kurzfristigen, ein Jahr nicht übersteigenden Plan bezeichnen, dessen Aufgabe in der Umsetzung des aus den strategischen Planzielen abgeleiteten kurzfristigen Unternehmensziels in Subziele liegt. Der Sinn der Subziele liegt in den sich daraus ergebenden Handlungsanweisungen auf allen Ebenen des Unternehmens.

Ein Beispiel möge dies erläutern (entnommen aus Egger/Lechner/Schauer, 1990, S. 78):

Oberziel:	**Unternehmensführung** Gewinnerzielung, Rentabilität		
Zwischenziele:	**Produktionsbereich** Senkung der Produktionskosten	**Finanzbereich** Verbesserung der Kapitalstruktur	**Absatzbereich** Steigerung des Umsatzes
Unterziele = Handlungs-anweisungen:	Senken der Lohnkosten	Beschaffung lang-fristiger Kredite	Verbesserung des Vertriebssystems
	Senkung des Materialverbrauchs	Beschaffung zins-günstiger Kredite	Besseres Sortiment
	Verbesserung der Instandhaltung der Maschinen	Gutes Mahnwesen	Niedrige Einführungs-preise

Die Subziele finden ihren Niederschlag in einer mehr oder weniger großen Zahl von Teilplänen, deren Verbindlichkeitsgrad letztlich für die Erreichung des Gesamtzieles ausschlaggebend ist. Äußert sich der Verbindlichkeitsgrad in Vorgaben, spricht man vom Budget.

Gegenstand der nachfolgenden Ausführung sind die Probleme der Erstellung und Integration der Teilpläne in den operativen Gesamtplan des erwerbswirtschaftlichen Unternehmens.

2 Kriterien und Aufbau der operativen Planung

Versucht man, die operative Unternehmensplanung im erwerbswirtschaftlichen Unternehmen in Kriterien zu fassen, ergeben sich folgende Punkte:

1. Die operative Planung ist eine kurzfristige, in die strategische Langfristplanung eingebettete Gesamtunternehmensplanung.

2. Sie kann mit relativ großer Gewißheit mit dem Eintritt der geplanten Ereignisse rechnen, ist aber in ihren Maßnahmen und Zielen an die in der Vergangenheit getroffenen langfristigen Entscheidungen gebunden.

3. Die operative Unternehmensplanung hat zu vermeiden, Entscheidungen zu treffen, die das Unternehmen langfristig binden, ohne daß die Auswirkung derartiger Entscheidungen in der strategischen Planung ihren Niederschlag gefunden hat.

4. Die operative Unternehmensplanung basiert in der Regel auf dem Formalziel „Rentabilität", das heißt, dem Streben nach ausreichendem Gewinn (erfolgswirtschaftliche Komponente) und der Nebenbedingung, Streben nach Aufrechterhaltung des finanziellen Gleichgewichtes (finanzwirtschaftliche Komponente).

   Beide, das Rentabilitätsziel und die Nebenbedingung der Aufrechterhaltung des finanziellen Gleichgewichtes finden ihren Niederschlag in den operativen Teilplänen, *Planerfolgsbilanz (Leistungsbudget) und Finanzplan (Finanzbudget).*

Leistungs- und Finanzbudget bilden den vorläufigen Schlußpunkt des betrieblichen Planungsprozesses für die Planperiode von maximal einem Jahr. Sie bilden die Zusammenfassung aller auf die Planperiode bezogenen Teilpläne des Unternehmens und seiner Bereiche. Ausgehend von der Vermögensbilanz zu Beginn der Planperiode (Eröffnungsbilanz) münden beide Pläne in eine Planschlußbilanz.

3 Koordination und Integration der Teilpläne in die unternehmerische Gesamtplanung

3.1 Formen der Koordination

Koordination bedeutet, die verschiedenen Teilpläne des Unternehmens möglichst widerspruchsfrei ineinander zu verknüpfen. Ein integriertes Planungssystem liegt dann vor, wenn

1. die *zeitliche* Koordination, d.h. Übereinstimmung der lang- und kurzfristigen Planung,
2. die *vertikale* Koordination, d.h. Einordnung der Pläne aller nachgeordneter Unternehmensbereiche in den Gesamtplan,
3. die *horizontale* Koordination, d.h. der Zusammenhang zwischen Planerfolgsbilanz, Finanzplan und Planbilanz und
4. die Koordination *von Planungsrechnung und Ist-Rechnung* (Kontrollrechnung)

gewährleistet sind (Egger/Winterheller, 1989, S. 50).

Versuche, Totalmodelle zu konstruieren, die eine simultane Abstimmung der Pläne aller Teilbereiche mit der Gesamtplanung ermöglichen, gibt es wohl; sie sind ihrer Komplexität wegen jedoch in der Praxis nicht einsetzbar.

In der praktischen Unternehmensplanung erfolgt die Koordination der einzelnen betrieblichen Teilpläne zu einem betrieblichen Gesamtplan nach wie vor sukzessive, wobei es gilt, die Aufstellung der betrieblichen Teilpläne der Zielvorstellung des Gesamtunternehmens zu unterwerfen und (teilweise) entgegengesetzt verlaufende Bestrebungen auszugleichen.

3.11 Zeitliche Koordination

Zeitliche Koordination bedeutet die Abstimmung des kurzfristigen Unternehmensplanes mit dem langfristigen strategischen Plan, wobei letzterer grundsätzlich Vorrang genießt. Es kann aber auch der Fall eintreten, daß aufgrund kurzfristiger Erfordernisse Entscheidungen getroffen werden (müssen), die den strategischen Plan des Unternehmens beeinflussen.

3.12 Vertikale und horizontale Koordination

Obwohl beide Koordinationserfordernisse zu den wesentlichen Erfordernissen an ein integriertes Planungssystem zählen, wird gegen beide in der Planungspraxis immer wieder verstoßen, sei es, daß der Vertrieb andere Mengen plant als die Produktion erzeugt, die Finanzabteilung den Finanzbedarf nicht mit Produktion und Absatz abstimmt, oder die Planungsabteilung Mengen plant, die entweder nicht produziert oder verkauft werden können etc.

Vertikale Koordination bedeutet die Ausrichtung der Ziele der einzelnen Teilbereiche auf das Gesamtunternehmensziel, wobei letzteres in der operativen Planung jedoch der „Dominanz des Minimumsektors" im Sinne Gutenbergs (dazu Gutenberg 1973, S. 163 ff) unterliegt, welches besagt, daß kurzfristig gesehen der betriebliche Engpaß die Gesamtplanung bestimmt. Der betriebliche Engpaß kann in der Produktion, im Absatz, der Beschaffung oder der Finanzierung liegen.

Horizontale Koordination bedeutet die Abstimmung der gleichgelagerten erfolgs- und finanzwirtschaftlichen Pläne. Obwohl die erfolgswirtschaftlichen Pläne mit dem Leistungsbudget an der Spitze grundsätzlich Vorrang genießen, kommt im Finanzplan die Nebenbedingung zum Ausdruck, wonach der Realisationsprozeß so gestaltet werden muß, daß das Unternehmen seinen Zahlungsverpflichtungen jederzeit nachkommen kann.

3.13 Koordination von Planungsrechnung und Ist-Rechnung

Zu den wesentlichen Bestandteilen jeder Planung gehört die nachfolgende Plankontrolle durch den Soll/Ist-Vergleich. Bereits in der Planungsrechnung ist auf die Ist-Rechnung Bedacht zu nehmen. „Planung ist nur in dem Detail sinnvoll, in dem die Daten später auch tatsächlich erfaßt und kontrolliert werden können. Die Wahl der unterjährigen Perioden hat beispielsweise so zu erfolgen, daß auch die Istzahlen für diesen Zeitraum erfaßt werden können." (Egger/Winterheller, 1989, S. 56)

Die Koordination von Planungs- und Ist-Rechnung erfolgt einerseits durch die Verwendung

- gleicher Terminologie,
- gleicher Gliederung und
- gleichen Inhalts gleichbenannter Positionen

und andererseits durch die Anpassung der Ist-Rechnung

- an die Zwecke des Soll/Ist-Vergleichs.

Ein erhebliches Problem in der Koordination von Plan- und Ist-Rechnung kann sich beispielsweise daraus ergeben, daß die Abgrenzungskriterien innerhalb der Teilperioden unterschiedlich angesetzt werden; wenn beispielsweise die Planung nach tatsächlichem Zahlungsanfall, die Ist-Rechnung aber nach Teilperiodenzugehörigkeit abgrenzt (einmalig bezahlte Versicherungsprämien, 13. und 14. Gehalt, einmal pro Jahr bezahlte Abonnementgebühren etc.).

4 Die Integration der operativen Teilpläne

4.1 Leistungsbudget (Erfolgsplan)

4.11 Aufbau des Leistungsbudgets

Das Leistungsbudget ist die auf Vorgaben beruhende zukunftsgerichtete Erfolgsplanung des (erwerbswirtschaftlich tätigen) Unternehmens, welches in der Regel auf den Grundsätzen der Grenzplankostenrechnung (dazu Plaut 1955) aufbaut und folgendem Schema folgt:

	Planerlöse
-	Grenzplankosten
	Plandeckungsbeitrag
-	Planfixkosten
	Planbetriebsergebnis
±	Überleitung in das Unternehmensplanergebnis
	Unternehmensplanergebnis

4.12 Teilpläne als Grundlage für das Leistungsbudget

Wie schon eingangs dargelegt, liegt dem Leistungsbudget als dem zentralen Plan in der operativen Unternehmensplanung in der Regel das nach bestimmten Kriterien bestimmte Formalziel „Gewinn" (z.B. in der Form des ROI (return on investment)) zugrunde.

Der oben dargestellte Erfolgsplan kann jedoch in dieser verdichteten Form nicht Vorgabe bzw. Handlungsanweisung zur Erreichung des Unternehmenszieles sein. Erst die diesem Erfolgsplan untergeordneten Teilpläne der einzelnen Unternehmensbereiche ermöglichen die Realisierung des Gesamtunternehmensplanes und damit die Erreichung des Unternehmenszieles.

Folgende wesentliche Teilpläne lassen sich aus dem Erfolgsplan ableiten bzw. sind notwendig, um den Erfolgsplan aufstellen zu können:

4.12.1 Pläne der Leistungsbereitschaft

a) Kapazitätsplanung und Fixkosten

Um fähig zu sein, Leistungen zu erstellen und zu verwerten, muß das Unternehmen leistungsbereit sein, d.h. es müssen die notwendigen Grundlagen vorhanden sein, die ein Arbeiten im Unternehmen erst ermöglichen.

Die Herstellung der Leistungsbereitschaft ist grundsätzlich ein Problem der strategischen Planung. Die *operative* Unternehmensplanung steht damit vor dem Problem, mit einer gegebenen Ausstattung an menschlicher, sachlicher und immaterieller Kapazität konfrontiert zu sein, die innerhalb des kurzfristigen Planungszeitraumes nur geringfügig angepaßt werden kann.

Auf der Grundlage der gegebenen Kapazität ergibt sich auch der Umfang und die Art der möglichen Leistungserstellung, die darüber hinaus noch Restriktionen in der Leistungsverwertung und Beschaffung der notwendigen Rohstoffe und der sonstigen Materialien unterliegt. Die Berücksichtigung dieser Restriktionen ist ein Teil der Koordination der betrieblichen Teilpläne.

Die aus der Leistungsbereitschaft erwachsenden (fixen) Kosten werden im Zusammenhang mit der Erfolgsplanung als eine von der Beschäftigung unabhängige Größe betrachtet. Diese Kosten stellen allerdings keine homogene Größe dar, da sie in unterschiedlichen Bereichen und Ebenen des Unternehmens anfallen und überdies unterschiedlich befristet und somit auch unterschiedlich beeinflußbar sind (vgl. dazu Egger/Winterheller, S. 107 und Seicht, 1962 bzw. 1977).

Von den variablen Kosten, die von der Leistungsmenge bzw. dem Wert der erstellten oder abgesetzten Leistung abhängig sind, unterscheiden sich die fixen Kosten dadurch, daß sie sich nicht automatisch dem wechselnden Leistungsumfang anpassen. Sie bedürfen zu ihrer Veränderung einer Entscheidung des zuständigen Entscheidungsträgers (Verantwortungsträgers).

Obwohl die Kosten der Leistungsbereitschaft weitgehend unabhängig von der Leistungsmenge anfallen, haben der Planende (Controller) und die Kostenverantwortlichen dennoch insoweit für die Koordination mit dem geplanten Leistungsumfang zu sorgen, als Leerkosten, welche sich aus der Differenz zwischen der aufgrund der Leistungsbereitschaft möglichen und der tatsächlichen Leistung ergeben, weitgehend vermieden werden. Dies hat zur Folge, daß bei der Kapazitätsplanung mehrere Fragen zu lösen sind:

1. Welche Kosten ergeben sich auf Grundlage der bestehenden Leistungsbereitschaft (Kapazität) in den einzelnen Kostenstellen bzw. Unternehmensbereichen?
2. Wie hoch ist der tatsächlich geplante Leistungsumfang auf Grundlage der absetzbaren Leistungen?
3. Ist der geplante Leistungsumfang größer oder kleiner als die gegebene Kapazität?

Wenn der *Leistungsumfang größer ist als die gegebene Kapazität*, ist zunächst festzustellen, ob es sich nur um eine vorübergehend mögliche Ausweitung des Geschäftsumfanges oder um eine voraussichtlich langfristige bzw. dauernde Ausweitung handelt. Da jede Kapazitätsausweitung das Unternehmen langfristig bindet und damit in die strategische Planung eingreift, sind bei *vorübergehender Ausweitung* entweder Wege zu suchen, den Mehrbedarf durch Fremdleistungen abzudecken, innerhalb des Unternehmens vorübergehend Mehrleistungen (beispielsweise durch Überstunden) zu erbringen oder, falls keiner dieser Wege gangbar erscheint, auf die Mehrleistung zu verzichten.

Ist mit einer *dauernden Ausweitung der Kapazität* zu rechnen, ist dies ein Problem der strategischen Langfristplanung und kann auch im Rahmen der operativen Planung allein nicht gelöst werden. Eine erhebliche Rolle spielen in diesem Zusammenhang Investitionen in das Anlagevermögen, für die, soweit sie nicht innerhalb des Planjahres amortisiert werden können, mittels Investitionsrechnungen festzustellen ist, ob auch über die Planperiode hinaus entsprechende Einsatzmöglichkeiten gegeben sind.

Anlageninvestitionen wirken sich nach 3 Richtungen aus:

1. Sie dürfen, soweit sie nicht aus den freigesetzten Mitteln und den im Cashflow enthaltenen Jahresabschreibungen finanziert werden, nicht aus der laufenden Geldgebarung (Bankkontokorrent, kurzfristige Lieferantenkre-

dite) finanziert werden. Sie berühren daher in hohem Ausmaß die langfristige Finanzplanung.

2. Anlageninvestitionen erhöhen durch ihren Einsatz die laufenden Abschreibungen und damit die Fixkostenbelastung des operativen Erfolgsplanes. Allerdings stehen den höheren Kosten ein größerer Leistungsumfang und damit höhere Erträge gegenüber.

3. Mit einer über das Planjahr hinausgehenden Nutzungsdauer berühren Anlageninvestitionen die strategische Planung und binden das Unternehmen auch für die weitere Zukunft.

Aus den genannten Gründen dürfen Investitionen, die über die operative Planperiode hinauswirken, nur aufgrund langfristiger Investitionspläne durchgeführt werden, da anderenfalls, abgesehen von den mit der Investition eingegangenen Zahlungsverpflichtungen, Verluste entstehen können, die die zukünftigen Ergebnisse des Unternehmens belasten. Dabei ist es gleichgültig, ob die Anlagen erworben oder leasingfinanziert werden.

Ist der *Leistungsumfang geringer als die vorhandene Kapazität*, hat der Planende festzustellen, ob es sich um einen vorübergehenden oder dauernden Beschäftigungsrückgang handelt. Ein *vorübergehender Beschäftigungsrückgang* kann beispielsweise dann auftreten, wenn ein Produkt, das den Höhepunkt seines Lebenszyklus überstiegen hat, im Auslaufen ist, ein Ersatzprodukt jedoch erst am Beginn seines Zyklus steht.

In einem solchen Fall ist festzustellen, ob für den in Frage stehenden Zeitraum Leerkosten abgebaut werden können; wenn ja, ob dies überhaupt geschehen sollte, da ein Wiederaufbau der Kapazität unter Umständen mehr kostet als durch den Abbau der Kapazität an Kosten eingespart werden könnte. Dies gilt insbesondere für den Abbau qualifizierter Mitarbeiter mit längeren Kündigungszeiten und hohen Abfertigungsansprüchen. Darüber hinaus ist zu erwarten, daß die Wiedereinstellung neuer gleichqualifizierter Kräfte zukünftig höhere laufende Kosten verursachen wird.

Kapazitätsabbau bei Anlagen bedeutet in der Regel, diese zu Preisen abzugeben, die unter dem Buchwert liegen. Selbst dann, wenn der Buchwert durch die Entgelte gedeckt wäre, steht diesen die mit dem Ausscheiden aus dem Unternehmen verlorengegangene Leistungskapazität dieser Anlagen gegenüber.

Die Ausführungen zeigen, daß die aus dem vorübergehenden Abbau qualifizierter Mitarbeiter und aus der Veräußerung von Gegenständen des Anlagevermögens entstehenden Probleme eher für eine Aufrechterhaltung der nicht nutzbaren Kapazität sprechen, ein tatsächlicher Abbau daher rechnerisch wohl begründet sein muß.

Der Abbau von Leerkosten bei vorübergehendem Beschäftigungsrückgang wird sich somit eher auf andere Bereiche der Fixkosten erstrecken. Als Beispiele können etwa der Abbau von nicht qualifizierten Mitarbeitern, die Zurückhaltung von Ersatzinvestitionen, die Verstärkung der Wirtschaftlichkeitskontrolle innerhalb des Unternehmens zur Einsparung von Büromaterial, Post- und Telefonkosten, Hilfs- und Betriebsstoffen etc., die Unterlassung geplanter Werbemaßnahmen u.a. angeführt werden. Obwohl gerade die letztere Maßnahme am leichtesten durchführbar ist und in der Regel auch tatsächlich durchgeführt wird, ist zu bedenken, daß der Abbau von Werbekosten unter Umständen die Leistungsverwertung noch weiter schwächt. Es wird daher häufig die Meinung vertreten, daß die Werbung bei Rückgang des Leistungsumfanges eher verstärkt werden müsse.

Keinesfalls darf, gleichgültig ob der Kapazitätsüberhang als vorübergehend oder dauernd angesehen wird, die Forschung und Entwicklung des Unternehmens beeinflußt bzw. tangiert werden. Forschung und Entwicklung sollen das Überleben des Unternehmens auch in der weiteren Zukunft gewährleisten. Ihr Umfang hat sich daher in erster Linie nach dem erwarteten Forschungsergebnis und nicht nach der jeweiligen Kapazitätsauslastung zu richten.

Ist mit einem *dauernden Beschäftigungsrückgang* zu rechnen, hat der Planende festzustellen, auf welche Teile der Kapazität in Zukunft verzichtet werden kann. Der Abbau dieser Kapazitätsteile ist mit Vorrang zu behandeln. Dies gilt in einzelnen Kostenstellen auch dann, wenn etwa Verfahren in bestimmten Kostenstellen modernisiert werden, und Arbeitsgänge übernommen werden, die bisher in anderen Kostenstellen durchgeführt wurden. Dabei wird häufig vergessen, die Kapazität der nunmehr in vermindertem Ausmaß eingesetzten Kostenstelle rechtzeitig herabzusetzen, sodaß hier unter Umständen Leerkosten in größerem Umfang auftreten.

b) Die Aufstellung der Stellenkostenpläne

Mit der Feststellung der notwendigen Kapazität in den einzelnen Kostenstellen erfolgt die Planung der Stellenkosten, wobei Unterschiede zwischen einzelnen Kostenstellen insoweit auftreten können, als diese dem Produktionsbereich, dem Verwaltungsbereich bzw. dem Vertriebsbereich zugehören. Während der Umfang der Verwaltungskostenstellen in der Regel völlig unabhängig vom Umfang der Produktions- bzw. Absatzleistung ist, beeinflussen diese die Vertriebskostenstellen und die Produktionskostenstellen bis zu einem gewissen Ausmaß auch im Bereich der Fixkosten. Auswirkungen zeigen sich vor allem in den Personalkosten, Reisekosten und unterschiedlichen Sachkosten, wie Büromaterialverbrauch, Telefonkosten etc.

Die *Planung der Stellenkosten* als Budgetvorgabe unterliegt *zwei Grundsätzen*:

Grundsatz 1: Der Verantwortliche hat an der Planung mitzuwirken, da sonst die Identifikation mit den geplanten Zielen und damit das Verantwortungsbewußtsein für deren Realisierung fehlt.

Die Planung ist für den Planenden dann, wenn sie ohne Mitwirkung der Kostenverantwortlichen durchgeführt wird, erheblich leichter zu bewerkstelligen, weil er nicht laufend mit Einwendungen gegen die einzelnen Planwerte konfroniert wird. Diese Form der Planung wird allerdings in der Realisationsphase zu größeren Schwierigkeiten bzw. in der Regel sogar zur Plangefährdung führen, da - wie schon angeführt - jedes Identifikationsgefühl des Veranwortlichen mit den Planwerten fehlt, und er überdies zu beweisen versucht, daß die vorgegebenen Werte nicht einzuhalten seien, weil der Planende von der Realität in seinem Bereich keine Ahnung habe.

Grundsatz 2: Eine Vorgabe kann nur für denjenigen gelten, der auch deren Einhaltung verantworten kann und in der Lage ist, auf das Ausmaß und die Gestaltung der geplanten Kosten Einfluß zu nehmen.

Die Stellenkosten sind daher nach Verantwortlichkeitsbereichen, die sich üblicherweise mit den Kostenstellen decken, zu budgetieren. Allerdings dürfen die Fixkosten nur soweit in den einzelnen Kostenstellen budgetiert werden, als sie direkt in diesen Kostenstellen erfaßbar und vom Kostenstellenverantwortlichen beeinflußbar sind (Kostenstelleneinzelkosten).

Alle nicht direkt einer Kostenstelle zurechenbaren Fixkosten (Kostenstellengemeinkosten) sind in jenem übergeordneten Bereich zu budgetieren, dem sie direkt zugeordnet werden können. Dies bedeutet, daß etwa Kosten, die mehrere Kostenstellen betreffen und schlüsselmäßig diesen zugerechnet werden, verantwortungsmäßig zunächst in einer Vor- oder Hilfskostenstelle gesammelt und von dieser den anderen Kostenstellen zugerechnet werden. Wesentlich ist allerdings, daß ein Verantwortlicher für diese Kostenstelle existiert, der für das Ausmaß und die Einhaltung der Vorgabe verantwortlich ist.

Häufig ist die Frage der unmittelbaren Kostenzurechnung eine *Frage der Wirtschaftlichkeit der Erfassung*. So kann etwa der Büromaterialverbrauch der einzelnen Kostenstellen individuell aufgezeichnet oder pauschal verrechnet werden. Für den Planenden ergibt sich hier einfach die Frage, ob die Einzelaufzeichnung mehr kostet als infolge der damit verbundenen Kontrollmöglichkeit Ersparnisse erzielt werden können. Kommt er zur Ansicht, daß die direkte Fassung mehr kostet, wird er darauf verzichten, aber auch bei Planüberschreitungen nicht die Möglichkeit haben, einen Verantwortlichen zu finden.

4.12.2 Pläne der Leistungserstellung und Leistungsverwertung

Obwohl in der praktischen Durchführung häufig vernachlässigt, besteht zwischen den Plänen der Erstellung der absatzbestimmten Leistungen einerseits und der Verwertung dieser Leistungen andererseits ein enger Zusammenhang, da nur das verkauft werden kann, was auch produziert wird bzw. umgekehrt nur das produziert werden darf, was auch verkauft werden kann. Obwohl diese Aussage eine selbstverständliche Forderung ist, wird in der Unternehmenspraxis häufig dagegen verstoßen, sei es aus Gründen mangelnder Koordination oder aus anderen Gründen (z.B. Beschäftigungsgründen).

Der Zusammenhang der beiden Planbereiche ist jedoch je nach der Art der absatzbestimmten Leistung einerseits und der Erstellung dieser Leistungen andererseits unterschiedlich.

Produktionsbetriebe der *Lagerfertigung* und der *Serienauftragsfertigung*, deren Leistungs- bzw. Produktionsprogramm durch die maschinelle Ausstattung bestimmt ist, planen grundsätzlich von der Absatzmenge her, welche in der operativen Planung von der Marktseite und von der Produktionsseite begrenzt ist.

Unternehmen der *Auftragsfertigung*, deren Planjahr noch nicht durch Aufträge abgedeckt ist, und ein Großteil der Handelsbetriebe sind nicht in der Lage, von der Absatzmenge her zu planen, da die Art und die Zusammensetzung der abzusetzenden Produkte zum Zeitpunkt der Planerstellung noch nicht genau bekannt sind. Diese Unternehmen planen in der Regel, ausgehend von der gegebenen Kapazität, zuerst die Fixkosten und leiten daraus den erforderlichen Plandeckungsbeitrag ab.

a) Die Planung in Unternehmen der Serienfertigung

Wie schon dargelegt, ist die Absatzmenge einerseits von der gegebenen Kapazität und andererseits von der Marktseite her bestimmt. Das Bestreben des Planenden muß darauf gerichtet sein, unter voller Ausnutzung der im Planungszeitraum bestehenden Kapazität den größtmöglichen Deckungsbeitrag zu erzielen. Aus der Tatsache, daß über den klassischen Deckungsbeitrag (Erlöse abzüglich variable Kosten) hinaus noch andere Kostengrößen auf den Erfolg eines bestimmten Produktes einwirken, wie etwa die von Agthe (Agthe 1959, S. 404 ff und S. 742 ff) als Erzeugnisfixkosten (Rüstkosten, Spezialmaschinen für Sonderausfertigungen) bezeichneten Kostenbestandteile, können sich verschiedene *Konfliktpotentiale* zwischen den Bereichen Absatz, Produktion und Finanzabteilung ergeben.

Als *Beispiele* können genannt werden:

Der Produktionsleiter ist an möglichst großen Serien und einem möglichst kleinen Sortiment interessiert.

Der Absatzleiter tendiert zu einem möglichst großen Sortiment, auf das er jederzeit zurückgreifen kann.

Der Einkaufsleiter ist an möglichst großen Einkaufsmengen interessiert, um einerseits entsprechende Mengenrabatte in Anspruch nehmen zu können und andererseits genügend Lagerreserven zur Verfügung zu haben.

Der Finanzleiter ist an möglichst niedrigen Roh-, Halb- und Fertigfabrikatelagern interessiert.

Für den Produktionsleiter bringt die Großserienerzeugung eine Minimierung der Rüstkosten mit sich, da sich diese auf eine größere Stückzahl verteilen. Ein kleines Sortiment ermöglicht den Verzicht auf Spezialwerkzeuge, erleichtert die Materialbeschaffung und zwingt nicht zu Kleinserien.

Der sich aus der Sortimentsreduktion ergebende Konflikt mit der Absatzabteilung resultiert daraus, daß letztere, aus Furcht vor der Abwanderung der Kunden zu anderen Unternehmen, die über ein ausreichend großes Sortiment verfügen, ein möglichst großes Sortiment verlangen. Nach Meinung des Absatzes werden die Verkaufsbemühungen umso erfolgreicher sein, je größer das anzubietende Sortiment ist.

Der sich aus diesen unterschiedlichen Interessenslagen ergebende Konflikt kann nur durch die Unternehmensführung bereinigt werden, die die Vorteile des großen Sortiments auf der Absatzseite mit den Nachteilen auf der Produktionsseite abwägt und, unterstützt durch das Controlling, ihre Entscheidung trifft.

Bei diesen Entscheidungen spielen neben rein quantitativen auch nicht-quantitative Überlegungen eine Rolle. Wie verhält sich der Kunde, der in der Planungsperiode noch „bei der Stange" bleibt, in der weiteren Zukunft? Kann es sich das Unternehmen überhaupt leisten, aus dem Gesamtsortiment Teile mit einem geringeren oder überhaupt fehlenden Deckungsbeitrag wegzulassen, ohne den Absatz der anderen Teile des Sortiments in der Planungsperiode oder in Zukunft zu gefährden?

Konflikte mit der Finanzabteilung können sowohl von Seiten der Produktion als auch von der Absatzseite her auftreten. Verlangt der Produktionsleiter größere Serien, resultiert die Erfüllung dieser Forderung in größeren Fertiglagern. Größere Fertiglager bedeuten eine höhere Kapitalbindung mit der Folge einer schlechteren Kreditstruktur und eines höheren Zinsenaufwandes.

Das Problem des entgegengesetzten Kostenverlaufs hat schon frühzeitig zu Versuchen Anlaß gegeben, die „optimale Losgröße" zu errechnen. Es ist allerdings darauf hinzuweisen, daß trotz intensiver Beschäftigung mit diesem Problem wirklich befriedigende praktische Erfolge bisher nicht zu verzeichnen sind (dazu Egger, 1971, S. 81 ff und die dort angeführte Literatur).

Konflikte zwischen Finanzabteilung und Absatz können bei zu vielfältiger Sortimentgestaltung auftreten, da jede Vergrößerung des Sortiments mit einer Erhöhung der Fertiglagerbestände und auch der Zwischenlagerbestände verbunden ist, weil es letztlich Sinn des Sortiments ist, dem Kunden nicht nur eine größere Auswahlmöglichkeit zu geben, sondern ihn mit dem gewünschten Produkt auch jederzeit bedienen zu können.

Ein anderer Konflikt zwischen Finanzabteilung und Absatz fällt in der Regel nicht in die Planungs- sondern in die Realisationsphase. Dieser Konflikt tritt dann auf, wenn Kunden säumig sind, der Absatz aber aus Furcht, daß der Kunde verärgert werde, verhindern möchte, daß mit der notwendigen Härte gemahnt wird. Ein derartiger Konflikt sollte jedoch auf jeden Fall zugunsten der Finanzabteilung gelöst werden, da der Kunde mit Abschluß des Kaufvertrages eine Verpflichtung eingegangen ist, die er - genauso wie der Lieferant mit der Warenlieferung - mit der rechtzeitigen Bezahlung der Leistung zu erfüllen hat.

Die Planung der variablen Kosten

Bei der Planung der variablen Kosten können im wesentlichen zwei Gruppen unterschieden werden:

1. *Vom Verkaufspreis bzw. der abgesetzten Menge abhängige variable Kosten.*
2. *Von der Leistungsmenge abhängige variable Kosten.*

Zu den unter 1. genannten Kosten gehören die Vertriebssonderkosten, wie Provisionen, Lizenzen, vom Absatz abhängige Werbekosten, Transportversicherungen, Erlösschmälerungen, wie Rabatte und Skonti, und Ausgangsfrachten.

Den größten Teil unter den variablen Kosten nehmen die unter 2. genannten Herstellkosten ein, die sich aus dem Fertigungsmaterialverbrauch, den Fertigungslöhnen und den variablen Material- und Fertigungsgemeinkosten zusammensetzen. Die Planung der variablen Herstellkosten erfolgt in der Regel auf Standardmengenbasis (Stückkosten- und Arbeitsgangpläne), die mit Standardwerten versehen werden.

Die Planung der variablen Kosten erfolgt *absatzbezogen*. Im Leistungsbudget erscheinen daher nur jene variablen Kosten, die sich auf die abgesetzte Leistung beziehen.

Geplante Abweichungen zwischen Absatz- und Produktionsmenge finden in den Halb- und Fertigfabrikatebeständen der Planbilanzen ihren Niederschlag. Treten nicht geplante Abweichungen aufgrund von Produktions- bzw. Absatzmengenänderungen auf, werden die daraus resultierenden Bestandsveränderung in den Ist-Bilanzen erfaßt.

Die Bestandsbewertung der Halb- und Fertigfabrikate wird im Rahmen der auf Grundlage einer Grenzplankostenrechnung erstellten operativen Unternehmensplanung grundsätzlich zu variablen Standardherstellkosten erfolgen. Dies hat zur Folge, daß sämtliche Periodenfixkosten unabhängig von auftretenden Bestandsveränderungen zur Gänze in der Planerfolgsrechnung, aber auch in den jeweiligen Ist-Erfolgsrechnungen enthalten sind. Daraus ergibt sich folgendes Schema für die zum Vergleich zur Planerfolgsrechnung aufzustellende Ist-Erfolgsrechnung:

	Erzielter Umsatz[1)]
-	Standardherstellkosten der verkauften Produkte
±	Aufgetretene Abweichungen infolge von Preisvarianzen, Verbrauchs- und anderen Abweichungen[2)]
	Erzielter Deckungsbeitrag
-	Standardfixkosten
±	Aufgetretene Abweichungen infolge von Preisvarianzen, Verbrauchs- und andere Abweichungen[2)]
	Ist-Betriebsergebnis

Anmerkungen:

ad 1: In der im Zuge des Vergleichs zur Planerfolgsbilanz durchzuführenden Abweichungsanalyse ist der *Umsatz* danach zu zerlegen, inwieweit etwaige Abweichungen auf Absatzmengenänderungen und/oder diese auf Preisänderungen beruhen. Während sich Preisänderungen voll auf das Betriebsergebnis auswirken, sind Mengenänderungen nur im Ausmaß des dadurch veränderten Deckungsbeitrages ergebnisbeeinflussend.

ad 2: *Preis- und Verbrauchsvarianzen* werden, gleichgültig ob sie die variablen Kosten oder die Fixkosten betreffen, in der Regel zur Gänze der Planperiode angerechnet. Sie finden also, soweit es die variablen Kosten betrifft, keinen Niederschlag in den Endbeständen.

In den Fällen der Auftragsfertigung ist es vielfach üblich, die Bewertung der unfertigen Aufträge nicht zu variablen Herstellkosten, sondern zu vollen Selbstkosten durchzuführen, da das erzeugte Produkt ja bereits verkauft ist. In diesem Fall erscheint es jedoch günstiger, die Bestandsveränderungen als „Quasiumsatz" (positiv oder negativ) zu erfassen und die variablen Herstellkosten und die Fixkosten in ihrer vollen Höhe in der Erfolgsrechnung auszuweisen.

b) Die Planung in Unternehmen der Auftragsfertigung

In jenen Fällen, in denen das Produkt bzw. seine Gestaltung nicht unmittelbar von der Maschinen- und sonstigen Sachausstattung des Unternehmens abhängt, ist es häufig nicht möglich, von der Absatzmenge her zu planen, da das Unternehmen die genaue Art der abzusetzenden Leistung zum Zeitpunkt der Planung noch nicht kennt. Dies kann bei der Auftragsfertigung dann der Fall sein, wenn die vorhandenen Aufträge das Planjahr noch nicht abdecken und die kostenmäßige Zusammensetzung der fehlenden Aufträge nicht bekannt ist.

Die Planung der Absatzleistung kann in diesem Fall nur so erfolgen, daß der notwendige und durch bestehende Aufträge noch nicht gedeckte Deckungsbeitrag des Planjahres festgestellt wird und in der Realisationsphase versucht wird, mit den hereinzunehmenden Aufträgen die bestehende Deckungsbeitragslücke auszufüllen.

c) Die Planung in Handelsunternehmen

In Handelsbetrieben hängt die Koordination zwischen geplanter Leistungserstellung und Leistungsverwertung von der Art der gehandelten Ware und der Stellung des Händlers zu seinen Lieferanten ab.

Vertreibt das Unternehmen *spezielle Produkte* - z.B. als Alleinvertreter für ein bestimmtes Gebiet - und sind diese nach Art und Menge gegeben (Fahrzeuge, Maschinen etc.), erfolgt die Planung von der Absatzmenge her, die in vielen Fällen noch vom Lieferanten vorgegeben wird. Ausgehend von der geplanten Absatzmenge muß der Deckungsbeitrag zumindest so groß sein, daß die Fixkosten des Planjahres gedeckt erscheinen. Auf die preis- und absatzpolitischen Maßnahmen zur Variierung der Absatzmenge im Interesse einer besseren Kapazitätsauslastung soll hier nicht eingegangen werden.

Für die Anpassung der Kapazität des Unternehmens an die Absatzmenge gilt das vorne Gesagte.

Unternehmen, die eine *Vielzahl unterschiedlicher Waren* vertreiben, deren genaue Zusammensetzung zum Planungszeitpunkt noch nicht bekannt ist (Kaufhäuser, Supermärkte, Lebensmittelunternehmen), sind nicht in der Lage, die Planung über die Absatzmenge durchzuführen. Sie haben zunächst, ausgehend von der gegebenen Leistungsbereitschaft (Kapazität), die Fixkosten zu planen und den notwendigen Deckungsbeitrag zu ermitteln. Auf der Grundlage des geplanten Deckungsbeitrages, der sich in der Regel auf den in der Vergangenheit erzielten Deckungsbeitragsprozentsatz stützt, wird der Planumsatz ermittelt.

Ein schematisches Beispiel möge dies verdeutlichen:

Geplante Fixkosten auf Basis der gegebenen Kapazität 100 Mio
Deckungsbeitragsprozentsatz der Vorperiode 25 %
Geplantes Betriebsergebnis: 5 % des erzielten Umsatzes
x = zu planender Umsatz
f = Fixkosten

$0{,}25x = f + 0{,}05x$
$0{,}25x = 100 \text{ Mio} + 0{,}05x$
$0{,}20x = 100 \text{ Mio}$
$x = 500 \text{ Mio}$

Im Zuge der Planung ist darauf zu achten, daß der Planumsatz auch kapazitätsmäßig realisierbar ist. Soll in obigem Beispiel der Deckungsbeitragsprozentsatz auf 20 % gesenkt werden, um infolge der daraus resultierenden Preissenkung bessere Absatzchancen zu haben, bedeutet dies eine mengenmäßige Steigerung von 33 1/3 %, um absolut das gleiche Betriebsergebnis zu erzielen, wie das nachstehende Beispiel zeigt:

Der Wareneinsatz im vorigen Beispiel beträgt 75 % von 500 Mio, das sind 375 Mio, das zu erzielende Betriebsergebnis 25 Mio. Bei einem 20 %igen Deckungsbeitrag ergibt sich daraus folgende Rechnung:

$0{,}2x = 100 \text{ Mio} + 25 \text{ Mio}$
$x = 625 \text{ Mio}$

Der geplante Umsatz beträgt 625 Mio S, der geplante Wareneinsatz 500 Mio.
Dies bedeutet gegenüber dem bisher geplanten Deckungsbeitrag von 25 % eine Steigerung von 33 1/3 %.

Falls diese Umsatzsteigerung aus der vorhandenen (menschlichen und sachlichen) Kapazität nicht getragen werden kann, sind neues Personal aufzunehmen und zusätzliche Investitionen zu tätigen, womit aber die ursprüngliche Planungsrechnung nicht mehr den Gegebenheiten entspricht.

4.2 Koordinierung zwischen Leistungsbudget, Finanzplan und Planbilanz

Als unabdingbare Nebenbedingung zur Zielerreichung gilt der Grundsatz der *dauernden Aufrechterhaltung der Liquidität.*

Im Rahmen der strategischen Planung äußert sich dies in der Schaffung und Bewahrung einer Vermögens- und Kapitalstruktur, die den Grundsatz der Fristenkongruenz beachtet. Im Rahmen der kurzfristigen Unternehmensplanung hat der Planende dafür zu sorgen, daß das Unternehmen seinen Zahlungsverpflichtungen jederzeit nachkommen kann, ohne eine wesentliche Störung des Betriebsablaufes zu verursachen.

Leistungsbudget und Finanzplan sind somit eng miteinander verzahnt, da jede im Zusammenhang mit dem Leistungsbudget geplante Erfolgsgröße, die in der laufenden Periode zu Zahlungsvorgängen führt, das Unternehmen finanziell unmittelbar berührt.

Jene Aufwendungen und Erträge, deren Zahlungsvorgänge in vergangenen Perioden stattgefunden haben, sind finanzplanmäßig nicht mehr relevant. Jene Aufwendungen und Erträge, die in kommenden Perioden zahlungswirksam werden, berühren die strategische Finanzplanung. Sie finden ihren Niederschlag in der Planschlußbilanz.

Die Koordinationsaufgabe des Planenden besteht darin, zunächst die Planerfolgsrechnung um alle nicht in die Planperiode fallenden Zahlungen zu bereinigen, um den sich aus der Erfolgsplanung ergebenden Zahlungsbedarf ermitteln zu können.

Ein weiteres, vielfach nicht beachtetes Problem besteht in der Tatsache, daß jede Leistungserhöhung des Unternehmens, also jeder zusätzliche Umsatz, eine gleichzeitige Erhöhung der Umlaufbestände (Vorräte, Forderungen, sonstiges Umlaufvermögen) mit sich bringt, deren Finanzierung ebenfalls gesichert werden muß.

Darüber hinaus ergeben sich in der Planperiode verschiedene langfristig bedingte Zahlungsströme, wie Investitionen und Desinvestitionen, Entnahmen und Einlagen der Gesellschafter, Kreditaufnahmen und -rückzahlungen. Diese Zahlungsströme berühren, von wenigen Ausnahmen abgesehen (Abschreibungen), nicht direkt das Leistungsbudget. Sie wirken aber über den zusätzlich notwendigen Kapitalbedarf bzw. die freigesetzten Mittel zinsenbeeinflussend und bestimmen damit auch das Ergebnis.

Wegen des gegenseitigen Einflusses von Erfolgs- und Finanzplanung fehlt es nicht an Versuchen, eine Simultanplanung beider Bereiche durchzuführen.

5 Schlußbemerkungen

Durch die operative Unternehmensplanung soll das aus der strategischen Planung abgeleitete kurzfristige Unternehmensgesamtziel (in der Regel als Formalziel „Gewinn bzw. Rentabilität" definiert) in handlungsfähige (*operable*) Teilziele umgesetzt werden. Diese Teilziele finden ihren Niederschlag in den Teilplänen, die meist Vorgabecharakter haben, aller Unternehmensbereiche.

Aufgabe des Planenden ist es, in Zusammenarbeit mit den Bereichsverantwortlichen diese Teilpläne zu einem integrierten Gesamtplan (in der Regel das Unternehmensbudget) zusammenzufassen. Dabei gilt es vor allem, zum Teil gegenläufige Bereichsinteressen auszugleichen und den Resortverantwortlichen verständlich zu machen, daß nicht alles, was einer einzelnen Abteilung nützt, auch für das Gesamtunternehmen von Vorteil ist.

Wegen der großen Bedeutung der Aufrechterhaltung des finanziellen Gleichgewichtes, welches das Unternehmen befähigen soll, seine fälligen Schulden jederzeit ohne wesentliche Störung des Betriebsablaufes zahlen zu können, muß die operative Unternehmensplanung den finanziellen Möglichkeiten des Unternehmens entsprechen. Bestandteil des Unternehmensbudgets ist daher auch der Finanzplan, der in gegenseitiger Abstimmung mit dem Leistungsbudget zu erstellen ist.

Leistungsbudget, Finanzplan und Planbilanz bilden das sichtbare Ergebnis der *operativen* Unternehmensplanung; sie sind quasi die „Spitze des Eisbergs", der aus den vielen Teilplänen besteht, auf denen die Gesamtplanung aufbaut.

Literaturverzeichnis

[1] Aghte: *Stufenweise Fixkostendeckung im System des direct costing*, in: ZfB, 1959, S. 404 ff und S. 742 ff

[2] Egger, A.: *Kurzfristige Fertigungsplanung und betriebliche Elastizität unter besonderer Berücksichtung des Betriebes der Serienfertigung mit saisonalen Absatzschwankungen*, Berlin 1971

[3] Egger/Winterheller: *Kurzfristige Unternehmensplanung und Budgetierung*, 4. Auflage, Wien 1989

[4] Gutenberg, E.: *Grundlagen der Betriebswirtschaftslehre, Band I: Die Produktion*, 20. Auflage, Berlin/Heidelberg/New York 1973

[5] Hórvath, T.: *Controlling*, 2. Auflage, München 1986

[6] Lechner/Egger/Schauer: *Einführung in die Allgemeine Betriebswirtschaftslehre*, 13. Auflage, Wien 1990

[7] Plaut, H.G.: *Die Grenzplankostenrechnung, 1. Teil: Von der beweglichen Plankostenrechnung zur Grenzplankostenrechnung*, in: ZfB, 1953, S. 347-

363; sowie 2. *Teil: Grundlagen der Grenzplankostenrechnung*, S. 402-413; ders: *Die Grenzplankostenrechnung*, in: ZfB, 1955, S. 25-39

[8] Seicht, G.: *Die Grenzbetrachtung in der Entwicklung des betrieblichen Rechnungswesens*, Diss., Hochschule für Welthandel, Wien 1962; unverändert im Druck erschienen in den Betriebswirtschaftlichen Schriften, Heft 86, Berlin 1977

Kennzahlengestütztes Controlling für national und international tätige Unternehmen

Thomas Reichmann, Alfred Voßschulte

Inhalt:

1 Entwicklungstendenzen im Controlling

Komplexe Unternehmensentscheidungen erfordern den Einsatz leistungsfähiger Führungskonzeptionen, die die Unternehmensführung wirkungsvoll unterstützen können. Die Unternehmensleitung wird ihre Entscheidungen stets auf der Grundlage eines sorgfältig ermittelten, möglichst breiten Zahlenmaterials treffen. Dies erfordert die Entwicklung von Informationssystemen, die das „richtige Maß" von Informationen auf den unterschiedlichen Entscheidungsebenen zum „richtigen Zeitpunkt" in dem „richtigen Verdichtungsgrad" primär aus den Daten des betrieblichen Rechnungswesens bereitstellen.

Dieser Forderung versucht man mit den in Theorie und Praxis entwickelten Controlling-Konzeptionen zu entsprechen. Lange Zeit wurde der Begriff des Controlling in der deutschen Literatur jedoch eher vergangenheitsbezogen im Sinne von Kontrolle gesehen. Die Erweiterung der Aufgaben des Controlling um den Aspekt der Planung erfolgte erst nach und nach bis hin zu der von der Unternehmenspraxis an das Controlling gestellten Forderung nach der Entwicklung von Frühwarnsystemen (vgl. z.B. [1], S. 109). Relativ spät erst wurde die Koordination von Entscheidungsbereichen und die entscheidungsebenenbezogene Informationsverdichtung in die Aufgabenstellung des Controlling einbezogen (vgl. [6], S. 5 ff.).

Sowohl begrifflich als auch inhaltlich können unterschiedliche Entwicklungen für den deutschsprachigen Raum, wie auch für die Vereinigten Staaten festgestellt werden. Die Aufgabe des Controlling ist schon zu Beginn der 70er Jahre in der Anpassung des Rechnungswesens an den Informationsbedarf des Entscheidungsträgers gesehen worden. Damit wurde dem Controlling eine umfassende Informationsfunktion zugewiesen. Mit der Formulierung konkreter Forderungen, das Controlling als Beschaffung, Aufbereitung und Prüfung von Informationen zu sehen, wurde der Entscheidungsbezug zunehmend stärker betont. In der Weiterentwicklung kommt dem Systemgedanken eine insbesondere begriffsbildende Funktion zu. Controlling wird als ein unterstützendes Subsystem der Führung bezeichnet, das Planung, Kontrolle und Informationsversorgung systembildend und systemkoppelnd koordiniert (vgl. [3], S. 110-128). Damit kann das Controlling heute durch folgende Schlagworte charakterisiert werden (vgl. [6], S. 2-11):

- Erfolgszielbezogenheit
- Entscheidungsorientierung
- Systemgedanke
- (entscheidungsbezogene) Informationsverdichtung
- Koordination
- Planung und Kontrolle.

Eine neue Dimension erhält das Controlling in jüngster Zeit unter dem Schlagwort „Euro-Controlling" (vgl. [8]). Durch die Errichtung von Zweigniederlassungen in der EG, den Aufbau von Unternehmen und Diversifikationen über Joint Ventures ergibt sich eine zunehmende internationale Verflechtung. Multinational verbundene Unternehmen stellen bezüglich der Informationsbeschaffung, Informationsaufbereitung, Datenanalyse, Beurteilung und Kontrolle weit höhere *Anforderungen an das Controlling* als dies im Einzelunternehmen der Fall ist.

Im Rahmen unternehmensexterner Determinanten (z.B. national unterschiedliche technologische, ökonomische oder rechtliche Umfeldbedingungen) kommt dem Controlling neben den genannten Kernfunktionen die Aufgabe zu, bei der Festlegung der organisatorischen Berichtsstrukturen, der formalen Berichtsgestaltung und der DV-technischen Umsetzung des Berichtswesens mitzuwirken.

Die *Rechnungslegungsvorschriften* stellen für das Controlling einerseits Anpassungszwänge dar, andererseits bieten die Neuerungen der 4. und insbesondere der 7. EG-Richtlinie die Chance, einen Beitrag zur zielkonformen Steuerung des Gesamtunternehmens zu leisten. Die unterschiedliche Ausübung von Wahlrechten schafft jedoch bereits auf nationaler Ebene erhebliche Spielräume für die Bilanzpolitik der Unternehmung und damit Intransparenzen für den externen Betrachter; darüber hinaus verstärkt eine unterschiedliche Transformation der EG-Richtlinien über national differenzierte Wahlrechte *abweichende Jahresabschlußinhalte*. Das Controlling muß diese extern vorgegebenen juristischen Rahmenbedingungen für die betriebswirtschaftliche Gestaltung zu einer für die interne Steuerung einheitlichen Datengrundlage, insbesondere unter Kosten- und Erfolgsaspekten, aufbereiten.

1.1 Entwicklung einer systemgestützten Controlling-Konzeption

Konsequent fortgeführt läßt sich aus diesen Gestaltungsaspekten eine umfassende Controlling-Konzeption entwickeln, die dem die neuere Betriebswirtschaftslehre zunehmend bestimmenden Systemgedanken Rechnung trägt (vgl. [6], S. 1-14). Konzeptionelle Gestaltungsvorschläge für das Controlling als einer Funktion, die dem betrieblichen Management dient, sind hierbei sorgfältig abzugrenzen von der Institution des Controllers, die entsprechend der erarbeiteten Controlling-Konzeption tätig wird (vgl. z.B. [2], S.57-66).

Controlling als ein systemgestütztes Management-Informationssystem, das zugleich zur systemgestützten Informationsbeschaffung und Informationsverarbeitung zur Planung, Koordination und Kontrolle benutzt werden kann, setzt sich aus folgenden Stufen zusammen (Abb. 1):

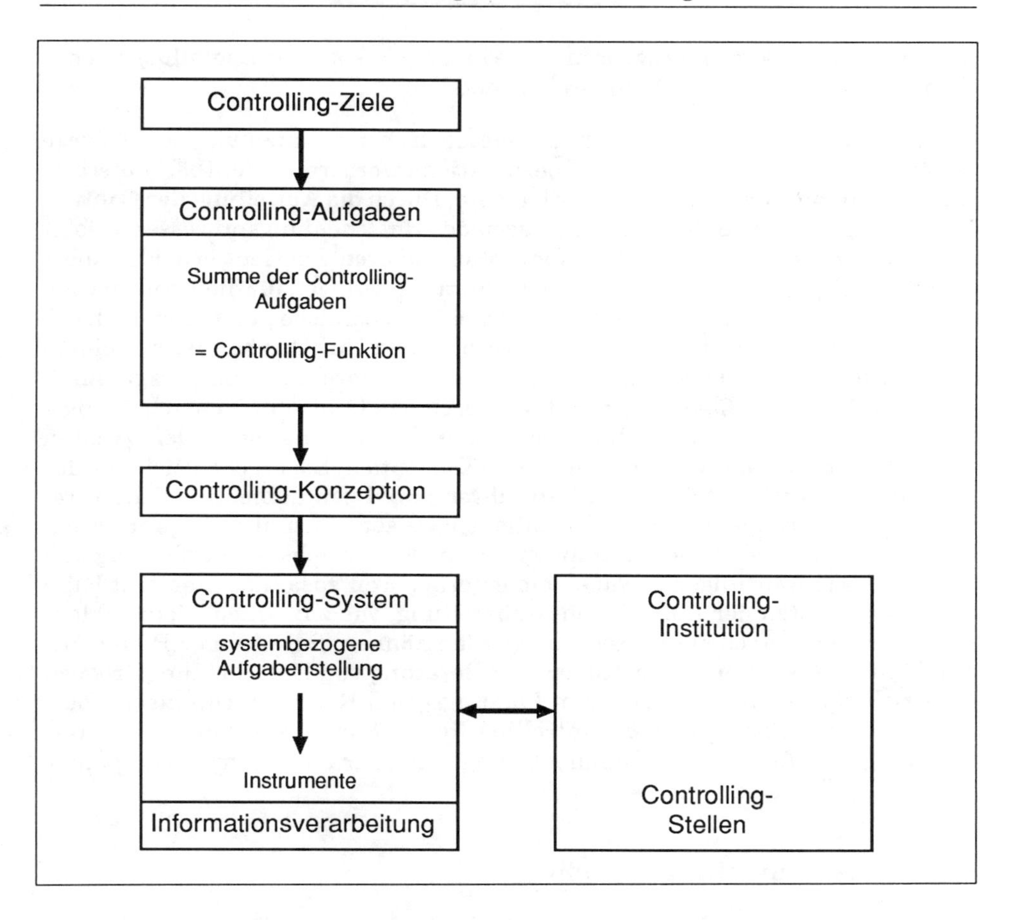

Abb. 1: Struktur des Controlling

Unter *Controlling-Zielen* sind diejenigen Ziele zu verstehen, die Grundlage und Ursache für den Aufbau von Controlling-Systemen sind. Sie leiten sich aus den jeweiligen Oberzielen ab. Auf die Unternehmung bezogen können sich die Zielinhalte primär auf die Wirtschaftlichkeit in Form des Erfolges, der Rentabilität oder der Produktivität und auf die Liquidität beziehen. In einer formalen Betrachtungweise sind die wesentlichen Ziele des Controlling in der Unterstützung der Planung, der Koordination einzelner Teilbereiche sowie der Kontrolle der wirtschaftlichen Ergebnisse zu sehen. Aus den Controlling-Zielen leiten sich die *Controlling-Aufgaben* ab. Sie beinhalten die konkreten Soll-Leistungen, wie Aktivitäten zur Informationsbeschaffung, Informationsaufbereitung, Informationsverdichtung und -verteilung. Dem Controlling werden damit nur solche Aufgabenbereiche zugeordnet, die im Hinblick auf die Beeinflussung des Erfolgszieles als wesentlich anzusehen sind.

Die *Controlling-Konzeption* steckt als methodischer Ansatz auf globale Weise Bereiche ab, die eine inhaltliche Spezifikation erfordern. Sie enthält entscheidungs- und informationsbezogene Elemente. Durch die Aufteilung der Controlling-Aufgaben im Hinblick auf die Phasen des Entscheidungsprozesses, erfolgt eine Ausrichtung der Controlling-Konzeption auf problemorientierte Planungs- und Kontrollprozesse. Damit werden die Voraussetzungen für die Koordination verschiedener Unternehmens- und Entscheidungsbereiche geschaffen (vgl. [6], S. 4f). Die mit der Problemerkennung verbundene Unsicherheit ist mit einem Informationsbedürfnis verbunden, das zu einer Informationsnachfrage durch den Entscheidungsträger führt und die durch das Controlling entscheidungsadäquat zu befriedigen ist. Insoweit bilden die Informationen den zweiten wesentlichen Bestandteil der Controlling-Konzeption. Sie ergeben sich aus der konkreten Aufgabenstellung und aus ihrer jeweiligen subjektiven Interpretation. Die zugrundeliegende Informationsbasis setzt sich aus einem internen Teil, also dem betrieblichen Rechnungswesen, der Betriebsdatenerfassung und den Sonderauswertungen sowie einem externen Teil zusammen, die mit Hilfe von Instrumenten der Informationsaufbereitung, wie z.B. einem Kennzahlensystem, zielentsprechend präsentiert werden können. So werden z.B. die entscheidungsrelevanten Informationen zur Beratung von Entscheidungsträgern in Berichtsform aufbereitet oder in Planungs- und Kontrollrechnungen überführt und verdichtet. Mit der Controlling-Konzeption wird somit ein Bezugsrahmen geschaffen, der die Rahmenbedingungen für die Ausgestaltung eines Controlling-Systems setzt.

1.2 Das Controlling-System

Die Controlling-Konzeption wird durch die Festlegung bestimmter Konzeptionsparameter konkretisiert, d.h. es wird festgelegt, welche Aufgabenstellungen in welchen Unternehmensbereichen zu analysieren sind, welche Informationsbasis und welche Rechengrößen im einzelnen sowie welche Systemelemente verwendet werden. Zur Bestimmung der im Rahmen einer Controlling-Konzeption zu erfüllenden Aufgaben wird der gesamte unternehmerische Analysebereich strukturiert erfaßt, und es werden mit Hilfe der Systemtheorie im Rahmen einer Grobanalyse die jeweiligen Determinanten eines Systems und ihr wechselseitiges Zusammenwirken untersucht. Das Controlling-System geht also von einer klaren Vorstellung über die Art der Entscheidungsprobleme, die mit Hilfe des Controlling zu unterstützen sind, aus. Die an den jeweiligen Aufgaben orientierte Informationsbereitstellung basiert auf einem umfassenden Rechenwerk und auf der Grundlage abgestimmter Controlling-Instrumente, die zu gewährleisten haben, daß die Informationen den einzelnen Entscheidungsebenen im Unternehmen entsprechend ihren geschichteten Informationsbedürfnissen zur Verfügung gestellt werden. Das Controlling-System trägt damit zur Planabstimmung, zur Koordination aller betrieblichen Teilbereiche sowie aller Entscheidungsebenen bei und wirkt einer dem gesamtbetrieblichen Erfolgsziel abträglichen Optimierung einzelner Teilbereiche (Suboptimierung) entgegen.

Die im Rahmen eines Controlling-Systems ablaufenden Informationsprozesse lassen sich dreidimensional abbilden. Die erste Dimension basiert auf der klassischen Funktionseinteilung des Unternehmens in Beschaffung, Produktion und Absatz sowie der in letzter Zeit wesentlich an Bedeutung gewonnenen Logistik. Darüber hinaus wird im Rahmen dieser Funktionseinteilung der Führungsbereich aufgrund seiner spezifischen gesamtunternehmensbezogenen Entscheidungsprobleme abgegrenzt. Bei dieser *funktionsorientierten Kategorisierung der Informationsprozesse* werden die Informationen im Hinblick auf ihren Informationsbezug systematisiert. Die zweite Dimension bezieht sich auf *Kategorien von Informationen wie Einnahmen- und Ausgabengrößen, Kosten- und Leistungsgrößen, Erträge und Aufwendungen* sowie *Vermögen und Kapital*. Die dritte Dimension stellt schließlich auf die *zeitliche Komponente* ab. Sie läßt sich in eine kurzfristige (taktische), mittelfristige (operative) und langfristige (strategische) Ebene differenzieren. Aus dem Gesagten folgt, daß das Controlling-System in einen, wie in Abbildung 2 dargestellten, dreidimensionalen Bezugsrahmen eingeordnet werden kann. Die jeweiligen Controlling-Aufgaben zerfallen in eine funktionale und eine monetär-orientierte Charakteristik. Das Controlling-System als Spezifikation der Konzeption unterscheidet sich somit in Bezug auf das abgebildete Modell lediglich darin, daß unterschiedliche Schnittebenen durch den dreidimensionalen Raum gelegt werden können.

2 Kennzahlengestütztes Controlling

2.1 Informationsstruktur im Controlling

Die Daten des betrieblichen Rechnungswesens lassen sich dann für die mittlere Führungsebene in verdichteten Umsatz-, Kosten-, Erfolgs- und Finanzplänen sowie zur Planbilanz zusammenführen und auf der obersten Führungsebene in ein Kennzahlensystem integrieren. Hinter dem dargestellten Zugriff auf die Informationsbasis sowie die Informationsbereitstellung für die jeweiligen Entscheidungsbereiche durch das Controlling stehen differenzierte Prozesse der entscheidungsebenenbezogenen Informationsbereitstellung. So obliegt dem Controller die Aufgabe, für notwendig erachtete Informationen von allen Entscheidungsebenen einer Unternehmung abzurufen, zentral zu verarbeiten und anschließend in den gewünschten Verdichtungsstufen an die Unternehmensleitung sowie an die anderen Entscheidungsebenen in der Unternehmenshierarchie abzugeben (vgl. Abb. 3).

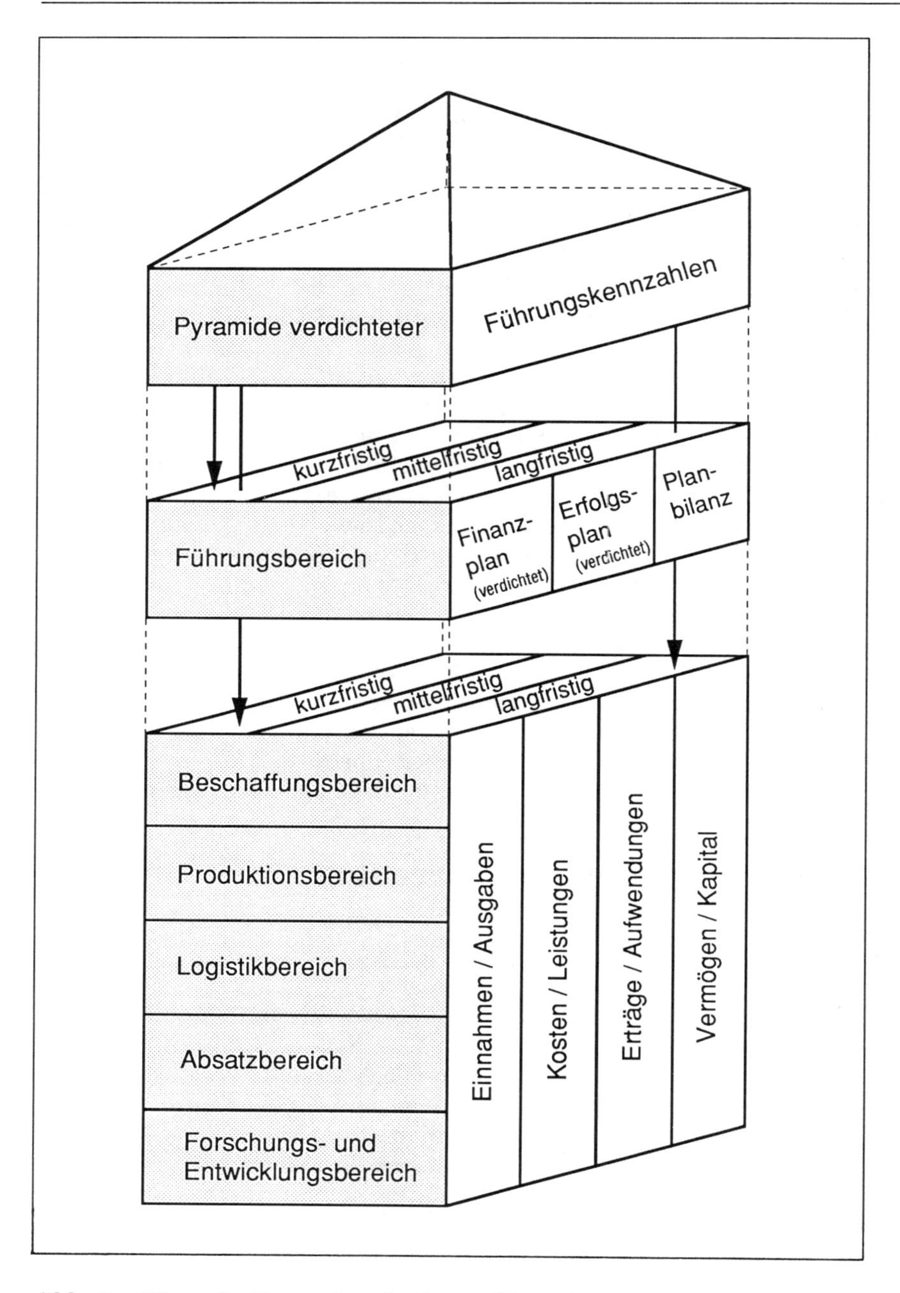

Abb. 2: Die mehrdimensionale Controlling-Konzeption

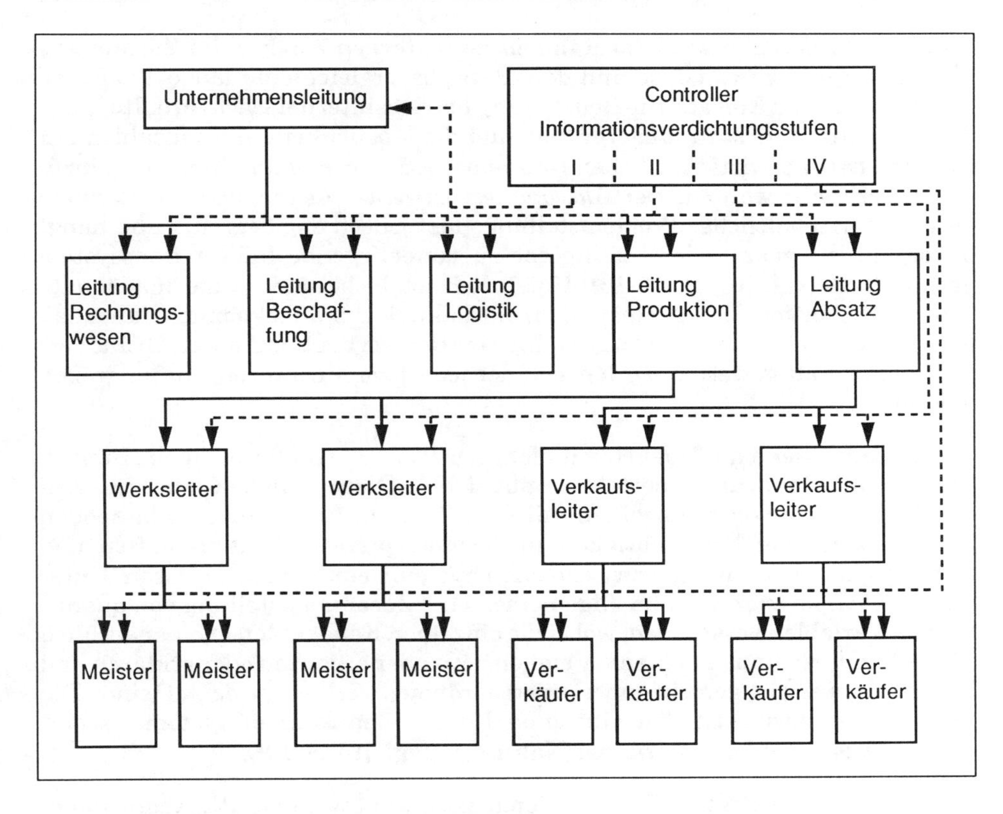

Abb. 3: Informationsstruktur des Controlling

2.2 Kennzahlengestützte Informationsbereitstellung

Wesentliche Bedeutung kommt hierbei den Kennzahlen zu (vgl. [7]). Unter *Kennzahlen* versteht man jene Zahlen, die quantitativ erfaßbare Sachverhalte in konzentrierter Form erfassen. Die wichtigsten Elemente einer Kennzahl sind mithin ihr *Informationscharakter*, wodurch zum Ausdruck kommen soll, daß Kennzahlen Urteile über wichtige Sachverhalte und Zusammenhänge ermöglichen, die *Quantifizierbarkeit der Informationen*, die meßtheoretisch gesprochen ermöglicht, daß Sachverhalte und Zusammenhänge auf einem metrischen Skalenniveau gemessen und somit relativ präzise Aussagen ermöglicht werden, und ihre spezifische Form, die einen schnellen und möglichst umfassenden *Überblick über betriebliche Sachverhalte der Führungsinstanz* ermöglichen soll (vgl. [7], Sp. 2092).

Kennzahlen besitzen zwar im Rahmen der externen Analyse im Zusammenhang mit der Bilanzanalyse und dem Betriebsvergleich eine lange Tradition. Dennoch war ihr Einsatz zur Beurteilung betriebsinterner Sachverhalte lange Zeit umstritten. Erst in jüngerer Zeit sind die Möglichkeiten, Kennzahlen zur internen betriebswirtschaftlichen Information, Steuerung und Kontrolle einzusetzen, erkannt worden. Der *Aussagewert einzelner Kennzahlen* im Rahmen betriebswirtschaftlicher Problemstellungen ist jedoch eng begrenzt und hängt davon ab, wie genau oder zufällig das zugrundeliegende Informationssystem gestaltet ist (vgl. [6], S. 15-18). Gefährlich ist insbesondere die inadäquate Interpretation von Einzelkennzahlen, die dadurch zustandekommen kann, daß lediglich eine einzelne quantitative Information vorliegt, auf deren Grundlage ein Sachverhalt gewertet werden soll, der jedoch von mehreren Einflußgrößen abhängt.

Immer dann, wenn die Möglichkeit mehrdeutiger Interpretationen im Hinblick auf einzelne Kennzahlen besteht, ergibt sich die Notwendigkeit einer integrativen Erfassung von Kennzahlen mit dem Ziel, auf Basis einer umfassenden Systemkonzeption Mehrdeutigkeit in der Interpretation auszuschalten und Abhängigkeitsbeziehungen zwischen den Systemelementen zu erfassen. Unter *Kennzahlensystemen* wird im allgemeinen eine Zusammenstellung von quantitativen Variablen verstanden, wobei die einzelnen Kennzahlen in einer sachlich sinnvollen Beziehung zueinander stehen, einander ergänzen oder erklären und insgesamt auf ein gemeinsames übergeordnetes Ziel ausgerichtet sind. Die Beziehungen zwischen den einzelnen Kennzahlen können systematischer, mathematischer oder empirischer Natur sein (vgl. [6], S. 19f).

Bei einem systematischen Kennzahlenansatz, wie etwa dem RL-Kennzahlensystem, wird von einem auf ein Oberziel ausgerichteten System von Kennzahlen ausgegangen, das die wesentlichen Entscheidungsbereiche des Unternehmens umfaßt und die wechselseitigen Auswirkungen erkennen läßt. Indem das Oberziel in Subziele aufgelöst wird, ergibt sich durch den stufenweisen Aufbau von Zielen eine Zielhierarchie. Das betriebliche Realsystem läßt sich komplett durch ein entsprechendes Ziel-, Planungs- und Kontrollsystem abbilden (vgl. [6], S. 30ff).

Im Hinblick auf die Unternehmenspraxis sind nun Selektionskriterien zu finden, die die Zahl der Planungs- und Kontrollprozesse, aber auch die Zahl der Kennzahlen begrenzen und überschaubar halten. In der Regel wird schon bei der Zielstrukturierung und Planung dort abgebrochen, wo eine hinlängliche Verhaltenssteuerung gewährleistet ist. Das gleiche gilt für die entsprechenden Pläne und Kontrollprozesse. Der fehlende Differenziertheitsgrad in der Unternehmensplanung und -kontrolle führt dann in der Regel zu einem *Mangel an Koordinationsinformationen*. Den Kennzahlen bzw. Kennzahlensystemen kommt dann nicht nur eine entscheidende Informationsfunktion zu, sie bekommen auch eine wichtige Koordinationsfunktion zwischen den einzelnen

Unternehmensbereichen, um frühzeitig auf Abweichungen der geplanten Entwicklung von der Ist-Entwicklung in den einzelnen Teilbereichen aufmerksam zu machen und die negativen Auswirkungen dieser Abweichungen für die anderen Bereiche aufzuzeigen.

2.3 Das Führungs-Kennzahlensystem

Ein effizientes Führungsinformationssystem muß also eine zeitgerechte und bedarfsorientierte Bereitstellung führungsrelevanter Informationen als Grundlage für die operative und strategische Entscheidungsfindung sicherstellen. Zudem sollte es ein leistungsfähiges Werkzeug zur Organisation des betrieblichen Informationssystems im allgemeinen und zur Erstellung und Aufbereitung flexibler Berichte und Auswertungen unter Berücksichtigung der unternehmensspezifischen Berichtsbaumhierarchien im speziellen sein. Vor diesem Hintergrund kommt daher kennzahlengestützten Führungsinformationssystemen eine wesentliche Bedeutung zu, die den Entscheidungsträgern den jederzeitigen und flexiblen Zugriff auf entscheidungsrelevante Informationen ermöglichen sollen.

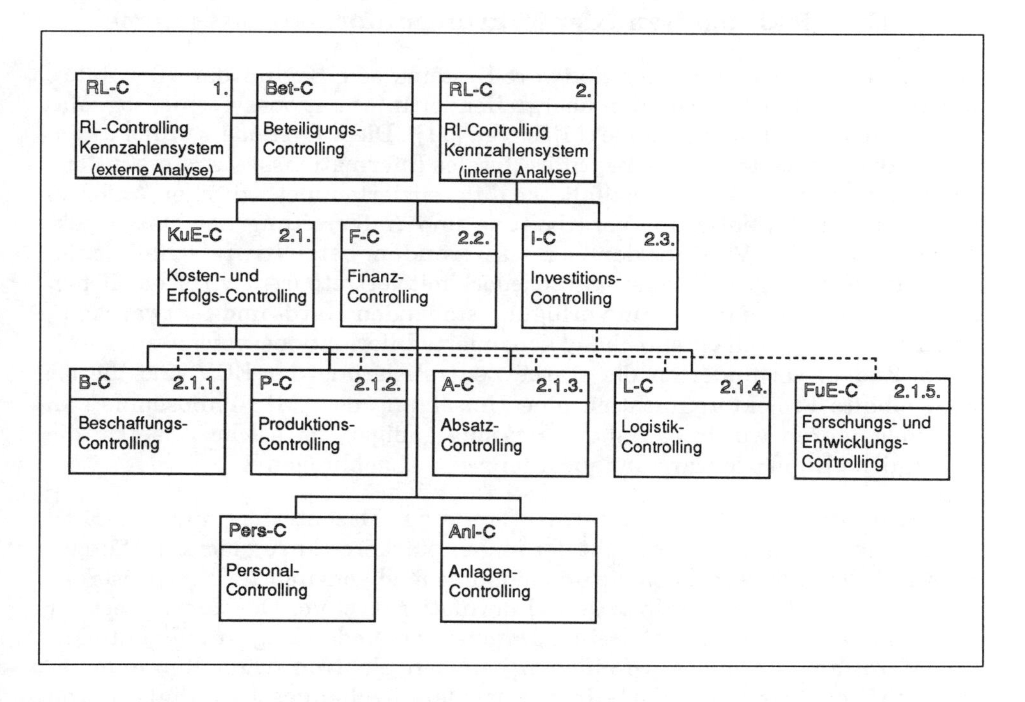

Abb. 4: Das RL-Controlling-Kennzahlensystem

Aufbauend auf dem Gedanken der Unternehmensgesamtplanung läßt sich als Kernstück der Controlling-Konzeption ein Kennzahlensystem aufbauen, das verdichtete Informationen aus den betrieblichen Funktionsbereichen Beschaffung, Absatz und Logistik enthält (vgl. [6], S. 49-52). Entsprechend der Controlling-Konzeption gibt es ein Beschaffungs-Controlling (B-C), ein Produktions-Controlling (P-C), ein Absatz-Controlling (A-C) und ein Logistik-Controlling (L-C), die entsprechende Planungs-, Steuerungs- und Kontrollinstrumente beinhalten und zu entsprechenden Kennzahlensubsystemen führen. Die Verbindung zu diesen Funktionsbereichen sowie die Verdichtung der Informationen im Hinblick auf das Unternehmensziel erfolgen im Rahmen des Kosten- und Erfolgs-Controlling (KuE-C), des Finanz-Controlling (F-C) und des Investitions-Controlling (I-C) sowie durch die entsprechenden Kennzahlen in dem Führungs-Kennzahlensystem (RL-C).

3 DV-gestütztes Führungsinformationssystem auf Kennzahlenbasis

3.1 Entwicklungsstand der Führungsinformationssysteme

Die rasante Entwicklung der Software-Systeme seit Beginn der 70er Jahre führte zunächst zur Konzeption übergreifender Informationssysteme, sog. Management-Informationssysteme (MIS) (vgl. [11]). Diese Systeme wurden intensiv vor dem Hintergrund des Begriffes „totales Informationssystem" diskutiert. Die Datenkomplexität und -vielfalt, die differenzierten methodischen Anforderungen zur zielorientierten Verarbeitung und Aufbereitung des Datenspektrums sowie die Vielfalt der interessierenden betriebswirtschaftlichen Probleme und Fragestellungen waren jedoch mit vertretbarem wirtschaftlichen Aufwand und den damals zur Verfügung stehenden Hard- und Softwarekomponenten nicht durch entsprechend konzipierte Informationssysteme zu bewältigen. Zudem verhinderten die starke Zentralisierung der EDV und die oft mangelhafte Projektorganisation eine Umsetzung der „MIS-Philosophie". In den Folgejahren wurde es daher beständig ruhiger um solche Ansätze; die anfängliche Euphorie war zumindest teilweise abgeklungen.

Seit Mitte der 80er Jahre nimmt der Trend zur Dezentralisierung der EDV signifikant zu. Damit einher geht der immer stärkere Einzug leistungsfähiger Personal-Computer-Technologie und entsprechend konzipierter Business-Software in das unternehmensbezogene Informationssystem. Der Zentralrechner hat zunehmend nur noch als reiner Datenserver Bedeutung. Intelligente Mikro-/Mainframe-Lösungen vereinen neben den elektronischen Kommunikationsmöglichkeiten die Vorteile der großen Rechengeschwindigkeit und Speicherkapazität von Großrechnern und die Flexibilität sowie Benutzerfreundlichkeit von Personal Computern (vgl. [9], S. 58). Dadurch werden die

Einsatzmöglichkeiten interaktiver Entscheidungsprozesse erweitert, bei denen der Computer die Daten bereitstellt und Rechenprozeduren ausführt, und der Benutzer die Selektions- und Steuerungsvorgänge übernimmt. Aus Benutzersicht ist neben der lokalen Verfügbarkeit des Datenspektrums die variable und individuelle Auswertungsmöglichkeit von Daten und damit die Option einer stärker bedarfs- und ergebnisorientierten Gestaltung der verschiedenen Auswertungen hervorzuheben.

In softwaretechnischer Sicht lassen sich generell Dispositions- und Administrationssysteme, Abrechnungssysteme sowie Berichts- und Kontrollsysteme differenzieren. Letztere beinhalten die unmittelbar managementorientierten Führungsinformationssysteme bzw. sog. Decision Support Systeme (vgl. [5], S. 234f; [10], S. 440), zu denen auch das in Abschnitt 3.2 vorzustellende Führungsinformationssystem zählt.

Eine Herausforderung besonderer Art stellen die Anforderungen an das Informationsmanagement aus dem Euro-Controlling dar. Das Euro-Controlling steht bei der Informationserstellung und -übermittlung vor der Aufgabe, die gravierenden *Standardisierungs- und Schnittstellenprobleme*, die sich aus dem Zusammenwachsen unterschiedlicher organisatorischer, funktionaler und technologischer Systeme ergeben, im Sinne einer am Gesamtziel orientierten Unternehmensführung zu überwinden.

Die *Standardisierung des Berichtswesens* wird wesentlich erleichtert, wenn Klarheit in der Darstellung, den inhaltlichen und zeitlichen Dimensionen und in der Art der Berichtsform besteht. Die *Darstellung von Informationen* sollte einen einheitlichen Aufbau haben; hierbei sind vier Darstellungstypen von Interesse. *Grafiken* vermitteln eine erste, globale Übersicht. Führungskräfte verfügen über das notwendige Hintergrundwissen, um sich, weitergehend anhand von *Kennzahlen*, die als Indikatoren des betrieblichen Geschehens für bestimmte kritische Erfolgsfaktoren definiert sind, in kurzer Zeit einen gezielten Einblick in die Unternehmenssituation zu verschaffen. Umfangreichere Datenmengen können detailliert in Form von *Tabellen* dargestellt werden. *Textdokumente* schließlich vermitteln eher qualitative Informationen. Bei der *Informationsaufbereitung* sollten die Daten durch Vergleichsgrößen relativiert werden, z.B. durch Soll/Ist-Vergleiche oder durch eine Gegenüberstellung der Istwerte zum Durchschnitt der Vorperioden oder der Vorjahresperioden. Diese Analysen können jeweils auf Monatsbasis oder als Kumulat vorgenommen werden. Der *inhaltliche Aufbau* der Informationsdarstellung ist eng an ihre Periodizität gekoppelt. So wird eine Änderung der rechtlichen und volkswirtschaftlichen Rahmenbedingungen nur in größeren Zeitintervallen berücksichtigt werden müssen. Vertriebs- und Liquiditätsdaten können täglich von Interesse sein, während eine Dokumentation und Kontrolle der Erfolgsgrößen monatlich vorgenommen werden kann. Insbesondere die Abbildung strategisch relevanter Einflußgrößen wird prospektiv, als Forecast, erfolgen. Die *Berichts-*

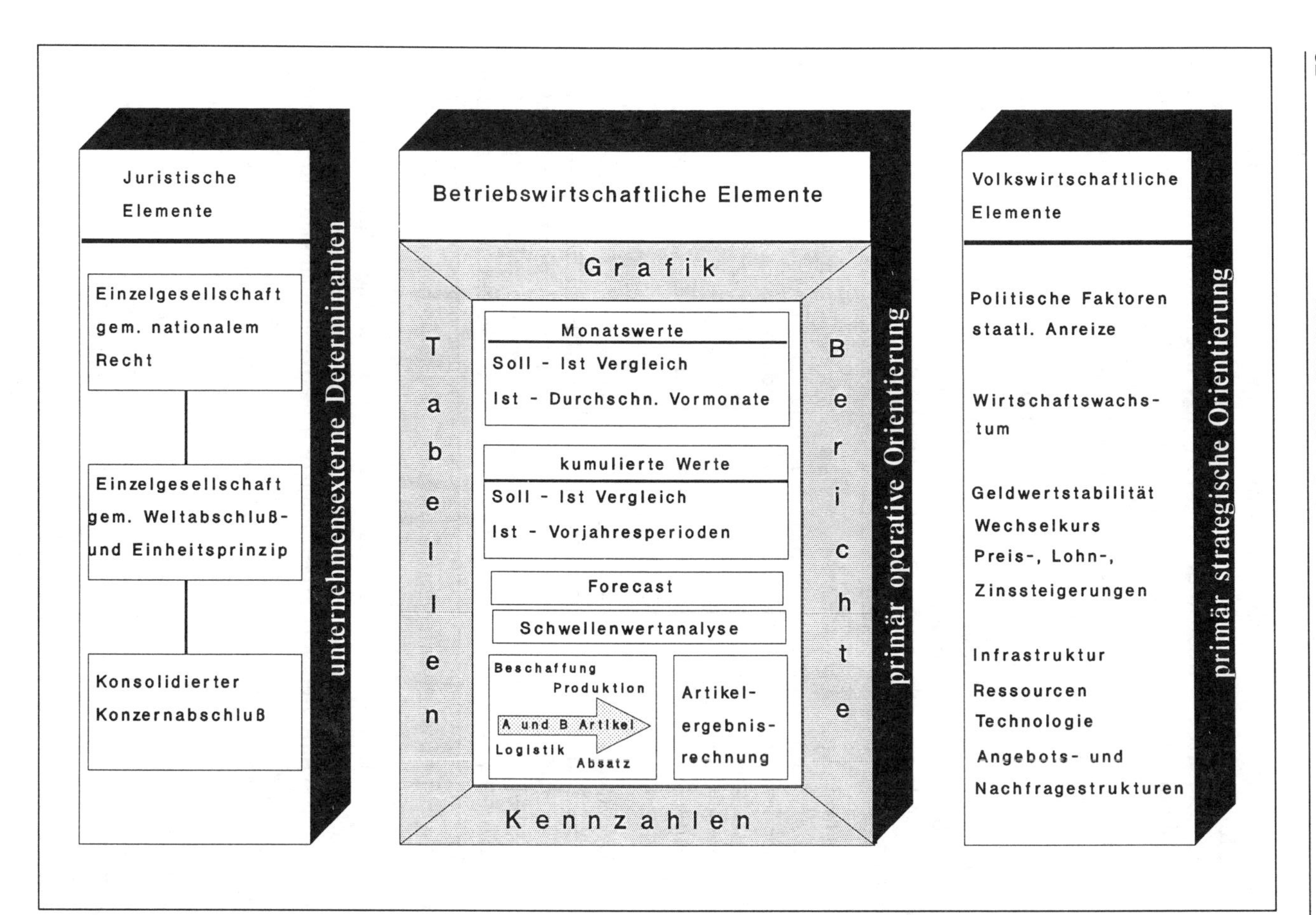

Abb. 5: Komponenten eines internationalen Führungsinformationswesens

form (Standard-, Abweichungs- oder Bedarfsberichte) ist von der Darstellung unabhängig, jedoch an Berichtsinhalt und -intervalle gebunden.

Das *Berichtswesen* muß im Beteiligungs-Controlling so strukturiert sein, daß sowohl die Belange des dezentralen Controlling in den Einzelgesellschaften, als auch die des Zentral-Controlling befriedigt werden. Im Konzern ist das Berichtswesen deshalb in einen gesellschaftsübergreifenden Teil mit konsolidierungsfähigen Größen und in einen Sonderteil mit einzelnen Konzern-Bezugsobjekten zu unterteilen.

Der *gesellschaftsübergreifende Teil* des Berichtwesens dient der Vergleichbarkeit der Einzelgesellschaften; er ist deshalb unter dem Primat der Harmonisierung zu erstellen. Wesentliche inhaltliche Komponenten sind eine konsolidierte Erfolgsrechnung, die sich am Aufbau der jährlich zu erstellenden Jahresabschlüsse orientiert, eine Liquiditätsrechnung für den Konzern (zentrales Cash Management zur Optimierung der Zinsbelastung), Stärken/Schwächen-Analysen der Einzelunternehmen und Informationen über zentral koordinierte FuE-Projekte. Der *Sonderteil* bietet eine einzelfallbezogene Informationsversorgung, die nicht durch Vereinheitlichungen nivelliert wird. In einer Spartenorganisation kann der Sonderteil zu einem Produkt- oder Projekt-Controlling mit Bezug zum gesellschaftsübergreifenden Teil ausgebaut werden. Unabhängig von der Organisationsstruktur sollte ein Überblick der juristischen und volkswirtschaftlichen Lage vermittelt werden. Die betriebswirtschaftliche Komponente sollte die mengen- und wertmäßige Absatz/Produktions-Entwicklung, differenziert nach Produkten und Gesellschaften, in ihren Kosten-, Ergebnis- und Finanzauswirkungen auf die betrieblichen Funktionalbereiche zeigen. Im Bereich der *kennzahlengestützten Informationsversorgung* erfüllt das RL-Kennzahlensystem, das in das im folgenden darzustellende Führungsinformationssystem (FIS) integriert worden ist, die duale Anforderung der Berichtserstattung durch Unterteilung in einen allgemeinen Teil und in einen Sonderteil (vgl. [7], Sp. 2098). Der allgemeine Teil knüpft hierbei an die bilanziellen, extern vorgegebenen Jahresabschlußpositionen an; die spezifische Ausgestaltung des Sonderteils folgt dem Aufbau des Berichtswesens und damit der organisatorischen Struktur des Unternehmens (vgl. [12], S. 214).

3.2 Anforderungen an ein kennzahlengestütztes Führungsinformationssystem (FIS)

Stellt man an ein kennzahlengestütztes Führungsinformationssystem über die Durchführung einfacher Kombinationen verschiedener Daten zu neuen aussagefähigen Informationen hinaus den Anspruch, daß es möglichst PC-gestützt die fallweise und situationsspezifische Verknüpfung von Daten und Methoden bzw. Modellen zu betriebswirtschaftlichen Aussagen ermöglichen soll, ist das FIS auf der obersten Ebene der Software-Pyramide als managementorientiertes

Führungsinformationssystem zu konzipieren. Neben der zeitgerechten und bedarfsorientierten Bereitstellung relevanter Führungsinformationen sollte das Führungsinformationssystem zugleich die Organisation des betrieblichen Informationssystems insgesamt sowie den Aufbau von Berichtshierarchien gewährleisten, um insbesondere die Erstellung und Aufbereitung flexibler Berichte zu ermöglichen. Insoweit sind an ein solches kennzahlengestütztes Führungsinformationssystem folgende inhaltliche und systemtechnische Anforderungen zu stellen:

– Abbildung der Erfolgs- und Liquiditätslage des Unternehmens in aggregierter Form
  → Kennzahlensysteme

– Beurteilung des Unternehmens im Zeitablauf
  → Zeitreihenanalysen

– Empfängerorientierte Datenhaltung und Informationsaufbereitung
  → Berichtsbaumhierarchie

– Aktuelle Informationsbereitstellung

– Individuelle Informationsgestaltung
  → Berichtsgenerator

– Vorgabe betriebswirtschaftlicher Strukturen als Online-Hilfe beim Systemaufbau und bei der Informationsbereitstellung
  → Standardvorgaben

– Nutzung der bestehenden Administrations- und Dispositionssysteme durch Sicherstellung einer entsprechenden DV-technischen Anbindung
  → Schnittstellen

Die Leistungsfähigkeit eines kennzahlengestützten Führungsinformationssystems ist dabei in starkem Maße davon abhängig, inwieweit es gelingt,

– in Abhängigkeit von unternehmensbezogenen, saisonalen und sonstigen marktlichen Einflüssen kennzahlenspezifisch Toleranzschwellen bzw. Fühlbarkeitsschwellen zu hinterlegen;

– online Überschreitungen der individuell definierbaren Toleranzgrenzen in Niveau und Struktur bis auf die unterste Berichtsebene transparent zu machen;

– auf der Ebene der untergeordneten Kennzahlen wertmäßige Veränderungen auch dann sichtbar zu machen, wenn diese auf Ebene der übergeordneten Kennzahlen („Spitzenkennzahlen") zu Kompensationseffekten führen;

- die Entwicklung einzelner Kennzahlengrößen auch im überjährigen Ablauf zu beurteilen und eine Konzentration der Einzelabweichungen auf bestimmte Berichtselemente und Perioden zu initiieren;

- auf der Ebene berichtselementspezifischer und/oder -übergreifender Vergleiche zusätzliche Kenngrößen zu generieren (z.B. Spaltenabweichungen, Wertaggregationen), die den Führungsinstanzen zusätzlich wertvolle Anregungsinformationen vermitteln;

- das System vom Benutzerkomfort her so anwenderfreundlich zu konzipieren, daß dem Anwender mehr Zeit für seine eigentlichen Analyseaufgaben bleibt und damit Effizienzgewinne realisiert werden können.

3.3 Aufbau eines kennzahlengestützten Führungsinformationssystems

Im Vordergrund der konzeptionellen Gestaltung eines kennzahlengestützten Führungsinformationssystems steht die mehrdimensionale Abbildung aller relevanten Informationen. Die Verknüpfung der Daten zur entscheidungsebenenbezogenen Informationsversorgung erfolgt inhaltlich durch die drei Dimensionen „Zeit", „Berichtsbaum" und „Auswertungen".

Mit der *Dimension „Zeit"* wird der Zeithorizont der Informationsbereitstellung bestimmt, so daß sich grundsätzlich jährliche und unterjährige Analysen unterscheiden lassen. Die jährlichen Analysen haben eher globalen Charakter und dienen dem Vergleich übergeordneter Berichtselemente. Unterjährige Analysen entsprechen den Ansprüchen des Controlling nach detaillierten Abweichungsanalysen bis auf die unterste Berichts(-baum-)ebene, zumal es vielfach notwendig ist, einzelne kritische Kenngrößen unterjährig (z.B. monatlich oder quartalsweise) zu steuern und kontrollieren. Eine Kennzahl, die z.B. auf Jahresbasis ermittelt wird, kann unterjährig erheblichen Schwankungen (z.B. nachfrage- oder produktionsbedingt) ausgesetzt sein, die den Jahreswert nivellieren (*zeitliche Kompensationseffekte*). Die unterjährige Analyse gewinnt damit in den Branchen an Bedeutung, in denen kontinuierlich unterjährige saisonale Schwankungen festgestellt werden (z.B. Handelsunternehmen). Hier kommt es vor allem darauf an, Saisonverschiebungen und deren wirtschaftliche Konsequenzen transparent zu machen.

Die *Dimension „Berichtsbaum"* bewirkt eine an die Organisationsstruktur der Unternehmung angepaßte Berichtshierarchie und ermöglicht eine Unterteilung des Gesamtunternehmens in einzelne Ergebnisbereiche. Neben der Möglichkeit der Anpassung der Berichtsstruktur an unternehmungs- und/oder marktbezogene Veränderungen können darüber hinaus berichtselementindividuelle Kommentare und planungsunterstützende Informationen hinterlegt werden, die die Aussagekraft und Transparenz des im Informationssystem enthaltenen Zahlenmaterials wesentlich erhöhen. Mit Hilfe des Berichtsbaumes kann das Zustandekommen des Gesamtergebnisses durch vergleichende Analysen der einzelnen Teilbereiche (Teilergebnisse) aufgezeigt werden (Top-down-Analyse). Weiterhin können neben den Auswertungen auf Gesamtunternehmensebene einzelne Unternehmensbereiche gesondert betrachtet und bei Bedarf tiefergehenden Analysen unterzogen werden. Der Aufbau einer solchen Berichtsbaumhierarchie kann - je nach struktureller und inhaltlicher Differen-

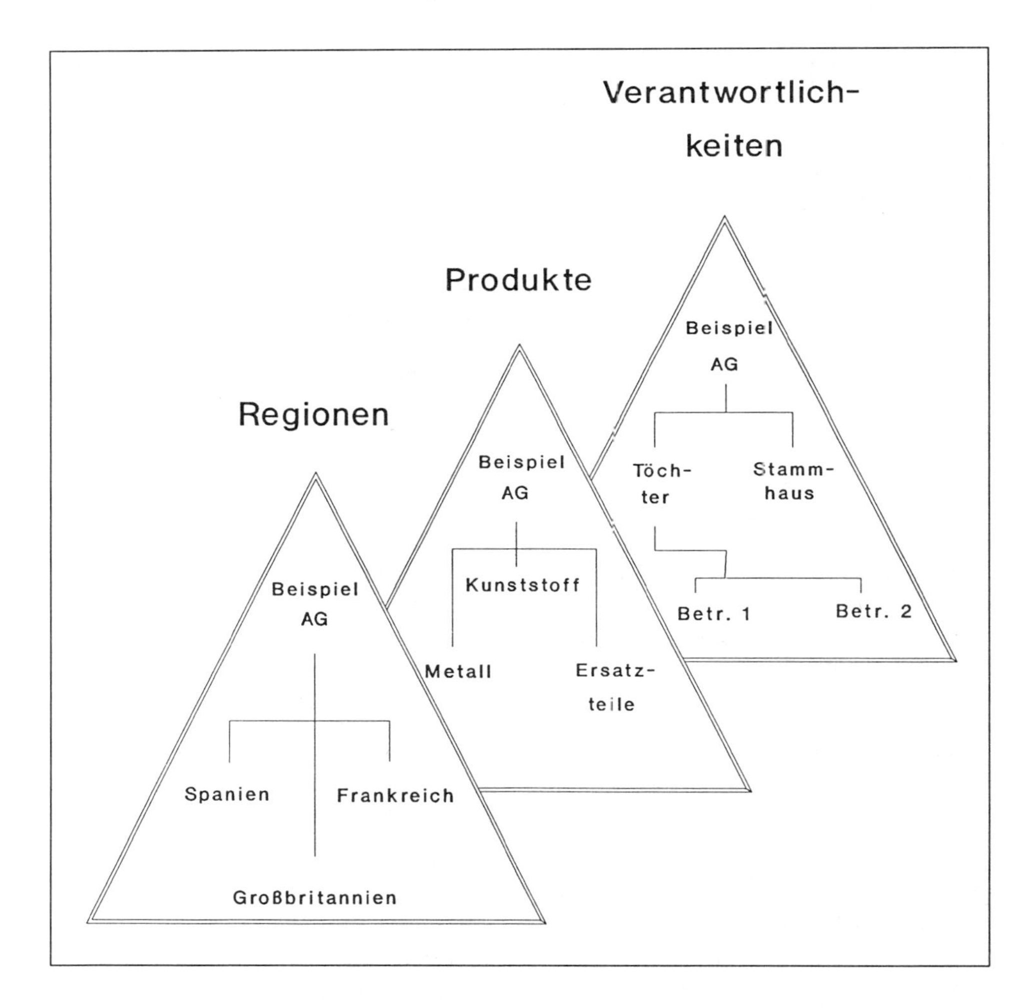

Abb. 6: Berichtsbaum: Verwaltung paralleler nationaler und internationaler Hierarchien

zierung des Unternehmens - anhand verschiedener Kriterien erfolgen. Daher ist im FIS eine *Verwaltung paralleler Hierarchien*, z.B. differenziert nach Regionen, Produkten und Verantwortlichkeiten (responsibility center) möglich (vgl. Abb. 6).

Die zur Verfügung stehenden Bearbeitungsfunktionen ermöglichen eine jederzeitige Anpassung an unternehmensbezogene (z.B. Reorganisationsmaßnahmen) und/oder marktbezogene (z.B. Einführung einer neuen Produktlinie) Veränderungen.

Die *Dimension „Auswertungen"* ermöglicht ausgehend von den Elementen „Berichte, Zeitreihenanalysen und Kennzahlen" eine individuelle Informationsaufbereitung und -darstellung mittels flexibler Definitions- und Gestaltungsparameter und ermöglicht eine prägnante Visualisierung der individuellen Tabelleninhalte. Auf der „Output-Seite" (online oder auf dem Drucker) sorgen vielfältige Grafikoptionen für eine repräsentative Aufbereitung und Visualisierung der individuellen Tabelleninhalte. Eine prägnante und übersichtliche Grafik erleichtert den Berichtsempfängern wesentlich das Erkennen bzw. Herausfiltern der Informationen „zwischen den Zeilen", so daß die Aussage- und Erklärungskraft gerade vor dem Hintergrund von Präsentationszwecken erheblich gesteigert wird (Abb. 7).

Insgesamt kann auf dieser Grundlage die Erstellung von Standard- bzw. geplanten Berichten, ausgelösten oder Abweichungsberichten und individuell verlangten (Bedarfs-)Berichten erfolgen. Während FIS im Rahmen einer standardisierten Berichterstattung z.B. die Definition und Anpassung von Berichtsstrukturen, die periodisch mit aktuellen Basisdaten gefüllt werden, enthält, wird bei Abweichungsberichten die Aufmerksamkeit der Entscheidungsträger auf betriebliche Sachverhalte gelenkt, die individuelle Entscheidungen erfordern und in der Regel durch das Überschreiten bestimmter Toleranzschwellen bei einem oder mehreren Berichtselementen (z.B. Ist-Produktumsätze; SGE-Deckungsbeiträge) ausgelöst werden. Das Programm bietet für diesen Fall Eingabefelder für unterschiedliche Toleranzwerte; die Berechnung und Anzeige der einzelnen Abweichungen erfolgt online am Bildschirm. Individuell verlangte Bedarfsberichte sind ausschließlich von einem aktuell aufgetretenen Informationsbedürfnis geprägt und dienen vorrangig der ergänzenden Analyse von Sachverhalten, die z.B. im Rahmen der Abweichungsanalyse aufgezeigt wurden.

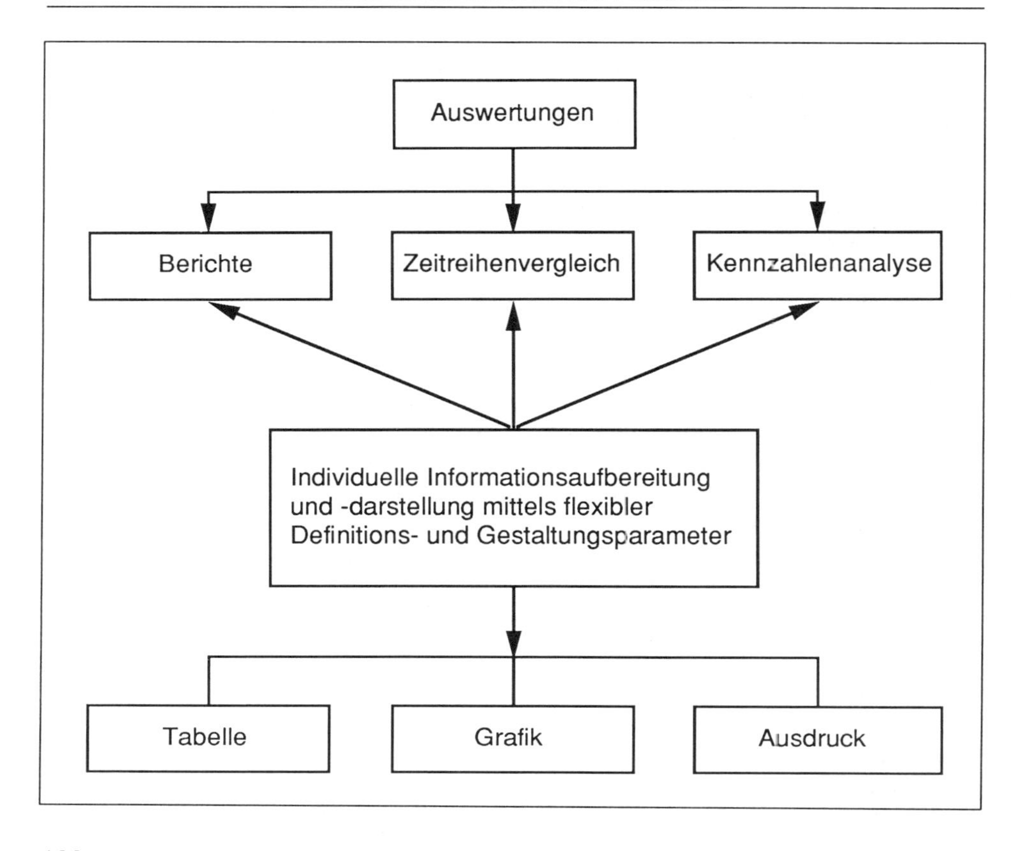

Abb. 7: Dimension „Auswertungen"

3.4 FIS-spezifische Kennzahlenanalysen

Voraussetzung für berichtselementspezifische Kennzahlenanalysen ist die *Implementierung differenzierter Kennzahlenbereiche*. FIS hält einen Katalog verschiedener Kennzahlen für gesamtunternehmens-, bereichsbezogene und funktionale Kennzahlenbereiche vor. Daneben kann der Anwender problemlos unternehmensspezifische Kennzahlenbereiche und Kenngrößen definieren, die die Anwendungsflexibilität des Systems wesentlich erhöhen.

Da jedoch die alleinige Hinterlegung und periodische Kontrolle der Einzelkennzahlenwerte für eine wirkungsvolle Unternehmenssteuerung nicht ausreicht, muß ein kennzahlengestütztes Führungsinformationssystem in der Lage sein, neben Ist/Ist- und Plan/Ist-Vergleichen zielorientierte Informationen für objektorientierte Vergleiche (z.B. Branchenvergleiche, Segmentvergleiche) zu ermöglichen. So bilden insbesondere die Schwellenwertanalyse und die Zeitreihenanalyse wesentliche Funktionskreise für eine effiziente DV-gestützte Kennzahlenanalyse und damit wichtige Bestandteile im Rahmen des FIS-spezifischen Kennzahlenanalysewegs (vgl. Abb. 8).

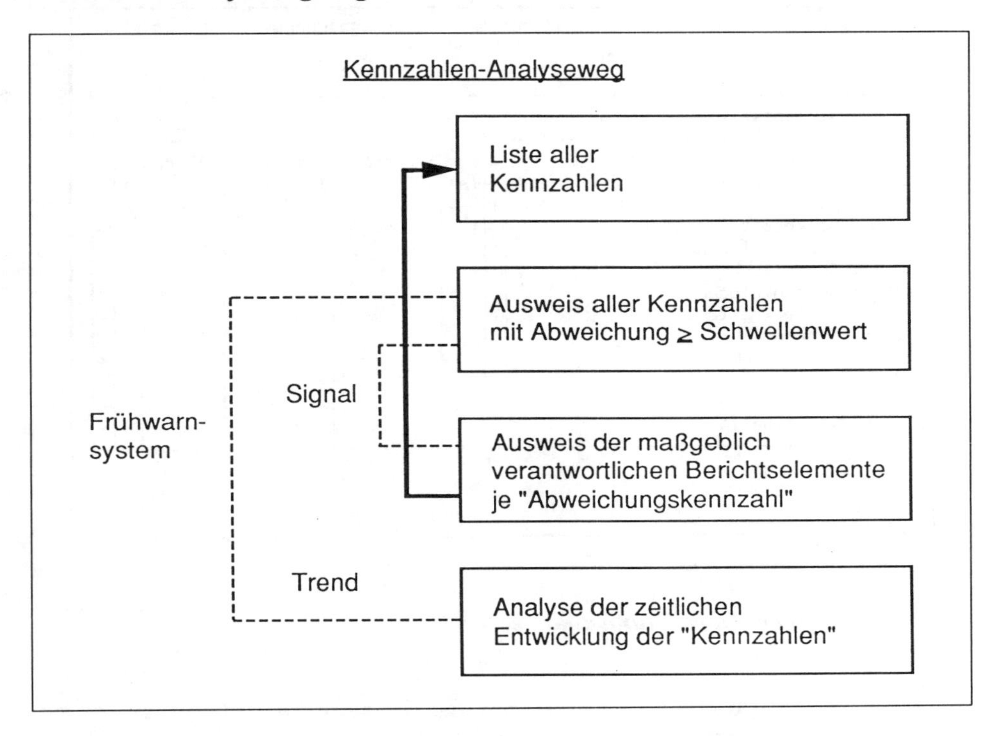

Abb. 8: Struktur eines Kennzahlenanalysewegs im Führungsinformationssystem

Im Rahmen der *Schwellenwertanalyse* kann der Anwender für jede hinterlegte Maß- bzw. Kenngröße global eine absolute und/oder relative prozentuale Unter- und Obergrenze definieren. Dabei kann es sich um kritische Werte, z.B. Bilanzkennzahlen zur Kreditwürdigkeitsprüfung, ebenso wie um unternehmensspezifische „Sollvorgaben" (z.B. Deckungsbeitragskennzahlen zur Außendienststeuerung) handeln. Überschreitungen der Toleranzbereiche, die auf Veränderungen der unternehmensinternen und/oder marktseitigen Datenkonstellationen hindeuten, werden für jede Kennzahl durch eine besondere Markierung im Dialog transparent gemacht.

Zur Lokalisierung und Einschätzung von Niveau und Struktur der jeweiligen Einzelabweichungen stehen zusätzliche Bildschirmfenster zur gezielten *Top-down-Abweichungsanalyse* zur Verfügung (Abb. 9).

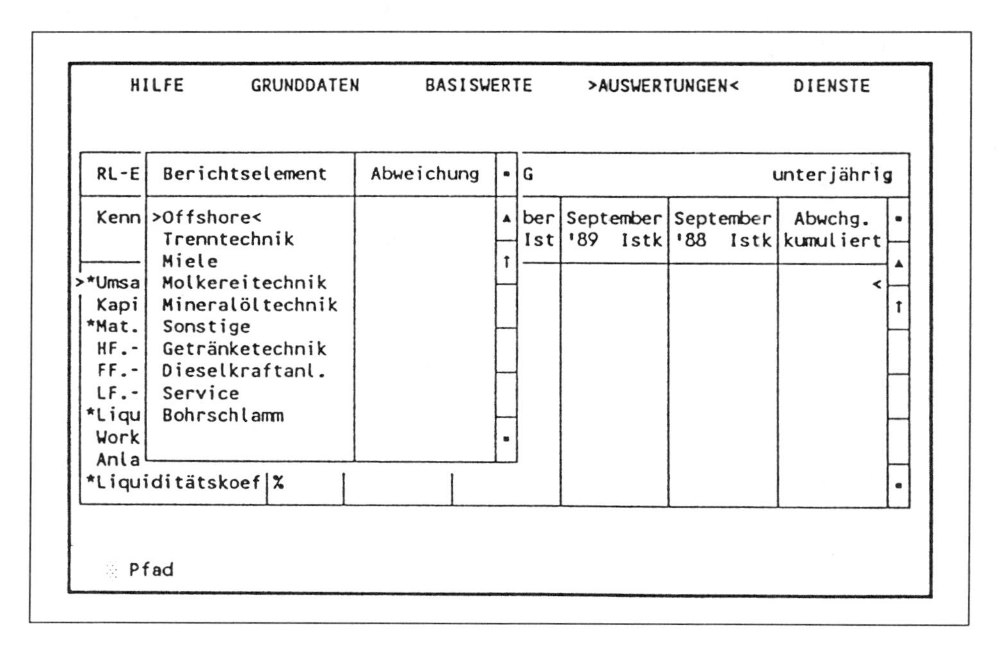

Abb. 9: Top-down-Abweichungsanalyse

Zur Berücksichtigung zeitlicher Kompensationseffekte unterjährig stark schwankender Kennzahlenwerte ist darüber hinaus eine überperiodige Überprüfung der Entwicklung der Kennzahlen erforderlich, um insgesamt zu fundierten Aussagen über mögliche Anpassungsstrategien zu gelangen. Dies erfordert eine separate, aber *funktionell integrierte Zeitreihenanalyse.* Mit der Integration verschiedener Wertearten können Zahlen für einige zurückliegende Jahre, für das Referenzjahr und für kommende Jahre angezeigt und damit Entwicklungstendenzen retrospektiv in den Anfängen erkannt bzw. prospektiv in ihren möglichen Auswirkungen auf die Rentabilitäts- und Liquiditätslage in operativer Sicht bzw. auf die Erfolgspotentiale des Unternehmens in strategischer Sicht beurteilt werden. In diesem Zusammenhang kann man beim FIS von einem *PC-gestützten Früherkennungssystem* sprechen, das frühzeitig mögliche Risiken und Chancen transparent macht.

4 Ausblick

PC-gestützte Führungsinformationssysteme auf Kennzahlenbasis ermöglichen dem Anwender aufgrund ihrer Multifunktionalität ein rasches Reagieren und Gegensteuern auf unternehmensbezogene und marktliche Veränderungen bzw. Diskontinuitäten. Dadurch wird in hohem Maße den Anforderungen nach Flexibilität und Kreativität in der Informationsverarbeitung Rechnung getragen. Sie bieten darüber hinaus große Chancen im Hinblick auf eine Steigerung der Effizienz in der täglichen Controlling-Arbeit und bilden dann ein leistungsfähiges Medium für die Schnittstelle Controlling - Management, wenn es gelingt, gerade das Top-Management, das in der überwiegenden Mehrzahl DV-technischen Innovationen im eigenen Unternehmen gegenüber sehr positiv eingestellt ist, vom Personal Computer als effektives Instrument auch auf dem eigenen Schreibtisch zu überzeugen.

Die hierbei noch bestehenden Akzeptanzbarrieren abzubauen, stellt daher einen wichtigen Aufgabenbereich bei der Konzeption solcher Systeme dar. Dies ist eng mit den Anstrengungen bei der Berücksichtigung ansprechender Benutzeroberflächen (z.B. Window-Technik) und komfortabler Benutzerkommunikationsschnittstellen (z.B. Touch-Screens) sowie mit der Überprüfung der Hardware-Peripherie (z.B. hochauflösende Monitore) auf ihre „Management-Tauglichkeit" verbunden. Aus softwaretechnischer Sicht sollten verstärkt auch die Einsatzmöglichkeiten der Expertensystemtechnologie im Rahmen solcher Informationssysteme untersucht werden.

Im Hinblick auf die vermehrten internationalen Verflechtungen der Unternehmen werden leistungsfähige internationale Netzwerke an Bedeutung gewinnen. Einige Unternehmen nutzen die heute bereits bestehenden Datex-P- oder Datex-L-Verbindungen zu einem Online-Datentransfer. Erst mit der europaweiten Einführung des ISDN, die zur Zeit noch mit Normungsproblemen zu kämpfen hat, wird ein leistungsfähiges Euro-Controlling möglich werden.

Literaturverzeichnis

[1] Hahn, D.: *Hat sich das Konzept des Controllers in Unternehmungen der deutschen Industrie bewährt?*, in: BFuP, 1978, S. 101-128

[2] Hauschildt, J.: *Der Controller in der Bank*, Frankfurt/Main 1982

[3] Horváth, P.: *Controlling*, 3. Auflage, München 1990

[4] Kraemer, W./Scheer, A.-W.: *Wissensbasiertes Controlling*, in: Information Management, 1989, 2, S.6-17

[5] Neumann, S.; Hadass, M.: *DSS and Strategic Decisions*, in: Information Systems for Accounting and Management. Concepts, Applications and

Technology, hrsg. von J.W. Wilkinson und D.C. Kneer, New Jersey 1987, S. 234-243

[6] Reichmann, Th.: *Controlling mit Kennzahlen. Grundlagen einer systemgestützten Controlling-Konzeption*, 2. Auflage, München 1990

[7] Reichmann, Th.: *Ratios*, in: Handbook of German Business Management, Vol. 2, hrsg. von E. Grochla und E. Gaugler, Berlin u.a. 1990, Sp. 2092-2104

[8] Reichmann, Th./Voßschulte, A.; Keller, M.: *Euro-Controlling. Controlling-Konzeption für international tätige Unternehmen,* in: Europa ohne Grenzen. Chancen und Risiken der deutschen Wirtschaft, hrsg. von Th. Reichmann und A. Voßschulte, München (in Vorbereitung)

[9] Scheer, A.-W.: *Personal Computer: Zusätzliches Auswertungsinstrument oder integraler Bestandteil eines EDV-gesteuerten Rechnungswesens*, in: Rechnungswesen und EDV: Einsatz von Personal-Computern, hrsg. von W. Kilger und A.-W. Scheer, 5. Saarbrücker Arbeitstagung, Würzburg, Wien 1984, S. 45-69

[10] Scheer, A.-W.: *Wirtschaftsinformatik. Informationssysteme im Industriebetrieb*, 2. Auflage, Berlin u.a. 1988

[11] Schmidhäusler, F.J.: *Das MIS ist tot, lang lebe das EIS*, in: Controlling, 1990, S. 156-158

[12] Wagner, H.-P.: *Die Integration von Basissystemen und Führungsinstrumenten als Erfolgsfaktor für das Controlling,* in: Rechnungswesen und EDV, 11. Saarbrücker Arbeitstagung, hrsg. von A.-W. Scheer, Heidelberg 1990, S. 211-234

PC-gestützte operative Controlling-Anwendungen - Chancen und Probleme

Wolfgang Männel, Bernd Warnick

Inhalt:

Im Rahmen der Lehr- und Forschungsschwerpunkte Bilanzierung, Kosten-, Leistungs-, Erlös- und Ergebnisrechnung, Controlling und Wirtschaftlichkeitsrechnung stellt die Herausarbeitung der *Beziehungen zur Datenverarbeitung* ein sehr bedeutsames Arbeitsfeld des Lehrstuhls dar. In jüngster Vergangenheit wurde unter anderem auf Basis von Feldstudien in mehreren Unternehmungen unterschiedlicher Betriebsgrößenklassen untersucht, für *welche Teilaufgaben* des Rechnungswesens und des Controlling Personalcomputer im Sinne einer *funktionalen Arbeitsteilung* mit integrierten Großrechnersystemen besonders sinnvoll eingesetzt werden können. Der nachfolgende Beitrag stellt einen *Auszug aus den umfangreichen Forschungsergebnissen* dar.[1]

1 Dezentralisierungs- und Individualisierungstendenzen der Datenverarbeitung

Die ständige, teilweise in rasantem Tempo fortschreitende Weiterentwicklung der Daten- und Kommunikationstechnik hat die Grundlagen dafür geschaffen, daß viele Aufgabenstellungen des betriebswirtschaftlichen Rechnungswesens heute wirtschaftlicher, qualitativ und quantitativ besser gelöst werden können als noch vor wenigen Jahren. Eine besonders bedeutsame Entwicklung der Datenverarbeitung hat sich dadurch ergeben, daß neben die traditionellen Großrechner und Anlagen der mittleren Datentechnik etwa seit Beginn der 80er Jahre in Form der Personalcomputer eine neue Hardwarekategorie getreten ist. Mit der Verfügbarkeit von Kleinrechnern hat ein Prozeß der *Dezentralisierung* und gleichzeitig *Individualisierung* der vorher stark zentralisierten elektronischen Datenverarbeitung begonnen.

Die *Individualisierung der DV* kommt durch Begriffe wie etwa „Individuelle Datenverarbeitung (IDV)", „Personal Computing" und „Endbenutzer-Programmierung" zum Ausdruck.[2] Die durch die Microcomputer bzw. Personalcomputer ausgelöste Tendenz zur Individualisierung der Datenverarbeitung ist darauf zurückzuführen, daß die speziell für diese Hardwarekategorie angebotenen Softwareinstrumente auch DV-Laien in einzelnen betrieblichen Fachabteilungen die eigenständige Lösung von Verarbeitungsaufgaben ermöglichen, was mit der zentralen Datenverarbeitung bis zu diesem Zeitpunkt kaum möglich war. Individuelle Datenverarbeitung bedeutet, daß nicht speziell in DV-Technik ausgebildete Mitarbeiter von Fachabteilungen eigenständig DV-Anwendungen entwickeln, warten und pflegen. Dem Anwender bleiben *Gestaltungs- und Benutzungsspielräume*, d.h. er bestimmt die Gestalt der Problemlösung und deren Weiterentwicklung weitgehend selbst (Gestaltungsspielraum) und entscheidet auch eigenständig darüber, wann und in welchem Umfang das System zur Aufgabenerfüllung eingesetzt wird (Benutzungsspielraum).

Neben der endbenutzerorientierten Individualisierung der Datenverarbeitung bewirkt die Microcomputer-Technologie eine mit vorwiegend *technischen Vorteilen* begründbare *Dezentralisierungstendenz*, die dazu führt, daß bisher auf Zentralrechnern abgewickelte, mit professionellen Hilfsmitteln entwickelte Programme auf integrierten dezentralen Workstations ausgeführt werden. Teilweise wird die Vision geäußert, daß der Großrechner in Zukunft nur als Datenverwalter und zur Bewältigung von sehr rechenzeit- und Ein-Ausgabe-intensiven Anwendungen dient, während zur Verarbeitung teilspezifischer DV-Anwendungen dezentrale Hardware verwendet wird.

PCs werden im Rahmen von Konzeptionen des *Cooperative Processing*, die eine Aufteilung der Verarbeitung auf zentrale und dezentrale Computersysteme vorsehen, insbesondere als geeignete DV-Umgebung zur Unterstützung von schwer standardisierbaren Entscheidungssituationen bzw. von Ad-hoc-Auswertungen angesehen. Mit der Nutzung mächtiger Entwicklungswerkzeuge direkt in Fachabteilungen wird die Hoffnung auf Qualitätssprünge verbunden, die „kaum in einem alleinigen Fortschreiben bisheriger oft allzu zentral ausgerichteter Systementwicklungskonzepte"[3] denkbar sind.

Die *zentrale Datenverarbeitung* auf Basis von Großrechnern und traditionellen Programmierkonzepten ist hinsichtlich der Realisierung individueller Verarbeitungswünsche häufig zeitlich wie sachlich zu inflexibel. Die Programmentwicklung erfordert eine meist bis ins Detail geplante Anwendungskonzeption, d.h. daß die zu verarbeitenden Daten und Verarbeitungsstrukturen im voraus definiert sein müssen. Dies verhindert eine schnelle und adaptive Systementwicklung, die insbesondere zur Unterstützung schlecht strukturierter dispositiver Aufgaben erforderlich ist. Moderne Gestaltungen der Benutzeroberfläche, wie sie in der PC-Welt z.B. durch graphische Symbole und ähnliche Elemente anzutreffen sind, können auf Basis der geringen Datenübertragungsraten zwischen Host-Rechner und Terminal nicht realisiert werden.

Die Nutzung zentraler Speicherungs- und Verarbeitungspotentiale von Großrechnern ist jedoch für eine weitgehend *redundanzfreie integrierte Datenverarbeitung*[4] unverzichtbar. Hinsichtlich Ablauf und Ressourcenbedarf optimierte Großrechnerprogramme müssen die laufende Verarbeitung und Verwaltung unternehmensweit anfallender Massendaten sicherstellen.

Ein besonders hohes Anwendungspotential wird Personalcomputern in *Klein- und Mittelbetrieben* zugeschrieben. Wie empirische Studien zeigen, ist der EDV-Durchdringungsgrad in dieser Betriebsgrößenklasse bisher sehr gering; wenn überhaupt EDV-Lösungen vorliegen, beschränken sich diese auf den operativen Bereich.[5] Der PC-Einsatz ermöglicht hier insbesondere die preisgünstige Erstinstallation von DV-Systemen mit dispositivem Charakter. Die erstmalige Verfügbarkeit von EDV-Systemen zur Unterstützung der Unternehmensführung stellt für diese Betriebsgrößenklasse eine bedeutende Chance dar.

2 Für Controlling-Aufgaben bedeutsame PC-Software

2.1 Endbenutzerorientierte Softwaretools

Personalcomputer können insbesondere aufgrund der *Eigenschaften PC-gestützter Endbenutzertools* als bedeutsame Instrumente des Controlling eingestuft werden.[6] Die einfach erlernbaren Programmiersysteme stellen einen Werkzeugkasten zur Unterstützung vielfältiger betriebswirtschaftlicher Fragestellungen zur Verfügung. Sie eignen sich einerseits für die flexible fallweise Unterstützung schlecht strukturierter Aufgaben, wie sie gerade im Rahmen dispositiver und planerischer Tätigkeiten auftreten. Neben der Lösung von fallweise zu lösenden Ad-hoc-Fragestellungen können andererseits - insbesondere durch Unterstützung spezialisierter Informations- bzw. Benutzerservice-Zentren[7] - auch höchst benutzerfreundliche Daueranwendungen („turn-key-Anwendungen") realisiert werden, deren Anwendungskomfort zentral programmierte Systeme weit übertreffen kann.[8]

2.11 Multifunktionsprogramme mit Tabellenkalkulations-, Graphik- und einfachen Datenbankfunktionen

Als PC-gestützte Programmierungstools für typische Controllingaufgaben haben insbesondere *Tabellenkalkulationsprogramme* (TKP) bzw. „Spread-sheet-Systeme" weite Verbreitung gefunden. Durch die Ergänzung der Kalkulationsmodule um Graphikfunktionen, einfache Datenbankfunktionen sowie Funktionen zur Textbearbeitung entstanden *integrierte Multifunktionsprogramme*, die für vielfältige individuelle Problemstellungen DV-Unterstützung durch Endbenutzerprogrammierung ermöglichen. Wesentliche Vorteile der Integration der ursprünglich isoliert angebotenen Funktionen sind die einheitliche Befehlssyntax und die unmittelbare Datenaustauschmöglichkeit. Verbreitete Multifunktionspakete sind Lotus 1-2-3, Symphony, Framework, Open Access und Excel.

Mit integrierten Softwarepaketen lassen sich sowohl schnelle Lösungen für Ad-hoc-Probleme als auch professionelle Daueranwendungen für abgegrenzte Verarbeitungsaufgaben realisieren. Sie können insbesondere für die vielfältigen *quantitativ-analytischen Informationsverarbeitungsaufgaben* im betrieblichen Rechnungswesen und im Controlling als äußerst geeignete Instrumente bzw. Arbeitswerkzeuge (tools) angesehen werden.[9]

Die Entwicklungsumgebung von Multifunktionsprogrammen wird auch zur professionellen Programmierung *vorgefertigter Standardlösungen* (templates) *für Planungs- und Controllingzwecke* genutzt, die sich insbesondere am Bedarf kleiner und mittelständischer Unternehmen orientieren.[10]

Einsatzschwerpunkte von integrierten Softwarepaketen sind situationsspezifische Planungs- und Analyseaufgaben. Da die *hauptspeicherresidente Modellverwaltung* die Rechenzeit minimiert, können die Auswirkungen veränderter Eingabevariablen quasi ohne Wartezeit berechnet werden. Gerade wegen dieser Eigenschaft eignen sich Tabellenkalkulationsprogramme hervorragend zum Aufbau von Planungs- und Analysemodellen, mit denen durch *What-if-Analysen bzw. Sensitivitätsanalysen* der Einfluß bestimmter unabhängiger Variablen auf die Zielwerte des Modells erkannt werden soll.

Die arbeitsspeicherintensive Konzeption und die nichtprozedurale Programmierlogik schränken den Einsatz von integrierter PC-Software überwiegend auf Zusatzanwendungen ein, die ergänzend zu abrechnungsorientierten Programmen der zentralen DV treten. Die für ein rationelles Endnutzer-Computing im *Controlling wesentlichen Funktionsumfänge von Tabellenkalkulationsmodulen* werden in *Abbildung 1* zusammengefaßt.

2.12 Planungssprachen

Eine ähnliche Konzeption wie Tabellenkalkulationsprogramme weisen *Planungssprachen*[11] auf, die regelmäßig als Großrechner- und PC-Versionen angeboten werden. Da diese Systeme im Gegensatz zu TKP eine Trennung von Daten und Verarbeitungslogik vorsehen, können sie auch für umfassendere Anwendungen genutzt werden. Die spezielle Ausrichtung dieser Systeme und die höheren Anforderungen an den Endbenutzer schränken dagegen ihr Anwendungspotential ein. Bedeutsamer Unterschied zu Spread-sheet-Systemen ist die dateiorientierte Konzeption, die eine *Trennung von Daten und Verarbeitungslogik* vorsieht.

Einsatzschwerpunkte von PC-Planungssprachen sind damit einerseits weitgehend standardisierte Planungsmodelle, die auch komplexe Strukturen und mathematisch anspruchsvolle Methoden enthalten können. Andererseits eignet sich die Entwicklungsumgebung von Planungssprachen zum Aufbau unternehmensindividueller Berichts- bzw. Analysesysteme, die mit tendenziell einfachen mathematischen Regeln ein relativ umfangreiches Datenvolumen in mehrdimensionalen Berichtshierarchien und Verdichtungsebenen aufbereiten.

2.13 Datenbanksysteme

Die Funktionsumfänge PC-gestützter Datenbanksysteme können im Rechnungswesen insbesondere zur Realisierung *periodischer oder fallweiser Analyseprozesse* genutzt werden, die *eine flexible Selektion von Daten vieler Kalku-*

Daten und Ergebnisse mehrerer Tabellen können in Zieltabellen zusammengeführt bzw. **konsolidiert** werden. Dies schafft die Voraussetzung zur **Konstruktion hierarchischer Modulsysteme**, mit denen auch umfangreichere Planungs- und Analysemodelle gebildet werden können.
Für besonders umfangreiche Anwendungen sind **spezialisierte Tabellensysteme** von Bedeutung, die **dreidimensional** konzipiert sind. Die Nutzung solcher Anwendungspakete wird trotz eingeschränktem Hauptspeicher der PC´s durch Auslagerung von Anwendungsteilen auf externe Speichermedien sichergestellt.
Neben den Grundrechnungsarten stellen die Tabellenkalkulationssysteme einen **Vorrat an mathematischen, finanzmathematischen und statistischen Funktionen** zur Verfügung, mit dessen Hilfe auch spezielle Methoden der Kalkulation und der Investitionsrechnung sehr einfach gelöst werden können.
Die Berechnung von Feldinhalten ist in Abhängigkeit vom Ausgang **logischer Vergleiche** möglich, so daß auch nichtlineare Funktionszusammenhänge abgebildet werden können, wie sie beispielsweise durch Kostendegressionen bedingt sind.
Die **Iterationstechnik** ermöglicht die Lösung von Rechenanweisungen, die gegenseitig voneinander abhängig sind. Rekursive Abhängigkeiten werden vom System selbständig erkannt und im Iterationsmodus so oft neu berechnet, bis ein gewünschter Genauigkeitsgrad erreicht ist. Im Rechnungswesen ist diese Möglichkeit z.B. zur Verrechnung innerbetrieblicher Leistungen sowie zur Gestaltung von Kalkuationen und Planungsmodellen von Bedeutung.
Einfache **What-if-Analysen** werden entsprechend derhauptspeicherresidenten Verknüpfung von Daten und Verarbeitungsanweisungen in allen Kalkulationssystemen quasi ohne Antwortzeiten im Dialogbetrieb unterstützt.
Als Zusätze zu TKP werden sogenannte **"Add-Ins"** und **"Add-Ons"** angeboten, die spezielle Funktionen für Prognose- und Alternativrechnungen sowie komplexe Budgetierungsaufgaben und Szenario-Analysen umfassen.

Abb. 1: Für das Controlling bedeutsame Funktionsumfänge von Tabellenkalkulationssystemen

lationsobjekte erfordern, wie dies etwa in der einzelobjektorientierten Artikelergebnisrechnung der Fall ist. Als Datenmaterial können via Filetransfer die Ergebnisse umfangreicher Abrechnungsprogramme des Großrechners genutzt werden. Die anwendungsunabhängigen Datenbanksysteme stehen insbesondere für Rechnungswesen- und Controlling-Zwecke in Konkurrenz zu bereits vorstrukturierten Planungs- und Analysesystemen, die meist ebenfalls auf Datenbanksystemen aufbauen und lediglich an unternehmensindividuelle Strukturen angepaßt werden müssen. Solche vorgefertigten *Management-In-*

formationssysteme werden nachfolgend unter Teilabschnitt 2.2 dieses Kapitels behandelt.

2.14 Executive-Information-Systems-Software

Um den Informationsbedarf der oberen Führungsebene personenbezogen und aufgabenbezogen mit speziell dafür geeigneten elektronischen Informationssystemen erfüllen zu können, wird der Aufbau von *Executive Information Systems (EIS)* angestrebt. Speziell zur Entwicklung von EIS werden *EIS-Entwicklungstools* angeboten, die zur Gestaltung elektronischer Berichtssysteme insbesondere für die *obere Führungsebene* geeignet sind.[12] Die führungsgerechte Informationsvermittlung erfordert vor allem besonders benutzerfreundliche Darstellungs- und Selektionstechniken.

Da das Controlling eine bedarfsgerechte Informationsversorgung des Managements sicherstellen soll, sind die Entwicklungsumgebungen von Executive-Information-Systems-Software als *spezielle Controlling-Instrumente* einzustufen.[13]

Die Realisierung von EIS basiert regelmäßig auf einer *Integration zentraler und dezentraler Anwendungskomponenten*. Während die Nutzung der führungsorientierten Berichtssysteme und deren Entwicklung überwiegend auf PC-Basis erfolgt, erfordert die Zusammenstellung der in den Berichten aufbereiteten Daten den Zugriff auf zentrale Datenbestände. Der Durchgriff auf die Großrechnerdaten kann hierbei einerseits direkt erfolgen (Program-to-program-communication), andererseits können die berichtsrelevanten Daten mittels Filetransfer in relativ umfassender Form zum dezentralen Arbeitsplatz der Führungskraft übertragen werden.

Hinsichtlich der *Aufbereitung von Informationen* für das gehobene Management sehen EIS-Softwaresysteme folgende Funktionen vor:[14]

- Die aufbereiteten Berichte werden mit einer *besonders komfortablen Benutzeroberfläche* angeboten; die Steuerung der Berichtssysteme kann auf Basis graphischer *Symbole* erfolgen, so daß eine Nutzungsmöglichkeit auch bei sporadischer Anwendung gegeben ist. Die Unterstützung spezieller Bedienungshilfsmittel, wie etwa Maus, Berührungsbildschirm (touchscreen) und Infrarotfernbedienung ermöglichen eine *tastaturarme Bedienung*.
- Gleiche Informationen können in *unterschiedlichen Darstellungsarten* (Zahlen, Graphiken und Texte) abgerufen werden. Während Zahlen und Graphiken aus vorhandenen Datenbeständen in das führungsspezifische Berichtssystem eingebunden werden, fügt der Controller verbale Erläuterungen situationsspezifisch hinzu.

- Die Informationen werden jeweils in verketteten *Aggregationsstufen* angeboten, so daß sich die Führungskraft im Sinne einer Top-down-Analyse sukzessive die wichtigsten Berichtsinhalte erschließen kann. Die Verzweigung in detailliertere Berichte ist mit Hilfe der Drill-down-Technik *ohne komplexe Funktionscodes* möglich, da das „Anklicken" einer Berichtsposition mit einer bestimmten Maus-Taste ein automatisches Verzweigen in die nächste Detailstufe bewirkt.

- Die *Hervorhebung besonders bedeutsamer Berichtsinhalte* (z.B. Objekte mit toleranzgrenzenüberschreitenden Abweichungen) kann durch die *Farbgestaltung* oder andere optische Kennzeichen erfolgen. Die *Informationsfilterung* durch das Controlling wird besonders unterstützt, wenn die EIS-Software die Möglichkeit bietet, in Abhängigkeit von der individuellen *Vorgabe von Toleranzgrenzen* das Informationsangebot auf solche Berichte zu beschränken, die besonders auswertungsrelevant sind. Die Selektion der wichtigsten Berichtspositionen kann somit entsprechend dem Zeitbedarf der Führungskraft gesteuert werden.

2.2 PC-gestützte Planungs- und Berichtssysteme

Neben den oben charakterisierten anwendungsunabhängigen Softwaretools werden Standardlösungen angeboten, die *controllingspezifisch vorstrukturierte Datenbanken und Auswertungsmethoden* für Rechnungswesendaten beinhalten. Sie werden üblicherweise den sehr heterogen abgegrenzten PC-gestützten Management-Informationssystemen[15] zugerechnet. Beispielhaft seien hier die Systeme *Micro Control*[16], *Memcontrol*[17], *TZ-Info*[18] und *Controller's Toolbox*[19] genannt, die als *spezielle Controlling-Instrumente* mit vorgedachten Daten- und Verarbeitungsstrukturen konzipiert sind und nach der Installation unternehmensindividueller Informationsobjekte ohne weitere Programmierung einsatzfähig sind.

Die generell als *periodische Planungs- und Berichtssysteme* ausgelegten Softwarepakete konkurrieren hinsichtlich ihres Einsatzspektrums in Rechnungswesen und Controlling mit unternehmensindividuellen Entwicklungen, die auf Basis von Multifunktionsprogrammen, Planungssprachen, Datenbanksystemen und EIS-Softwaretools implementiert werden könnten. Dem *Vorteil* der schnellen und kostengünstigen Implementierung, die ein Erlernen anwendungsunabhängiger Programmierkonzepte erübrigt, steht hierbei der *Nachteil* gegenüber, daß ein Standardsystem mit zumindest teilweise vordefinierten Berichtsstrukturen und Verarbeitungsalgorithmen die individuellen Informationswünsche in aller Regel nicht vollständig decken kann.

3 Abgrenzung unterschiedlicher Kategorien PC-gestützter Controlling-Anwendungen

3.1 DV-Unterstützung standardisierbarer Problemstellungen

3.11 Ergänzende Anwendungen zu zentralen Abrechnungsteilsystemen des Rechnungswesens

Großrechnerorientierte Softwaresysteme für das interne Rechnungswesen weisen insbesondere in Klein- und Mittelbetrieben teilweise noch Lücken auf, so daß hier PC-gestützte Lösungen zumindest übergangsweise wertvolle Hilfen darstellen können.

Beispielsweise wird die *Kostenplanung* teilweise nicht mit dialogisierten Planungshilfen unterstützt, die *Kalkulation auf Basis von Näherungsverfahren* ist durchgehend nicht möglich, Module zur differenzierenden *Kostenträgerergebnisrechnung* werden insbesondere von mittelstandsorientierten Softwarepaketen nicht oder nur in unbefriedigender Weise unterstützt. Unternehmensindividuell entwickelte Kostenrechnungssysteme dürften tendenziell sogar noch stärkere *Mängel und Lücken* aufweisen als Standardsoftwaresysteme, da die zentralrechnerorientierte Programmierung sehr leistungsfähiger Lösungen, die nicht nur reine Abrechnungssysteme darstellen, nur mit sehr hohem Aufwand möglich ist. Da installierte Softwaresysteme nur relativ aufwendig durch gegebenenfalls leistungsfähigere Standardsoftwaresysteme abgelöst werden können, kann mit einfach realisierbaren PC-gestützten Ergänzungen unter Umständen ein hohes Nutzenpotential realisiert werden.

3.12 Berichts- und Analysesysteme für spezielle Benutzerschichten

Das Controlling erfordert eine Konzentration der Aktivitäten auf wesentliche Engpaßprobleme. Um bei Entscheidungsträgern die notwendige Aufmerksamkeitswirkung zu erzielen, sind *„Zahlenfriedhöfe" zu vermeiden*.

Das Design des *Berichtswesens* zentralrechnerorientierter Abrechnungssysteme entsteht regelmäßig durch *Kompromisse* zwischen unterschiedlichen Benutzerschichten. Die Akzeptanz derartiger Kompromißlösungen bei einzelnen Benutzern ist deshalb häufig nicht allzu groß.[20] Hochentwickelte Standardsoftwaresysteme zur Kostenrechnung versuchen dieses Problem dadurch zu lösen, daß das Berichtswesen im Dialog sehr flexibel gesteuert werden kann. Dies bringt jedoch ein neues Problem mit sich: Die *Anwendungssteuerung* über Funktionstasten und Funktionscodes wird sehr *komplex*, so daß insbesondere gelegentliche Benutzer kaum in der Lage sind, die für sie relevanten Berichtsobjekte und Darstellungsalternativen herauszufinden.

Die Möglichkeit der Etablierung *individualisierter Berichtssysteme* speziell für die Unternehmensführung bzw. für einzelne Managementfunktionen und -instanzen wird besonders durch die Nutzung dezentraler Verarbeitungsstationen mit spezialisierter Auswertungsintelligenz eröffnet.[21] Wie bereits gezeigt wurde, werden auf PC-Basis derzeit schon *spezialisierte Berichtssysteme und -tools* angeboten, deren Inhalte und Steuerungskonzepte auf die *Unternehmensführung* ausgerichtet sind.

3.13 Unterstützung standardisierbarer Planungs- und Entscheidungsrechnungen

Zentralrechnersoftware zur Kostenrechnung bietet für spezielle Planungsprobleme kaum Unterstützung. Einerseits verhindert die *Modularität und Detailliertheit* der laufenden, vorwiegend abrechnungsorientierten Kostenrechnung die Durchführung schnell rechenbarer Alternativ- bzw. Simulationsrechnungen, da hierfür meist langwierige Stapelläufe erforderlich sind. Andererseits werden für einzelne Aufgabengebiete kaum *spezielle Planungshilfen* unterstützt, wie etwa die Ermittlung von ISO-Deckungsbeitragsfunktionen für Zwecke der kombinierten Preis- und Absatzplanung. Derartige *Modelle und Methoden* lassen sich insbesondere mit typischen PC-Softwaretools sehr effizient programmieren.

Die benutzerindividuelle Programmierung von Planungsmodellen erscheint insofern besonders bedeutsam, weil die *Identifikation mit selbsterstellten Planungsmodellen* größer als mit vorgegebenen Lösungen ist, deren Funktionsweise nicht nachvollzogen werden kann.[22] Der Erfolg von Online-Anwendungsprogrammen mit zusätzlichen Verarbeitungsfunktionen wie Modellrechnungen, Simulationen, Optimierungsrechnungen und statistischen Routinen nimmt mit geringerer Beteiligung der Benutzer an der Modellerstellung stark ab.

3.2 DV-Unterstützung nicht-standardisierbarer Ad-hoc-Problemstellungen

3.21 Unterstützung situationsspezifischer Planungs- und Entscheidungsrechnungen

Zur Unterstützung von Entscheidungen sind teilweise situationsspezifische Prognose-, Planungs- und Entscheidungsrechnungen notwendig, die als *Sonderrechnungen neben den periodischen Abrechnungen* zu führen sind.[23] Kilger konstatiert das Erfordernis von Sonderrechnungen bzw. Sonderplanungen insbesondere für *„taktische Entscheidungen und Entscheidungen über den Einsatz nicht beliebig teilbarer Potentialfaktoren"*[24], für die die laufende Kostenrechnung keine relevanten Kosten zu liefern vermag. Für solche Entscheidungen sind intervallfixe Kosten relevant.

Solche Sonderrechnungen zeichnen sich dadurch aus, daß sie *nicht mit standardisierten Modellen* - allenfalls mit strukturierten, individuell zu kombinierenden Methodenelementen unterstützt werden können. Häufig ist es auch nicht oder nur stark eingeschränkt möglich, derartige Entscheidungskalküle mit bereits *vorhandenen Daten* des laufenden Rechnungswesens zu fundieren. Ein wesentlicher Grund hierfür ist, daß zukünftig realisierbare Handlungsalternativen bewertet werden müssen, zu denen in der laufenden Rechnung keine oder zumindest nicht alle relevanten Daten identifiziert werden können.

Gerade für solche Anwendungen ist das *Problemlösungspotential von PC-gestützten Softwaretools* sehr hoch, da eine schnelle individuelle Programmierung problemadäquater Entscheidungsmodelle durch den Endbenutzer erforderlich ist.

3.22 Unterstützung situationsspezifischer Sonderberichte

Zentralrechnerorientierte Rechnungswesensysteme mit den Teilgebieten Kostenarten- und Kostenstellenrechnung sowie Kalkulation und Deckungsbeitragsrechnung stellen *geschlossene Konzeptionen* mit definierten Strukturen dar. Dem Vorteil der standardisierten Abrechnung steht der Nachteil gegenüber, daß fallbezogene Fragestellungen mit den starren Auswertungsstrukturen nicht hinreichend flexibel unterstützt werden können. Die standardisierten Berichtsfunktionen sind deshalb durch ein *flexibles Auswertungssystem* zu ergänzen. PC-gestützte Softwaretools wie Tabellenkalkulationssysteme, Planungssprachen und relationale Datenbanksysteme können als flexible und schnelle Analysewerkzeuge für nicht in Standard-Reports vorgesehene Informationsbedarfe angesehen werden, mit denen etwa zusätzliche Datenkombinationen, alternative Datenaggregationen und verdichtete Planungsmodelle generiert werden können.[25] Voraussetzung des PC-Einsatzes für solche Zwecke ist eine effiziente Zugriffsmöglichkeit auf zentral gespeicherte Basisdaten und somit die Verfügbarkeit leistungsfähiger PC-Host-Kopplungs-Systeme.

3.3 Adaptive Entwicklung beispielhafter Prototypen für zukünftige Anwendungssysteme

Die stetige *Weiterentwicklung des Rechnungsweseninstrumentariums* im Sinne eines führungsorientierten Informationssystems wird als wesentliche Aufgabe des systembildenden Controlling beschrieben. Gerade die *Einführung neuer*, auf Basis vorhandener Abrechnungs- und Informationssysteme nicht verfügbarer *Informationsdarstellungen bzw. -auswertungen* kann mittels einfach handhabbarer PC-Tools gefördert werden und ist ein zentraler Grund für das Aufkommen von Konzepten der Individuellen Datenverarbeitung.

Die Anpassung des Controlling-Instrumentariums an neue Aufgabenstellungen bzw. die Erweiterung bestehender Abrechnungs-, Planungs- und Berichtssysteme ist angesichts fortlaufender Änderungen eine bedeutsame Aufgabe. Diese umfaßt die Verbesserung und Neuentwicklung von Rechnungsverfahren und Instrumenten. Die *Umsetzung neuer Anwendungsideen* in gefestigte, ausgereifte Anwendungs(teil)systeme ist ein kreativer Entwicklungsprozeß. Obwohl die letztendlich sinnvolle Gestaltung der logischen und mathematischen Verarbeitungsprozesse zu Beginn des Entwicklungsprozesses noch nicht feststeht, ist *schon während der Entwicklungsphase EDV-Unterstützung* erforderlich, da die Wirkungsweise grob umrissener Neulösungen mit Testdaten geprüft werden muß.

PC-gestützte, für die Anwendung durch Endbenutzer konzipierte Softwaretools, bieten gerade im Anwendungsbereich des Rechnungswesens für solche innovativen Prozesse der *adaptiven Systementwicklung* bzw. des evolutionären *Prototyping* ein adäquates Instrumentarium. Die einfache Handhabbarkeit, die Abbildung der für das Rechnungswesen typischen Tabellensicht, die Verfügbarkeit komplexer mathematischer Methoden und die ständige Umsetzung neu edititierter Befehle und Rechenanweisungen in sofort präsentierte Ergebnisdaten sind Kennzeichen von *Tabellenkalkulationsprogrammen*, die von anderen Entwicklungsumgebungen nicht erreicht werden.[26]

Auch dann, wenn wegen der zugrundeliegenden Integrations-, Speicher- und Verarbeitungserfordernisse eine umfassende Verarbeitung auf Basis von Personalcomputern nicht dauerhaft gewährleistet ist, können Mitarbeiter aus Rechnungswesen- und Controlling-Abteilungen die *unternehmensspezifischen Umsetzungsmöglichkeiten solcher konzeptioneller Neuentwicklungen an ausgewählten Betrachtungsobjekten des Unternehmens testen*. Beispielhaft seien hier die momentan stark diskutierten Vorschläge US-amerikanischer Wissenschaftler erwähnt, die unter der Bezeichnung *„Activity-Based Accounting Systems"* eine verstärkte Ausrichtung der Kosten- und Leistungsrechnung an differenzierten Aktivitäten (Prozessen) in einzelnen Abteilungen - insbesondere in den mit zunehmenden Kostenanteilen gekennzeichneten „indirekten Bereichen" - fordern.

4 Bedeutsame PC-gestützte Controlling-Anwendungen in Großbetrieben

4.1 Charakterisierung bedeutsamer PC-Einsatzfelder

Die integrierte Datenverarbeitung in Großunternehmen erfordert eine *zentrale Speicherung* und Verwaltung aller Daten, die für *mehrere Anwendungsgebiete erforderlich sind.* Der Einsatz zentralrechnerorientierter Softwarefamilien, die entsprechende Integrationskonzepte beinhalten, ist deshalb zur Abwicklung operativer Datenverarbeitungsaufgaben in Großunternehmen unverzichtbar.

Großrechnerspezifische *Standardsoftwaresysteme* für Rechnungswesen- und Controlling-Aufgaben bieten mittlerweile gute Möglichkeiten der Implementierung moderner Planungs- und Kontrollsysteme. Durch Parametrisierung und Tabellensteuerung kann das insgesamt verfügbare Leistungsspektrum flexibel an die individuellen Bedürfnisse und Strukturen angepaßt werden.

Die in Großunternehmen vorliegende Heterogenität der Abrechnungsstrukturen und die Masse der zu verarbeitenden Daten schließt den *Einsatz von Personalcomputern* zur Übernahme *umfangreicher Abrechnungsaufgaben* im Rahmen laufender Abrechnungs- und Kontrollsysteme aus. In Großunternehmen können dezentrale PC-Systeme vornehmlich *ergänzende Zusatzfunktionen* der *Datenaufbereitung* wahrnehmen oder der *Unterstützung abgegrenzter Planungs- und Entscheidungsfelder* dienen.

4.2 PC-gestützte Controlling-Anwendungen

4.21 PC-gestützte Controlling-Expertensysteme

Ein Ansatz zum ergänzenden PC-Einsatz ergibt sich in Großunternehmen aus der *Vielzahl der auszuwertenden Informationen.* Zur Automatisierung standardisierbarer Analyseprozesse wird insbesondere der Einsatz von Expertensystemen vorgeschlagen.[27]

Ein für *Hochleistungs-PCs* konzipiertes *Expertensystem zum wissensbasierten Soll / Ist-Vergleich*[28] verfolgt die Strategie, auf die Einzelursachen von kostenstellenbezogen dokumentierten Verbrauchsabweichungen, die aus Abweichungen der Seriengrößen, der Bedienungsrelationen, der Verfahren, der Intensität und der Fertigungszeit resultieren, durch *intelligente Such- und Prüfstrategien* zu schließen. Das notwendige Faktenwissen wird hierbei sowohl durch Auswertung aufbereiteter Daten der BDE-Systeme als auch im Dialog mit dem Benutzer gewonnen.

Das wissensbasierte Controllingsystem „CONTREX" (*Contr*olling *Ex*pertensystem) wurde auf einem leistungsfähigen PC mit der objektorientierten Expertensystem-Shell NEXPERT OBJECT als Ergänzung zur SAP-Standardsoftware RK entwickelt.[29] CONTREX umfaßt Module zur Betriebsergebnisanalyse (BETREX) und Kostenstellenanalyse (KOSTEX). Da die Betriebsergebnisrechnung Ergebnisse für mehrere Hierarchien und aus diesen zusammengesetzten Absatzsegmenten ermittelt, entsteht in Großunternehmen ein sehr *umfangreicher Analysedatenbestand*. Deshalb erscheint der Einsatz von wissensbasierten Analysesystemen, die *auf Basis eines Regelwerks durch den Datenpool navigieren* und besonders relevante Berichte selektieren, zur Analyse von Ergebnisdaten der Artikelergebnisrechnung besonders sinnvoll. Das Expertensystemmodul BETREX basiert auf der gezielten Analyse von Plan/Ist-Abweichungen und deren Aufspaltung in *Preis-, Mengen- und Strukturabweichungen*. Auf Basis von Schwellenwerten werden zunächst in verdichteten Datenbeständen besonders analysebedürftige Abweichungen identifiziert und auf ihre Verursachung in stärker differenzierten Analysehierarchien und Parallelhierarchien (z.B. Kundenhierarchie) untersucht. Das System selektiert besonders interessante SAP-Berichte und erstellt dazu erläuternde Textexpertisen.

4.22 PC-gestütze Berichtssysteme für die Unternehmensführung

Mit der speziellen Aufbereitung von Informationen für die Unternehmensführung will man den für bestimmte Aufgabenbereiche zuständigen Entscheidungsträgern *ausschließlich die zur Erfüllung der Aufgabe notwendigen Datenstrukturen und Zusammenhänge* zur Verfügung stellen. Die bedarfsorientierte Informationsaufbereitung für das Management gehört zu den zentralen Aufgaben des Controlling.

Die Auswertungsmöglichkeiten operativer Datenbestände der Kosten- und Leistungsrechnung können zwar insbesondere bei Anwendung fortschrittlicher Standardsoftwaresysteme sehr flexibel und tiefgehend sein; hierdurch ergibt sich jedoch das Problem, daß die *Nutzung der Auswertungsmöglichkeiten* über Funktionstasten und diverse Codes so *komplex* wird, daß Führungskräfte mit sporadischen Informationsbedarfen überfordert sind.[30] Reale Ausschnitte operativer Datenbanken insbesondere der Kosten-, Leistungs-, Erlös- und Ergebnisrechnung erfordern für den ungeübten Benutzer zu viele *Detailkenntnisse* über die Struktur des Kostenrechnungssystems. Die flexiblen Möglichkeiten der Berichtsaufbereitung machen die endbenutzerorientierten PC-Softwaretools in diesem Zusammenhang zu bedeutsamen Controlling-Werkzeugen.

Aus Berichten über praktische Realisierungen PC-gestützter Informationssysteme für das Management läßt sich schließen, daß die *Aufbereitung von periodischen Ergebnisdaten* im Mittelpunkt des Interesses steht. Ziel derartiger

Systeme ist die empfängerorientierte Aufbereitung vorverdichteter Ergebnisdaten für das Management.

In den Geschäftsbereichen der *Robert Bosch GmbH* werden beispielsweise zusätzlich zu den Detail-Abrechnungen am Host sogenannte „Erzeugnisklassenerfolgsrechnungen" aufbereitet.[31] Mittels Datentransfer werden die benötigten Daten aus dem DV-System „Vertriebsberichtswesen" und der Buchhaltung übernommen. Für jede Erzeugnisklasse werden Arbeitsblätter angelegt, die zu einer Gesamtübersicht konsolidiert werden.

Für die periodische Aufbereitung führungsorientierter Informationen bieten sich in Großunternehmen vor allem Software-Konzeptionen zur Erstellung von Executive Information Systemen an. *EIS-Software* unterstützt sowohl die Zusammenstellung führungsrelevanter Informationen in zentralen oder dezentralen Datenbasen, die personenbezogene Berichtsaufbereitung durch das Controlling und die elektronische Berichtspräsentation für die Führungskraft.

Ein *standardisiertes PC-Berichtstool*, das sich speziell an den komplexen Strukturen von Großunternehmen bzw. Konzernen ausrichtet, ist das System *Micro Control*.[32] Es ist primär dafür konzipiert, für Zwecke des Konzernberichtswesens in einzelnen Tochtergesellschaften bzw. Profit-Centers auf PC-Basis identische Berichtsstrukturen zu etablieren, so daß die dezentral von operativen Systemen eingelesenen Daten in kompatibler Form an zentrale Controlling-Instanzen weitergeleitet werden können, wo sie in verdichteter Form analysiert werden können. PC-gestützte Berichtssysteme für das Konzernberichtswesen bringen insbesondere zwei Vorteile mit sich: Einerseits entspricht die Benutzeroberfläche den Anforderungen der Berichtsempfänger, andererseits können die Daten trotz unterschiedlicher Hardware- und operativer Softwaresysteme in den Tochtergesellschaften über die Zwischenschaltung von Personalcomputern verdichtet werden (vgl. Abbildung 2).

4.23 Unterstützung situationsspezifischer Planungs- und Entscheidungsrechnungen

PC-orientierte *Tabellenkalkulationsprogramme* und *Planungssprachen* sind für geübte Benutzer sehr *effektive Werkzeuge* zur Durchführung situationsspezifischer *Sonderrechnungen zum Zweck der Entscheidungsfundierung*. Die Konzeption dieser Tools hält die Erstellungszeit situationsspezifischer Entscheidungsmodelle in Grenzen. Die manuelle Aufstellung derartiger Kalküle dauert meist länger und bietet nicht die Möglichkeit der Durchführung von Alternativrechnungen.

Der *Nutzen von individuell aufzubauenden PC-gestützten Wirtschaftlichkeitsrechnungen* zur Entscheidungsfundierung hängt insbesondere davon ab, mit welchem *Sicherheitsgrad* man die relevanten Ausgangsdaten prognostizieren kann und wieviele Kosten- und Erlöseinflußgrößen die Entscheidungsrechnung

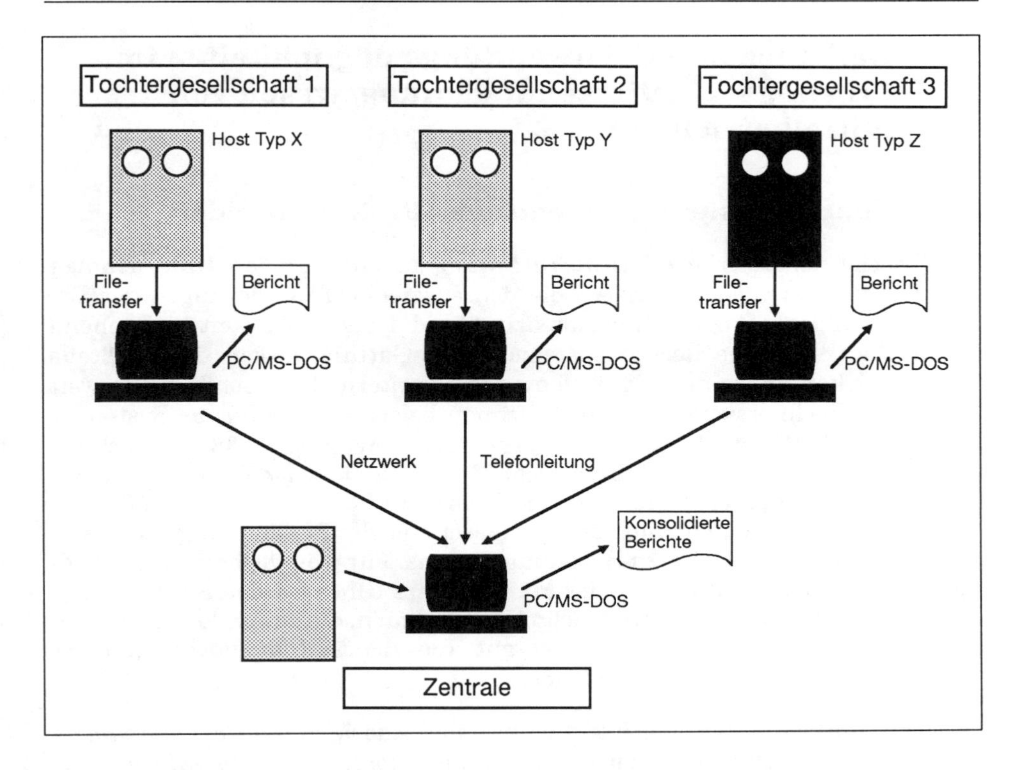

Abb. 2: Konzernberichtswesen auf Basis kompatibler PC-Systeme

abbilden muß. Regelmäßig erfordern realitätsnahe Wirtschaftlichkeitskalküle die Einbeziehung mehrerer Kosten- und gegebenenfalls Erlösbestandteile, die unterschiedlichen Einflußfaktoren bzw. Wirkungszusammenhängen unterliegen und sich kaum deterministisch prognostizieren lassen. In solchen Fällen sollte die Entscheidung über die Durchführung einer Maßnahme oder deren Ablehnung mit einem Entscheidungsmodell abgesichert werden, mit Hilfe dessen auch *Alternativrechnungen* für alternative Umwelt- bzw. Erlös- und Kostenerwartungen durchgerechnet werden können[33].

Der Funktionsumfang von PC-Programmiertools zur quantitativen Entscheidungsfundierung ist zwar relativ leicht erlernbar, ihre intensive Nutzung zur quantitativen Absicherung von Entscheidungen durch die Entscheidungsträger selbst ist jedoch - zumindest zum heutigen Zeitpunkt - skeptisch zu beurteilen. Spezialisierte *Controlling-Instanzen* können jedoch gerade in Großunternehmen entsprechende Unterstützungsfunktionen wahrnehmen. Nicht zuletzt deshalb haben Personalcomputer in Rechnungswesen- und Controlling-Abteilungen frühzeitig einen hohen Verbreitungsgrad erreicht.[34]

5 Bedeutsame PC-Anwendungsmöglichkeiten im führungsorientierten Rechnungswesen von Mittelbetrieben

5.1 Charakterisierung bedeutsamer PC-Einsatzfelder

Für Zwecke der *zentralen Datenverarbeitung* in mittelgroßen Unternehmen sind *Hardwaresysteme* verfügbar, die den speziellen Anforderungen der Betriebsgrößenklasse an Leistungskapazität und Handhabbarkeit weitgehend entsprechen. Moderne Rechnersysteme dieser Gattung lassen sich großteils individuell konfigurieren und stufenweise erweitern. Insbesondere für weit verbreitete Rechnersysteme dieser Gattung - beispielsweise für die Systemfamilie IBM AS-400 und deren Vorgängermodelle IBM /36 bzw. /38 - ist auch ein vielfältiges Angebot an betriebswirtschaftlicher *Standardsoftware* verfügbar. Gerade in mittelgroßen Unternehmen ist der Einsatz von Standardsoftwaresystemen häufig eine unabdingbare Voraussetzung der Realisierung von Systemen des führungsorientierten Rechnungswesens. Für weit verbreitete „Mittelstands-Rechner" - insbesondere des Marktführers IBM - werden Programmsysteme zur Kosten- und Leistungsrechnung angeboten, die zumindest im Teilgebiet der Kostenstellenrechnung über gut ausgebaute *Dialoglösungen einer flexiblen Plankostenrechnung* verfügen.

Gerade in mittelständischen Unternehmen sind jedoch häufig *Hardwareumgebungen kleinerer Hersteller* anzutreffen, für die *kaum leistungsfähige Standardsoftware* angeboten wird. Die Ablösung solcher Hardware- und auf deren Basis entwickelter Softwaresysteme ist aufgrund mangelnder Portabilität nur mit großem Aufwand möglich. *Personalcomputer* können hier auf zweierlei Weise zu Verbesserungen genutzt werden.

Einerseits können *gezielte Ergänzungen* zu einfachen, meist abrechnungsorientierten Lösungen implementiert werden, die häufig Mängel hinsichtlich Dialogisierung, Planung und Berichtswesen aufweisen. Wegen der *spezifischen Vorteile der PC-Technologie* ist es sinnvoll, vor allem für Planungs- und Analyseaufgaben Daten zentraler Abrechnungssysteme auf Basis der hier verfügbaren Tools individuell und sehr flexibel weiterzuverarbeiten.

Andererseits eröffnet das heutige *Leistungsvolumen von PC-Systemen* bzw. PC-Netzwerken in Verbindung mit der *begrenzten Komplexität* der abzubildenden Objekte (Kostenstellen, Kostenträger, Kunden, Vertriebsgebiete etc.) die Möglichkeit, daß zumindest Teilaufgaben des Controlling ausschließlich mit Kleinrechnern abgewickelt werden können.

In *Mittelbetrieben* können PC-Systeme wegen der weniger stark differenzierten Abrechnungsstrukturen bereits *in stärkerem Umfang Verarbeitungsaufgaben der laufenden Planung, Abrechnung und Analyse* wahrnehmen. Diese Möglichkeit ist insofern auch praxisrelevant, da die Kosten-, Erlös- und Ergebnisplanung in mittelstandsorientierten Softwaresystemen zur Kosten- und Leistungsrechnung meist nicht durch *adäquate Planungskonzepte* unterstützt wird. Beispielsweise können auf Basis PC-gestützter Planungswerkzeuge ergänzend zu zentralrechnerorientierten Kostenstellenrechnungssystemen, die lediglich eine strukturierte Erfassung, Verwaltung und istleistungsorientierte Umrechnung von Plandaten unterstützen, *umfassende PC-gestützte Kostenplanungssysteme* entwickelt werden. Die Auswirkungen erwarteter Leistungsänderungen der Kostenstellen und Preisänderungen einzelner Kostenarten auf einzelne Werte der Plan-BAB-Matrix können mit Hilfe tabellarisch aufgebauter Planungsinstrumente entsprechend der vorliegenden Kostenabhängigkeiten rechnerisch bestimmt werden.

5.2 Beispielhafte PC-gestützte Controlling-Anwendungen

5.21 PC-gestützte Standardsoftware für Zwecke der Betriebsabrechnung

Als geeignete Implementierungsgrundlage der Basisrechenkreise des controllingorientierten Rechnungswesens in umfassenden PC-Lösungen muß insbesondere verfügbare *PC-Standardsoftware zur Kosten- und Leistungsrechnung* angesehen werden. Am Lehrstuhl für Betriebswirtschaftslehre, insbesondere Rechnungswesen und öffentliche Betriebe, der Friedrich-Alexander-Universität Erlangen-Nürnberg wurde das Angebot und der Leistungsumfang von PC-gestützter Standardsoftware zur Kosten-, Leistungs-, Erlös- und Ergebnisrechnung umfassend erhoben. Da sich *PC-gestützte Standardsoftwaresysteme* für das interne Rechnungswesen erst im Aufbau befinden, deckt ein Großteil der als Kostenrechnungslösungen offerierten Systeme nur ansatzweise kostenrechnerische Funktionen ab und kann deshalb die Anforderungen mittelgroßer Unternehmen nicht erfüllen. Insbesondere zum Teilbereich der *Kostenstellenrechnung* werden jedoch bereits einige leistungsfähige Systeme angeboten, die die Durchführung einer flexiblen Plankostenrechnung ermöglichen.

Zum Teilgebiet der *Kostenstellenrechnung* sind mittlerweile für das Betriebssystem MS-DOS etwa ein halbes Dutzend *PC-Standardlösungen* verfügbar, mit denen konzeptionell zumindest Grundformen der *flexiblen Plankostenrechnung bzw. Budgetkostenrechnung* aufgebaut werden können.[35] Die Programme ermöglichen einerseits effiziente Wirtschaftlichkeitskontrollen mit differenziertem Ausweis von Abweichungen und andererseits die Ermittlung gesplitteter Kalkulationssätze für entscheidungsorientierte Kalkulationen. Die Systeme sind in der Praxis auch bei größeren mittelständischen Unternehmen *im Ver-*

bund mit zentralrechnerorientierten Buchungssystemen im Einsatz. Abbildung 3 zeigt die typischen Leistungsmerkmale derartiger Standardsoftwaresysteme auf.[36]

Leistungs- und Kostenplanung mit integrierter Kostenspaltung	
Bezugsgrößen-definition	meist kann je Kostenstelle eine Bezugsgröße definiert werden
Bezugsgrößen-planung	indexgesteuerte Verteilung jahresbezogen geplanter Leistungsmengen
Kostenplanung	überwiegend Einzelwertplanung von Kostenart je Kostenstelle, Fortschreibungsplanung wird meist nicht unterstützt
Kostenspaltung	Variatorenrechnung
Ist-Kostenerfassung, Kostenverrechnung u. Abweichungsausweis	
Datenüber-nahme	standardisierte Schnittstellen zur Übernahme von Buchungsdaten
zeitliche Abgrenzung	Verrechnung von Standards oder manuelle Abgrenzung von Ist-Werten
Umlagen und Leistungsver-rechnung	mehrere Verfahren stehen zur Wahl; ist-leistungs bezogene Verrechnung ist teilweise möglich
Soll/Ist-Vergleich	Ausweis monatlicher und kumulierter Ist-Werte, Soll-Werte und Verbrauchsabweichungen
Berichtswesen	
Zeilenstruktur von Auswertungen	flexibler Aufbau mehrerer alternativer BAB-Zeilen-schemata möglich
Spaltenstruktur von Auswertungen	überwiegend unveränderlich
Kalkulationssätze	Kalkulationssätze und statistische Kennzahlen frei definierbar
Kostenstellen-verdichtung	mehrere Verdichtungsebenen für Stellenbereiche und Profit-Center möglich
Dialogzugriff auf Berichte	überwiegend nur Druckausgabe, aber Übergabe an Tabellenkalkulation möglich

Abb. 3: Typische Funktionsumfänge leistungsfähiger PC-gestützter Standardsoftwaresysteme zur Kostenstellenrechnung

5.22 Kostenanalysen auf Basis verdichteter Abrechnungsdaten

Einfache Softwaresysteme für mittelständische Unternehmen beschränken die Informationserschließung häufig auf die Ausgabe von *vordefinierten Listen*. Die Übernahme von zentral ermittelten und gespeicherten Daten in PC-Systeme ermöglicht hier eine Individualisierung und Dialogisierung des Berichtswesens. Graphische Darstellungen verbessern die Informationsaufnahme durch die Berichtsempfänger. Potentielle Realisierungsinstrumente solcher gegebenenfalls nur für Verdichtungsebenen konzipierten Berichtssysteme sind *Multifunktionspakete* und *Datenbanksysteme*.

Ein in der praktischen Anwendung befindliches datenbankorientiertes PC-System zur *interaktiven Gemeinkostenanalyse* eines mittelgroßen Unternehmens mit etwa 220 Kostenstellen und 120 Kostenarten demonstrieren Holthaus und Heinisch.[37] Die im *Verbund mit einem abrechnungsorientierten Kostenrechnungsprogramm* des *IBM-Systems / 36* realisierte Anwendung basiert auf dem *Datenbanksystem Reflex*, das für interaktive Datenaufbereitungsprozesse besonders gut geeignet ist.

Die relevanten Daten werden mit dem Datentransferprogramm PC-Support in eine PC-Datei übertragen, in das Datenformat des Datenbanksystems konvertiert und in *relationaler Form* gespeichert. Der Befehlsvorrat von Reflex ermöglicht eine einfache Programmierung von Datenanalysen und deren Aufbereitung in Reports. Vordefinierte Standardberichte können bei besonderen Datenkonstellationen um *interaktiv erstellte Sonderberichte* ergänzt werden.

Von den Analysefunktionen des Datenbanksystems Reflex sind besonders die flexiblen *Verdichtungs- und Extraktionsmöglichkeiten* hervorzuheben, auf deren Basis schnell die bedeutsamsten Abweichungen und Analysepotentiale erkannt werden können (vgl. Abbildung 4). Beispielsweise ermöglicht die Erzeugung von *Kreuztabellen* bzw. invertierten Listen die verdichtete Darstellung der Abweichungen von Kostenartengruppen in Kostenstellenbereichen. Der Einsatz der *Filterfunktion* beschränkt den Ergebnisausweis auf Abweichungen, die vorgegebene Toleranzgrenzen überschreiten. Tabellen mit Absolutwerten können in *Relativzahlenmatrizen* umgewandelt werden. Mit derart verdichteten Datenzusammenstellungen wird schnell erkennbar, für welche Kostenentstehungsbereiche und Kostenkategorien eine detaillierte Soll/Ist-Analyse vorgenommen werden muß. Der Analyseprozeß kann somit individuell *hierarchisch* strukturiert werden. Besonders hervorzuhebende Analyseergebnisse können zum Zweck der Berichterstattung an die Unternehmensleitung graphisch visualisiert werden.

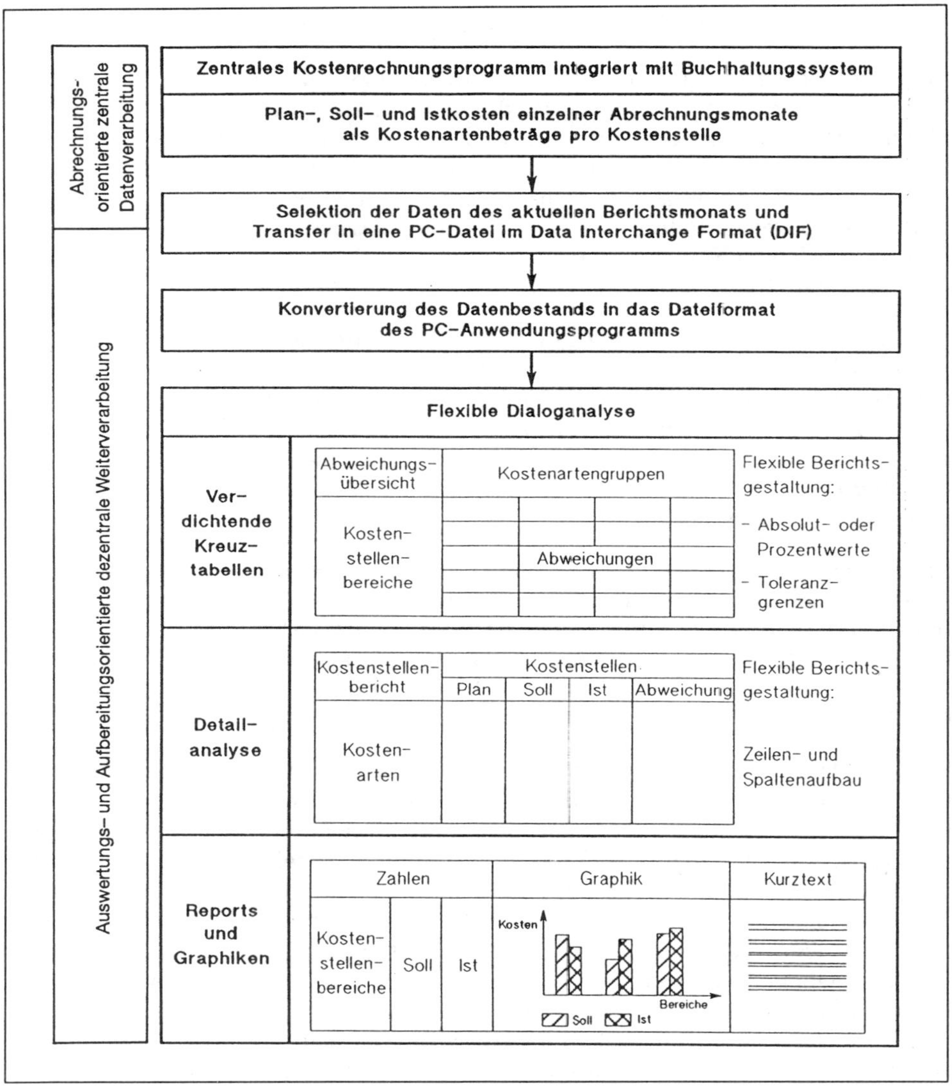

Abrechnungs-orientierte zentrale Datenverarbeitung

Zentrales Kostenrechnungsprogramm integriert mit Buchhaltungssystem

Plan-, Soll- und Istkosten einzelner Abrechnungsmonate als Kostenartenbeträge pro Kostenstelle

Selektion der Daten des aktuellen Berichtsmonats und Transfer in eine PC-Datei im Data Interchange Format (DIF)

Auswertungs- und Aufbereitungsorientierte dezentrale Weiterverarbeitung

Konvertierung des Datenbestands in das Dateiformat des PC-Anwendungsprogramms

Flexible Dialoganalyse

Verdichtende Kreuztabellen

Abweichungs-übersicht	Kostenartengruppen			
Kosten-stellen-bereiche				
		Abweichungen		

Flexible Berichtsgestaltung:
- Absolut- oder Prozentwerte
- Toleranzgrenzen

Detailanalyse

Kostenstellen-bericht	Kostenstellen			
	Plan	Soll	Ist	Abweichung
Kosten-arten				

Flexible Berichtsgestaltung:

Zeilen- und Spaltenaufbau

Reports und Graphiken

Zahlen			Graphik	Kurztext
Kosten-stellen-bereiche	Soll	Ist	Kosten, Bereiche, Soll, Ist	

Abb. 4: Interaktive Gemeinkostenanalyse im PC-Host-Verbund

5.23 PC-gestützte Standardsoftware zum Ergebnis-Controlling

Mittelstandsorientierte Zentralrechner-Standardsoftware zur Kosten- und Leistungsrechnung hat ihren Schwerpunkt eindeutig im Bereich der Kostenstellenrechnung. Die verfügbaren Systeme zur differenzierenden Ergebnisrechnung auf Basis des Umsatzkostenverfahrens weisen insbesondere im Hinblick auf flexible Planungs- und Analysefunktionen erhebliche Schwachpunkte auf. Sie sehen lediglich eine Verdichtung der differenziert ermittelten Ergebnisse in vordefinierte Ergebnishierarchien vor, deren Ergebnisse im Dialog abgerufen werden können.

Die *Standardisierbarkeit* der Artikelergebnisrechnung und die relativ *homogene Übernahmemöglichkeit von Großrechnerdaten* für diesen Rechnungszweck haben schon frühzeitig zur Entwicklung von PC-gestützter Standardsoftware für dieses vertriebsorientierte Instrumentarium geführt. Die zunehmenden Rechnerleistungen der Microcomputer ermöglichen den Einsatz solcher dezentralen Systeme auch in mittelgroßen Unternehmen mit vielfältiger Erzeugnis- und Vertriebsstruktur. Nachfolgend soll der Leistungsumfang des Ergebnis-Controlling-Systems *Controller's Toolbox (CTB)* näher skizziert werden, dessen Systemaufbau sowohl die Durchführung eines auf Einzelposten aufbauenden Gesamtsystems oder eines lediglich auf verdichtender Basis geführten Ergänzungssystems gestattet.

Das menügesteuerte System dient der dialogisierten kostenträgerbezogenen Planung, Dokumentation und Analyse von Standardergebnissen. Die umfangreichste Methode des auf Basis einer *relationalen Datenbank* entwickelten Systems stellt die *Artikelergebnisrechnung* (AER) dar, die durch Module zur Fixkostendeckungsrechnung (Managementerfolgsrechnung, MER) und spezielle Methodenbausteine (z.B. ISO-Deckungsbeitragsrechnungen und Break-Even-Analysen) ergänzt wird.

Die Artikelergebnisrechnung ermittelt auf Basis elementarer Daten vorgelagerter *operativer Großrechner-Abrechnungssysteme* (insbesondere Fakturierung und Plankalkulation) die periodischen Deckungsbeiträge einzelner Absatzsegmente durch Zurechnung produktbezogener Standard-Grenzkosten auf einzelne Verkaufserlöse. In der Managementerfolgsrechnung werden den zu Verantwortungsbereichen zusammengefaßten Deckungsbeiträgen die zurechenbaren Fixkosten der Kostenstellenplanung gegenübergestellt. Abbildung 5 verdeutlicht die Integrationsbeziehungen zu zentralrechnerorientiert gespeicherten Daten.

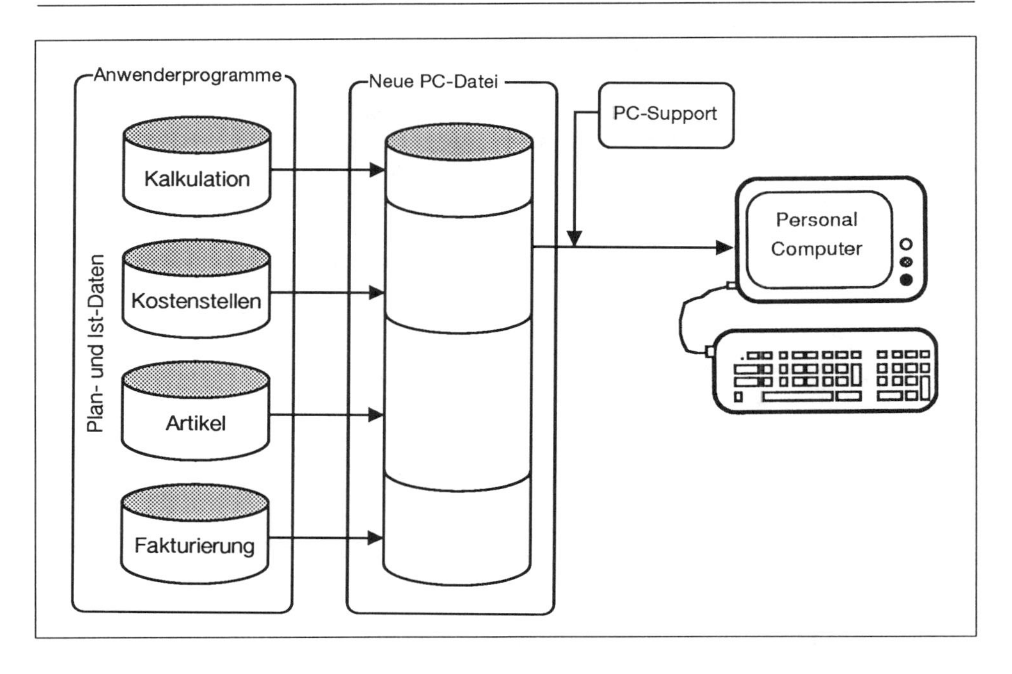

Abb. 5: Für die PC-gestützte Artikelergebnisrechnung relevante Großrechnerdaten (Quelle: CTB Controlling Software AG)

Ermittlungsebene der Deckungsbeiträge kann im CTB-System theoretisch die Ebene Artikelvariante-Kunde sein, wenn der Umfang der lediglich monatlich vorverdichteten Fakturapositionen die Verarbeitungsfähigkeit der PC-Hardware nicht übersteigt. Die Deckungsbeiträge werden entsprechend der Konzeption der nicht geschlossenen Kostenträgerergebnisrechnung auf Basis von *Standard-Grenzkosten* einzelner Erzeugnisse ermittelt.

Charakteristisch für die Controller's Toolbox ist die *flexible Wahl der Informationsdarstellung* durch die Kombination von *vier Betrachtungs- bzw. Selektionsebenen*, die adäquat im Anwendungsmenü abgebildet werden. Wie Abbildung 6 verdeutlicht, erfolgt die Selektion der zu analysierenden Ergebnisdaten durch die simultane Auswahl von *Bewertungsart, Produkt, Verkaufsebene und Zeitraum.* Neben der sukzessiv-selektiven periodischen Ergebnisanalyse können auf diese Weise relevante Informationen über *exakt spezifizierte Entscheidungsobjekte* gewonnen werden.

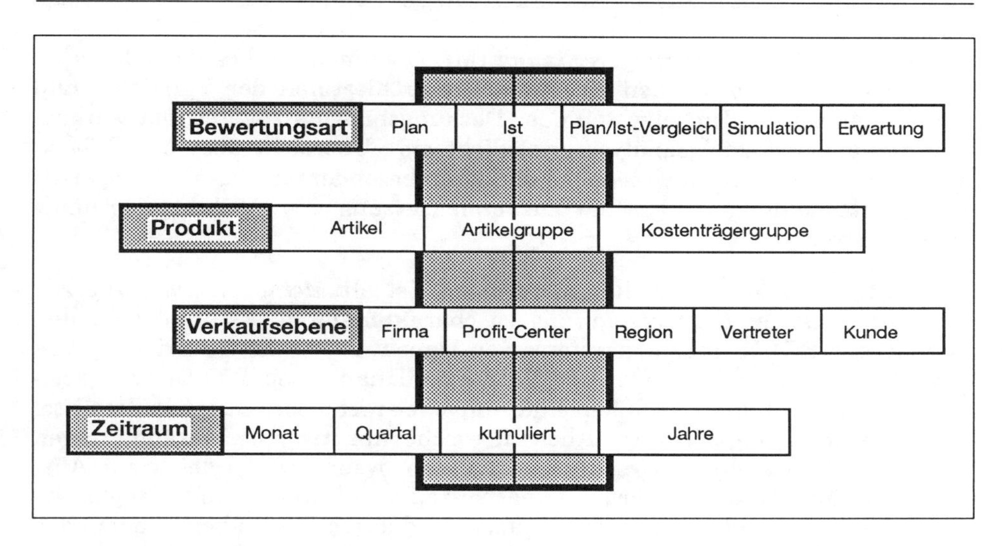

Abb. 6: Selektion von Absatzsegmentergebnissen im Modul Ergebnis-Controlling der Controller's Toolbox
(Quelle: CTB Controlling Software AG)

Zur Abbildung individueller Firmen- und Organisationsstrukturen liegt dem System ein *hierarchisch aufgebautes Unternehmensmodell* zugrunde. Es sieht getrennte, maximal fünfstufige Produkt- und Verkaufsebenenhierarchien vor, deren Elemente beliebig definierbar sind. Neben diesen Objekthierarchien unterscheidet das Programm Datenarten (Plan, Ist, Plan/Ist-Vergleich, Simulation und Erwartung) und Zeitdimensionen (Monat, Quartal, Kumuliert). Die menügestützte Auswahl aus diesen im Dialog flexibel kombinierbaren Informationsebenen ermöglicht einen *sehr komfortablen Zugriff auf unterschiedlich detaillierte Ergebnisbestandteile*. Die Ergebnisanalyse kann somit sukzessive von hoch verdichteten Ergebnisobjekten bis zu Detailanalysen einzelner Absatzsegmente voranschreiten (Top-down-Analyse).

Die nach Mengen- und Wertkomponenten differenzierende *Erlösplanung* kann auf unterschiedlichen Hierarchieebenen vorgenommen werden. Dadurch ist es beispielsweise möglich, Absatzmengen detailliert zu planen, Planpreise jedoch nur nach Inland und Ausland zu differenzieren. Die Verteilung der Jahreswerte auf einzelne Monate ist über einen Planindex steuerbar. Durch Eingabe von prozentualen Änderungsfaktoren können insbesondere *alternative Preis- und Absatzmengenkombinationen* simuliert werden. Derartige *Alternativrechnungen* können z.B. zur Fundierung von Entscheidungen über Marketingaktionen herangezogen werden.

Im Modul *Managementerfolgsrechnung* (MER) können die kostenstellenbezogen erfaßten Fixkosten den einzelnen Hierarchiestufen der Vertriebs- und Produktebenen als Einzelkosten oder Deckungsbudgets zugerechnet werden. Die Managementerfolgsanalyse ermöglicht eine Übersicht über die *Erfolgsstruktur der Unternehmensbereiche* und kann besonders mittel- und längerfristige Entscheidungen über die Zusammensetzung des Produktprogramms unterstützen.

Das dritte Anwendungsmodul *„Kennzahlen"* ist als *Methodensammlung zur Unterstützung der Ergebnisplanung* zu charakterisieren. Es ermöglicht den Aufbau des ROI-Kennzahlensystems von Dupont sowie die Generierung von ISO-Deckungsbeitragstabellen und Nutzschwellenanalysen. ISO-Deckungsbeitragsrechnungen und -graphiken sind sinnvolle ergebnisorientierte Hilfsmittel der Absatzplanung, die verdeutlichen, welche Absatzmengenveränderungen aus Preiszugeständnissen resultieren müssen, wenn im Vergleich zur Ausgangsposition ein identischer Deckungsbeitrag erzielt werden soll. Graphische Darstellungen zu allen Daten des Systems sind durch Datenübergaben an das mit einer Schnittstelle eingebundene Graphiksystem CHART möglich.

5.24 Standardisierte PC-Berichts- und Analysesysteme für die Unternehmensführung

Für Personalcomputer werden mittlerweile einige *vorstrukturierte Berichts- und Analysesysteme* angeboten, die speziell die typischen Anforderungen der Führung mittelständischer Betriebe erfüllen sollen. Nachfolgend soll der Leistungsumfang solcher Systeme am Beispiel des Systems *TZ-Info* skizziert werden.

Der Aufbau von TZ-Info und die zu diesem System veröffentlichten Anwendungsberichte[38] machen deutlich, daß das System vornehmlich auf die Informationsbedarfe der Führung mittelständischer Unternehmen abzielt. Es läßt sich als *stark vorstrukturiertes, graphikorientiertes Berichtssystem* mit menüorientierter Bedieneroberfläche charakterisieren. Innerhalb vorgegebener Analysebereiche (z.B. Ergebnisrechnung, Auftragseingänge und -bestand, Personalwesen) können unternehmensindividuelle Zeilen- und Spaltenbeschriftungen („Datenstrukturen") implementiert werden. Wie Abbildung 7 verdeutlicht, können für die Berichtsobjekte unterschiedliche Datenarten (Ist-, Plan- und Spieldaten) mehrerer Perioden ausgewertet werden.

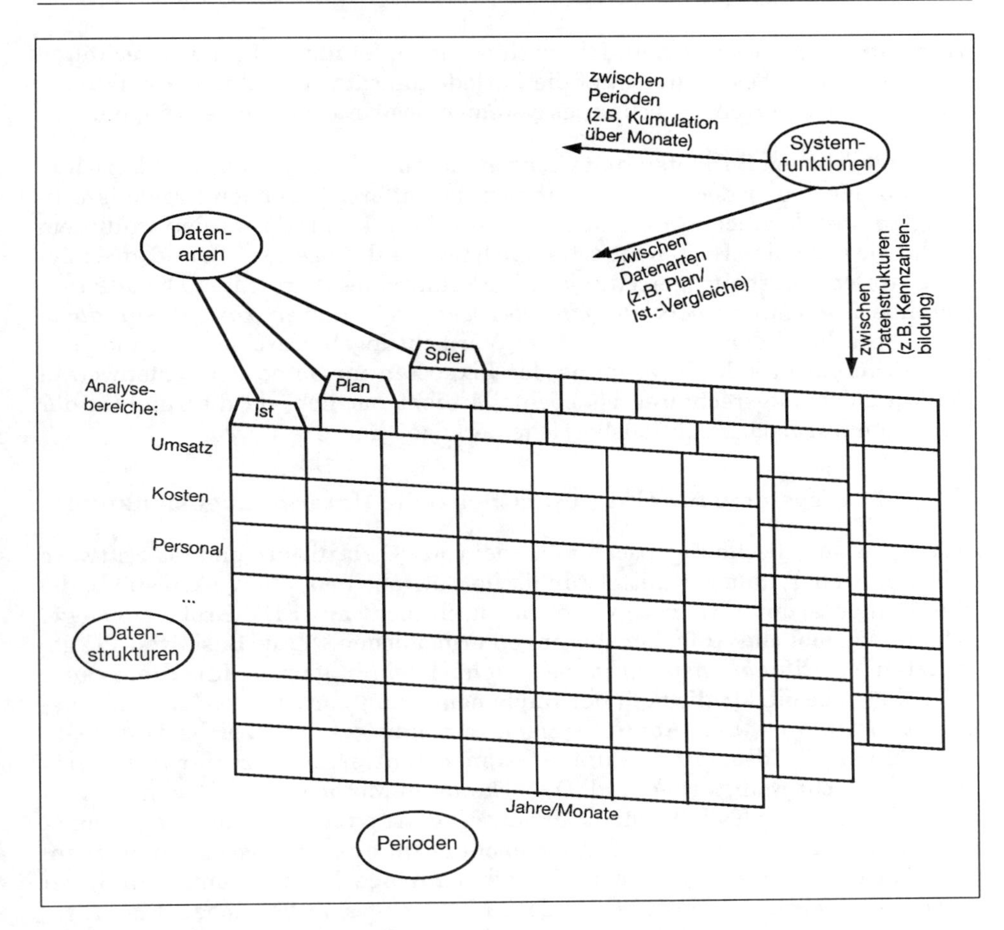

Abb. 7: Systemaufbau von TZ-Info
(Quelle: MIK Gesellschaft für Management und Informatik (Hrsg.): TZ-Info Benutzerhandbuch, Konstanz 1987, S. A-10)

Die vordefinierten Berichtsstrukturen und Verdichtungshierarchien, die lediglich mit betriebsindividuellen Bezeichnungen und Daten gefüllt werden, ermöglichen eine *schnelle Systemeinführung* und eine sehr hohe Verarbeitungsgeschwindigkeit. TZ-Info leistet insbesondere eine *strukturierte Darstellung und hierarchische Verdichtung* bereits auf verdichteter Basis erfaßter Daten, die in das System manuell eingegeben oder per Schnittstelle von Zentralrechnern übernommen werden. Die internen Verarbeitungsleistungen beschränken sich auf *wenige definierte Zusammenhänge* zwischen Eingabevariablen (z.B. die Berechnung von Deckungsbeiträgen durch Subtraktion der variablen Kosten von den Umsatzerlösen), auf die zeitliche Kumulierung und die hierarchische

Verdichtung in vorgegebenen Hierarchieebenen. So muß z.B. die Zurechnung variabler Kostenbestandteile auf die Periodenumsätze einzelner Produkte bereits in vorgelagerten Abrechnungssystemen des Unternehmens erfolgen.

Die vorgegebenen Berichtsinhalte konzentrieren sich auf wesentliche Berichtsbestandteile, was jedoch z.B. im Rahmen der differenzierenden Ergebnisrechnung zu oberflächlichen Berichtsinhalten führen kann. So werden in diesem Modul die variablen Kosten ausschließlich produktbezogen erfaßt und anschließend zu Deckungsbeiträgen einzelner Verkaufsgebiete verdichtet. Die differenzierende Zurechnung *verkaufsgebietebezogen angefallener Kostenbestandteile* ist entsprechend der eindimensionalen Verdichtungshierarchie nicht möglich. Eine differenzierende Zurechnung der Fixkosten im Sinne der stufenweisen Fixkostendeckungsrechnung ist ebenfalls nicht möglich, da die Analyse der Fixkosten nur nach Funktionsbereichen erfolgen kann.

5.25 Plansysteme für eine gesamtheitliche Unternehmenslenkung

Durch das spezifische Eigenschaftsbündel von PC-Hardware und PC-Software zeichnen sich gerade für mittelständische Betriebe neue Perspektiven ab, die eine Computerunterstützung für bisher noch nicht mit EDV-Großtechnologie erfaßte betriebliche Aufgabenstellungen ermöglichen.[39] Auf Basis von PC-gestützten *Multifunktionsprogrammen* sieht Lachnit gerade für Klein- und Mittelbetriebe die Möglichkeit der Implementierung *sachlich und zeitlich integrierter Planungs- und Kontrollsysteme* für eine gesamtheitliche Unternehmenslenkung[40], die mit dokumentationsorientierten Standardsoftwaresystemen nicht realisierbar sind. Die bekannten Methoden des Rechnungswesens können in der Tabellenstruktur von PC-gestützten Endbenutzersystemen einfach abgebildet und als Planungsmodule miteinander verzahnt werden. Komplexe betriebswirtschaftliche Zusammenhänge können somit mit ihren *Interdependenzen* verdeutlicht werden. Mit den gesamtheitlichen Planungs- und Kontrollmodellen können durch *Simulationsrechnungen* mögliche Anpassungsmaßnahmen auf ihre Realisierbarkeit hin überprüft werden.

Abbildung 8 zeigt die Struktur des mit Lotus 1-2-3 realisierten Modells „*ERFI*" zur *Er*folgs- und *Fi*nanzlenkung, das als integriertes, rechnungswesenorientiertes Gesamtplanungsmodell charakterisiert werden kann. Das Modell integriert *langfristige Planungskalküle* (mehrperiodige Bilanz- und GuV-Planung) mit *kurzfristigen* (unterjährige Erfolgs- und Liquiditätsplanung) sowie einzelobjektbezogene *Detailkalküle* (Kostenstellenbudgetierungen) mit gesamtunternehmensbezogenen Rechnungen. Die Planungs- und Simulationsmöglichkeiten decken ein *breites Entscheidungsspektrum* ab.[41] Nach Ansicht des Autors zeigt das umfassende Modell Lachnits das Nutzungspotential von PC-gestützten Multifunktionsprogrammen für Aufgaben des führungsorientierten Rechnungswesens in eindrucksvoller Weise auf. Allerdings kann das Modell zur

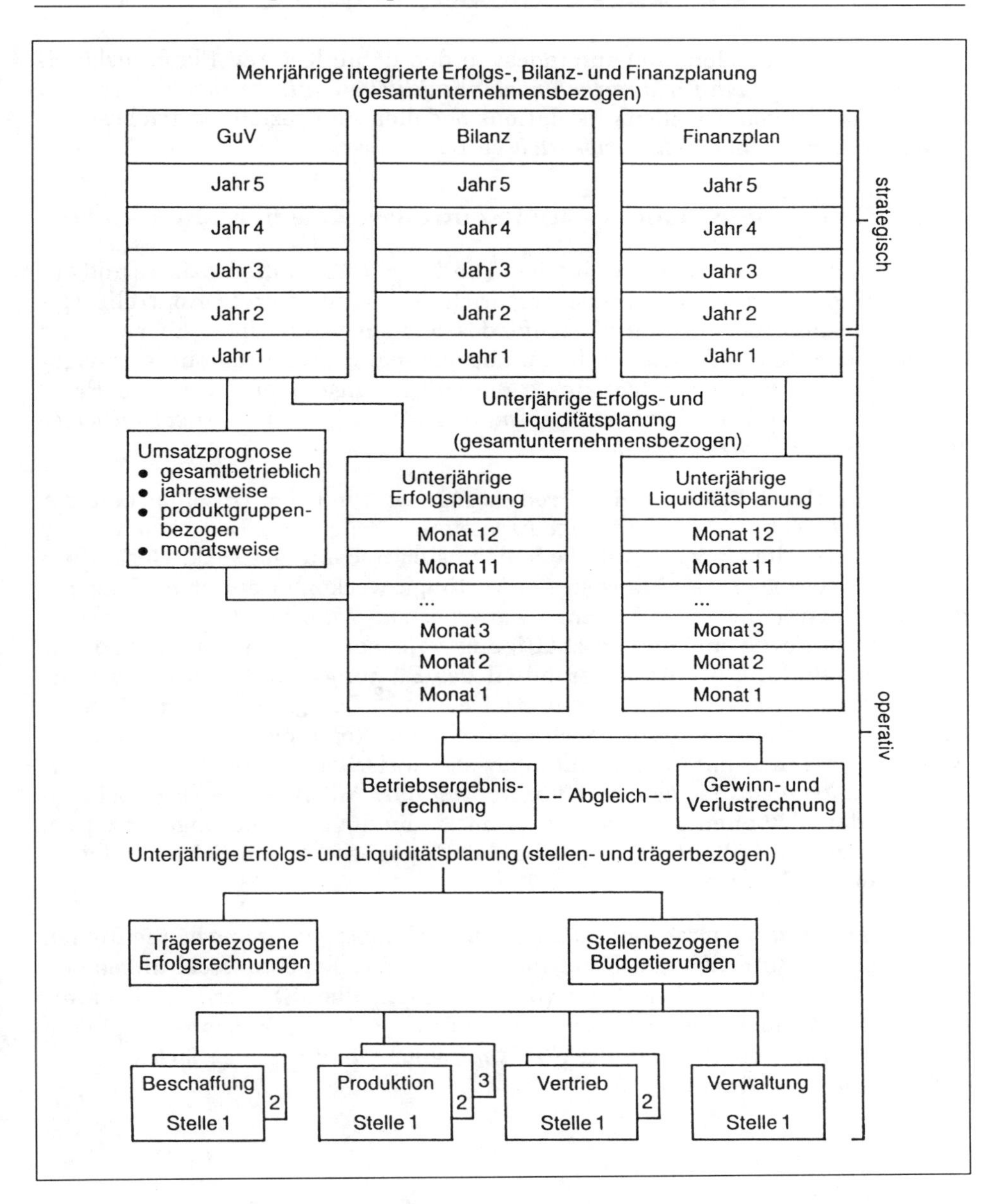

Abb. 8: Module des PC-gestützten Erfolgs- und Finanzlenkungsmodells ERFI für mittelständische Betriebe
(Quelle: Lachnit Laurenz: EDV-gestützte Unternehmensführung in mittelständischen Betrieben, München 1989, S. 157)

Erfolgs- und Finanzlenkung zumindest in den detaillierteren Planungsbereichen nur *Anregungen für unternehmensindividuelle Realisierungen* bieten, da die Anpassung von Tabellenkalkulationsmodellen an spezielle Betriebsstrukturen mit erheblichen *Schwierigkeiten* verbunden ist.

5.26 Umfassende Planungs- und Kontrollsysteme in Kleinbetrieben

Kleinbetriebe verfügen heute weitgehend noch nicht über differenzierte und auf kurzfristige Rechnungszeiträume ausgerichtete Planungs- und Kontrollsysteme. Die Finanzbuchhaltung als laufendes Rechensystem dient überwiegend Zwecken der steuerbilanziellen Rechnungslegung. Personalcomputer ermöglichen in dieser Betriebsgrößenklasse die *vollständige Abwicklung des Rechnungswesens* und die *erstmalige Implementierung controllingorientierter Planungs- und Kontrollsysteme.*

Wegen der Spezialisierung des Produktangebots und der Unteilbarkeit der Potentiale erscheint die *kurzfristige Ergebniskontrolle* unter Berücksichtigung von Nutzschwellenaspekten als bedeutsamster Rechnungszweck. Gesamtunternehmensbezogene, an internen Auswertungszwecken orientierte, Konzepte der Ergebnisrechnung nach dem *Gesamtkostenverfahren*, die eine Kostenspaltung in Bezug auf die Beschäftigung vorsehen, können ergänzend zur Finanzbuchhaltung als Kernbestandteil des Planungs- und Kontrollsystems mit Personalcomputern implementiert werden.[42] Die gesamtunternehmensbezogene Ergebnisrechnung nach dem Gesamtkostenverfahren stellt für Kleinunternehmen mit beschränkten absatzpolitischen Möglichkeiten ein *adäquates Instrument des Ergebnis-Controlling* dar. Auf Basis der Finanzbuchhaltungsdaten können in Verbindung mit individuellen Planungskonzepten durch kurzfristige Plan/Ist-Vergleiche der Ergebnisse wesentliche *Erfolgspotentiale* offengelegt werden.

Tabellenkalkulationsprogramme bzw. *Multifunktionsprogramme* bieten für den Aufbau gesamtunternehmensbezogener kurzfristiger Ergebnisrechnungen und deren Auswertung (Aufbereitung von Zeitreihen, Plan/Soll/Ist-Vorjahresvergleiche, Kennzahlen, Symbole der wirtschaftlichen Auswirkungen, Graphiken etc.) den Vorteil, die *Abrechnung direkt mit einer führungsorientierten Datenaufbereitung zu integrieren.*

6 Problematik PC-gestützter Controlling-Systeme

Mit der dezentralen Datenverarbeitung sind auch erhebliche Probleme und Gefahren verbunden, die sich jedoch überwiegend nicht als controlling-spezifisch darstellen. Hauptgefahren gehen von einer unkoordinierten Entwicklung im Hardware- und Softwarebereich aus („PC-Wildwuchs"). Durch Informationszentren für PC-Benutzer kann entsprechenden Tendenzen entgegengewirkt werden. Nachfolgend sollen lediglich zwei im Controllingbereich besonders ausgeprägte Probleme näher thematisiert werden

6.1 Entstehen nicht-integrierter Informationsinseln

Gerade die Verarbeitung von Daten im führungsorientierten Rechnungswesen basiert regelmäßig auf *zentral gespeicherten Informationen*, so daß die Verbindung zentraler und dezentraler Hardwaresysteme hierfür eine starke Bedeutung besitzt. Integrationstechnische Voraussetzungen für Formen des „Cooperative Processing" sind *PC-Host-Kopplungen*. Die Datenidentität zwischen zentralen und dezentralen Anwendungssystemen muß durch direkte Kopplungen bzw. Vernetzungen gesichert werden.[43] Die Notwendigkeit der Vernetzung kann je nach konkreter Aufgabenstellung unterschiedlich ausgeprägt und entsprechend aufwendig sein.

Isolierte PC-Stationen und PC-Netzwerke können durch *unterschiedliche Verfahren* der PC-Host-Kopplung mit Großcomputer-Systemen vernetzt werden. Der PC kann sowohl als Terminal zum Großrechner dienen (Terminal-Emulation), als auch von dessen zentraler Datenbasis Informationen extrahieren (Filetransfer bzw. Program-to-program-communication). Abbildung 9 gibt einen Überblick über die unterschiedlichen Formen der PC-Host-Kopplung, charakterisiert darauf aufbauende Anwendungsmöglichkeiten und gibt Beispiele für potentielle Anwendungen im Rechnungswesen.

Die *Terminal-Emulation* ist die einfachste Verbindungsform, aber auch *Voraussetzung aller darüber hinausgehenden Verfahren der PC-Host-Kopplung*. Voraussetzung der Kommunikation zwischen PC und Host-Rechnern sind PC-seitig zusätzliche Hardware-Bausteine, die eine Nachahmung des Betriebsverhaltens (Emulation) von Peripherieeinheiten von Großrechnern ermöglichen. Emuliert werden können Bildschirmterminals (z.B. IBM 3278/79), Terminaldrucker (z.B. IBM 3287) oder auch DFÜ-Knotenpunkte (z.B. IBM 3276), an die dann mehrere weitere PC-Stationen angeschlossen werden können.[44] Diese zusätzlichen Elektronik-Bausteine decken die ersten beiden Schichten des Kommunikationsmodells von ISO/OSI - physical-layer und data-link-layer - ab. Auf Basis der Emulationskomponenten ist es möglich, das PC-System als „dummes" Terminal zur Bearbeitung von Programmen des Großrechners zu nutzen.

Verbindungsform	Charakterisierung dezentraler Anwendungsmöglichkeiten	Potentielle Rechnungswesen-Anwendungen
STAND-ALONE-BETRIEB (ohne Host-Anbindung)	Personalcomputer dienen abteilungsinternen Aufgaben ohne Integrationserfordernis bzw. die Durchführung von Anwendungen auf Basis nur sehr weniger auch zentral gespeicherter Daten, die bei Erfordernis auch manuell eingegeben werden können.	Situationsbezogene Wirtschaftlichkeitsrechnungen mit geringfügigem, überwiegend prognostischen Datengerüst (z.B. Investitionsrechnungen)
TERMINAL-EMULATION	Neben der Durchführung von Anwendungen ohne Integrationserfordernisse kann der PC zusätzlich wie ein herkömmliches Bildschirmterminal des Großrechners genutzt werden; gleichzeitig Voraussetzung aller sonstigen Kopplungsformen.	Nutzung zentraler Dialogprogramme des Rechnungswesens
FILETRANSFER (Download und Upload)	Dateien können von zentralen Host-Dateien in selektiver Form in PC-Dateien übertragen und in die Dateiformate unterschiedlicher PC-Anwendungsprogramme konvertiert werden; Verarbeitung und Ergebnisspeicherung erfolgt ausschließlich dezentral.	Dezentrale Abweichungsanalysen mit Aufbereitung von Grafiken
FILETRANSFER (nur Download)	Dezentrale Datenänderungen bzw. Ergebnisse dezentraler Verarbeitungsprozesse können an den Host zurückübertragen werden, um dort in integrierter Form anderen Verarbeitungssytemen zur Verfügung zu stehen.	Dezentrale Unterstützung von Planungs- und Budgetierungsaufgaben
PROGRAM-TO-PROGRAM-COMMUNICATION	Direkter Zugriff auf zentrale Host-Dateien ohne Zwischenspeicherung am PC; Anwendungssteuerung und Datenaufbereitung dezentral, Datensteuerung und -selektion dezentral	Dezentrale Alternativkalkulationen einzelner Erzeugnisse

Abb. 9: Formen der PC-Host-Kopplung

Die Terminal-Emulation macht es noch nicht möglich, zentral gespeicherte Daten in einen PC-Datenbestand zu übernehmen und dort zu situationsbezogenen Auswertungen weiterzuverarbeiten. Um einen derartigen *Filetransfer* zu verwirklichen, sind weitere Softwarebausteine sowohl am PC als auch am Host zu implementieren, die eine *Datenselektion* in umfangreichen Datenbeständen und eine Umsetzung der unterschiedlichen Datenformate bewerkstelligen. Während für zusätzliche dezentrale Datenauswertungen der Transfer von Daten vom Großrechner zum PC (*Download*) ausreicht, setzen PC-Anwendungen als integrierte Bestandteile verteilter Anwendungskonzeptionen den Datentransfer auch in umgekehrter Richtung (*Upload*) voraus.

Ausgangspunkt von Datenabfragen des Benutzers ist ein *Data-Dictionary*, das die für das Personal-Computing relevanten Datenbestände in ihrer Struktur (Datenbanksegmente, Dateien, Dateifelder) beschreibt.[45] Softwarehäuser, die Standardsoftwarefamilien anbieten, offerieren teilweise spezielle PC-Host-Kopplungs-Software, in die softwarespezifische Datenbeschreibungen bereits integriert sind.[46]

Für einzelne Anwender können auf dieser Basis spezielle Benutzerprofile definiert werden, die den Datenzugriff aufgabenorientiert einschränken. Das Data-Dictionary ist die Grundlage von *Auswahl-Menüs*, aus denen der Benutzer die zur Lösung spezieller Fragestellungen bzw. Auswertungen gewünschten Dateien, Satztypen und Feldnamen auswählen kann. Die am Großrechner installierte Zusatzsoftware interpretiert die am PC generierten Abfragen und setzt sie in entsprechende Datenselektionsschritte um. Qualifizierte Filetransfer-Software ermöglicht die Eingrenzung des zu übertragenden Datenmaterials durch die Spezifikation von Zugriffsbedingungen in Abhängigkeit der Datenausprägungen einzelner Felder.

Eine noch weitergehende Integration kann durch *„Program-to-program-communication"* verwirklicht werden, bei der PC- und Host-Programme direkt ineinander greifen und eine Verarbeitungsaufgabe in arbeitsteiliger Weise ausführen. Redundante Datenbestände und die damit verbundene Gefahr einer Dateninkonsistenz werden bei dieser Integrationsform ausgeschlossen.[47]

Während die technische Abwicklung der PC-Host-Kopplung mittlerweile als gelöstes Problem betrachtet werden kann, ist die betriebliche Implementierung derartiger Systeme und die Einarbeitung der Mitarbeiter mit relativ großem Aufwand verbunden.

6.2 Überschätzung der Verarbeitungsmöglichkeiten von Hardware und Software

Die dargestellten Ausführungen zeigen, daß der Einsatz von Personalcomputern für das Rechnungswesen aller Betriebsgrößenklassen einen hohen Stellenwert hat. Allerdings unterscheiden sich die konkreten Anwendungsbereiche ganz erheblich. Somit sind *Pauschalurteile über die Einsatzfelder von Personalcomputern im Rechnungswesen nicht möglich.*

Als Beispiel für derartige *Fehleinschätzungen* sei angemerkt, daß die einschlägige Literatur die „Betriebsabrechnung" häufig als Anwendungsgebiet von Tabellenkalkulationsprogrammen aufführt. Die *Matrixstruktur* traditioneller Betriebsabrechnungen läßt Tabellenkalkulationsprogramme bei *oberflächli-*

cher Betrachtung tatsächlich als geeignete Instrumente EDV-gestützter Lösungen zu diesem Teilgebiet erscheinen.

Diese Vorstellung kann jedoch allenfalls für *Kleinbetriebe mit geringer Kostenstellenzahl* aufrechterhalten werden, für die die Kostenstellenrechnung als *tabellarisch-statistisches Instrument zur Ermittlung von Kalkulationssätzen* und *nicht als laufendes Instrument des Gemeinkosten-Controlling* mit Soll/Ist-Vergleich dient.

Das Leistungsvolumen herkömmlicher Tabellenkalkulationslösungen ist bereits dann zu gering, wenn *laufend kurzfristige Kostenstellenanalysen auf Basis von Ist-Kosten* durchgeführt werden sollen. Die Kapazitätsgrenzen der hauptspeicherorientierten Systeme sind insbesondere insofern überfordert, als die Ermittlung kumulierter Werte und die Generierung von Hochrechnungen die Zusammenfassung von Daten mehrerer Monate erforderlich macht. Die Vorhaltung des gesamten Datengerüsts (Kostenarten * Kostenstellen * Monate) in einer einzigen Tabelle ist auch bei Einsatz von Hauptspeichererweiterungen wenig sinnvoll. Die zeitliche Konsolidierung in getrennten Arbeitsblättern ist - wenn überhaupt - nur sehr aufwendig realisierbar.

Dieses Beispiel zeigt auf, daß vor der individuellen Entwicklung PC-gestützter Controlling-Systeme auch mit Blick auf zukünftige Anwendungserfordernisse gründlich geprüft werden sollte, ob PC-Hardware und -Software *dauerhaft zur Problemlösung geeignet ist.*

Anmerkungen und Literatur

[1] Im Detail vgl. Warnick, Bernd: *Dezentrale Datenverarbeitung in umfassenden DV-Lösungen für das führungsorientierte Rechnungswesen - Betriebsgrößenorientierte Typologie bedeutsamer PC-Anwendungsmöglichkeiten*, Dissertation Nürnberg 1990 (erscheint im Frühjahr 1991 im Verlag Gabler)

[2] Vgl. Seibt, Dietrich: *Individuelle Datenverarbeitung im Netz technologiegestützter Anwendungssysteme*, in: Seibt, Dietrich - Weber, Helmut (Hrsg.): PCs in der betrieblichen Datenverarbeitung - Anwendungen-Organisation-Technik, Braunschweig 1986, S. 1-17, hier S. 1

[3] Vgl. Nastansky, L. - Finke, W.: *Einsatzmöglichkeiten von integrierter PC-Software im Rechnungswesen insbesondere am Beispiel von Symphony und Knowledge Man*, in: Kilger, Wolfgang - Scheer, August-Wilhelm: Rechnungswesen und EDV, Würzburg u.a. 1985, S. 61

[4] Vgl. Mertens, Peter: *Industrielle Datenverarbeitung 1 - Administrations- und Dispositionssysteme*, 5. Auflage, Wiesbaden 1983, S. 1 ff

[5] Vgl. Lachnit, Laurenz: *EDV-gestützte Unternehmensführung in mittelständischen Betrieben*, München 1989, S. 87

[6] Zu den nachfolgenden Ausführungen vgl. ausführlich Warnick, Bernd: *Personal Computer - Werkzeuge für Kostenrechnung und Controlling*, in: Kostenrechnungspraxis, 1988, Heft 2, S. 75-83

[7] Zu den Aufgaben des Informationszentrums vgl. Mertens, Peter: *Aufbauorganisation der Datenverarbeitung - Zentralisierung-Dezentralisierung-Informationszentrum*, Wiesbaden 1985, S. 69 ff

[8] Vgl. Nastansky, L. - Hildebrandt, B.: *Personal Computer in kleinen und mittleren Unternehmen*, WIOR-Arbeitspapier 85-3, S. 1-2

[9] Vgl. Nastansky, L. - Finke, W.: *Einsatzmöglichkeiten von integrierter PC-Software im Rechnungswesen insbesondere am Beispiel von Symphony und Knowledge Man*, in: Kilger, Wolfgang - Scheer, August-Wilhelm: Rechnungswesen und EDV, Würzburg u.a. 1985, S. 61.

[10] Als Beispiel sei das Planungs- und Controlling-System Memcontrol der Fa. Mem Consult genannt, das auf Basis von Symphony realisiert wurde.

[11] Vgl. Haun, Peter: *Datenbanken, Methodenbanken und Planungssprachen als Hilfsmittel für das interne Rechnungswesen*, in: Kostenrechnungspraxis, Sonderheft 1/1988, S. 83-92; Haun, Peter - Zeuch, Klaus: *Alternativrechnungen mit Planungssprachen und Tabellenkalkulationssystemen*, in: Handbuch der modernen Datenverarbeitung, 1987, Heft 138, S. 52-64; Mohr, Günther A.: *Einsatz von „Decision Support"-Software*, in: Schumny, Harald (Hrsg.): PC-Praxis, Braunschweig 1986, S. 135-142; Cornelius, Martin: *Auswahlkriterien für Planungs-Software*, in: PC Magazin, 1985, Nr. 32, S. 44-47

[12] Vgl. Back-Hock, Andrea: *Executive-Information-Systems - Ein neuer Anlauf zur Realisierung von computergestützten Managementinformationssystemen*, in: Wirtschaftswissenschaftliches Studium, 1990, Heft 3, S. 137-149.

[13] Vgl. Back-Hock, Andrea: *Executive-Information-Systems-Software für die Gestaltung von Controllinginformationssystemen*, in: Scheer, August-Wilhelm (Hrsg.): Rechnungswesen und EDV 1990 (in Vorbereitung)

[14] Vgl. ebenda

[15] Vgl. Lauber, Hans - Schönbeck, Knut: *Die 20 interessantesten Informationssysteme*, in: Capital, 1988, Nr. 2, S. 146-149; Huber, Heinrich: *Management-Informationssysteme - Marktanalyse, Produktvergleich*, Hamburg 1989

[16] Vgl. Peters, Eckart: *MICRO CONTROL - Das Konzept eines Informationssystems und seine Umsetzung in der Praxis*, in: Kostenrechnungspraxis, 1990, Heft 2, S. 101-105

[17] Memcontrol ist ein Produkt der Fa. Memconsult GmbH, Kutzenhausen; vgl. Hertle, Rudolf: *Die Funktionen von Memcontrol und Memplan in der Steuerung der Dr. Grandel Gruppe*, in: Controlling, 1990, Heft 1, S. 38-41

[18] TZ-Info ist ein Produkt der Fa. MIK Gesellschaft für Management und Informatik mbH, Konstanz; vgl. Tscholl, Hans-Peter: *TZ-Info-Anwenderbericht*, in: Controller Magazin, 1989, Nr. 1, S. 17-22; Merkelbach, Hart-

mut: *Der Einsatz von TZ-Info im Rahmen eines Controllingkonzeptes*, in: Controlling, 1. Jg. (1989), Heft 5, S. 292-299

[19] Controller's Toolbox ist ein System der CTB Controlling Software AG, Jona/Schweiz; vgl. Schaefle, Christian: *Ergebnis-Controlling mit dem Personal Computer*, in: Kostenrechnungspraxis, 1986, Heft 5, S. 172-178

[20] Vgl. Scheer, August-Wilhelm: *EDV-orientierte Betriebswirtschaftslehre*, 3. Auflage, Berlin-Heidelberg 1987, S. 223

[21] Vgl. Weber, Jürgen: *Change-Management für die Kostenrechnung - zur Notwendigkeit des beständigen Wandels der Kostenrechnung*, in: Scheer, August-Wilhelm (Hrsg.): Rechnungswesen und EDV 1989, 10. Saarbrücker Arbeitstagung, Heidelberg 1989, S. 30-47, hier S. 43 f

[22] Vgl. Kober, H.: *Welche Implementierungsstrategie sichert die Akzeptanz der EDV-Systeme*, in: Kilger, Wolfgang - Scheer, August-Wilhelm (Hrsg.): Rechnungswesen und EDV, 4. Saarbrücker Arbeitstagung 1983, Würzburg-Wien 1983, S. 111-124, hier S. 121

[23] Macharzina, Klaus: *Rechnungswesen und Planung*, in: Szyperski, Norbert (Hrsg.): Handwörterbuch der Planung, Stuttgart 1989, Sp. 1713-1730, hier Sp. 1719.

[24] Vgl. Kilger, Wolfgang: *Flexible Plankostenrechnung und Deckungsbeitragsrechnung*, 9. Auflage, Wiesbaden 1988, S. 187

[25] Vgl. Ambs, W.: *Optimale Strategien zum kombinierten Einsatz von Großrechnern und Personal-Computern für das Controlling*, in: Kilger, Wolfgang - Scheer, August-Wilhelm (Hrsg.): Rechnungswesen und EDV 1985, 6. Saarbrücker Arbeitstagung, Würzburg-Wien 1985, S. 95-101, hier S. 99

[26] Vgl. Huckert, Klaus: *Entwurf und Realisierung von PC-gestützten Decision Support-Systemen*, in: Angewandte Informatik, 1988, Heft 10, S. 425-433, hier S. 426

[27] Vgl. Mertens, Peter - Back-Hock, Andrea - Fiedler, Rudi: *Verbindungen der Kosten- und Leistungsrechnung zur computergestützten Informations- und Wissensverarbeitung*, in: Betriebswirtschaftliche Forschung und Praxis, 1990, Heft 4, S. 268-282, S. 279 und die dort genannte Literatur

[28] Vgl. Kraemer, W.: *Wissensbasierte Systeme zum intelligenten Soll / Ist-Vergleich*, in: Scheer, August-Wilhelm (Hrsg.): Rechnungswesen und EDV 1989 - 10. Saarbrücker Arbeitstagung, Heidelberg 1989, S. 182-209

[29] Vgl. Fiedler, Rudolf: *CONTREX - Ein Beitrag zum wissensbasierten Controlling unter Verwendung der Modularsoftware SAP-RK*, Dissertation, Nürnberg 1990

[30] Vgl. ebenda, S. 9

[31] Vgl. Borchers, R.: *Einsatz der IDV im Controlling*, a.a.O., S. 297-300

[32] Micro Control ist ein System der Fa. Roland Berger & Partner GmbH

[33] Vgl. Warnick, Bernd: *Implementierung einer PC-gestützten Nutzschwellenanalyse*, in: Kostenrechnungspraxis, 1989, Heft 1, S. 33-36 (Teil 1); Heft 2, S. 83-86 (Teil 2)

[34] Vgl. Heide, Gerd: *Entwicklung des Personal Computer Einsatzes in Markenartikel-Unternehmen - Ergebnisse einer empirischen Studie*, in: Angewandte Informatik, 1987, Heft 6, S. 248-256, hier S. 250-251

[35] Einzeldarstellungen der leistungsfähigsten Programme vgl. Männel, Wolfgang (Hrsg.): *PC-gestützte Kostenrechnung für kleine und mittelständische Unternehmen*, Sonderheft Kostenrechnungspraxis 1/1990

[36] Die Aussagen basieren auf der Detailanalyse von Leistungsbeschreibungen, Handbüchern und Demonstrationssoftware folgender Standardsysteme: Corak-Bab, CORAK-Unternehmensberatung GmbH Schallstadt bei Freiburg; Controlling-Support-System (CSS), Huber-Betriebsberatung Ges.m.b.H. Wien; IKR/3000, Wörner & Bludau GmbH Starnberg; MIKRO-BAB, Prof. K.D. Kern & Partner Reutlingen; S&A-FIKOS, Semmerling & Armbrecht GmbH Bielefeld.

[37] Vgl. Holthaus, Christian - Heinisch, Christian: IBM/36 und PC, a.a.O., S. 107-129

[38] Vgl. Tscholl, Hans-Peter: *TZ-Info-Anwenderbericht*, in: Controller Magazin, 1989, Nr. 1, S. 17-22; Merkelbach, Hartmut: *Der Einsatz von TZ-Info im Rahmen eines Controllingkonzeptes*, in: Controlling, 1989, Heft 5, S. 292-299

[39] Vgl. Lachnit, Laurenz: *EDV-gestützte Unternehmensführung in mittelständischen Betrieben*, München 1989, S. 114

[40] Vgl. ebenda, S. 166

[41] Vgl. hierzu die Simulationsbeispiele bei Ammann, Helmut: *PC-gestützte Systeme der Erfolgslenkung - Anwendungsmöglichkeiten und Ausgestaltung für eine qualifizierte Unternehmensführung in Klein- und Mittelbetrieben*, Frankfurt u.a. 1989, S. 209 ff

[42] Vgl. ausführlich Warnick, Bernd: *PC-gestützte Ergebnisrechnungen zur Unterstützung der Führung von Kleinunternehmen*, in: Kostenrechnungspraxis, 1990, Sonderheft 1, S. 81-91

[43] Vgl. Scheer, August-Wilhelm: *EDV-orientierte Betriebswirtschaftslehre*, 3. Auflage, Berlin-Heidelberg 1987, S. 224

[44] Vgl. Wagner, Lutz: *PC-Host-Kopplung, Techniken, Probleme und Lösungs-Konzepte bei der qualifizierten Verbindung von PCs mit Mainframes der 370-Architektur*, Köln 1988, S. 75 ff

[45] Vgl. Wedekind, Hartmut: *Datenbanksysteme 1 - Eine konstruktive Einführung in die Datenverarbeitung in Wirtschaft und Verwaltung*, 2. Auflage, Zürich u.a. 1981

[46] Vgl. SAP GmbH (Hrsg.): *PC-Integration in das SAP-System*, Walldorf 1986; ADV-ORGA (Hrsg.): *PC / DB-Link - Ein interaktives System zur Integration von Großrechner-Datenbanken mit PC-Software-Werkzeugen*, Wilhelmshaven 1986

[47] Vgl. Wagner, Lutz: *PC-Host-Kopplung als Baustein in der IDV*, in: Online, 1988, Heft 5, S. 24-27, hier S. 25

Strategisches Controlling

Wettbewerbsorientierung im Controlling durch strategisches Kostenmanagement

Ronald Gleich

Inhalt:

1 Strategische Fehlentscheidungen durch falsche Kosteninformationen

Die Jahre bis zur Jahrtausendwende werden durch einen weltumspannenden Wettbewerb gekennzeichnet sein, der alle Aktivitäten in der Wertschöpfungskette einer Unternehmung umfaßt. Schnelligkeit und Flexibilität sind dabei die geforderten Eigenschaften einer Unternehmung, die das Überleben sichern. Das Management wird zunehmend häufiger mit strategischen Fragestellungen konfrontiert, zumal die immer schnellere technologische Entwicklung und die ständig kürzer werdenden Produktlebenszyklen permanenten Handlungsbedarf signalisieren. Schnelligkeit und Flexibilität müssen in Unternehmungen praktiziert werden, deren Komplexität infolge von Automatisierung und Wachstum ständig zunimmt. Neue Informations- und Produktionstechnologien sind ja einerseits eine wesentliche Unterstützung, andererseits jedoch wirken sie komplexitätserhöhend.

Will man nun über die Weiterentwicklung des Controlling nachdenken, so hat man sich zunächst mit diesen Wettbewerbsherausforderungen der kommenden Jahre auseinanderzusetzen. „The 1990s will be the most competitive economic decade of the century and will prove fatal for many organizations that do not manage for change" - so Fred Steingraber, der Chef von A.T. Kearney (1990, S. 50).

Die Kosten- und Leistungsrechnung als Basisinstrument des Controllers ist auf diese veränderte Situation zunächst nicht vorbereitet. Sie entstand in der heute praktizierten Form im ersten Drittel dieses Jahrhunderts und konzentriert sich auf die Markt- und Produktionsverhältnisse der 20er Jahre. Dies heißt:

- Die Produktion im engeren Sinne und nicht die gesamte Wertschöpfungskette stehen in ihrem Fokus.
- Die zugrundegelegte Produktionssituation ist eine mechanisch-starre Fertigung und nicht die flexibel-automatisierte Fabrik unserer Tage.
- Die indirekten Bereiche spielen im Gegensatz zu heute eine untergeordnete Rolle.
- Die Entscheidungsunterstützungsaufgaben sind operativen Charakters. Für die strategischen Fragen der Gegenwart ist man nicht gerüstet.

Die „klassische" Kosten- und Leistungsrechnung in Gestalt der flexiblen Plankostenrechnung und der Deckungsbeitragsrechnung kann das Betriebsgeschehen nicht adäquat abbilden und liefert falsche Signale für strategisch orientierte Fragestellungen.

2 Von der Kostenrechnung zum strategischen Kostenmanagement

Die Kosten- und Leistungsrechnung war in ihren Ursprüngen zunächst eine vergangenheitsorientierte Ermittlungsrechnung. Sie hatte die Aufgabe, den betrieblichen Leistungserstellungsprozeß abzubilden.

Die weitere Entwicklung (vgl. hierzu z.B. Bromwich/Hopwood 1990) führte dann bekanntlich zu Rechnungsvarianten, die die Wirtschaftlichkeitskontrolle und später auch bestimmte operative Entscheidungsunterstützungsaufgaben wahrnahmen. Mit der flexiblen Plankostenrechnung und der Deckungsbeitragsrechnung war das Management Accounting geboren. Ihren Stand geben die klassischen Lehrbücher von Anthony (1956), Shillinglaw (1961) und Horngren (1962) wieder.

„Management Accounting is a system that collects, classifies, summarizes, analyses, and reports information that will assist managers in their decision-making and control activities." (Kaplan 1982, S. 1)

Worin unterscheidet sich Management Accounting von der Kostenrechnung?

Die klassische Kostenrechnung beantwortet standardisierte Fragen, die vor allem die Selbstkosten der Produkte betreffen. Im Mittelpunkt stehen die Kostenverteilung und die damit verbundenen Rechnungen. Eine Entscheidungsorientierung ist nicht gegeben. Management Accounting will dagegen Kosteninformationen für Planungs-, Steuerungs- und Kontrollentscheidungen liefern. Ihr Grundprinzip ist das Prinzip der relevanten Kosten.

Management Accounting ist operativ ausgerichtet. Ihre Fragestellungen beziehen sich auf eine gegebene Ausstattung und auf einen bestimmten kurzfristigen Zeitraum. Auf die Probleme, mit denen Management Accounting gegenwärtig konfrontiert wird, wurde bereits oben hingewiesen.

Es zeichnen sich nun drei Entwicklungsaspekte ab, die die Weiterentwicklung und den Einsatz des Controlling-Instruments Kosten- und Leistungsrechnung bestimmen werden:

1. Erforderlich ist, daß die Abbildungsfunktion der Kosten- und Leistungsrechnung den Kontext neuer Informations- und Produktionstechnologien adäquat berücksichtigt.
2. Die Kosten- und Leistungsrechnung muß auch strategisch orientierte Entscheidungen unterstützen.
3. Neben der Kosten*rechnung* wird auch ein Kosten*management* benötigt. Dies heißt, daß das Management von Kosten als Zielgrößen ausgehend betriebliche Prozesse gestaltet.

Die drei genannten Aspekte bedeuten eine revolutionäre Umorientierung des internen Rechnungswesens. Strategisches Kostenmanagement ist daher *der* Controlling-Schwerpunkt der 90er Jahre.

Abbildung 1 veranschaulicht die Unterschiede des „Management Accounting"-Paradigmas und des „Strategic Cost Management"-Paradigmas in Bezug auf die drei Grundfragen der Kostenrechnung.

	Das "Management Accounting" Paradigma	**Das "Strategic Cost Management" Paradigma**
I. Der beste Weg, um Kosten zu analysieren:	Hinsichtlich - Produkte - Kunden - Funktionen Und, mit starker interner Blickrichtung. "Wertschöpfung" ist ein Schlüsselkonzept.	Hinsichtlich unterschiedlicher Phasen der übergreifenden Wertschöpfungskette, für die das Unternehmen ein Bestandteil darstellt. Und, mit starker externer Blickrichtung. "Wertschöpfung" wird als gefährlich enges Konzept gesehen.
II. Welches ist das Ziel der Kostenanalyse?	Es gibt drei Ziele, die alle Anwendung finden, unabhängig vom strategischen Kontext: - Datenerfassung - Aufmerksamkeit lenken - Problemlösen	Obwohl die drei Ziele ständig präsent sind, ändert sich die Gestaltung des Cost Management Systems dramatisch in Abhängigkeit von der grundlegenden strategischen Positionierung des Unternehmens: - unter der Strategie der Kostenführerschaft - unter der Strategie der Produktdifferenzierung
III. Wie kann man den Verlauf der Kosten verstehen?	Kosten sind in erster Linie eine Funktion der Ausbringungsmenge: - variable Kosten - fixe Kosten - sprungfixe Kosten - zusammengesetzte Kosten	Kosten sind eine Funktion der strategischen Entscheidung über die Struktur des Vorgehens im Wettbewerb und der Managementfähigkeiten bei der Durchführung dieser strategischen Entscheidungen: - "Struktural" cost drivers - "Executional" cost drivers

Abb. 1: Paradigmawechsel in der Kosten- und Leistungsrechnung (Shank, 1989, S. 62)

3 Elemente eines erfolgreichen strategischen Kostenmanagements

Im Vergleich zum Management Accounting ist das strategische Kostenmanagement durch grundlegende Blickwinkelveränderungen auf vier Gebieten gekennzeichnet.

Diese sind:

- die Wertschöpfungskette
- die strategische Positionierung
- die Kosteneinflußfaktoren („Kostentreiber")
- der Ausgangspunkt der Kostenplanung.

Die hier darzustellenden Entwicklungen kennzeichnen nicht nur die USA, sondern sehr stark auch Japan (vgl. Monden/Sakurai 1989).

3.1 Analyse der Wertschöpfungskette

Das klassische Management Accounting konzentriert sich auf *eine* Aktivität in der Wertschöpfungskette, und zwar auf die Produktion. Im Mittelpunkt aller Varianten der Plankostenrechnung steht die Produktion in einer Industrieunternehmung. Alle anderen Aktivitäten sind lediglich Teil des Fixkostenblocks. Eine wesentliche Blickwinkelerweiterung des strategischen Kostenmanagements besteht zunächst darin, alle wertbildenden Aktivitäten in der Wertschöpfungskette zu analysieren. Ein weiterer Schritt ist, daß die der Produktion vorgelagerten Aktivitäten der Forschung und Entwicklung das Hauptaugenmerk der Analyse erhalten. Hier werden ja Produkt und Produktion und damit die späteren Kosten und Erlöse bestimmt. Schließlich: Die Analyse der Wertschöpfungskette macht keinen Halt an der Schnittstelle der Unternehmung zur Umwelt. Hier macht sich ein ganz wesentlicher Unterschied zwischen Management Accounting und strategischem Kostenmanagement bemerkbar: Die Sicht des Management Accounting ist in erster Linie intern ausgerichtet. Es analysiert die Prozesse innerhalb der Unternehmung. Die Perspektive ist „value added", d.h. die Differenz zwischen Einkauf und Verkauf ist zu maximieren. Das Rechnungswesen endet an der Schnittstelle Unternehmung und Unternehmungsumwelt. Anders die Sicht der Wertschöpfungskette (value chain): Ihr Gegenstand endet nicht an der Schnittstelle der Unternehmung zur Umwelt. Sie betrachtet die gesamte Kette von den Rohmaterialquellen des Lieferanten bis zur an den Endverbraucher ausgelieferten Ware. Dieser Fokus ist auch extern ausgerichtet. Die Aktivitäten in der Unternehmung sind nur ein Teil der gesamten Kette. Die Kritik an dem „value-added" Konzept ist: „it starts too late and it stops too soon" (Shank 1989, S. 51).

Shank bringt zu beiden Punkten je ein Beispiel:

Das „zu spät" kann kritisch werden, wenn wir Just in Time-Konzepte analysieren. Ein amerikanischer Kfz-Hersteller wollte durch Einführung des JIT-Konzeptes seine Montagekosten um 20% senken. Allerdings wurde nicht realisiert, daß hierbei die Produktionskosten der Lieferanten stärker stiegen als die Kostensenkung in der Montage war. Die Planungsunsicherheit hat zu beträchtlichen Lieferproblemen geführt. JIT funktioniert nur, wenn mit den Lieferanten unter Beachtung der Wirtschaftlichkeitsaspekte partnerschaftliche Beziehungen aufgebaut werden.

Ein Beispiel für „früh genug": „life cycle costing" befaßt sich explizit mit der Beziehung zwischen Kaufpreis und den Gesamtkosten, die während der Nutzungsdauer insgesamt auch beim Kunden anfallen. Die Auseinandersetzung mit den späteren Kosten beim Kunden kann zu einer besseren Marktsegmentierung und zu einer effektiveren Produktpositionierung führen. Die niedrigen Lebenszykluskosten japanischer Autos können ihren Markterfolg gut erklären.

Fifer (1989) zeigt Möglichkeiten auf, wie die Kosten eines Unternehmens über die gesamte (quantifizierbare) Wertkette mit denen der Konkurrenten verglichen werden können. Nach der Analyse der relevanten, vergleichbaren und kostenwirksamen Aktivitäten (die nun nicht mehr „value chain", sondern „cost chain" genannt werden) werden deren Kostentreiber identifiziert.

Anhand der Telekommunikationsausstattungs-Branche wird eine „Cost Chain" definiert, die Grundlage für Unternehmungsvergleiche ist (vgl. Abb. 2). Liegen

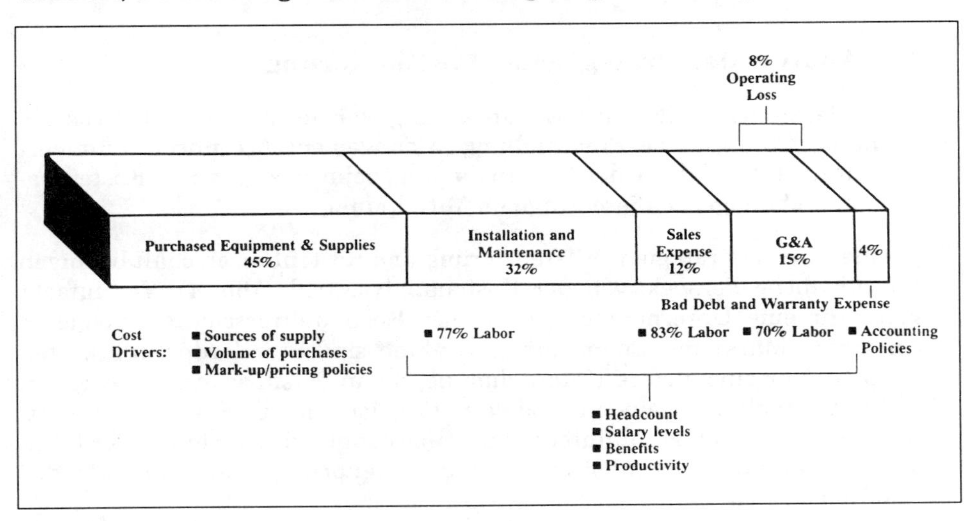

Abb. 2: „Cost Chain" der Telekommunikationsausstattungs-Branche (Fifer 1989, S. 23)

Zahlen für den Vergleich in ausreichendem Detaillierungsgrad vor, so können Vergleiche der untersuchenden Unternehmung mit dem „Best in Class" durchgeführt werden. Ziel ist ein „Close-the-gap"-Programm, welches die Lücken zu dem besten Konkurrenten anhand geeigneter Maßnahmen schließen soll (vgl. Abb. 3)

Item	1986	Estimated "Gap" vs. Best-in-Class	1988 Target	"Close the Gap" Programs
Revenues	100%	—	100%	■ Increase Revenues by 25%.
Purchased Equipment	45%	(4%)	41%	■ Reduce Breadth of Product Line.
Installation & Maintenance	32%	(8%)	24%	■ Productivity Improvement Program.
Gross Margin	23%	+12%	35%	
Sales Expense	12%	(4%)	8%	■ Alter Compensation Scheme and Headcount Allocation.
G&A	15%	(5%)	10%	■ Overhead Cost-Reduction Program.
Bad Debt	1%	—	1%	
Warranty	3%	(1%)	2%	■ Increase Installation Quality Control Efforts.
Operating Margin	(8%)	+22%	14%	

Abb. 3: „Close-the-gap"-Programm (Fifer 1989, S. 26)

Ein solcher branchenweiter Vergleich anhand direkter und unterstützender Aktivitäten der Wertkette eröffnet Möglichkeiten der frühzeitigen strategischen Neuorientierung.

3.2 Analyse der strategischen Positionierung

Für die klassische Kosten- und Erlösrechnung war die Wettbewerbssituation der Unternehmung keine Fragestellung. Management Accounting kümmert sich nicht um die Strategie der Unternehmung, beim strategischen Kostenmanagement steht dagegen diese Frage im Mittelpunkt.

Die beiden Grundstrategien Differenzierung und Kostenführerschaft bedingen unterschiedliche Perspektiven der Kostenanalyse (vgl. Abb. 4). Vereinfacht gesagt: Für eine Unternehmung mit einer Kostenführerschaftsstrategie in einem reifen Markt mit Commodity-Produkten sind Standardproduktkosten wesentlich. Für eine andere Unternehmung, die in einem schnellwachsenden Markt mit schnell wechselnden Produkten tätig ist, sind die Standardproduktkosten mehr oder weniger uninteressant. Hier könnte die Steuerung der F&E-Produktivität viel wichtiger sein als die Steuerung und Kontrolle der Produktionskosten.

Noch einmal: unterschiedliche Strategien verlangen unterschiedliche Kosten- und Erlösperspektiven!

	Vorrangige strategische Stoßrichtung	
	Produktdifferenzierung	Kostenführerschaft
Rolle der Standardkosten in der Leistungsbewertung	nicht sehr wichtig	sehr wichtig
Bedeutung solcher Konzepte, wie flexible Budgetierung zur Steuerung der Produktionskosten	mittel bis gering	hoch bis sehr hoch
Wichtigkeit der Budgeteinhaltung	mittel bis gering	hoch bis sehr hoch
Bedeutung der Marketing-Kosten-Analyse	erfolgskritisch	häufig ohne formale Grundlage
Bedeutung der Produktkosten als Ausgangspunkt für Preisentscheidungen	gering	hoch
Bedeutung der Kostenanalyse von Konkurrenten	gering	hoch

Abb. 4: Strategie und Kostenmanagement (Shank 1989, S. 55)

Die klassische operative Sicht von Simon et al. (1954) ist jedoch im Management Accounting immer noch vorherrschend. Wir erinnern uns: Man sieht die drei Fragestellungen
- „scorekeeping"
- „attention directing" und
- „problem solving".

Der strategische Kontext des Rechnungswesens wird in den meisten Unternehmungen und Lehrbüchern nicht beachtet.

3.3 Analyse der Kostentreiber

In Management Accounting sind Kosten die Funktion eines Einflußfaktors (Kostentreibers), nämlich der Output-Menge. Strategisches Kostenmanagement sieht verschiedene interdependente Kostentreiber vor.

Riley (1987) unterscheidet zwei Gruppen von Kostentreibern: „structural" und „executional" Kostentreiber (vgl. Shank 1989, S. 56 ff).

Es gäbe letztendlich fünf strategische Optionen, die die Kostenstruktur einer Unternehmung bestimmen:
- Größe
- Sortiment
- Erfahrung
- Technologie
- Komplexität.

Bei den prozeduralen Kostentreibern lassen sich die folgenden unterscheiden:
- Partizipation
- Qualitätsmanagement
- Kapazitätsnutzung
- Produktivität
- Produkteffektivität
- Nutzung der Verbindung zu Lieferanten und Kunden.

Selbstverständlich sind die genannten Kostentreiber zu operationalisieren.

Die Schlüsselthesen sind (Shank 1989, S. 58):

- Für die strategische Analyse ist nicht die Output-Menge der beste Weg zur Erklärung des Kostenverhaltens.
- Nützlicher ist die Erklärung in „structural choices" und in „executional skills".
- Nicht alle Kostentreiber sind wesentlich zu einem Zeitpunkt. Es ist wichtig, die kritischen Kostentreiber herauszufinden.
- Für jeden Kostentreiber gibt es eine spezifische Analysemethodik. (So z.B. für die Analyse der Qualität die Qualitätskostenrechnung.)

Die hier angesprochenen Kostentreiber finden ihren Niederschlag im Rahmen der Kosten- und Erlösrechnung als indirekte Kosten. Diese Kosten für planende, steuernde, koordinierende und kontrollierende Tätigkeiten bilden heute den Hauptanteil in der Kostenstruktur. Ihre funktionale Analyse ist die zentrale Aufgabe von Theorie und Praxis.

Das konkrete und inzwischen vielfach bewährte Instrument zur Planung, Steuerung, Kontrolle und Reduktion der indirekten Kosten ist die Prozeßkostenrechnung (auch Cost Driver Accounting bzw. Activity Based Costing).

Die Prozeßkostenrechnung (vgl. Horváth/Mayer 1989) kann als neuer Ansatz verstanden werden, die Kostentransparenz in den indirekten Leistungsbereichen zu erhöhen, einen effizienten Ressourcenverbrauch sicherzustellen, die Kapazitätsauslastung aufzuzeigen, die Produktkalkulation zu verbessern und damit strategische Fehlentscheidungen zu vermeiden. Die Grundidee wird bereits bei Miller und Vollmann in ihrem inzwischen berühmten Artikel „The

Hidden Factory" (1985) geliefert: Die in den indirekten Bereichen einer Unternehmung stattfindenden „Transaktionen" werden hier als Hauptkostenverursacher herausgestellt. „If, as we believe, transactions are responsible for most overhead costs in the hidden factory, then the key to managing overheads is to control the transactions that drive them" (Miller/Vollmann 1985, S. 146). Diese Gedanken wurden dann von Johnson und Kaplan (1987), Cooper und Kaplan (1988), sowie von Shank (1989) weiter ausgebaut.

Heute handelt es sich um drei Bausteine:

- Prozeßmanagement, d.h. Analyse und Gestaltung von Prozessen und ihres Outputs in den indirekten Bereichen;
- Prozeßkostenmanagement, d.h. Analyse und Gestaltung der Kostentreiber und Kostenfunktionen in den Prozessen der indirekten Bereiche;
- Strategische Kalkulation, d.h. prozeßorientierte Kalkulation der Produkte.

Für den Aufbau einer Prozeßkostenrechnung sind folgende Schritte notwendig (vgl. Horváth/Mayer 1989; Horváth/Renner 1990):

1. Anwendungsbereichsdefinition und Bildung eines Projektteams
2. Tätigkeitsanalyse in den betroffenen Bereichen
3. Prozeßdefinition und Bildung einer Prozeßhierarchie
4. Festlegung von Bezugsgrößen und Planprozeßmengen je definiertem Einzelprozeß
5. Planung der Plankosten und Bildung von Prozeßkostensätzen
6. Aufbau einer laufenden, prozeßorientierten Gemeinkostenplanung und -kontrolle
7. Aufbau einer prozeßorientierten Kalkulation

Grundlage eines Prozeßmanagements ist eine Tätigkeitsanalyse und die daraus folgende Prozeßgestaltung in den indirekten Bereichen (vgl. Abbildung 5).

Ein wirkungsvolles Prozeßmanagement ist Voraussetzung eines umfassenden und effizienten Prozeßkostenmanagements. Anhand einer prozeßorientierten Kostenstellenrechnung werden Prozeßkostensätze geplant, laufend kontrolliert und revidiert. Abbildung 6 zeigt eine beispielhafte Prozeßkostenstellenrechnung.

Die prozeßorientierte Kalkulation, als weiterer Baustein, stellt den wesentlichen Vorteil der Prozeßkostenrechnung gegenüber den traditionellen Kostenrechnungssystemen dar, da nun Gemeinkosten nicht mehr pauschal zugeschlagen werden, sondern gemäß der beanspruchten Leistung auf die Produkte verrechnet werden. Statt einer pauschalen Schlüsselung der Gemeinkosten mit

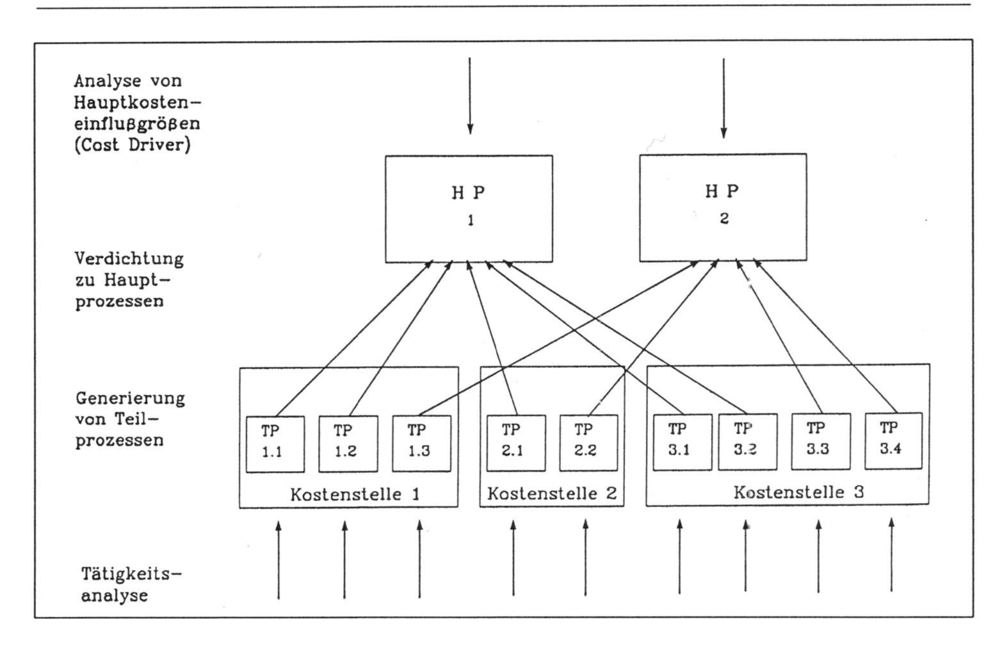

Abb. 5: Beispiel einer Prozeßhierarchie (Mayer 1990a, S. 7)

Kostenstelle Versand								
Teilprozesse	Maßgrößen		Kostenzurechnung		Teilprozeßkosten (lmi)		Teilprozeßkosten (lmi + lmn)	
	Art	Menge	Kostenstellenkosten	Kapazität	insgesamt	pro Durchführung	insgesamt	pro Durchführung
Kommissionierung	Anzahl Aufträge	1.780	→	4,0 MJ	314.000.	180,-	354.000	200,-
Versandpapiere Inland erstellen	Anzahl Aufträge Inland	1.580	→	1,2 MJ	.94.000	60,-	106.000	70,-
Versandpapiere Ausland erstellen	Anzahl Aufträge Europa	200	→	1,0 MJ	79.000	390,-.	89.000 ↑	440,- ↑
Verwaltungstätigkeit durchführen	-	-	→	0,8 MJ	62.000	→	→	→
			550.000		(C) IFUA Horváth & Partner GmbH			

Abb. 6: Prozeßkostenstellenrechnung im Versand (Mayer 1990b, S. 307)

Hilfe von Zuschlagssätzen auf Einzelkosten werden die ermittelten Prozeßkosten (die die Kosten der Teilprozesse und Hauptprozesse umfassen) kostenträgerorientert erfaßt und direkt zugeordnet. Letztendlich ergänzt die prozeßorientierte Kalkulation vorhandene Ansätze. Neben Einzelkosten, Maschinenstundengemeinkosten und sonstigen Gemeinkosten werden sogenannte Prozeßeinzelkosten den Kostenträger (verursachungsgerecht) zugeordnet.

Abbildung 7 verdeutlicht, daß insbesondere bei variantenspezifischen Prozeßkosten große Unterschiede zwischen konventioneller und prozeßorientierter Kalkulation bezüglich der Gemeinkostenumverteilung bestehen.

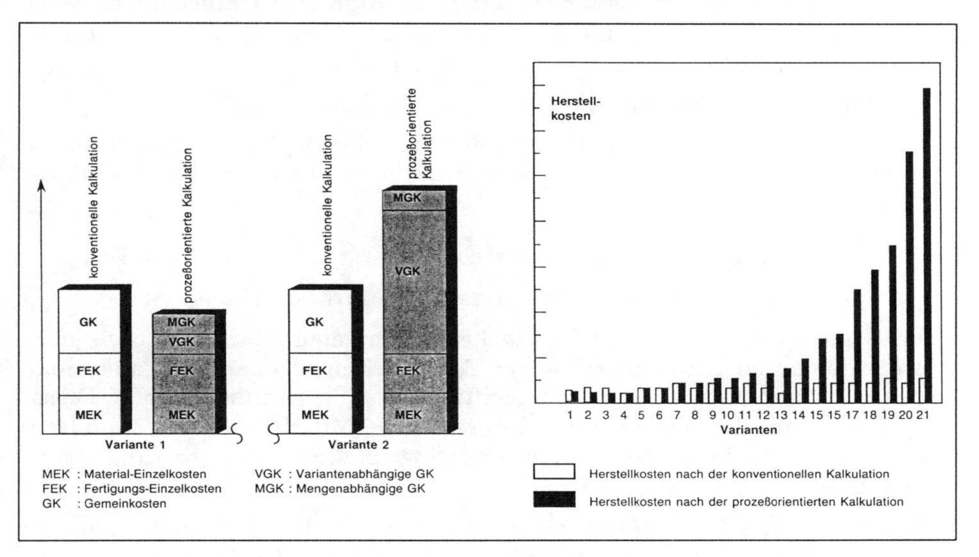

Abb. 7: Vergleich zwischen konventioneller und prozeßorientierter Kalkulation (Horváth / Renner, 1990, S. 104)

Der Ansatz der Prozeßkostenrechnung liefert wichtige Anstöße auch für die kurzfristige Steuerung im Unternehmen, insbesondere im Produktionsbereich. Die Grundidee ist, daß monatliche Kostenabweichungsberichte für die kurzfristige Steuerung nicht die richtige Dimension haben und überdies viel zu spät entstehen. Im heutigen Kontext eines Unternehmens, und dies gilt vor allem für den Produktionsbereich, soll die Steuerung vielmehr über Produktivitätskennzahlen erfolgen, die nicht Kosten-, sondern Kostentreibercharakter haben. Nur solche Kennzahlen können unmittelbare Informationen zu Mengen-, Qualitäts-, Termin-, Service- und Flexibilitätszielen liefern (vgl. Turney 1990, McNair/Mosconi/Norris 1989).

3.4 Analyse der Zielkosten

Typisch für das klassische Management Accounting ist der Ausgangspunkt „Produktkosten" eines bereits entwickelten und nunmehr in die Produktion zu übernehmenden Produktes.

Im strategischen Kostenmanagement ist der Angelpunkt weiterer Überlegungen der mögliche Marktpreis eines erst als Idee existierenden Produktes.

Das Instrument des Target Costing („Genkakikaku") ist eine japanische Entwicklung der 70er Jahre. Es ist vor allem in High-tech-Unternehmen weit verbreitet (vgl. Sakurai 1989 und 1990). Zwei Grundideen liegen ihm zugrunde:

- Der auf Marktforschungserkenntnisse basierende Marktpreis für ein geplantes neues Produkt ist der Ausgangspunkt der Kostenplanung.
- Die Kostenplanung beginnt nicht in der Produktionsphase, sondern findet bereits in der Entwicklungs- bzw. Konstruktionsphase des neuen Produktes statt.

Target Costing besteht aus drei Arbeitsschritten (Sakurai 1989, S. 48ff):

1. Definition eines Produktes auf der Basis von Marktforschung.
2. Festlegung von „target costs" ausgehend vom geplanten Absatzpreis und einer geplanten Umsatzrendite (vgl. Abb. 8). Den sogenannten „allowable costs" werden die sogenannten „drifting costs" gegenübergestellt. Diese entstehen auf der Basis von Kostenprognosen. Mit Hilfe von Wertanalyse wird versucht, die Differenz zwischen „allowable costs" und „drifting costs" zu minimieren (vgl. Abb. 9).
3. Ausgehend von den festgelegten „target costs" werden die Standardkosten der Produktion abgeleitet (vgl. Abb. 10). Budgets werden festgelegt.

Target Costing ist ein hervorragendes Beispiel für das Bestreben des japanischen Rechnungswesens, einfache, von allen Beteiligten verständliche Methoden einzusetzen. Target costing ist auch ein Beleg für die erfolgreiche Zusammenarbeit zwischen Marketing, Entwicklung und Controlling.

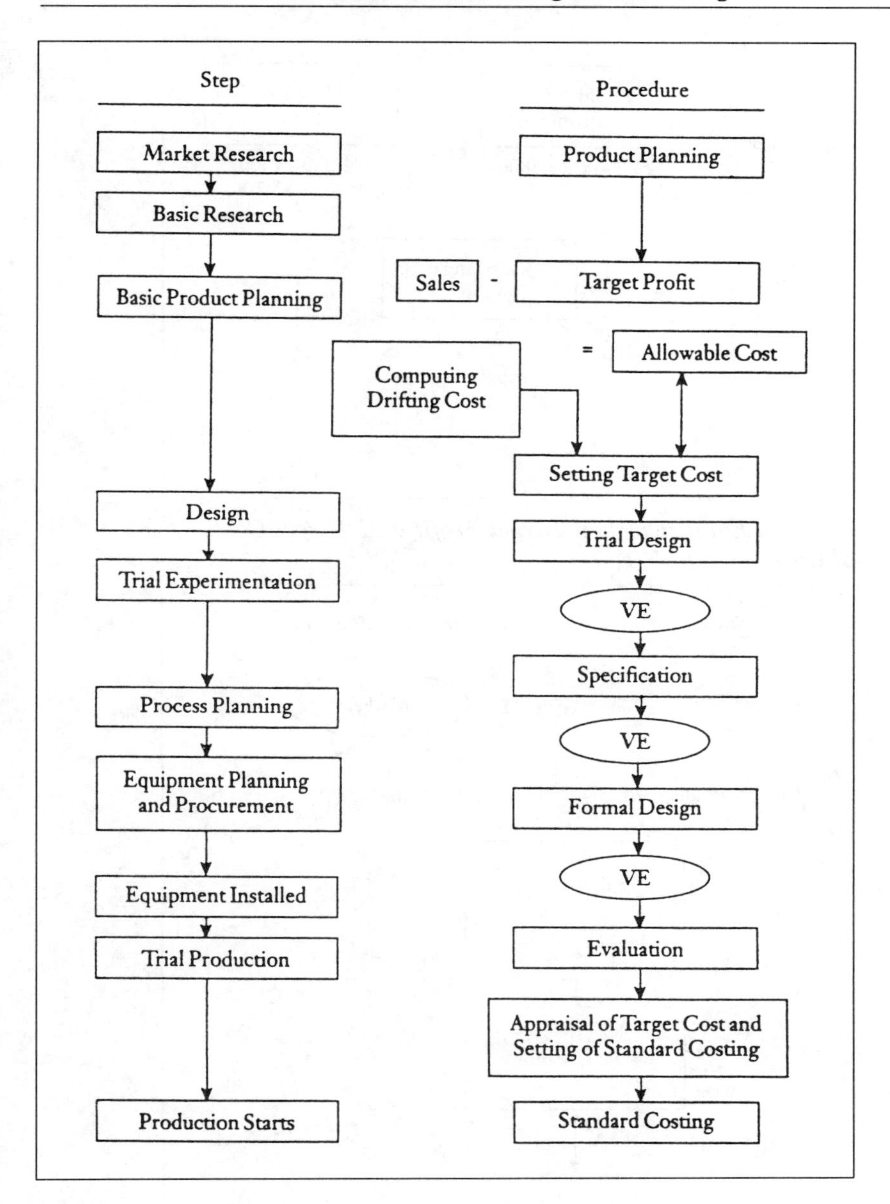

Abb. 8: Der Prozeß des Target Costing (Sakurai 1990, S. 49)

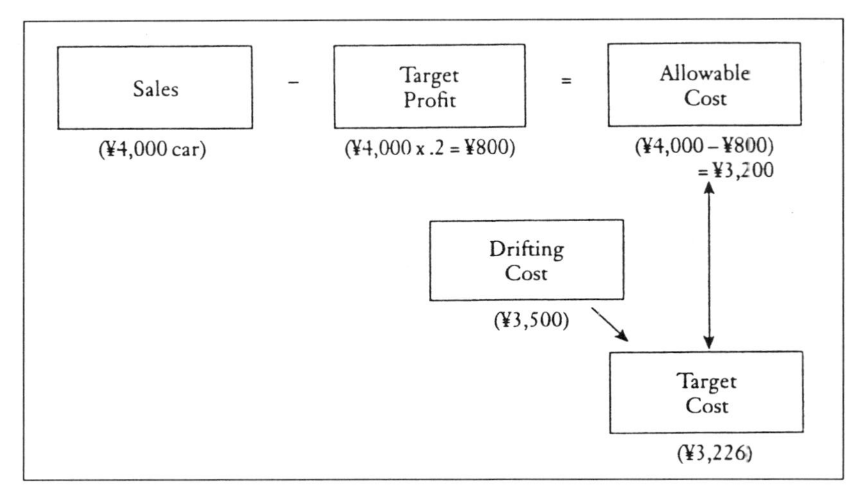

Abb. 9: Zusammenhang zwischen Target Profit und Target Costs (Sakurai 1990, S. 57)

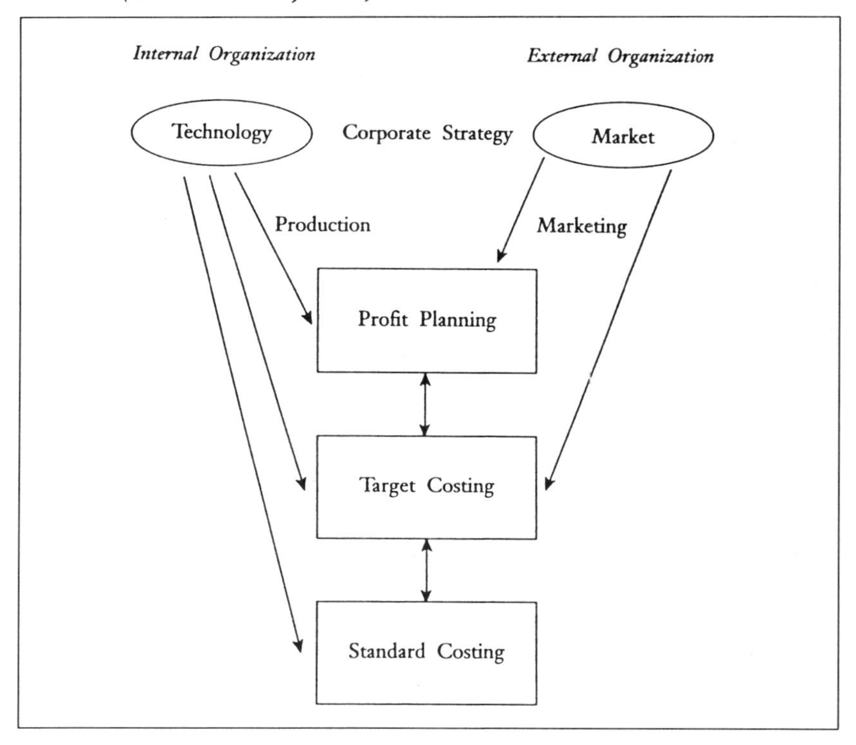

Abb. 10: Die Verbindung zwischen Target Costing und Standard Costing (Sakurai 1990, S. 57)

4 Strategisches Kostenmanagement auf dem Vormarsch

Im Sloan Management Review des MIT berichten Turney und Anderson (1989) über die High-tech-Firma Tektronix Company, die entschied, die wesentlichen Elemente ihres Management Accounting Systems ersatzlos zu streichen. So verzichtet man auf Arbeitsaufträge (work orders); die detaillierte Erfassung von Fertigungszeiten (direct labor time) entfällt; auch die monatliche detaillierte Abweichungsberichterstattung wird nicht benötigt.

Was führte zu diesem radikalen Schritt?

Tektronix war und ist in einer heute typischen Situation: Sie befindet sich im scharfem Wettbewerb mit der japanischen Konkurrenz. Das Überleben ist vom Erfolg ihrer Strategie abhängig. Bei alledem konnte das vorhandene Rechnungswesen keine Hilfe leisten; im Gegenteil: es gefährdete sogar das Unternehmen.

Die Signale, die es sandte, waren für die heute aktuellen Fragestellungen im Wettbewerb irreführend (vgl. Abb. 11).

Gestaltung der Kostenrechnung	Signale
Fertigungslohn-orientierte Umlage der Fertigungsgemeinkosten	- Fertigungslöhne sind teuer und sollen niedrig gehalten werden
	- Produktweiterentwicklung ist kostenlos
	- Sonderanfertigungen verursachen die gleichen Kosten wie Massenprodukte
	- in geringer Stückzahl hergestellte Prestigeprodukte kosten das gleiche wie umsatzträchtige Produkte
	- Auswahlmöglichkeiten und Zubehör können mit geringer Auswirkung auf die Kosten angeboten werden
Fertigungsstandards für die Leistungsmessung	- Mengenausstoß vergrößern
	- Lagerbestände aufbauen
	- Qualität vernachlässigen

Abb. 11: Falsche Signale der fertigungslohnorientierten Kostenrechnung

Die Februarnummer 1990 der Zeitschrift Management Accounting war unter dem Titel „Revolution in Cost-Accounting" den hier dargestellten Neuentwicklungen gewidmet.

Strategisches Kostenmanagement ist sicherlich keine Revolution im umfassenden Sinne einer kopernikanischen Wende. Dennoch: es ändert unsere Sicht der Kostenrechnung grundlegend.

Manche Elemente des neuen Denkens über Kosten sind sicher nicht so neu (z.B. Activity Based Costing), andere wiederum stehen im Widerspruch zu - heute - konventionellen Weisheiten (z.B. das Vollkostendenken). In der Kombination aller Aspekte ist die Bezeichnung „Paradigmawechsel" durchaus angebracht (vgl. Abb. 1).

Die Praxis hat die Notwendigkeit des Neuüberdenkens der Kosten- und Erlösrechnung längst erkannt:

- 40 führende Unternehmen der Welt arbeiten gemeinsam an der Neuentwicklung ihrer Kostenrechnung im Projekt „Computer Aided Manufacturing International" (CAM-I) (vgl. Berliner, Brimson 1988).
- Die National Association of Accountants (NAA) publizierte die Ergebnisse einer empirischen Untersuchung, die die Notwendigkeit der Veränderungen im internen Rechnungswesen aufzeigt (Howell 1987).
- Die Research Foundation des Financial Executives Institute arbeitet an einer Studie über strategisches Kostenmanagement (Hinweis bei Shank 1989, S. 62).
- Auch in der Bundesrepublik sind einige führende Unternehmen wie IBM, HP, Siemens, Porsche, BMW, Schlafhorst etc. dabei, die Gedanken des strategischen Kostenmanagements, insbesondere der Prozeßkostenrechung, zu realisieren (vgl. z.B. das Beispiel HP bei Berlant et al. 1990).

Strategisches Kostenmanagement macht das operative Kostenmanagement nicht überflüssig. (Auf die Bedeutung von Produktivitätskennzahlen haben wir bereits hingewiesen.)

Wir müssen uns allerdings im klaren darüber sein, daß die Informationswünsche der beiden Managementebenen grundverschieden sind. Daraus folgen auch die Unterschiede in den Grundannahmen. Hinzu kommen noch die weiterhin bestehenden Informationsanforderungen des externen Rechnungswesens. Diese Unterschiede führten Kaplan (1988) zunächst zu der Aussage: „One cost system isn't enough".

Wir sind der Auffassung, daß in der gegenwärtigen Situation in den Unternehmungen der Weg zum strategischen Kostenmanagement nur über zusätzliche auf das bestehende System aufgesetzte spezielle Rechnungen gehen kann. Integrierte, d.h. strategische *und* operative Bausteine umfassende Systeme der Kostenrechnung sind allerdings noch Zukunftsmusik (so sieht dies auch Kaplan, vgl. 1990).

5 Der neue Controller: Innovator und strategischer Lotse

Der klassische Controller war operativ orientiert: Er kümmerte sich um das Erfolgsziel im Rahmen der Einjahres- oder Mehrjahresbudgetierung. Ein Schwergewicht seiner Tätigkeit lag auf dem Gebiet der entscheidungsorientierten Kosten- und Erlösrechnung.

Vor einigen Jahren setzte eine Diskussion ein, die durch die Verbreitung der strategischen Planung in der Unternehmungspraxis ausgelöst wurde. Es ging um die Frage, inwieweit sich die Funktion des Controlling auch auf die strategische Planung bzw. auf das strategische Management erstrecke. Es dürfte heute Einigkeit darüber bestehen, daß die strategische Führung ebenso eine methoden-, system- und informationsbezogene Unterstützung hinsichtlich ihrer Aufgabenwahrnehmung benötigt wie die operative Planung und Steuerung. Der Fokus dieser Unterstützung liegt allerdings nicht beim sich durch Aufwand und Ertrag bereits manifestierenden Erfolgsziel, sondern bei Erfolgspotentialen, die sich erst als (nicht immer quantifizierbare) Chancen und Risiken beschreiben lassen. Dennoch handelt es sich funktional um den gleichen Sachverhalt wie beim operativen Controlling (vgl. Horváth 1990, S. 237ff).

Hinsichtlich der Institutionalisierung und der personellen Besetzung des strategischen Controlling gibt es sicherlich Probleme, die in den unterschiedlichen Anforderungen an die Person des „strategischen" Controllers im Vergleich zum „operativ" ausgerichteten Aufgabenträger liegen.

Strategisches und operatives Denken müssen eine Einheit bilden. In der Realität sind die beiden Fragen „Tun wir die richtigen Dinge?" (= Strategisches Denken) und „Tun wir die Dinge richtig?" (= Operatives Denken) untrennbar miteinander verbunden. Die Wirklichkeit macht uns nicht den Gefallen, die Probleme nach strategischen oder operativen Gesichtspunkten auseinanderzuhalten.

Bei „strategischen" Fragestellungen schwingt immer auch die Frage der operativen Machbarkeit mit. Umgekehrt erhalten „operative" Fragestellungen ihren Sinn erst im Lichte einer Strategie.

Daraus ergibt sich die Forderung: Planung, Steuerung und Kontrolle müssen als integriertes Gesamtsystem gestaltet und betrieben werden, d.h. die Vernetzung von strategischen und operativen sowie von sach- und formalzielorientierten Planungen ist unerläßlich. Das gesamte Controlling muß zugleich operativ und strategisch ausgerichtet werden!

Eine neue empirische Analyse in Fortune 500 - Unternehmungen zeigt, daß in der Tat der Controller in allen Phasen des strategischen Planungsprozesses involviert ist (vgl. Abb. 12). (Ein ähnliches Ergebnis brachte bereits eine frühere Untersuchung von Hahn in der Bundesrepublik (vgl. Hahn 1978).)

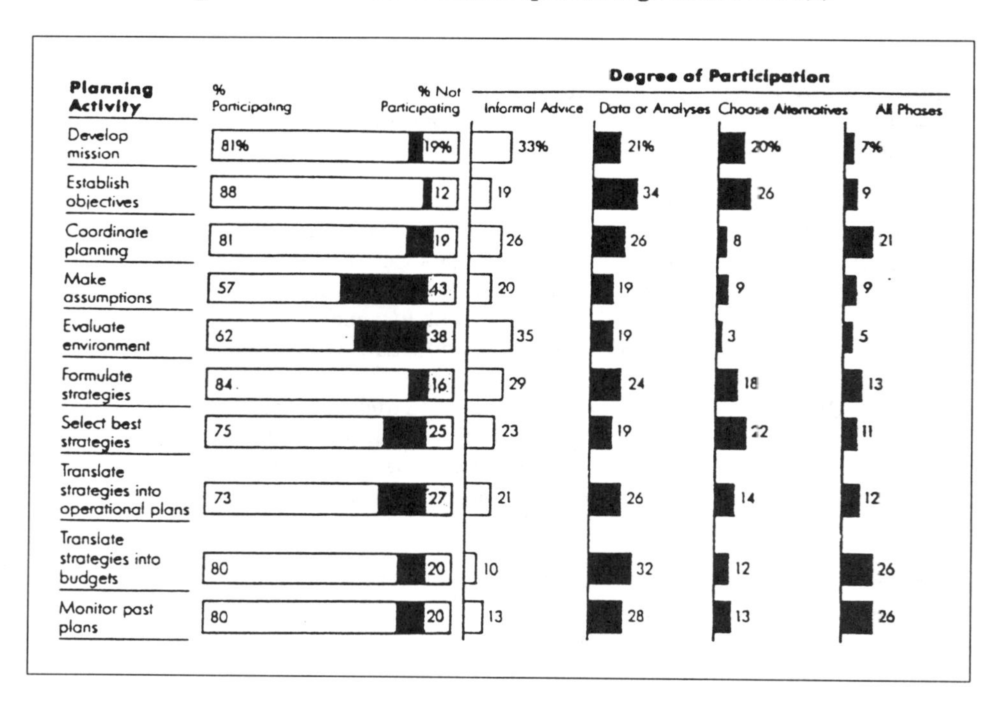

Abb. 12: Controller-Beteiligung an der strategischen Planung (Fern / Tipgos 1988, S. 216)

Coenenberg und Günther (1990) haben ermittelt, daß strategisches Controlling in den meisten deutschen Unternehmungen stark im Ausbau begriffen ist.

In vielen - vor allem amerikanischen - Unternehmungen wird heute erkannt, daß weder die Quartalsicht der kurzfristigen Berichterstattung noch die Perspektive wolkiger Strategien der allein richtige Weg sind.

Erforderlich ist vielmehr „a dispassionate, value-oriented view of corporate activities that recognizes businesses for what they are - investments in productive capacity that either earn a return above their opportunity cost of capital or do not". (Copeland, Koller, Murrin 1989, S. 94)

Der Controller muß als Teil eines umfassenden „value management" agieren.

Im Grunde handelt es sich um Selbstverständlichkeiten, wenn es heißt „put value into planning" (Copeland, Koller, Murrin 1989, S. 96) - sie wurden jedoch durch die (qualitative) Strategieeuphorie verschüttet.

Das strategische Kostenmanagement stellt dem Controller ein Instrumentarium zur Verfügung, daß ihn in die Lage versetzt, mehr Wert-, d.h. auch Ergebnisorientierung in die strategische Planung zu bringen.

Trotzdem ist ein kreatives Management nicht durch strategisches Controlling und strategisches Kostenmanagement zu substituieren. Vielmehr sollte das Aufgabenbild des Controllers revidiert werden. Statt sich als operativer Wachhund des Managements zu verstehen, sollte er Anreger für Innovationen sein, um mitzuhelfen, umfassende, wettbewerbsorientierte Strategien erfolgversprechend umzusetzen.

Literaturverzeichnis:

[1] Anthony, Robert (1956), *Management Accounting*, Homewood, Ill. 1956

[2] Berlant, Debbie/Browning, Reese/Foster George (1990), *How Hewlett Packard Gets Numbers It Can Trust*, in: HBR, 1990, Jan./Febr., S. 178-183

[3] Berliner, Collie/Brimson, James (Eds.) (1988), *Cost Management for Today's Advanced Manufacturing*, Boston, Mass. 1988

[4] Coenenberg, A.G./Günther, Thomas (1990), *Der Stand des strategischen Controlling in der Bundesrepublik Deutschland*, in: Die Betriebswirtschaft, 1990, 4, S. 459-470

[5] Cooper, Robin/Kaplan, Robert S. (1988), *Measure Costs Right: Make the Right Decisions*, in: HBR, 1988, 5, S. 96-103

[6] Copeland, Tom/Koller, Tim/Murrin, Jack (1989), *The Value Manager*, in: The McKinsey Quarterly, Autumn 1989, S. 94-108

[7] Drucker, Peter (1990), *The Emerging Theory of Manufacturing*, in: HBR, 68, 1990, S. 94-102

[8] Fern, Richard H./Tipgos, Manuel A. (1988), *Controllers as Business Strategists*, in: controller magazin, 1988, 4, S. 215-218, (Reprint: Management Accounting, März 88)

[9] Fifer, Robert M. (1989), *Cost Benchmarking Functions in the Value Chain*, in: Planning Review, May/June, 1989, S. 18-27

[10] Hahn, Dietger (1978), *Hat sich das Konzept des Controllers in Unternehmungen der deutschen Industrie bewährt?*, in: BFuP, 1978, S. 101-128

[11] Hopwood, Anthony G./Bromwich, Michael (1986), *Research and Current Issues in Management Accounting*, London, 1986

[12] Horngren, Charles (1962), *Cost Accounting: A Managerial Emphasis*, Englewood Cliffs, N.J. 1962

[13] Horváth, Péter (1990), *Controlling*, 3. Aufl., München 1990

[14] Horváth, Péter/Mayer, Reinhold (1989), *Prozeßkostenrechnung*, in: Controlling, 1989, 4, S. 214-219

[15] Horváth, Péter/Renner, Andreas (1990), *Prozeßkostenrechnung*, in: FB/IE, 1990, 3, S. 100-107

[16] Howell, Robert et al. (1987), *Management Accounting in the New Manufacturing Environment*, Montvale, N.J. 1987

[17] Johnson, H. T./Kaplan, Robert S. (1987), *Relevance Lost. The Rise and Fall of Management Accounting*, Boston, Mass. 1987

[18] Kaplan, Robert S. (1982), *Advanced Management Accounting*, Englewood Cliffs, N.J., 1982

[19] Kaplan, Robert S. (1986), *Accounting Lag: The Obsolescence of Cost Accounting Systems*, in: California Management Review, 28, 1986, Winter, S. 174-199

[20] Kaplan, Robert S. (1988), *One Cost System Isn't Enough*, in: HBR, 1988, Jan./Feb., S. 61-66

[21] Kaplan, Robert S. (1990), *The Four-Stage Model of Cost Systems Design*, in: Management Accounting, 1990, 8, S. 22-26

[22] Kaplan, Robert S. (Ed.)(1990), *Measures for Manufacturing Excellence*, Boston, Mass. 1990

[23] Mayer, Reinhold (1990a), *Implementierung der Prozeßkostenrechnung in eine bestehende Kostenrechnungsumgebung*, unveröffentliches Manuskript zum 2. IFUA-Workshop Prozeßkostenrechnung, Stuttgart 1990

[24] Mayer, Reinhold (1990b), *Fallbeispiel Prozeßkostenrechnung*, In: krp, 1990, 5, S. 307-312

[25] McNair, Carol J./Mosconi, William/Norris, Thomas F. (1989), *Beyond the Bottom Line - Measuring World Class Performance*, Homewood, Ill. 1989

[26] Miller, J. G./Vollmann, T. E. (1985), *The Hidden Factory*, in: HBR, 1985, Sep./Oct., S. 142-150

[27] Monden, Yasuhiro/Sakurai, Michiharu (Eds.), *Japanese Management Accounting*; Cambridge, Mass./Norwalk, Con. 1989

[28] Porter, Michael E. (1984), *Wettbewerbsstrategie (Competitive Strategy)*, 2. Aufl., Frankfurt/M. 1984

[29] Porter, Michael E. (1986), *Wettbewerbsvorteile (Competitive Advantage)*, Frankfurt/M. 1986

[30] Riley, Daniel (1987), *Competitive Cost Based Investment Strategies for Industrial Companies*, New York 1987

[31] Sakurai, Michiharu (1989), *Target Costing and How to use it*, in: Journal of Cost Management, 1989, Summer, S. 39-50

[32] Sakurai, Michiharu (1990), *The Influence of Factory Automation on Management Accounting Practices: A Study of Japanese Companies*, in: Kaplan, Robert S. (Ed.), 1990, S. 39-62

[33] Shank, John, K. (1989), *Strategic Cost Management. New Wine, or Just New Bottles?*, in: Journal of Management Accounting Research, 1989, Fall, S. 47-65

[34] Shank, John K./Govindarajan, Vijai (1989), *Strategic Cost Analysis - The Evolution from Managerial to Strategic Cost Accounting*, Homewood, Ill. 1989

[35] Shillinglaw, Gordon (1961), *Cost Accounting: Analysis and Control*, Homewood, Ill. 1961

[36] Simon Herbert et al. (1954), *Centralization vs. Decentralization in Organizing the Controller's Department*, New York 1954

[37] Steingraber, Fred G. (1990), *Managing in the 1990s*, in: Business Horizons, 1990, 1, S. 50-61

[38] Turney, Peter B. B. (Ed.)(1990), *Performance Excellence in Manufacturing and Service Organizations*, Sarasota, Fl. 1990

[39] Turney, Peter B. B./Anderson, Bruce (1989), *Accounting for Continuous Improvement*, in: Sloan Management Review, 1989, 2, S. 37-47

Das Konzept des strategischen Controlling Entwicklung und Situation heute

Peter Stahl

Inhalt:

1 Die Entwicklung der Betriebswirtschaft zum strategischen Controlling

1.1 Quo vadis Controlling?

Das „strategische Controlling" markiert den zunächst vorläufigen Höhepunkt der Entwicklung betriebswirtschaftlicher Führungs- und Steuerungsinstrumente. Wie schon der Name erwarten läßt, fließen im strategischen Controlling zwei Entwicklungen zusammen und bilden ein neues, im heutigen Verständnis auch ganzheitliches System:

- Erstes Element des strategischen Controlling ist eine regelmäßig durchgeführte *Strategieplanung* im Unternehmen.

  Strategieplanung meint hier nicht die rein langfristig angelegte operative Planung, Prognosen und auch nicht unbedingt Szenarien, sondern die Form strategischer Planung, die von einer Stärken/Schwächen-Analyse des Unternehmens ausgeht, die Ertrags-, Produktivitäts- und Marktanteils-Potentiale bewußt macht, diese in Strategien und Maßnahmen umsetzt und somit letztendlich zu einem längerfristig verbindlichen Unternehmensleitbild führt, das dann später nicht nur auf dem Papier steht, sondern im Unternehmen auch gelebt wird!

- Zweites Element des strategischen Controlling ist die *Controlling*-Philosophie selbst.

  Durch das Controlling wird aus dem statistischen Berichtswesen ein dynamisches Steuerungsinstrument. Verbindliche Planung: Zielsetzung und Maßnahmenplan unter Einbeziehung der Betroffenen, kurzfristiger Plan/Ist-Vergleich mit Ursachenanalyse und konsequenter Gegensteuerung sind nur die wichtigsten Konzeptelemente dieses kybernetischen Steuerungssystems!

Im strategischen Controlling verbindet sich die Grundlagenplanung für den zukünftigen Unternehmenserfolg mit der „organisierten Konsequenz" eines Controlling, das die in der Strategie geplanten Ziele verbindlich und deren Umsetzung und Erfolg kurzfristig kontrollierbar macht. Mit dem strategischen Controlling wird deutlich, daß Konzepte für den Erfolg eines Unternehmens alleine nicht ausreichen, sondern daß diese Konzepte auch umgesetzt werden müssen.

Die Einbeziehung der betroffenen Mitarbeiter in die Entwicklung und Umsetzung von Strategien bedeutet, daß mit dem strategischen Controlling die Betriebswirtschaft endgültig den Charakter der statistischen Betriebsanalyse und -planung verliert und zu einem zukunftsweisenden, dynamischen Instrument der Mitarbeiterführung im Unternehmen wird.

Somit ist das strategische Controlling ein wesentlicher Schritt in der Entwicklung des Unternehmens vom statischen zum dynamischen Selbstverständnis; und ist damit nicht nur ein wesentlicher Markstein in der Evolution der Betriebswirtschaft - sondern sicher auch des Selbstverständnisses von Wirtschaftsunternehmen in unserer Zeit.

Da in der Strategieplanung sämtliche Unternehmensentwicklungen koordinierend gestaltet werden, und da strategisches Controlling die gesamte Komplexität von Betriebswirtschaft und Unternehmensführung beinhaltet, ist dieses Thema in sich nicht nur ganzheitlich zu betrachten, sondern auch ein vernetztes System verschiedener Aspekte: vom Berichtswesen zur Organisationsentwicklung, von der Mitarbeiterführung zur Persönlichkeitsentwicklung und von der analytischen zur visionären Unternehmensführung.

In der Vielschichtigkeit dieses Themas bietet sich kein einzelner „roter Faden" zwingend an: Nicht zuletzt deshalb haben wir uns für die historische Darstellung der Evolution der Betriebswirtschaft vom statistischen Rechnungswesen zum kreativen Gestaltungs- und Motivationsinstrument zur Zukunftssicherung entschieden. Wir wollen nachweisen, daß „strategisches Controlling" der entscheidende Durchbruch - später wird man sicherlich einmal sagen *der* Quantensprung - in der Betriebswirtschaft gewesen ist.

Um diese Entwicklung und Evolution des Unternehmens als „juristische Person" und die seiner Betriebswirtschaft zum Führungs- und Steuerungsinstrument zu verstehen, wollen wir im „Zeitraffer"-Stil die bisherige Entwicklung der Betriebswirtschaft nachvollziehen und aufzeigen, daß sie sich in jeder Phase ihrer Entwicklung den Umständen entsprechend gewandelt hat.

1.2 Mit der doppelten Buchhaltung fing alles an

Sicherlich hatten die Kaufleute früherer Jahrhunderte vieles von dem einfach „im Kopf", was wir heute sehr aufwendig planen, aufschreiben und mit Hilfe von zum Teil EDV-gestützten Berichtswesen kontrollieren. Es liegt wohl in unserer Art, Aufschreibungen und gar Planung nur dann vorzunehmen, wenn wir auf erkannte Notwendigkeiten oder Bedrohungen reagieren. Wann machen wir Termin-, Reise-, Bau- oder Altersvorsorgepläne? Wann schreiben wir Taschengeld, verliehene Bücher, gefahrene Kilometer und ähnliches auf? Wenn wir aus Schaden klug geworden sind, die Notwendigkeit erkannt haben oder davon überzeugt worden sind. Vielleicht liegt es daran, daß wir am Anfang unserer Ahnenreihe Wesen waren, die auf erkannte Gefahren zunächst einmal mit Flucht reagiert haben und erst später, nach überstandenen Krisen, zum

Zwecke der Vorsorge Beobachtungsposten, Meßinstrumente und Statistiken geschaffen haben, um das Hochwasser am Nil, drohende Dürren, den Lauf der Gestirne oder auch nur die Stunden des Tages besser vorhersehen und kontrollieren zu können.

So ist es wohl auch gekommen, daß die wirtschaftlichen Unternehmer mit zunehmender Größe und Komplexität ihrer Geschäfte nicht mehr alle wichtigen Zahlen und Fakten präzise „im Kopf" haben konnten: Breitere Sortimente, häufiger Lagerumschlag, diffizile Einkaufs- und Verkaufsbeziehungen und nicht zuletzt der Übergang von der Barzahlung zur Kreditierung haben nicht nur die wirtschaftlichen Möglichkeiten, sondern auch die Risiken erhöht. So ist dann wohl um 1500 eine doppelte Buchhaltung entstanden, die durch die Art ihrer Aufschreibung „per ... an ..." gleichzeitig auch ein internes Kontrollsystem gewesen ist (siehe Abbildung 1). Diese Bilanzbuchhaltung kennzeichnet die erste Stufe der betriebswirtschaftlichen Entwicklung. Sie hat den Kaufleuten über vier Jahrhunderte lang genügt, um die Prosperität ihrer Unternehmung verfolgen und beurteilen zu können.

Diese *erste Stufe der Betriebswirtschaft zur Bewertung und Allokation von Produktionsfaktoren* war bis zur Jahrhundertwende ausreichend und ist auch heute noch als Finanzbuchhaltung und Instrument zur Vermögensbewertung bzw. -sicherung unverzichtbar.

Das dadurch geprägte betriebswirtschaftliche Denken ist heute noch überaus lebendig: Sei es die Volumenorientierung, die Verherrlichung von Unternehmensgröße als Haupterfolgs-Faktor; der Glaube, die reine Allokation synergieträchtiger Unternehmensteile oder Produktionsfaktoren führe bereits zu einem synergetischen Zusammenwirken; auch Vorstellungen der Vollkostenrechnung wie Zuschlagkalkulation oder die Orientierung des Unternehmenswertes an den Wiederbeschaffungskosten.

1.3 Jede Betriebswirtschaft paßt in ihre Zeit

Die „klassische" Betriebswirtschaft der Sicherung von Vermögenswert und Kapitalrendite und auch das „Ertragsgesetz" sind nur vor dem geschichtlichen Hintergrund zu verstehen, für den sie gültig waren: Die Renaissance, die Monarchie mit ihrer Kameralistik, die Aufklärung und letztendlich auch die frühe Industrialisierung. So kann auch die weitere Entwicklung der Betriebswirtschaft nicht losgelöst von der Entwicklung der gesellschafts- und wirtschaftspolitischen Rahmenbedingungen gesehen werden.

In den napoleonischen Kriegen und insbesondere als Bedingung für die Mobilisierung weiter Bevölkerungskreise in den Befreiungskriegen wurden Anfang

	1. Kreis: Substanzerhaltung	2. Kreis: Gewinnsicherung	3. Kreis: Existenzsicherung	4. Kreis: Unternehmensentwicklung			Der jeweils notwendige Führungsstil. Das der Zeit entsprechende Menschenbild.
Steuerungsfaktoren	Volumen/ Größe	Ertragskraft/ Wirtschaftlichkeit	Potentialerkennung, -entwicklung und -nutzung	Persönlichkeitsentwicklung für Unternehmen und Mitarbeiter			Akzeptanz und konstruktive Umsetzung betrieblicher Notwendigkeiten durch die Betroffenen mit wenig Reibungsverlusten.
Ziel	Wirtschaftlichkeit quantitativ		Unternehmenssinn und -kultur qualitativ				Eigen- und Fremdakzeptanz
?	Das jeweils notwendige, von der Praxis entwickelte Instrumentarium / Erfolgsursachen/Bedingungen			Strategisches Management zur permanenten Entfaltung		informativ (DV), kommunikativ, auf der Erfahrung aufbauend, "intuitiv"	Persönlichkeitsentwicklung und Selbstmanagement
nach 1985				Strategisches Controlling als permanente Vernetnetzung von Strategie-Planung mit operativem Controlling	kybernetisch orientiert agieren		Mensch als Leistungs- und Verantwortungsträger
nach 1975		"Quantensprung" der BWL	Strategische Planung zur Einstellung des Unternehmens auf veränderte Marktbedingungen bzw. Wachstumsschwellen				Partizipation bei Planung und (Selbst-)Kontrolle "Betroffene zu Beteiligten machen"
nach 1965	Erfolgssymptome/Zahlen		Operatives Controlling als Regelkreis von Planung und Kontrolle			DV-gestützt	Mitverantwortung der Leistungträger für Unternehmensergebnis
nach 1950			Operative Planung kurz-, mittel- und langfristig, prognostisch				Dominativ, Soll-Vorgaben "Management by ..." Großer Einfluß der Stäbe Mensch als Kostenfaktor
nach 1900		Finanz- und Rechnungswesen mit differenzierter Kostenrechnung und Teilkostenrechnung (DB)			reagieren	manuell	
vor 1500	Finanz- und Mahnbuchhaltung zur Erfassung der Vermögenswerte						Autoritär/patriarchalisch
davor	Die wirtschaftlichen Verhältnisse "im Kopf" bzw. einfache Aufschreibungen (Listen)						Mensch ist Produktionsfaktor

Abb. 1: Die 4 betriebswirtschaftl. Steuerungskreise, ihr Instrumentarium und der erforderl. Führungsstil

des vorigen Jahrhunderts die Leibeigenschaft aufgehoben und die Bürgerfreiheiten eingeführt.

Landabgabe, Erbteilung, größer werdende Familien, Hungersnöte, Auswanderung u.ä. verursachten eine Verarmung, und mit der beginnenden Industrialisierung wurde aus dem verarmten „Landproletariat" nach und nach das „Industrieproletariat" mit Kinderarbeit, ungeregelter Arbeitszeit und fehlenden Urlaubszeit-, Krankheits- und Rentenregelungen.

In diesem Klima entstanden in der zweiten Hälfte des vorigen Jahrhunderts Gewerkschaften, Genossenschaften und sozial engagierte Parteien. Schließlich formulierte der Staat Sozialgesetze, die den Lohnanspruch, die Arbeitszeit und andere soziale Belange regelten.

Ausgehend von diesen Sozialgesetzen wurden die Lohnkosten und damit die Kosten insgesamt sehr schnell und konsequent zu einem der wesentlichsten betriebswirtschaftlichen Erfolgsfaktoren: Ging es früher um die *Kapitalrendite* - die, zumindest theoretisch, durch die sog. „Zuschlagkalkulation" sichergestellt werden konnte -, so geht es nach etwa 1900 primär um die *Kostenwirtschaftlichkeit* des Unternehmens. (Der überwiegende Teil der Materialkosten besteht ja auch wiederum aus Lohnkosten der Vorlieferanten.) So entstand aufgrund der realen Sachzwänge um die Jahrhundertwende eine *zweite Betriebswirtschaft: die Kostenrechnung* (siehe Abbildung 1).

Im weiteren Verlauf wurden die Unternehmen immer größer und komplexer, und durch weltwirtschaftliche Zusammenhänge, Wettbewerb und Inflation wurden die Unternehmensgewinne immer weniger selbstverständlich. Deshalb genügte zur Unternehmens- und Gewinnsicherung auf Dauer nicht mehr die *globale Kostenrechnung*, sondern die Betriebsführung mußte die Entstehung von Gewinn und Verlust in einzelnen Betätigungsbereichen des Unternehmens untersuchen: nach Produkten, Kostenstellen, Kunden oder Kundengruppen, Vertriebsgebieten oder Exportländern, in einer *differenzierten Kostenrechnung*.

Ursprünglich wollte der Unternehmer noch wissen, wo im Unternehmen Gewinn und Verlust entstehen. Dazu mußten die Betriebswirte die Gemein- bzw. Fixkosten nach Produkten, Kunden oder Gebieten umverteilen. Die Suche nach *dem* „richtigen" Zurechnungsschlüssel hat ganze Generationen von Betriebswirten beschäftigt.

Die Frage der Gewinn- und Verlustzurechnung ist durch die Deckungsbeitragsrechnung gelöst worden. So wie der Gesamtverantwortliche für das Gesamtunternehmen den Gewinn und Verlust als Gesamtergebnis zu verantworten hat, so hat der Teil-Verantwortliche im Unternehmen das von ihm zu verantwortende Teil-Ergebnis, eben den Deckungsbeitrag, zu vertreten.

Aus dieser Überlegung entstand schließlich die moderne Form der Unternehmensstruktur, die ein zunächst starres Gesamtunternehmen immer deutlicher in eine systematische Ordnung übergeordneter und untergeordneter Verantwortungseinheiten für Ziele, Maßnahmen und Ergebnisse bis hin zur Personalverantwortung bringt und so Profit-Center, Subunternehmen oder auch anders genannte Teilunternehmungen schafft.

Mit dem Zeitgeist hat sich auch die Rolle des Menschen im Unternehmen gewandelt:

- In der ersten Phase war der Mensch *Produktionsfaktor*. Er wurde quantitativ gesehen und disponiert und hatte widerstandsfrei zu funktionieren. Entsprechend waren Führungsstil, Ausbildung und die Anforderungen (Abbildungen 1 und 9).

- In der zweiten Phase wurde der Mensch zum *„Kostenfaktor"*. Die Methoden des Kostenmanagements bis hin zur Gemeinkostenwertanalyse sind aber ein „Kampf" *gegen* die Lohnkosten (und damit Arbeitsplätze) und daher nicht immer der notwendig konstruktive Umgang mit dem wohl wichtigsten Produktiv- und Leistungsträger im Unternehmen ... oder?

- Mittlerweile entwickelt sich die Einsicht, daß „der Mensch im Unternehmen" der eigentliche Leistungs-, Qualitäts- und vor allem Verantwortungsträger ist. Es grenzt jedoch häufig an Führungskunst, aus einem zum unreflektierten Ausführen von Arbeit erzogenen Mitarbeiter (wieder?) einen kritischen, aktiven und verantwortungsbereiten *Leistungsträger* zu machen.

1.4 Nicht die Größe, sondern die Kraft entscheidet

Seit Mitte der 60er Jahre entwickelt sich für die Betriebswirtschaft ein neues Aufgabenfeld. In zunehmend mehr Branchen wird entdeckt, daß Märkte eine natürliche Wachstums- und Sättigungsgrenze haben. Zunächst haben die Zahlen in den Grundstoffindustrien Kohle, Stahl und Baumaterialien stagniert; später auch in Konsumgütermärkten wie Bier, Kartoffeln, Brot, Milch und Fleisch.

Erst nach und nach setzte sich die Erkenntnis durch, daß letztendlich alle Märkte von der Nachfrage leben, und daß diese Nachfrage von Menschen kommt. Menschliche Bedürfnisse aber verlaufen nicht linear und bilden eine nach „oben offene" Skala, sondern erreichen irgendwann, und meist relativ unvorhersehbar, eine Sättigungsgrenze. Der Verlauf dieser Bedürfnisentwicklung ist verwandt mit dem „Engel'schen Gesetz", das den abnehmenden Grenznutzen zunehmender Güterversorgung für Menschen postuliert.

Ein vereinfachtes Modell dieser Bedürfnisschwellen ist die „Maslow-Pyramide", in der zum Ausdruck kommt, daß der Mensch zunächst einmal seine physischen Bedürfnisse deckt und danach ein Sicherheitsbedürfnis zur Absicherung des erreichten Lebensstandards entwickelt (siehe Abbildung 2). Nach dessen Befriedigung verstärken sich soziale Bedürfnisse nach Zugehörigkeit in Gruppen und emanzipatorische Wünsche nach Mitverantwortung, Mitgestaltung und auch Selbstverwirklichung.

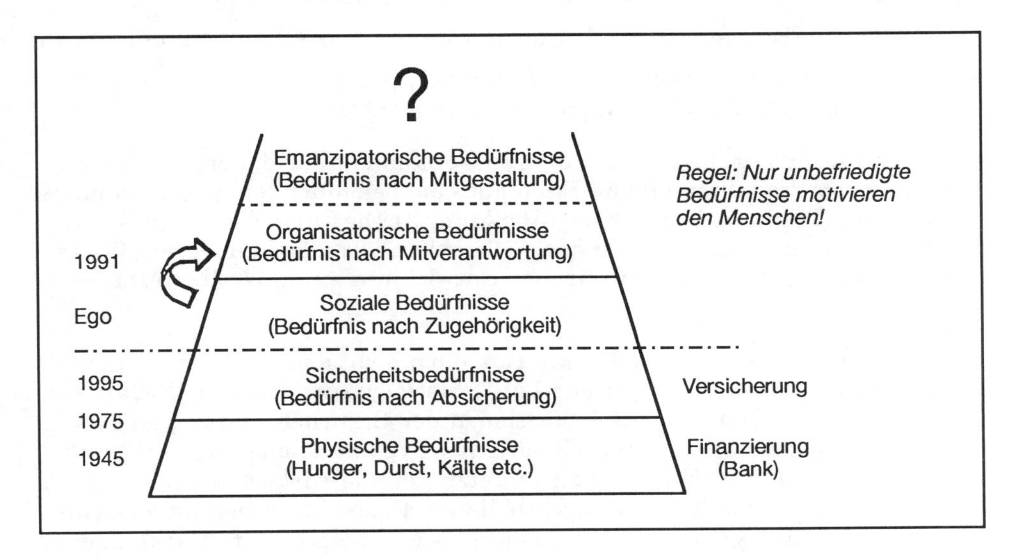

Abb. 2: Die Maslow-Pyramide

Dieses Modell ist zunächst nur für Einzelpersonen entwickelt worden, gilt jedoch sicherlich auch sinngemäß für ganze soziale Gemeinschaften wie Unternehmen, Wirtschaftsräume und Konsumgesellschaften, die sich ja alle aus einzelnen Menschen, deren Bedürfnissen und Verhalten zusammensetzen.

1.5 Wachstumsschwellen zwingen zum Umdenken

In den letzten zwei Jahrzehnten sind immer mehr Märkte an ihre natürliche Sättigungsgrenze gelangt. Davor schien die Nachfrage unbegrenzt, und es galt als unvorstellbar, daß eine Marktsättigung eintreten könnte.

Mangelnde Produktionsmöglichkeiten, schlechte Distribution und unzureichende Kaufkraft waren in Verbindung mit regionalen oder globalen Konjunkturkrisen die Ursache mehr oder minder florierender Märkte. Genau genommen war in Mitteleuropa immer entweder Vor- oder Nachkriegszeit. Mit der Stagnation der Märkte setzte ein ungeheures Umdenken ein:

- vom Volumen-Denken zum Ertrags-Denken
- vom Hersteller-Denken zum Kunden-Denken
- vom Mengen-Denken zum Qualitäts-Denken
- Ertragsbewußtsein und Kostenbewußtsein entwickelten sich
- kooperative Konzepte in Marketing und Materialwirtschaft bahnten sich an
- die Unternehmen mußten sich zwischen „qualitativem Wachstum" und Verdrängungswettbewerb durch Preiskampf entscheiden.

Nach und nach kam in den 70er Jahren Verständnis für die organische Entwicklung von Produkten und Märkten auf - am bekanntesten geworden unter dem Begriff „Produktlebenszyklus" (Abbildung 3). Die Entwicklung eines Marktes bzw. Produkts ist am besten nachvollziehbar, wenn sie in mehrere Phasen gegliedert wird, die jeweils ihre eigenen Entwicklungs- und Wettbewerbsgesetze haben:

Phase 0: Neue Produkte und Märkte entstehen nicht aus „heiterem Himmel", sondern viele Ideen „liegen in der Luft". Sie liegen im latenten Bedarf von Kunden, beherrschen die Sachdiskussionen der Branchen und zeigen sich in anderen Signalen, die ein unternehmerischer Typ und Pionier begreift, „wahrnimmt" und in *Entwicklungs*arbeit umsetzt. Da alle wirtschaftlichen Zahlen letztendlich von Menschen kommen (Abbildung 4), und Menschen zunächst ihre Denk- und Wollensgewohnheiten ändern, bevor sie sich am Markt anders verhalten, können viele Marktentwicklungen rechtzeitig vorausgesehen werden.

Phase I: Irgendwann kommt dann ein Hersteller mit einem neuen Produkt auf den Markt; es handelt sich um die Phase der *Markterschließung*, in der ein Hersteller mit seinem Markennamen zum Gattungsbegriff werden kann (z.B. Uhu, Tempo, Coca-Cola u.a.). Ob der Hersteller diese Chance zur Marktführerschaft nutzt oder nicht, entscheidet darüber, ob aus seinem Produkt später einmal eine „Cash-cow" wird oder nicht.

Phase II: Nach der Produkteinführung mit nur mäßigen Umsätzen kommt die *Marktdurchdringung*. In dieser Phase nimmt das Verbraucherinteresse an dem neuen Produkt erheblich zu (z.B. CD-Player befinden sich heute in einer solchen Marktentwicklungsphase). Weitere Hersteller drängen auf den Markt, erzielen jedoch zunächst nur kleine Marktanteile. Es gilt hier die Regel, daß ein Marktanteilspunkt vom zweiten und dritten Anbieter jeweils doppelt so teuer „gekauft" werden muß, als dieser den Marktpionier gekostet hat.

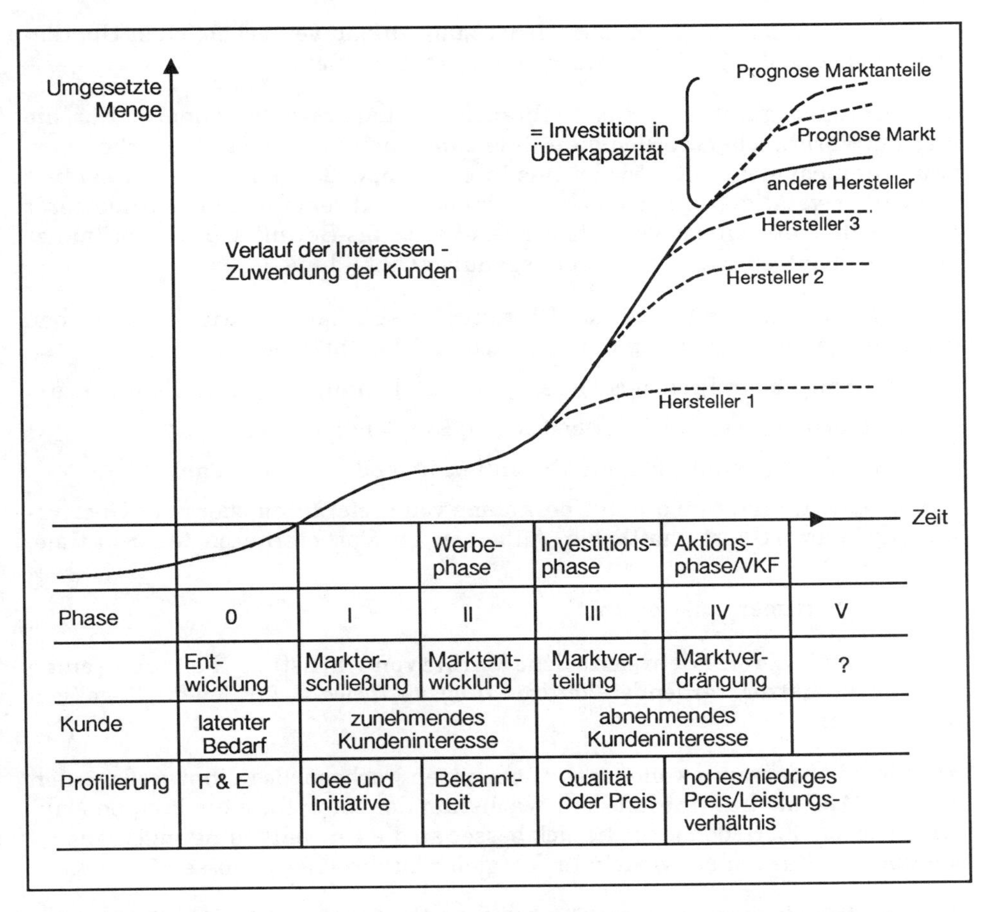

Abb. 3: Der Markt- bzw. Produktlebenszyklus, die Wachstums- und Sättigungsphasen

Phase III: In einer dritten Phase steigt das Marktvolumen sehr rasch, da das Produkt beim Verbraucher „vorverkauft" ist und die *Marktversorgung* durch eine immer größer werdende Zahl von Herstellern gewährleistet wird. Dabei entsteht ein „Mengenproblem" für die Herstellung und Marktversorgung, das erhebliche Investitionen in den Ausbau der Produktions- und Vertriebskapazitäten der Branche auslöst. Vor solchen Investitionen werden in den einzelnen Unternehmen Wirtschaftlichkeitsberechnungen aufgrund von Wachstumsprognosen durchgeführt. Diese werden „natürlich" auf Basis des vorherrschenden rasanten Marktwachstums erstellt. Wenn das Marktwachstum in Phase III für „normal" angesehen wird, und die Hersteller mit steigenden Marktanteilen rechnen, dann kommt es immer wieder zum Aufbau von erheblichen Überkapazitäten (z.B. Kohle, Stahl, Brauereien, Einzelhandel).

Gleichzeitig beginnt sich das Verbraucherverhalten zu verändern: Für die meisten Verbraucher werden die Käufe zunehmend zu einem Wiederholungskauf, der nicht mehr mit dem gleichen Interesse bzw. der gleichen Unwissenheit wie früher getätigt wird: So steht ein immer erfahrenerer und routinierterer Verbraucher mit einem kritischen Preis/Leistungs-Bewußtsein einem immer austauschbareren (Über-)Angebot gegenüber (Abbildung 3).

Phase IV: Zunehmend wird ein *Überangebot* spürbar: Die Hersteller haben Absatzsorgen und reagieren mit unterschiedlichen Strategien:

- Sonderangebote, Preisnachlässe, Skonti und ähnliche finanzielle Anreize
- zusätzlicher Service, Dienstleistungen, Kundendienst u.ä.
- verbesserte Qualität, längere Garantiezeiten oder mehr Kulanz
- vertikale Integration durch Übernahme von Lieferanten oder aber Übertragung materialwirtschaftlicher Aufgaben an Vorlieferanten (Just-in-time, Kanban)
- starke Sortimentausweitung.

Mehr oder minder wandeln sich solche Märkte von Wachstums-Feldern in einen zunehmend härter werdenden *Verdrängungswettbewerb*, für den die Regel von Darwin gilt:

„In jedem Lebensraum wollen mehr Lebewesen wachsen als in ihm groß werden können. Deshalb beginnt mit dem Wachstum der Kampf um die knappe Nahrung. Diesen überleben jene, die sich besser an die Umweltbedingungen anpassen und die Stärken entwickeln im Vergleich zu ihren Artgenossen."

So ähnlich stellt sich auch die Situation in Märkten dar, die den Zenit ihres Wachstums überschritten haben und in denen ein immer härter werdender Verdrängungswettbewerb herrscht. Dieser geht zunächst zu Lasten der Rendite und führt später zur Aufgabe sogenannter „Grenz-Betriebe"; seien es der Mittelstand einer Branche oder die zu spät und zu stark gewachsenen Unternehmen, die durch Investitionen in Kapazität und Werbung Marktanteile kaufen wollten, die aber keine ausreichende Substanz, Eigenkapital und Erfahrung hatten.

1.6 Nicht die Zahlen, sondern die Menschen ändern sich!

Es gilt heute als gesicherte Erkenntnis: An den Wachstumsschwellen der Märkte ändern sich nicht mehr die Zahlen, sondern die Menschen.

Regelmäßige Markt- und Unternehmensentwicklungen, wie sie im „quantitativen Wachstum" normal sind, werden durch die regelmäßigen Verhaltensgewohnheiten von Verbrauchern, Kunden und letztendlich auch vom Handel verursacht. Diese Kauf- und Verhaltensgewohnheiten sind so etwas wie die

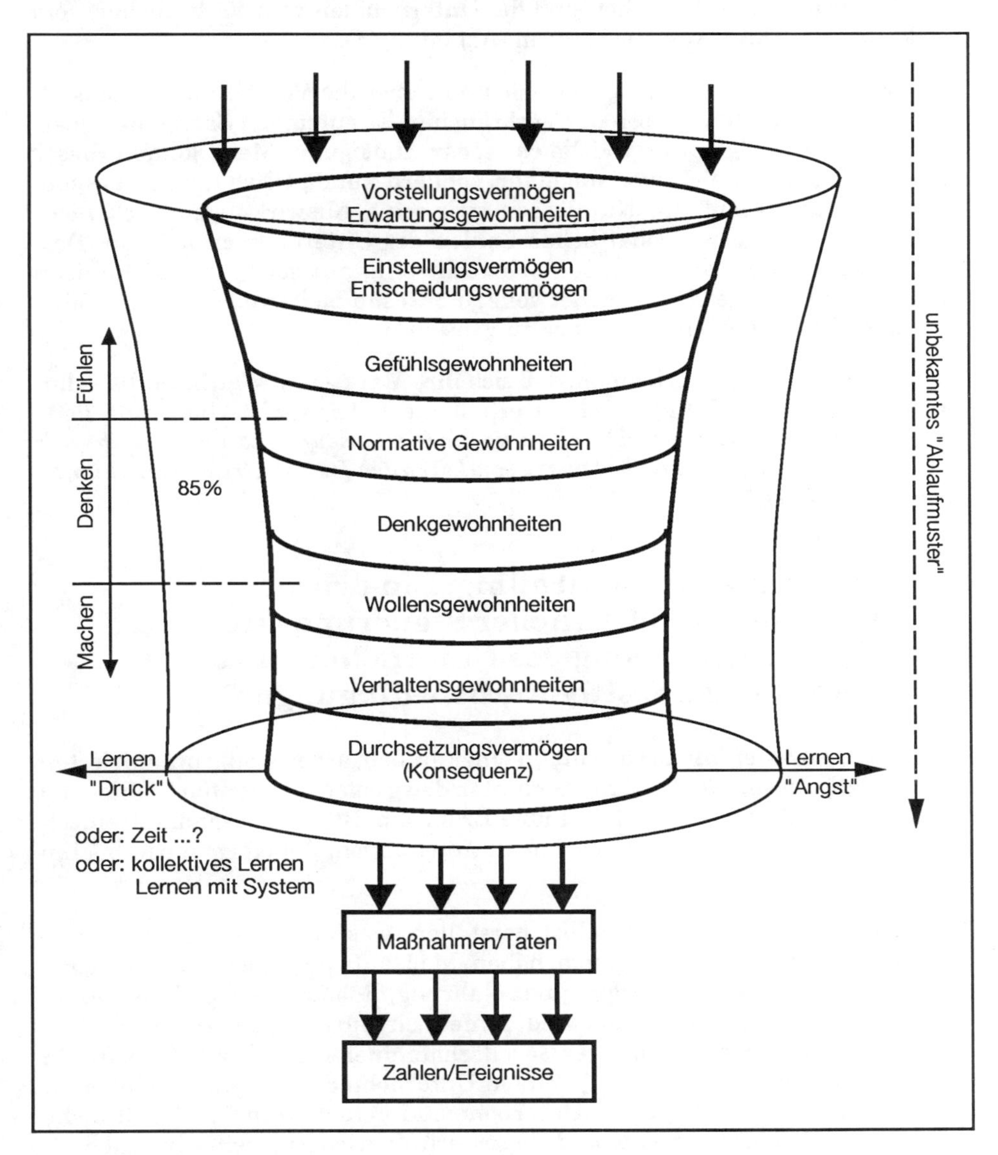

Abb. 4: Die menschlichen Vorsteuerungsgrößen

„Trägheit der Masse", die wie die Tonnage beim Schiff für eine Kontinuität der vorantreibenden Entwicklung sorgt. Die Verhaltensgewohnheiten werden zusätzlich stabilisiert durch Wollensgewohnheiten, Denkgewohnheiten und letztendlich von einem speziell geformten Vorstellungsbild, das sich der Verbraucher von seinen Wünschen und die Unternehmen vom Verbraucher, vom Markt und von ihrer Aufgabe machen (Abbildung 4).

An der Wachstumsschwelle ändern sich nun aber die Vorstellungen, Einstellungen und Verhaltensweisen der Verbraucher! Es entstehen Sättigung, Übersättigung, Lustlosigkeit und vielleicht sogar Abneigung. Meist kommt dieser Entwicklungsbruch nicht von ungefähr, sondern kündigt sich durch Veränderungen im „Zeitgeist" an: Nur lassen sich seine Auswirkungen noch nicht anhand der betriebswirtschaftlichen Zahlen der Unternehmen ablesen. Deshalb versäumen es viele Firmen, sich rechtzeitig auf solche Entwicklungen einzustellen (z.B. die Nichtraucherwelle, die Gesundheitswelle, das Zinsenbewußtsein, die zunehmende Tendenz zu Freizeit u.a.).

Wenn nun aber Firmen erkennen, daß sich ihre Markt- und Wettbewerbsbedingungen entscheidend ändern, dann erhält die Betriebswirtschaft eine neue Aufgabe: *An der Wachstumsschwelle muß die Betriebswirtschaft nicht mehr nur den Erfolg des Unternehmens steuern, sondern auch für die Ursachen zukünftiger Erfolge sorgen!*

2 Strategisches Controlling: Ein dritter betriebswirtschaftlicher Steuerungskreis zur Existenzsicherung des Unternehmens in veränderten Wettbewerbsbedingungen

Wir leben mehr oder minder bewußt in einer großen, arbeitsteilig organisierten Gesellschaft. Diese *Arbeitsteilung* beginnt in den großen Segmenten Staats- und Privatwirtschaft und setzt sich fort über Branchen, Branchensegmente, einzelne Firmengruppen, Einzelunternehmen, Abteilungen, Arbeitsgruppen bis hin zum einzelnen Arbeitsplatz.

Niemand kann heute all das selbst herstellen, was er zu seinem Überleben benötigt: Deshalb ist er in einem hohen Maß auf die Mitwirkung anderer angewiesen; sei es zur Versorgung mit Nahrung, Rohstoffen oder Energie; sei es, daß andere sein Mitwirken und seine Leistungen im sozialen System honorieren. So hat jeder in unserer Gesellschaft einen Platz: der Mitarbeiter in seiner Abteilung, die Abteilung in einem Unternehmen, das Unternehmen in einer Unternehmensgruppe, die Unternehmen in einer Branche, die Branche in einem Wirtschaftssegment, und dieses erfüllt wiederum eine Aufgabe im Gesamtsozialwesen.

Die so entstehenden *Abhängigkeiten* führen zu Problemen, die in einer rechtsstaatlichen Ordnung nicht mit Gewalt, sondern eben mit Gesetzen, Handelsbrauch etc. geregelt werden. Dies funktioniert nur dann, wenn sich alle Wirtschafts-Individuen in einem solchen arbeitsteiligen System so nützlich machen, daß sie für die erbrachten Leistungen *mehr honoriert* bekommen, *als* sie ihrerseits an *Kosten* und Problemen verursachen. Diese „Problemlösungsbilanz", die in anderem Zusammenhang auch Wertschöpfungsbilanz genannt wird, gerät unter Druck, wenn sich die Aufgaben in der Wirtschaft als Ganzes oder in einzelnen Branchen verändern. Und genau dies ist an den sog. „Wachstumsschwellen" der Fall!

Es genügt deshalb nicht mehr, sich als Controller um Planung, Berichtswesen, Kontrolle, Analyse und Gegensteuerung zu kümmern; es müssen nunmehr auch die Strategien selbst einer Planung unterworfen werden. Denn der Erfolg einer Unternehmung oder auch nur ihr Wachstum sind nicht mehr selbstverständlich.

So ist in den letzten Jahren ein System strategischer Planung entstanden, in dem die Erfolgs*ursachen* von Unternehmen genauso der Planung unterzogen werden, wie bisher die Erfolgs*symptome*, seien es Kosten, Erlöse oder Vermögenswerte.

Gerade durch die Entwicklung der strategischen Planung hat sich das operative Controlling in eine klarere Aufgabenstellung eingegrenzt, und versteht sich heute als kybernetisches System zur zentralen und dezentralen Gewinnsicherung. Dem gegenüber sorgt die strategische Planung für die Entwicklung der Erfolgs*ursachen* in der Zukunft:

- die Unersetzbarkeit des Unternehmens im Markt
- die Entwicklung von Stärken im Wettbewerb
- die Sicherstellung der Akzeptanz des Unternehmens durch die Kunden
- die Motivation qualifizierter Mitarbeiter im Unternehmen
- eine zeitgemäße, leistungsfähige Organisation
- die Entwicklung von Bedingungen zur Verbesserung des Preis/Leistungs-Verhältnisses.

So haben sich nach und nach die betriebswirtschaftlichen Steuerungsinstrumente zu drei Regelkreisen ausgestaltet (siehe Abbildung 5):

- *Der erste betriebswirtschaftliche Steuerungskreis dient der Vermögenssicherung.*

  Aus der klassischen Finanzbuchhaltung hat sich im Laufe der letzten Jahre ein „Management der Vermögenswerte" entwickelt, das die unterschiedlich-

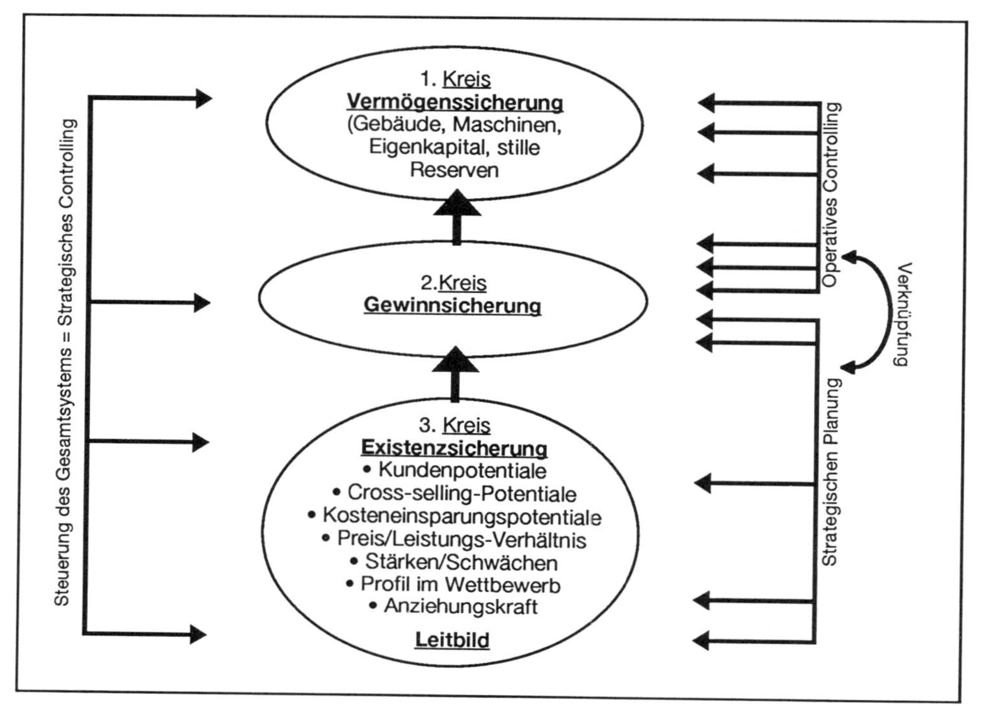

Abb. 5: Die drei Steuerungskreise des Unternehmenserfolges

sten Namen trägt: Treasuring, Cash-Management usw. Letztendlich geht es hierbei darum, daß auch in den Gegenständen und Instrumenten der Vermögenssteuerung (Grundstücke, Liquidität, Forderungen, Währungsbestände u.a.m.) das Zeitalter des rein statistischen Berichtswesens und der bloßen Beobachtung der Bestände vorbei ist. Auch hier wird mit den Methoden modernen Managements und des Controlling auf wünschenswerte Plan- bzw. Soll-Zustände hingearbeitet (siehe Abbildung 6).

Ursprünglich war das retrospektive *Berichtswesen* das Instrument zur Beobachtung der *Vorsteuerungsgröße* der Liquidität: Einnahmen und Ausgaben, Forderungen und Verbindlichkeiten (siehe Abbildung 7). Dieses Berichtswesen erlaubt aber nur einen Ist/Ist-Vergleich, Erfolg ist Ermessenssache (Abbildung 6). Deshalb behalf man sich mit Branchen- und Betriebsvergleichen - häufig Instrumente branchenspezifischer oder auch nationaler „Einschläferung", wie das z.B. die amerikanische Automobilindustrie heute im nachhinein unumwunden zugibt.

Mittlerweile ist der Regelkreis des Controlling auch für den Bereich der bilanziellen Bestände voll entwickelt (siehe Abbildung 6). Die Spielregeln des Controlling, nach Ziel- bzw. Soll-Vorgaben zu arbeiten, Abweichungsanalysen zu machen und aus den Erkenntnissen dieser Ursachenforschung heraus Gegensteuerungsmaßnahmen einzuleiten, haben sich auf die Bereiche des Finanz- und Rechnungswesens sowie auf das Management der Vermögenswerte übertragen. So können beispielsweise Banken zunehmend öfter davon berichten, daß durch das Cash-Management ihrer Kunden die zinslosen Sichteinlagen drastisch zurückgehen, so daß eine erhebliche Ertragsverlagerung von den Banken in die Finanzabteilungen der Industrieunternehmungen spürbar wird. Ähnlich ausgefeilte Dispositionstechniken werden bei der Festgeldanlage, bei Methoden der Währungsabsicherung und beim An- und Verkauf von Forderungen beobachtet.

Es darf heute also mit Fug und Recht behauptet werden, daß sich das ergebnisorientierte Regelkreis-Denken des Controlling vom Budget-Controlling auf ein Controlling der Finanzbestände verlagert hat. Dies gilt für all die Branchen, die die oben geschilderten Wachstumsschwellen durchlebt haben bzw. durchleben.

- *Der zweite betriebswirtschaftliche Steuerungskreis dient der Gewinnsicherung.*

  Der entscheidende Schritt vom Rechnungswesen zum Controlling war die Einführung des Plan/Ist-Vergleichs (siehe Abbildung 6). Dadurch wurde aus einem rückwärts gerichteten Berichtswesen ein nach vorne orientiertes Steuerungssystem. Das Problem war nur, die betroffenen Ergebnis- und Teilergebnisverantwortlichen dazu zu bewegen, sich mit ihren Zielen zu identifizieren.

  Durch den Übergang von der autoritär formulierten „Soll-Vorgabe", die „von oben nach unten" durchkommandiert wurde, zu einer „Plan-Vorstellung", die gemeinsam mit den Betroffenen erarbeitet wurde, wurde gleichzeitig mit der Entwicklung des Controlling die Betriebswirtschaft zu einem Führungsinstrument ausgebaut (siehe Abbildungen 1 und 6).

  Wenn im Controlling so geplant wird, dann geht die Gestaltungsaufgabe der Planung auf die Linienverantwortlichen über. Wenn diese aber dezentral planen sollen, dann erwarten sie Rahmenvorgaben von der Unternehmensleitung. Eine strukturierte dezentrale Planung als wesentlicher Bestandteil eines effektiven Controlling kann nur dann funktionieren, wenn vom Gesamtunternehmen strategische Vorentscheidungen getroffen werden, die eine kurzfristige Zielsetzung im operativen Controlling auch nach längerfristigen Gesichtspunkten *sinnvoll* machen (Abbildung 6).

  Diese Einsicht führt vom operativen Controlling in die strategische Planung. Operative Steuerung kann auf Dauer nur dann funktionieren, wenn sich die Teilziele, die im Unternehmen arbeitsteilig und synchron verfolgt werden, von einer globalen, strategischen Gesamtzielsetzung ableiten lassen, und diese den Betroffenen auch bekannt ist.

- *Der dritte betriebswirtschaftliche Steuerungskreis dient der Existenzsicherung des Unternehmens unter veränderten Wettbewerbs- und Marktbedingungen.*

  Strategien sind Konzepte mit dem Ziel, mehr Erfolg zu haben als mit quantitativem Wachstumsdenken. Die Strategieplanung ist aus vielerlei Gründen entstanden: Zum einen, weil die Wachstumsschwelle des Marktes die Firmen dazu genötigt hat. Zum anderen aber auch, weil ein sinnvolles operatives Controlling eine strategische Planung benötigt (siehe Abbildung 6).

  Wie kann aber eine solche Strategieplanung in der Praxis aussehen? Was sind die Betrachtungsgegenstände einer Strategieplanung?

  Zunächst einmal wurde strategische Planung mit langfristiger operativer Planung verwechselt (mittelfristige Finanzplanung, „MifriFi" u.ä.). Auch wurde Strategieplanung mit Prognose gleichgesetzt; so als sei der Wirtschaftsablauf eine große, berechenbare Marktmechanik. Erst nach und nach wurde deutlich, daß in der Strategieplanung die *Ursachen* von Erfolg und Mißerfolg neu geregelt und auf die Zukunft ausgerichtet werden müssen.

2.1 Entscheidend für die Strategieplanung war die Entwicklung eines Instrumentariums

„You only can manage what you can measure", heißt es im Amerikanischen, und damit ist präzise ausgedrückt, worum es in der Entwicklung der Betriebswirtschaft geht:

Wer die Kosten, die Erlöse und damit den Gewinn sichern will, der braucht zunächst einmal ein Instrumentarium zur Veranschaulichung von Kosten, Erlösen und Gewinnen. Dies war das entscheidende Problem, warum die dezentrale Ertragssteuerung so schwierig war. Erst mit der Entwicklung einer differenzierten Kostenrechnung, der Deckungsbeitragsrechnung und einem motivierenden System der Planung von Zielvorgaben ließ sich das gewünschte Steuerungs*objekt* „Gewinn" betriebswirtschaftlich veranschaulichen *und der Mensch* im Unternehmen dazu bewegen, sich mit Engagement für die Erreichung dieser Ziele einzusetzen.

So wie die Kostenrechnung die Kosten nicht erfunden, sondern nur *darstellbar* gemacht hat, so hat das Instrumentarium der Strategieplanung die Strategien eines Unternehmens nicht erstmals entdeckt, sondern bislang unbekannte und ungeregelte *Strategien* erstmals anschaulich und damit *steuerbar* gemacht!

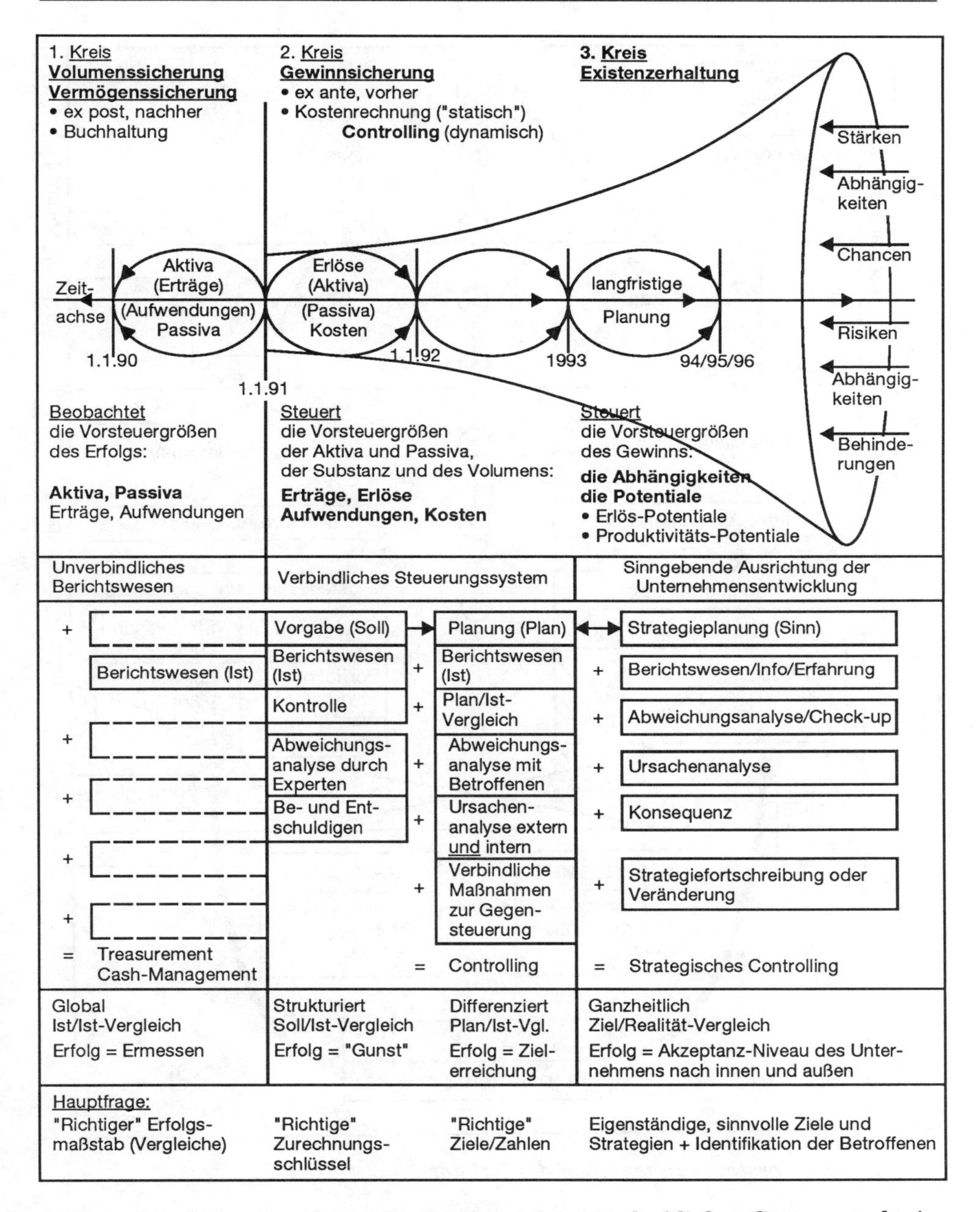

Abb. 6: Der Zusammenhang der drei betriebswirtschaftlichen Steuerungskreise

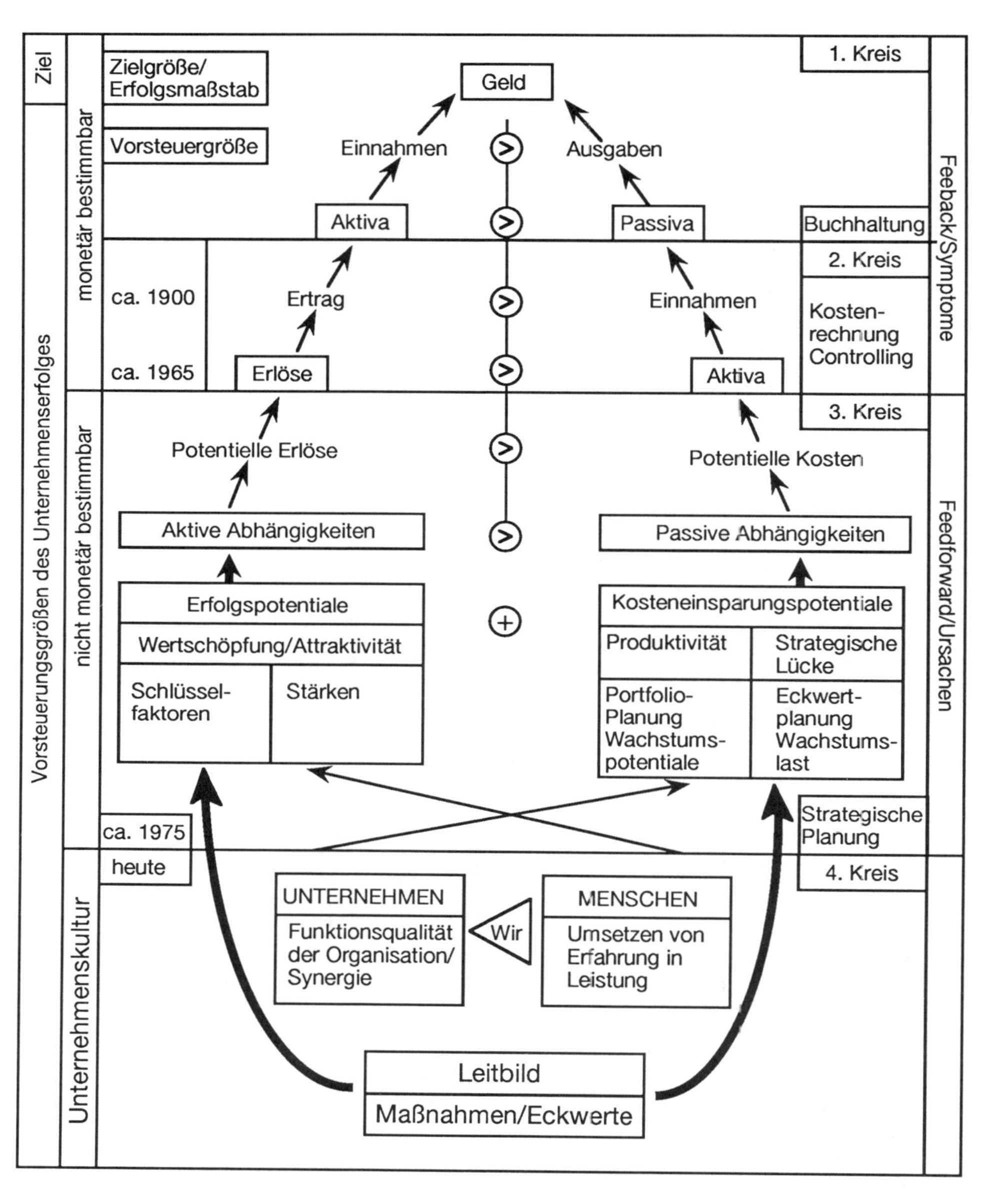

Abb. 7: Die Vorsteuerungsgrößen des Erfolges

Seit Mitte der 60er Jahre sind nach und nach entstanden:

a) Das Portfolio-Management

Aus den Ergebnissen der PIMS-Analyse wurde ein Erfolgsraster entwickelt, in dem jedes Unternehmen prüfen kann, in welchem Umfang die allgemein erkannten Erfolgswahrscheinlichkeiten (z.B. Marktanteil, Marktwachstum u.a.) auf seine eigene Situation zutreffen (PAR-Analyse von PIMS).

b) Die strategische Bilanz

Mit der von R. Mann entwickelten strategischen Bilanz werden die aktiven und passiven Abhängigkeiten eines Unternehmens gelistet und gewichtet. Es werden „aktive Abhängigkeiten" den „passiven Abhängigkeiten" einzelner Bereiche einander gegenübergestellt und gefragt, ob die Problemlösungsbilanz des Unternehmens noch positiv ist.

Unter „aktiven Abhängigkeiten" werden die Bereiche gelistet, in denen Personen, Firmen, Handelspartner oder Kunden von uns abhängig sind, weil wir deren Probleme besser lösen als der Wettbewerb. Unter „passiven Abhängigkeiten" werden die Bereiche gelistet, in denen Personen, Firmen, Handelspartner oder Kunden von uns unabhängig sind, weil unsere Wettbewerber deren Probleme besser lösen als wir selbst.

Aus der Gewichtung dieser Abhängigkeitspolaritäten ergibt sich, ob wir noch die notwendige Problemlösungskompetenz haben, um *am Markt unersetzbar* zu sein. Mit Maßnahmen, den kritischen Abhängigkeitsengpaß zu beseitigen, sorgt das Management für die langfristige Existenzsicherung des Unternehmens und beeinflußt so die *kausalen Ursachen* finanziell meßbarer Erfolge (Abbildung 7).

Die strategische Bilanz bewertet die qualitative Komponente „Abhängigkeit" mit quantifizierenden Gewichtungen. Dieses Instrument der Strategieplanung ist eindeutig und konsequent nur auf Faktoren ausgerichtet, die sich in der vor uns liegenden Zukunft abspielen und auswirken und die noch nicht zu quantifizierbaren, statistisch erfaßbaren Ereignissen geworden sind. Wir nennen sie mit Gälweiler *„Vorsteuerungsgrößen":* Chancen, Risiken, Behinderungen, Abhängigkeiten, Druck, Knappheit u.a. sind Begriffe, die wie Energiefelder wirken und sich nur einer qualitativen Betrachtung erschließen.

Die eigentlichen Betrachtungsgegenstände der Strategieplanung können nicht im statistischen Sinn eines Berichtswesens gemessen, gewichtet und bewertet werden, sondern *die wichtigsten Verantwortungsträger eines Unternehmens müssen sich diese Umstände bewußt machen* und die so erkannten Zusammenhänge qualitativ in ihrer Bedeutsamkeit, Chancenhaftigkeit oder Bedrohlichkeit bewerten.

Durch das Instrument der strategischen Bilanz bekam die Strategieplanung erstmals ihren klassischen, „reinrassigen" Charakter als Instrument zur Erfassung, Bewertung und Steuerung qualitativer Vorsteuerungsgrößen des Unternehmenserfolgs (siehe Abbildung 7). Während durch die PIMS-Analyse noch *Symptome* von Erfolg und Mißerfolg korreliert wurden, wurden mit der strategischen Bilanz erstmals die tatsächlichen Erfolgs*ursachen* aufgegriffen und im Sinne einer Betriebswirtschaft anschaulich, meßbar und damit steuerbar gemacht!

c) Die Potentialanalyse

Die Potentialanalyse geht noch einmal einen Schritt weiter als die strategische Bilanz. Sie steuert ihrerseits die *Ursachen der Abhängigkeiten* (siehe Abbildung 7).

In der Potentialanalyse macht sich das Unternehmen zum einen seine Stärken und Schwächen bewußt, und zum anderen beantwortet es sich die Frage, für welche Nachfragebedürfnisse (Schlüsselfaktoren) es qualifiziert ist, vom Markt gebraucht wird und für welchen Kreis von Verbrauchern das Unternehmen in diesem Sinne unersetzbar ist.

So entwickelt das Management die inhaltlichen Komponenten eines Marktauftrags, der letztendlich zu Akzeptanz bei Handel und Verbrauchern und damit zu *Marktanteil* führt. Maßnahmen zur konsequenten Nutzung von Potentialen stärken diese Akzeptanz, erhöhen die Attraktivität des Unternehmens im Markt, sichern den Marktanteil und sind ein erster Verweis auf das später zu erstellende Leitbild (Abbildung 7).

In der PIMS-Analyse wurde herausgefunden, daß die eigentliche Ursache des „Haupterfolgsfaktors Marktanteil" die *Erfahrung* des Unternehmens am Markt ist. Und Erfahrung lebt nun einmal nur in Menschen. Deshalb gibt es eine weitere Methode zur Bewußtmachung des Erfahrungspotentials im Unternehmen:

d) Die strategische Lücke und das Produktivitätspotential

Da das Erfahrungspotential nur in den Menschen selbst lebt (siehe Abbildung 7), müssen sich große Teile der Mitarbeiterschaft eines Unternehmens die Produktivitätsreserven, die in ihnen und in ihrer Organisation stecken, bewußt machen.

Diesem Zweck dienen die *Eckwertplanung* zur Bestimmung der *Wachstumslast durch Kostendruck* und die Gegenüberstellung dieser Ergebnisse der „konventionellen" *Wachstumserwartung*. Je dienstleistungsintensiver und je lohnkostenintensiver ein Unternehmen, desto zuverlässiger kann heute behauptet werden, daß die Abweichung zwischen dem als notwendig erkannten und dem für möglich gehaltenen Wachstum etwa 25 % beträgt - bei einem angenommenen Planungshorizont von nur 5 Jahren! Durch diese Erkenntnis entsteht eine *„Betroffenheit"* bei den Beteiligten, die als Motivation genutzt werden muß, um die notwendigen Strategien und Maßnahmen zur Produktivitätsverbesserung zu erarbeiten und dann auch umzusetzen.

Durch die Entwicklung dieser Instrumente strategischer Planung haben sich mittlerweile zwei große Steuerungskreise gebildet: Die eher operative Planung und Steuerung, die den Bereich der Zahlen entwickelt, seien es Bilanz- oder Ertragszahlen; und daneben die die strategische Planung und Steuerung, die sämtliche qualitativen Erfolgsvoraussetzungen erfaßt und zukunftsorientiert weiterverfolgt. Die wesentlichen Unterschiede dieser beiden Steuerungssysteme haben wir in Abbildung 8 zusammenfassend dargestellt.

2.2 Die Umsetzung von Strategie ist eine Kunst

Im Laufe der letzten zwei Jahrzehnte haben wir gelernt, daß die „Kunst" des strategischen Controlling nicht so sehr darin besteht, Konzepte zu entwickeln bzw. Konzepte zu ändern, sondern daß sich - als Konsequenz strategischer Planung - berufliche Verhaltensgewohnheiten nicht nur in ausführenden, sondern insbesondere auch in führenden Tätigkeiten nachhaltig verändern müssen. Deshalb ist neben der Entwicklung eines zukunftsweisenden, ganzheitlichen Unternehmenskonzeptes zur zeitgemäßen Erfüllung der Markt- und Versorgungsfunktionen die Frage entscheidend, wie diese Strategien auch tatsächlich umgesetzt werden können. Hier kommt es ganz entscheidend darauf an, daß sich die Betroffenen in einem Lern*prozeß* selbst *bewußt* machen, was die Unternehmensstrategie für sie und ihren eigenen Arbeitsplatz konkret bedeutet.

Es geht heute weniger darum, Planungsinstrumente für „richtige" Strategien zu entwickeln. Gefordert sind *Elemente eines Führungsstils, der Strategien auch umsetzbar macht!* Statt zwischen „richtigen" und „falschen" Strategien zu unterscheiden, bevorzugen wir die Differenzierung zwischen erfolgreichen und nicht erfolgreichen Konzepten und deren Umsetzung.

Nach unserer Beobachtung sind es insbesondere vier Bedingungen, die zu einer erfolgreichen Strategieumsetzung gehören:

1. Strategien müssen typisch sein

Strategien sind *mein* Weg zu *meinem* Erfolg! Deshalb müssen Strategien gedanklich, sprachlich und in jeder anderen Hinsicht zu dem Unternehmen, der Branche und dem Wirtschaftsraum passen, für die sie bestimmt sind. Insbesondere die Stärken/Schwächen-Analyse muß im Sinne einer Eigen-Diagnose von

	Operative Planung	Strategische Planung
Zeitraum	• fester Zeitraster	• zunächst ohne Zeitraster
Meßkriterien	• Volumen • Geld, Ware, Rendite	• Potentiale, Abhängigkeiten • Behinderungen
Meßtechnik	• quantitativ messend	• qualitativ wertend
Regelmäßigkeit	• Zwang (Gesetz)	• kein äußerer, formaler Zwang, sondern dringlich an Wachstumsschwellen
Denkhaltung	• logisch, kausal, exakt, genau • mikroskosmisch, im Detail	• ganzheitlich, vernetzt, interdependent • markokosmisch, global
Führungsstil	• hierarchisch • Anordnung und Ausführung arbeitsteilig • Soll-Vorgaben, Management by ...	• teamorientiert, kollegial • Entwicklung von Zielen als Gemeinschaftsaufgabe • Identifikation mit selbst erarbeiteten Zielen
Eignung	• zwischen Wachstumsschwellen • Nutzung der Produktivitätsreserven	• Überwindung von Wachstumsschwellen • Neuaufbau von Erlöspotentialen
Zielsetzung	• Liquiditätssicherung durch • Gewinnsteuerung	• Sicherung der Ertragskraft durch • Sicherung des Wertschöpfungsvermögens
Art der Steuerung	• Erfolgssymptome	• Erfolgsursachen
Art des Controlling	• operatives Controlling	• strategisches Controlling

Abb. 8: Die wesentlichsten Unterschiede zwischen strategischer und operativer Planung

den betroffenen Führungskräften und Leistungsträgern selbst entwickelt werden. Nur das, was man sich selbst bewußt macht, wird auch zutiefst verinnerlicht, „begriffen" und hat nur so eine Chance, später umgesetzt zu werden. Selbst wenn eine solche Strategie Ähnlichkeiten mit anderen haben sollte, so ist sie doch noch lange nicht dieselbe! Entscheidend ist nicht, daß eine „richtige" Strategie zu Papier kommt, sondern daß Gedanken, Entscheidungen und Konsequenzen den Betroffenen erlebnishaft bewußt werden!

2. Strategien müssen dem wirtschaftlichen Sachverstand gerecht werden

Ziele dürfen nicht aufgrund von Modellrechnungen, Prognosen oder anderem „herbeigerechnet" werden. Mathematisch und theoretisch ist alles möglich! Ziele und deren Konsequenzen müssen für die Betroffenen

- vorstellbar,
- wünschenswert und vor allem
- machbar

sein und dürfen keine Zweifel und Ängste auslösen. Da die Wahrnehmung von Vorurteilen geprägt ist, und da kein Erfolg ohne Schwierigkeiten zu erreichen ist, müssen die Erfolgshemmnisse als Motivation wirken und nicht als Beweis für das zu erwartende Scheitern! Dies gelingt nur, wenn in einer Strategie Überzeugungskraft steckt.

3. Die Betroffenen müssen zutiefst begriffen haben, was die Strategie für sie persönlich bedeutet!

Nach dem „Prinzip von Kraft und Gegenkraft" bedeutet die Einbeziehung von Betroffenen in den Strategieprozeß nicht nur, daß die Betroffenen die Unternehmensentwicklung formen dürfen, sondern daß sie sich auch umgekehrt im Rahmen dieses Veränderungsprozesses mitverändern können. Dieser Prozeß der Einbeziehung beginnt bei der Stärken/Schwächen-Analyse und geht über die Umsetzung von Sofortmaßnahmen bis zur Zielformulierung im Leitbild.

Nach der Verabschiedung des Leitbildes werden die betroffenen Führungskräfte und Mitarbeiter in den Adaptionsprozeß einbezogen: So machen sie eine Stärken/Schwächen-Analyse für die Arbeitsweise ihrer Abteilung, möglichst bis zur persönlichen Verhaltensweise in der Berufsausübung, dem Umgang mit Kollegen, Mitarbeitern und Kunden. Das Wichtigste ist, aus dieser Eigenanalyse die entsprechenden Konsequenzen zu ziehen!

Ziel dieses Adaptionsprozesses ist es, daß jeder Mitarbeiter an seinem Arbeitsplatz weiß, welchen Beitrag *er* leisten kann und wie *er* konkret arbeiten muß, damit das Leitbild und die Strategien des Unternehmens auch durch ihn umgesetzt werden. Anders ausgedrückt: Jeder Mitarbeiter soll wissen, daß und warum sein Arbeitsplatz für den Unternehmenserfolg wichtig ist!

4. Strategien müssen in kleine Schritte zerlegt und kurzfristig auf Erledigung kontrolliert werden!

Die Chinesen sagen: „Auch der längste Weg beginnt mit einem ersten Schritt!" Es ist ein weit verbreiteter Fehler zu glauben, große Ziele müßten in großen Schritten, langfristige Ziele durch längerfristig terminierte Teilziele erreicht werden.

	1. Kreis: **Volumenentwicklung**	2. Kreis: **Gewinnsicherung**		3. Kreis: **Existenzsicherung**	
	Finanzbuchhaltung	Kostenrechnung	Controlling	Strategische Planung	Strategisches Controlling
Konzept	Ziel: **Liquiditäts- und Vermögenssicherung** Erfolgsmaßstab: **Unternehmensgröße, Volumen** steuert: **Volumen und Wachstum**	Ziel: **Gewinnsicherung und Kostenwirtschaftlichkeit** durch Transparenz der Kosten- und Ertragsstrukturen. Erfolgsmaßstab: **Unternehmensgröße** (Volumen)**, Betriebsergebnis, Kennziffern und Kostensätze** (Personal- und Sachkosten) steuert: **Volumen und Ertrag**	Ziel: **Gewinnsicherung und "gesundes Wachstum"** durch Erreichen verabredeter/vorgegebener Ergebnisziele und Kostenbudgets. Mitverantwortung der Führungskräfte für den Gewinn. Erfolgsmaßstab: **Unternehmensgröße und Deckungsbeitrag** steuert: **Wachstum** Ertragskraft: Erlöse/Kosten global und nach Produkten/ Sparten, Kunden, Geschäftsstellen	Ziel: **Existenzsicherung an der Wachstumsschwelle** durch langfristige Sicherung der Erfolgspotentiale (Marktakzeptanz und Produktivität/ Kosteneinsparung). Erfolgsmaßstab: **Akzeptanz des Unternehmens bei Kunden und Mitarbeitern** steuert: **Attraktivität und Leistungsvermögen** als Vorsteuergrößen der Ertragskraft	Ziel: **Ganzheitliche Unternehmensentwicklung** statt Detailoptimierung. Permanente Weiterentwicklung und Verzahnung von Leitbild, Erfolgspotentialen und praktischen Maßnahmen. "Großer Regelkreis". Identifikation der Mitarbeiter, Lieferanten und Kunden mit dem Unternehmen.
Instrumente	Bilanz Gewinn- und Verlustrechnung Inventur Bewertung	Produktergebnisrechnung Gebietsergebnisrechnung Filialergebnisrechnung Kundenergebnisrechnung (Kostenarten-, Kostenträger-, Kostenstellenrechnung) Spartenergebnisrechnung Erfolgszurechnung zu Mitarbeitern	Deckungsbeitragsrechnung nach Produkten, Sparten, Gebieten, Kunden etc. – – – – – – – – – – – Regelkreis: Planung, Plan/ Ist-Vergleich, Ursachenanalyse, Maßnahmen zur Gegensteuerung, Überprüfung der Konsequenzen – – – – – – – – – – – Zurechnung der Kosten u. Erlöse zur Mitarbeitern u. Profit-Centern	Strategische Bilanz Strategische GuV Portfolios Potentialanalyse Eckwertplanung Strategische Lücke Szenarios Unternehmensleitbild MOSES Check-ups	Regelkreis: Strategie-Planung, Plan/Ist-Vergleich von Leitbild-Vorstellung und realisierter Praxis (= Umsetzung von Strategien), Ursachenanalyse, Maßnahmen zur Gegensteuerung bzw. Modifikation der Strategie – – – – – – – – – – – Instrumente für "Potential-Controlling": Messung zur Veränderung der Akzeptanz im Markt, Messung zur Entwicklung des Leistungspotentials im Unternehmens – – – – – – – – – – – Instrument für materielle und immaterielle Erfolgsbeteiligung

	1. Kreis: **Volumenentwicklung**	2. Kreis: **Gewinnsicherung**		3. Kreis: **Existenzsicherung**	
	Finanzbuchhaltung	Kostenrechnung	Controlling	Strategische Planung	Strategisches Controlling
Führungsstil	Patriarchalisch Hierarchisch Anweisend	Hierarchisch Stab/Linienorganisation Management by ... "Zielvereinbarungsgespräche" (MbO) Dominativ Erfolgsprovision Verordnete Schulung	"Blinder Fleck"	Partizipativ, konstruktiv und synergetisch in der Entscheidung (Konsens) Koordinierend, fördernd, aber auch hierarchisch kontrollierend in der Umsetzung. Vorbild-Funktion der Führungskräfte Berechenbare Konsequenz in Umsetzung und Termintreue.	Konsequent rollierend. Stärkere Verselbständigung der Unternehmenseinheiten. Unternehmensführung zuneh- mend koordinierend. Planung "bottom up" Konsequente Förderung der Mitarbeiter Potentiale
Arbeitsmethoden	"Physikalische Erfassungsmethoden": Messen, Zählen, Wiegen. GOB Ziel: **Genauigkeit** Problem: **"Richtige Bewerung"**	Betriebswirtschaft Kostenzurechnungsmethoden. Schlüsselung MIS Ziel: **Umfangreiche und exakte Zurechnung der Erlös- und Kostenstrukturen zu Abteilungen und Mitarbeitern** Problem: **"Richtige" Zurechnungsschlüssel, "Richtige" Zahlen für Zielvorgaben**	MIS Simulation Methoden zur "richtigen" Zuordnung von Erlösen und Kosten nach dem Verursacher-Prinzip für Organisationseinheiten Zielvereinbarungsmethoden, um die Verbindlichkeit zu erhöhen	Entscheidungsfindungs und Kontrolle in moderierten Teamsitzungen Konferenztechnik Meta-Plan Moderationstechniken Qualitätszirkel Assessment-Center	Schulung von menschlichen und kommunikativen Fähigkeiten zur effizienten Wechselwirkung von Markt- und Verwaltungseinheiten bzw. Gruppen- und Einzelarbeit. Persönlichkeitsentwicklung durch Selbst-Management und Mitarbeiterförderung
	——— "Quantensprung" ———→				

Abb. 9: Die Entwicklung der drei betriebswirtschaftlichen Steuerungskreise: Konzepte, Instrumente, die Entwicklung jeweils notwendigen Führungsstils und der jeweils angemessenen Arbeitsmethoden

Nach unserer Auffassung hat es sich bewährt, daß Strategien, die ja einen Soll-Zustand beschreiben, zunächst mit dem tagesüblichen Geschäft verglichen werden. Aus dieser Abweichungsanalyse von Plan und Ist ergibt sich zunächst einmal ein globaler Handlungsbedarf. Aus diesem werden in einem zweiten Schritt nach Dringlichkeit und Schnelligkeit der Realisierung die sofort umsetzbaren Maßnahmen herausgearbeitet und auf ein Zeitraster heruntergebrochen, das alle sechs Wochen eine Kontrolle in sog. Check-ups erlaubt.

Strategien werden in der Regel gemacht, um ein Unternehmen den veränderten Markt- und Wettbewerbsbedingungen anzupassen. Diese *Anpassungsprozesse*, die bis in die individuellen Gewohnheiten gehen, sind als *Lernprozesse* zu verstehen. Das Prinzip des Lernens bedeutet:

- auf vorhandenem Wissen aufbauen;
- den Betroffenen zum Beteiligten machen und ihm die Möglichkeit geben, möglichst viel aus sich selbst heraus zu entwickeln, statt ihn in sämtlichen Kleinigkeiten zu bevormunden;
- ein Klima zu schaffen, das keine Angst auslöst;
- den Lernprozeß in kleine Schritte zu zerlegen und kurzfristig Erfolgserlebnisse zu bieten.

Durch diese Einsichten wandeln sich die Strategieplanung und das strategische Controlling mehr und mehr vom rein betriebswirtschaftlichen Instrument zur tragenden Säule eines neuen Führungsstils (siehe Schaubilder 1 und 9)!

2.3 Der Führungsstil entscheidet über den Erfolg in der Zukunft

Jeder der drei betriebswirtschaftlichen Steuerungskreise ist heute ein in sich geschlossenes Modell mit eigenständigen Elementen bezüglich

- Konzept
- Instrumentarium
- Führungsstil
- Arbeitsmethoden.

Alle vier Faktoren sind gleich wichtig. Ist einer der vier Faktoren unterentwikkelt, so ist das gesamte System reduziert leistungsfähig (siehe Abbildung 10). Das Prinzip des Minimum-Faktors, das sich von den Dünge-Gesetzen des Justus von Liebig bis zur strategischen Bilanz von R. Mann durchzieht, wirkt auch hier!

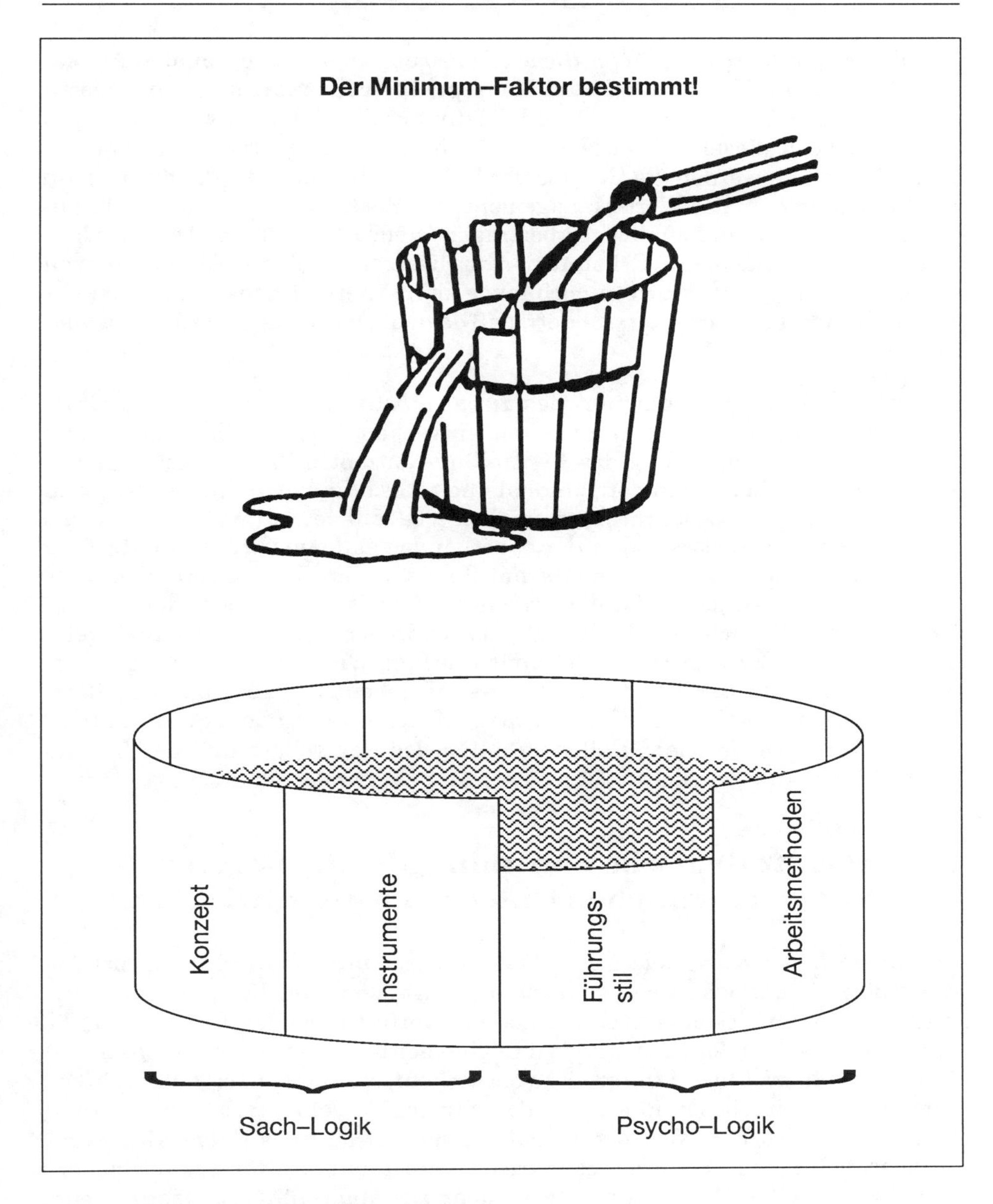

Abb . 10: Der Minimum-Faktor bestimmt

Für den *ersten betriebswirtschaftlichen Steuerungskreis* zur optimalen Allokation von Produktionsfaktoren sind Konzept, Instrumentarium, Führungsstil und Arbeitsmethoden ausgereift und relativ abschließend entwickelt. Jedoch wird sich auch dieser betriebswirtschaftliche Steuerungskreis weiterentwikkeln: Zum einen werden die Gesetze der Kybernetik einziehen, die das Prinzip des Controlling auf das Wert-Management, das Risiko-Management, die Liquiditäts-Disposition und ähnliches übertragen (siehe Abbildung 6). Darüber hinaus wird sich auch die Erkenntnis durchsetzen, daß die Allokation von synergieträchtigen Ressourcen noch lange kein synergetisches Zusammenwirken der Beteiligten bedeutet, sondern daß dazu auch Führungseinfluß notwendig ist.

Konzept und Instrumentarium des *zweiten betriebswirtschaftlichen Steuerungskreis* sind seit zwei Jahrzehnten entwickelt (siehe Abbildung 9). Der Engpaß bei der Umsetzung des Controlling-Konzeptes in die Praxis scheint jedoch die Unsicherheit in der Handhabung eines *adäquaten Führungsstils* zu sein. Nach unseren Beobachtungen in einer Vielzahl betreuter Firmen und als Ergebnis der Fachdiskussion in Berufsverbänden glauben wir, daß Controlling auch heute noch oft als „Zielvorgabe mit Kontrolle von oben" verstanden wird. In einer solchen Situation ist die *Rolle des Controllers* selbst schwierig, da er keine „offizielle" Fach- und Führungsfunktion in der „Linie" ausübt und trotzdem über großen Einfluß im Unternehmen verfügt. Wir beobachten jedoch auch, daß sich die Controller dieser Situation weitestgehend bewußt sind und daß im Dialog zwischen Wissenschaft und Praxis Modelle für ein dem Sinn des Controlling gerecht werdendes Rollenverhalten des Controllers und der für das Controlling verantwortlichen Führungskräfte entstanden sind.

3 Das strategische Controlling heute: Regelkreis zur ganzheitlichen Unternehmensentwicklung

Auch beim *dritten betriebswirtschaftlichen Steuerungskreis* wurde zunächst das Konzept (Existenzsicherung an Wachstumsschwellen) und die entsprechenden Instrumente entwickelt. Durch den damals vorherrschenden technokratisch-wissenschaftlichen Zeitgeist stand zu Beginn der Entwicklung (ca. 1965 - 1975) der Anspruch, *„richtige" Strategien* zu entwickeln, die dann quasi „automatisch" Erfolg haben. In dieser Phase wurden Strategien sehr stark von externen *Beratern* oder auch *Stabstellen* formuliert, die sich mit der Entwicklung und Verabschiedung eines Konzeptes zufriedengaben und sich für das übrige, die „simple Praxis" der Umsetzung, nicht mehr zuständig fühlten. Dadurch entstanden „Querschnittslähmungen" im Unternehmen, sodaß sinnvoll Gewolltes doch nicht umgesetzt wurde. In dieser Phase wurde relativ schnell erkannt, daß der *Führungsstil* und die *Einbeziehung der Betroffenen* für die Qualität und die Leistung strategischer Planung die entscheidenden Wesensmerkmale sind.

Gerade im zurückliegenden Jahrzehnt haben sich die Spielregeln partizipativer Führung bis hin zur „Technik" moderierter Analyse- und Entscheidungsklausuren entwickelt, in denen Führungskräfte und Leistungsträger den Prozeß und Inhalt strategischer Unternehmensentwicklung selbst gestalten.

3.1 Mit der selbst entwickelten Strategie beweist ein Unternehmen seine Selbständigkeit

Das Ziel strategischer Planung ist die Erhaltung und Entwicklung einer eigenständigen, im Wettbewerb leistungsfähigen Unternehmung. Das kann doch nur bedeuten, daß sich ein Unternehmen die Bestimmung des Unternehmenszieles, die inhaltliche Beschreibung der Unternehmensaufgabe, kurzum das gesamte unternehmerische Selbstverständnis, nicht von Dritten abnehmen lassen darf.

Die oben erwähnten vier Faktoren für den Erfolg von Strategien und die zuletzt gemachten Äußerungen weisen zwingend darauf hin, daß ein Unternehmen nur dann prosperieren kann, wenn es seine Autonomie und Unabhängigkeit bewußt entwickelt und nicht kurzfristiger Vorteile wegen Kompromisse eingeht! Das bedeutet, daß die Strategie in all ihren Konsequenzen vom Management selbst entwickelt werden *muß*!

Der Prozeß der Strategieentwicklung besteht aus drei wesentlichen Schritten:

Schritt 1: Standortbestimmung

Die Standortbestimmung eines Unternehmens beinhaltet in strategischer Hinsicht insbesondere die Fragen: Was können wir und was nicht? Wo liegen unsere Stärken und Schwächen? Was sind unsere Chancen und Risiken? Was erwartet der Markt von uns, und wie gut erfüllen wir diese Erwartungen?

Diese Analyse der Funktionsqualität eines Unternehmens als Partner anderer am Markt beschäftigt sich mit Fragen und Sachverhalten, die mit dem „unternehmerischen Vermögen und Unvermögen" zusammenhängen. Die wesentlichen Erkenntnisse und Konsequenzen dieser Analyse können keinem Berichtswesen entnommen werden, sondern die wichtigsten Führungskräfte und Leistungsträger müssen sich selbst in einer eher *kontemplativen Selbstanalyse* diese Stärken und Schwächen, Chancen und Risiken, Potentiale und Behinderungen *bewußt* machen! *Dieser Prozeß der Eigendiagnose, Selbsterfahrung oder auch des Rechenschaftsberichts über Ursachen vergangener und die Voraussehung zukünftiger Erfolge und Mißerfolge ist die eigentlich schwierige Hürde im Prozeß der strategischen Planung.*

Da die wesentlichen Elemente einer Strategie Sachverhalte sind, die ins Bewußtsein der Betroffenen gerückt werden müssen, hängt die Qualität einer Strategie davon ab, in welchem Umfang es die Betroffenen tatsächlich schaffen, sich alle wichtigen und wesensprägenden Stärken und insbesondere Schwächen bewußt zu machen. Da keines der Unternehmensprobleme rein sachlicher Natur ist, und viele Probleme in den Bereich der „Tabus" gehören, steht und fällt die Qualität der Stärken/Schwächen-Analyse mit der Fähigkeit des Managements, auch über die schwierigsten Fragen und Probleme offen und konstruktiv zu reden.

Um diesen ersten, wesentlichen Schritt einer Strategieentwicklung vornehmen zu können, *müssen* die Beteiligten in einem eingehenden Informations- und Schulungsprozeß auf die Mitwirkung in der Strategieplanung *vorbereitet* werden: Seminare, einschlägige Vorträge und insbesondere Vier-Augen-Gespräche mit dem - am besten externen und neutralen - Konferenzmoderator gehören mit zur Vorbereitung und Einstimmung auf den Prozeß der Strategieplanung. Wer dies vernachlässigt, läuft Gefahr, daß ein auf die Diskussion kritischer Fragen nur mangelhaft vorbereitetes Management aus dem Prozeß der Strategieentwicklung wieder ausbricht und sich damit eine einmalige Entwicklungschance vergibt.

Eine ganze Serie von Konferenzspielregeln und -„techniken" wurden mittlerweile entwickelt, um Unternehmen in dieser kritischen Phase der Strategieformulierung zu begleiten (die wichtigsten haben wir in Abbildung 11 zusammengestellt).

Schritt 2: Zielbestimmung

Diese erfolgt in einem Unternehmensleitbild, das aus mehreren Komponenten besteht (siehe Abbildung 12). Neben langfristigen Unternehmensgrundsätzen, die für die gesamte Lebensdauer der Unternehmung prägend sein sollen, werden Aktionsstrategien für die Betätigungsbereiche „Markt", „Betrieb", „Organisation" und „Öffentlichkeit" formuliert. Das Leitbild bestimmt den aus heutiger Sicht gewollten *Zustand* der Unternehmung in einer mittelfristigen Zukunft.

Da sich ein Unternehmensleitbild mit dem Veränderungs- und Anpassungsprozeß des gesamten Unternehmens befaßt, müssen die nach außen gerichteten Ziele und Absichten dem Markt und den Kunden gegenüber mitgeteilt werden. Die daraus resultierenden Auswirkungen auf Technik, Organisation, Führungsstil, Steuerungsinstrumente etc. müssen den Mitarbeitern verdeutlicht werden.

Schritt 3: Ableitung von Handlungsbedarf und Maßnahmen

Aus dem Vergleich des Zielzustandes des Leitbildes mit dem Ist-Zustand des Unternehmens ergibt sich ein erheblicher Handlungsbedarf (siehe Abbildung 12). Dieser Handlungsbedarf wird nach Prioritäten geordnet und in ein-

1. MODERATION
Trennung zwischen Sach- und Methodenkompetenz in Gruppenarbeit.
Rolle des Moderators.

2. ÜBER ZAHLEN WIRD NICHT GESTRITTEN
Die Ursachen der Probleme liegen „hinter" den Zahlen.

3. TABU UND VERTRAULICHKEIT
Nur Menschen haben Probleme. Sie müssen entweder lernen, über Probleme zu reden, oder lernen, mit ihnen zu leben. Sie können Probleme nur lösen, wenn sie es gemeinsam wollen. Sachlichkeit ist eine Frage des Stils.

4. FRAGEN STATT SAGEN
80 % aller Probleme sind Mißverständnisse. Sie klären sich durch drei Fragen:
- Wie war es gemeint (Absender)?
- Wie hat es gewirkt (Empfänger)?
- Was wurde jeweils wechselseitig erwartet (beide)?

5. DEM ANDEREN GUTE ABSICHTEN UNTERSTELLEN
Vertrauenskapital ist Betriebsvermögen. Mißtrauen ist "Unterschlagung" von Leistungspotential.

6. NICHT „RICHTIG" ODER „FALSCH", SONDERN „ANDERS" UND „WARUM"
Organisation und Persönlichkeit führen zu Meinungsverschiedenheiten. Diese sind keine Probleme, sondern Auswahlmöglichkeiten und Bandbreiten des Handlungsspielraumes. „Entscheiden" heißt nicht „Recht haben". Entscheidungen dürfen nicht zum Gewinner/Verlierer-Spiel werden.

7. NICHT „MAN" SONDERN: „WENN NICHT ICH, WER SONST?" UND „WENN NICHT JETZT, WANN DANN?"
„Man" ist die Abkürzung von niemand. Auch „wir" ist unpräzise.

8. ENTSCHEIDUNG UND REVISION
Wenn alles sich verändert, dann lohnt sich Perfektionismus nicht. Es gibt nur eine falsche Entscheidung, das ist die endgültige.
Motto: „Große Ziele, kleine Schritte, langer Atem"

9. PLANUNG IST KEINE ERFOLGSPROGNOSE
Abweichungen sind normal. Zwischen negativen und positiven Abweichungen darf nicht unterschieden werden. Wer in der Planung Abweichungen verhindern will, lernt nie die Grenzen seiner Möglichkeiten kennen.

10. ABWEICHUNGEN UND FEHLER SIND CHANCEN, UNS ZU VERBESSERN
Es gibt keinen Unterschied zwischen „guten" und „schlechten" Abweichungen. Abweichungen sind Denk- und Handlungsanstoß. Abweichungen zu vertuschen, ist „strafbar"; gewünscht ist nicht nur, entstehenden Abweichungen zu begegnen, sondern bereits drohende aufzuzeigen und Vorschläge zur Reaktion zu unterbreiten.

11. ABWEICHUNGSANALYSEN SIND AUFGABE DES ERGEBNISVERANTWORTLICHEN
Stäbe urteilen nicht über die Leistung der Mitarbeiter. Controlling ist Aufgabe der Linienverantwortlichen.

12. LOB UND KRITIK STETS IM ZUSAMMENHANG
Wer aus Erfolgen und Mißerfolgen lernen will, muß nicht nur wissen, was er falsch macht, sondern auch was er richtig macht, sonst kann er sich nicht ausrichten.

Abb. 11: Spielregeln für die Entwicklung und Umsetzung von Strategien im Team

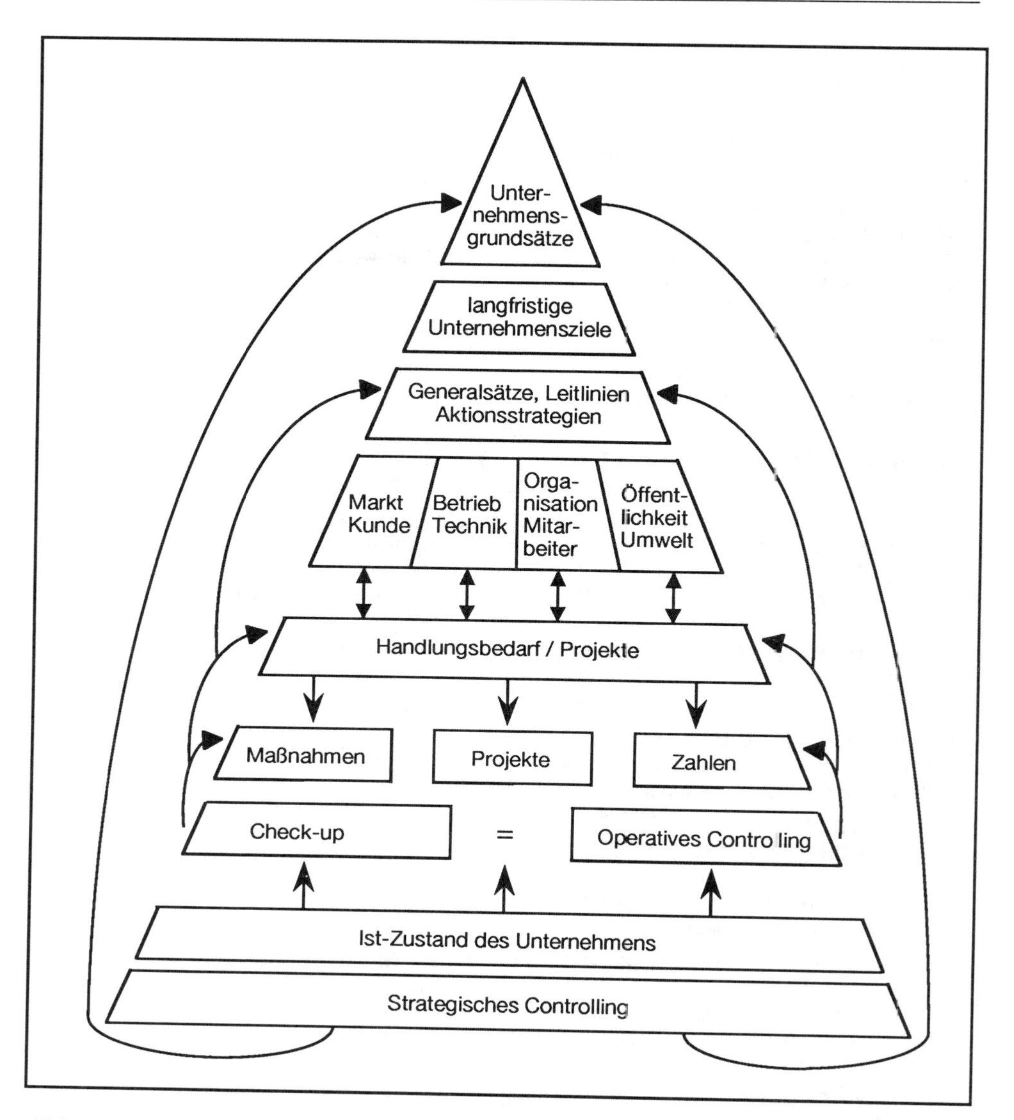

Abb. 12: Das System Leitbild der Realisierung durch strategisches und operatives Controlling

zelne Jahrespläne aufgeteilt. So ergibt sich aus dem gesamten Handlungsbedarf Jahr für Jahr ein neuer Maßnahmenplan. Dieser Jahresplan beinhaltet selbstverständlich auch Ziele in Zahlen, die sich ihrerseits aus den „langfristigen Unternehmenszielen" ableiten lassen (Wachstum, Marktanteil, Unternehmensgröße, Rendite, Kostenniveau u.ä.).

Unterjährig wird dann im operativen Controlling festgestellt, ob die jahresbezogenen Teilziele erreicht werden. Überjährig wird einmal im Jahr überprüft, ob sich das Unternehmen noch auf dem vom Leitbild vorgezeichneten Entwicklungspfad befindet und ob das Zielsystem noch stimmig ist. Diese überjährige Entwicklungsausrichtung mit Konsequenzen bei erkannten Abweichungen nennen wir strategisches Controlling.

4 Ausblick: Das strategische Controlling führt zur bewußt gesteuerten Evolution des Unternehmens und zur Persönlichkeitsentwicklung seiner Mitarbeiter

Fassen wir zusammen: Die Strategieplanung eines Unternehmens wird notwendig, wenn sich die Grundlagen der unternehmerischen Aufgabe und damit die wesentlichen Elemente für ihren Fortbestand, nämlich die Nützlichkeit und Unentbehrlichkeit am Markt, so massiv verändern, daß nur eine ganzheitliche Neuausrichtung hilft.

Diese Neuausrichtung muß sich nicht nur auf die „technischen" Komponenten wie Produkte, Organisation, Technik und möglicherweise Rechtsform beschränken; letztendlich müssen sich alle im Unternehmen Beschäftigten umstellen. Dies gilt sowohl für die ausführenden, ganz besonders aber auch für die führenden Tätigkeiten, da die Hinführung von Mitarbeitern zu veränderter Berufspraxis und mehr Mitverantwortung einen extrem anderen Führungsstil erfordert.

So wie die Zielplanung als Vorlauf eines funktionierenden operativen Controlling kurz- bis mittelfristig eine weiterreichende Strategie erfordert, damit die kurzfristigen, operativen Ziele auch langfristig sinnvoll sind, so benötigt auch die Strategieentwicklung Instrumente zur Persönlichkeitsentwicklung und -förderung von Führungskräften und Mitarbeitern (siehe Abbildung 1).

Wir sehen in der sinnstiftenden Wirkung des Leitbildes, in der Ausrichtung aller Tätigkeiten an diesem gemeinsamen Leitbild und in der laufenden Fortentwicklung des Gesamtsystems durch das strategische Controlling den Einstieg in einen *vierten Steuerungskreis*. Diesen Steuerungskreis nennt man häufig auch „strategisches Management" (siehe Abbildungen 1 und 7).

„Strategisches Management" steuert die „Vorsteuerungsgrößen" der Potentiale:

- Die *Entwicklung menschlicher und fachlicher Fähigkeiten* in einzelnen Mitarbeitern, die Förderung des Erfahrungsaustausches, die Entwicklung der Leistungsbereitschaft durch *fördernde Führung*, um die so entwickelte Erfahrung auch in Leistung umzusetzen, sind wesentliche Teile eines strategischen Managements (siehe Abbildungen 1, 7 und 9).

- Ein weiteres wesentliches Element des strategischen Managements ist die permanente *Organisationsentwicklung*. Überlegenheit eines Unternehmens entsteht nur dann, wenn die Synergiepotentiale der spezialisierten Bereiche so gut zusammenwirken, daß sich diese in einer überlegenen Unternehmensleistung niederschlagen (Synergie = 1 + 1 = 3). Diese *Organisationsqualität*, der Abbau von Reibungsverlusten, die Beschleunigung von Entscheidungsgeschwindigkeit, flache Organisationen, Dezentralisierung und eigenverantwortliches Arbeiten in teilautonomen Strukturen sind nur weitere Kennzeichen einer *„Persönlichkeitsentwicklung"* der *juristischen Person* (Abbildung 7).

- Zum strategischen Management fehlen jedoch geeignete betriebswirtschaftliche Meßinstrumente, die analog der Buchhaltung, der Kostenrechnung und der strategischen Planung Aufschluß darüber geben, inwieweit die hier angesprochenen Erfolgspotentiale des 4. Steuerungskreises konkret entwikkelt sind. Es fehlen valide Instrumente für Planung, Fortschrittsbericht und damit Controlling so wichtiger Erfolgspotentiale wie
  - Akzeptanz eines Unternehmens und seiner Produkte bei Kunden
  - unausgeschöpfte Marktanteilspotentiale
  - Produktivitätsressourcen durch kooperatives Lieferanten- und Materialmarketing
  - Bestimmung der nicht ausgeschöpften Mitarbeiterpotentiale
  - Messung der Effizienzverluste in der Organisation durch Mißverständnisse, Überorganisation etc.

Die Entwicklung solcher Instrumente ist notwendig, um auch die Gegenstände des strategischen Managements genauso konkret und anschaulich ansprechen zu können, wie dies mittlerweile durch das Instrumentarium der strategischen Planung und deren Beobachtungsgrößen (Abhängigkeiten, Stärken, Schwächen, Chancen und Risiken) möglich ist.

Sicherlich ist heute bereits absehbar, daß sich in einem solchen strategischen Management sehr schnell ein Regelkreis des Controlling bildet. Damit wird aus dem Erkennen der wirklichen Erfolgs- und Mißerfolgsursachen eines Unternehmens *ein bestimmender Regelkreis*, der die Entwicklung des Unternehmens von der Akzeptanz im Markt über den Gewinn bis zur Vermögenssubstanz als ganzheitliches System einheitlich steuert.

Das bisherige Entwicklungstempo des strategischen Controlling und die eigenen Erfahrungen erlauben die vorsichtige Prognose, daß der Weg in das strategische Management bereits beschritten ist und daß wir sicherlich noch deutliche Fortschritte erleben werden.

Wir wünschen allen Engagierten, daß sie für sich und insbesondere im Erfahrungsaustausch miteinander Fortschritte machen, da die Entwicklung einer solchen Form von Betriebswirtschaft sehr deutliche Konturen von Entwicklung und Pflege der „Unternehmenskultur" aufweist. Damit wird der engere betriebswirtschaftliche Rahmen verlassen und auf volkswirtschaftliche und gesellschaftliche Gesamtzusammenhänge ausgeweitet.

Controlling und vernetztes Denken, strategische Früherkennung

Fredmund Malik

Inhalt:

1 Controlling, Control, Controls

„... the control function is spread through the architecture of the system.

It is not an identifiable thing at all, but its existence in some form is inferred from the system's behavior."

Stafford Beer[1)]

1.1 Controlling

Obwohl ich Begriffe als solche im allgemeinen und Definitionen im speziellen für nicht besonders wichtig halte, ist es doch erforderlich, in Zusammenhang mit dem Thema dieses Aufsatzes einige Unterscheidungen zu treffen, um Verwechslungen und Mißverständnissen vorzubeugen. Controlling ist inzwischen eine etablierte Funktion, relativ gut bezüglich Zielsetzung, Inhalt und Umfang beschreibbar und durch entsprechende organisatorische und personelle Ressourcen in zumindest den modern geführten Unternehmungen verankert. In der Regel steht Controlling in engem Zusammenhang mit dem Rechnungswesen, obwohl inzwischen zahlreiche Erweiterungen feststellbar sind, etwa in Richtung Marketing-Controlling, Werks-Controlling usw. Im Zentrum steht aber doch in aller Regel die Befassung mit quantitativen und im weitesten Sinne rechnungswesenbezogenen Faktoren.

1.2 Control

Das englische Wort „control" kann zwar mit „Kontrolle" ins Deutsche übersetzt werden und bedeutet in gewissen Zusammenhängen dann Überwachung, Aufsicht, Inspektion; aber „control" bedeutet ebenso, und dies ist im vorliegenden Kontext viel wichtiger, steuern, regeln, regulieren, lenken, Richtung geben. Strategie, Früherkennung und vernetztes Denken haben ja zu tun mit der Frage, wie man ein System *unter Kontrolle bringt*, und zwar nicht ein einfaches, sondern ein komplexes System, und dies ist nicht möglich mit Kontrolle im ersten Sinne des Wortes. Kontrolle im Sinne von Überwachung, Beaufsichtigung usw. kann dabei zwar eine Rolle spielen, trifft aber nicht den Kern. Control ist weniger etwas, was man *tut*, sondern etwas, was das System *hat oder ist*. Etwas „unter Kontrolle haben" oder „unter Kontrolle sein" hat nicht so sehr zu tun mit spezifischen Aktivitäten, sondern mit einer Eigenschaft eines Systems. Diese Eigenschaft hängt, den Erkenntnissen der modernen Systemwissenschaften und der Kybernetik zufolge, zusammen mit der Struktur eines Systems und seinem Informationshaushalt.

Diese Dinge sind nicht sehr interessant, solange ein System einfach ist. Oder vielleicht besser formuliert, sie sind dort eher Selbstverständlichkeiten, und falls etwas versagt, ist es relativ leicht erkennbar und kann in der Regel mit einfachen Mitteln korrigiert werden. Ganz anders ist die Sachlage bei komplexen Systemen, deren innere Funktionsweise wir weder im einzelnen kennen noch kennen können, und deren Verhalten insofern schwer zu verstehen ist, als es interpretationsbedürftig ist und fast immer eine ganze Palette von verschiedenen Interpretationen zuläßt, keine eindeutigen Ursache-Wirkungs-Zusammenhänge existieren oder erkennbar sind, und daher Verhaltensprognose und -beeinflussung vor ganz anderen Schwierigkeiten stehen als bei einfachen Systemen. Selbst relativ kleine Unternehmungen sind bereits komplex genug, um alle diese Aspekte aufzuweisen und ihre Gestaltung, Steuerung, Lenkung und Entwicklung zu einer anspruchsvollen und schwierigen Aufgabe zu machen.

Dies ist im Kern die Aufgabe des Managements einer Unternehmung oder irgendeiner anderen Institution: sie so zu gestalten, zu lenken und zu entwickeln, daß sie „unter Kontrolle ist und bleibt". Daher konnte Stafford Beer meines Erachtens auch mit Recht sagen, daß der „Stoff", mit dem das Management es zu tun hat, *Komplexität*[2)] ist - und damit will er natürlich sagen, daß dieser Stoff nicht Geld oder andere ökonomische Größen ist, wie die Wirtschaftswissenschaften nahelegen, auch nicht Maschinen und Materialien, wie man die technischen Wissenschaften verstehen könnte, und auch nicht Menschen, wie die Humanwissenschaften implizieren, sondern eben Komplexität. Dies alles, Geld und Kapital, Maschinen und Materialien, Produkte, Preise, Deckungsbeiträge und Cash-flow, Gewinn und Investitionen, Mitarbeiter und Kunden usw., sind Manifestationen von Komplexität, die Form gewissermaßen, in der sich Komplexität zeigt. Eine Unternehmung mit wenigen Kunden, die wenige Wünsche haben, mit wenigen Produkten in einer kleinen Zahl von Variationen, mit wenigen Mitarbeitern, die wenige Bedürfnisse haben, ist leichter unter Kontrolle zu bringen als eine Unternehmung, in der wir überall das Wort „wenig" durch „viel" ersetzen müssen. Das Problem stellt sich dabei nicht wegen der Produkte, Kunden und Mitarbeiter, sondern wegen der *Vielfalt* und *Verschiedenartigkeit*, in der diese Dinge auftreten.

Vielfalt und Verschiedenartigkeit führen zur Meßgröße von Komplexität, zu Varietät, die Ashby definiert hat als „Zahl der verschiedenen Elemente eines Systems"[3)], und mittels Extension können wir auch sagen „Zahl der möglichen verschiedenen Zustände, die ein System aufweisen oder annehmen kann".

Seine Überlegungen führten ihn zur Entdeckung und Formulierung des *Gesetzes der erforderlichen Varietät*: „Nur Varietät kann Varietät zerstören."[4)]

Dieses Gesetz ist für die Regulierung von Systemen und natürlich besonders von komplexen Systemen - eben Management - genauso fundamental wie etwa

Newton's Gravitationsgesetz oder die Hauptsätze der Thermodynamik für die Technik. Dieses Gesetz sagt uns, ebenso wie alle anderen Naturgesetze, was *unmöglich ist*, was *nicht* erreicht werden kann, aber e contrario damit natürlich auch, was möglich ist, was *überhaupt* erwartet werden darf[5]. So sagen uns etwa die Gesetze der Thermodynamik, daß es nicht möglich ist, ein Perpetuum Mobile zu konstruieren, und Ashby's Gesetz der erforderlichen Varietät sagt uns, daß es unmöglich ist, ein System ohne die erforderliche Varietät unter Kontrolle zu bringen, zu regulieren, zu lenken. Im Rahmen dieser Gesetze können wir aber wissen, was möglich ist und damit können Ressourcen erst sinnvoll eingesetzt werden. Es ist sinnlos, weil unmöglich, seine Kräfte für den Versuch zu verschwenden, ein Perpetuum Mobile zu konstruieren; aber es ist natürlich sehr sinnvoll, den Wirkungsgrad von Maschinen zu verbessern. Es ist sinnlos, weil unmöglich, ein System ohne die erforderliche Varietät unter Kontrolle bringen zu wollen; aber es ist sehr sinnvoll, an der Verbesserung der Steuerungs- und Regulierungsfähigkeit von Institutionen zu arbeiten.

Betrachten wir Ashby's Gesetz, ohne allerdings auf dessen Mathematik einzugehen, noch etwas genauer. Nur Varietät kann Varietät zerstören. Was heißt in diesem Zusammenhang „zerstören"? Sobald dieses Gesetz in eine Verbindung mit gesellschaftlichen Institutionen gebracht wird, ist klar, daß nicht alle prinzipiell möglichen Zustände auch akzeptabel oder wünschbar sind. Dies hängt zusammen mit dem Zweck und den Zielen einer Institution, mit anderen, quasi benachbarten Institutionen und deren Zwecken und Zielen, mit dem Zusammenwirken mehrerer Institutionen und mit den Bedingungen ihrer gesellschaftlichen Existenz und Legitimität. Also muß dafür gesorgt werden, daß ein Teil der an sich möglichen Zustände nicht auftreten kann; dieser Teil der Varietät ist also zu „zerstören" und genau dies ist das Wesentliche am Begriff „Control": die Reduktion der Gesamtvarietät auf die Menge der „zuläßigen" Zustände, wie auch immer diese definiert sein mögen. Um diese Reduktion in den Zuständen des Systems zu bewerkstelligen, braucht der Regler oder das Control-System eine entsprechende Varietät in seinen Zuständen. Ist diese Varietät zu gering, dann ist das Problem nicht zu lösen.

Damit wird klar: um ein komplexes System unter Kontrolle zu bringen, benötigt das Control-System mindestens ebensoviel Varietät wie das zu kontrollierende System selbst hat. Oder: ein System kann nur insoweit unter Kontrolle gebracht werden, als das Control-System Varietät aufbringt. Oder: in dem Maße, als das Control-System ein Varietätsdefizit hat, ist das zu kontrollierende System außer Kontrolle.

Einfache Systeme haben wenig Varietät und sind daher sehr leicht unter Kontrolle zu bringen. Komplexe Systeme mit sehr großer Varietät erfordern sehr hohe Varietät für ihre Regulierung und dies ist exakt das Problem des Managements komplexer Systeme.

Eine letzte Idee ist wichtig für das Management komplexer Systeme: das Konzept der *Selbstregulierung*. Wie im Motto zu diesem Aufsatz ausgedrückt wird, ist Control kein Ding, sondern eine Funktion der Systemarchitektur selbst, also der Struktur eines Systems. Wenn hier also begrifflich bisher immer zwischen „zu kontrollierendem System" und „Control-System" unterschieden wurde, so ist dies in gewissem Sinne irreführend, denn es könnte der Eindruck entstehen, daß es sich dabei eben doch um zwei unterscheidbare Dinge oder eben Systeme handle. Es gibt natürlich Fälle, wo dem so ist. Zwei Fußballmannschaften, die sich wechselseitig „kontrollieren", oder zwei Armeen, die sich gegenseitig in Schach halten, sind Beispiele dafür. Selbst wenn wir beide Mannschaften oder beide Armeen zusammen als ein System begreifen, können wir doch die relevanten Subsysteme relativ gut unterscheiden, obwohl wir natürlich auch hier nicht sagen können, das eine Teilsystem kontrolliere das andere, denn die beiden Teilsysteme kontrollieren sich eben gegenseitig und in Wechselwirkung.

Am leichtesten ist aber die Idee der durch die Struktur des Systems bedingten Kontrolle am Beispiel einer der ersten technischen Realisierungen eines Reglers zu veranschaulichen, nämlich dem Watt'schen Fliehkraftregler: steigende Drehzahl der Maschine treibt die Gewichte nach oben und in eben dem Ausmass vermindert das Ventil die Dampfzufuhr, was wiederum zur Reduktion der Geschwindigkeit führt und damit die Gewichte nach unten sinken läßt. Es ist die Struktur dieses Systems, das zu Control führt, nämlich zu einer stabil regulierten Geschwindigkeit. An diesem Beispiel wird auch klar, daß wir es hier nicht mit der simplen Vorstellung von Soll/Ist-Abweichung und Korrektur zu tun haben, die man oft mit Control verbindet (und natürlich besonders in Zusammenhang mit Controlling). Nicht eine Soll/Ist-Abweichung führt zur Regulierung, sondern der *Prozeß des Außer-Kontrolle-Geratens* selbst leitet die Regulierungsvorgänge ein: wir können durchaus sagen, der Akt des Außer-Kontrolle-Geratens ist in einem sich selbst regulierenden System Control. Wir gelangen somit zu einer Paradoxie: Control ist Out-of-Control; und Out-of-Control ist Control - in der Tat ein Paradoxon, und es läßt sich (ähnlich wie die Frage, ob die Menge aller Mengen ein Element ihrer selbst sei) nur auf einer metasprachlichen oder metalogischen Ebene auflösen.

Im Kontext des Management komplexer Systeme gilt es nun zu berücksichtigen, daß Komplexität sich immer in bestimmten Erscheinungsformen zeigt. Zumindest wird dies durch die organisatorische Arbeitsteilung impliziert: die Finanzen werden durch die Finanzabteilung reguliert; die Produktion durch den Produktionsbereich; und das Personal durch das Personalwesen. Jedenfalls erscheint dies so und wird ja von einem beträchtlichen Teil der betriebswirtschaftlichen Literatur und Managementliteratur auch so gesehen. Aber wohin gehört das Problem zum Beispiel sinkender Umsätze oder sinkender Cash-flows oder schlechter Mitarbeitermotivation oder unzulänglicher Marktleistungsqualität wirklich? Nur in den allereinfachsten Fällen lassen sich solche Probleme irgendeiner Abteilung oder einem Bereich zur Regulierung zuordnen. Probleme dieser Art können nur durch sorgfältig koordiniertes Zusammenwirken verschiedenster Maßnahmen, durch Vernetzung der Einflüsse gelöst werden. Dies ist daher auch der harte Kern am Schlagwort vom vernetzten Denken.

1.3 Controls

Jede Unternehmung versucht, bestimmte Faktoren auch speziell unter Kontrolle zu halten; diese sind die Controls, also spezifische Meßgrößen und Informationen, die sich das Unternehmen schafft, um Control zu erlangen; also Ashby's Gesetz zu erfüllen. Controls sind Mittel; Control ist das Ziel. Controls sind abhängig von der in der Unternehmung existierenden Arbeits- und Wissensteilung, von Zuständigkeiten und Meßverfahren; Control ist integral und betrifft das System als Ganzes. Es hat wenig Sinn, sich darauf zu berufen, daß die Finanzen unter Kontrolle sind, das Unternehmen jedoch unfähig ist, gute Leute anzuziehen und zu halten.

Damit Controls zu Control führen können, müssen sie einigen Anforderungen genügen, die trotz des hochentwickelten Standes des Controlling nicht unbedingt selbstverständlich sind und in wichtigen Aspekten über diesen Stand hinausgehen.[6)]

Controls können nicht auf meßbare Größen beschränkt werden: so sehr es wünschbar wäre, wenn wir alles Relevante auch messen könnten, so wenig darf man sich darauf verlassen, daß die meßbaren Faktoren genügen, um ein System unter Kontrolle zu bringen. Bis heute können wir die Humandimension einer Institution nicht wirklich messen, sie deshalb aber unkontrolliert sich selbst zu überlassen, wäre ein sträflicher Fehler, wie jeder erfahrene Manager weiß. Der Satz „People are the ultimate control of an organization" ist mehr als nur ein Slogan.

Controls können weder objektiv noch neutral sein:[7)] die Vorstellung von Objektivität im Sinne der klassischen Naturwissenschaften hat in sozialen Kontexten keinen Platz (sie hat nach Heisenberg auch in den Naturwissenschaften nicht mehr den alten Stellenwert). Es sind menschliches Wahrnehmungsvermögen, Interpretation und Bewertung involviert. Dies zu berücksichtigen, ist umso wichtiger, je mehr wir über Datenverarbeitungstechnologie verfügen. Daten sind noch nicht Information; und Information ist noch nicht Kommunikation. Es ist daher auch ein Irrtum zu glauben, mehr Control resultiere aus mehr Daten.

Controls müssen den zeitlichen Charakteristika der zugrundeliegenden Größen entsprechen: zu frühe Information ist genauso gefährlich wie zu späte. Die

Time-lags zwischen Ereignis, Information darüber, darauf beruhenden Entscheidungen und Maßnahmen und ihren Wirkungen sind wichtig und müssen systematisch berücksichtigt werden, um ein Über- und Untersteuern des Systems zu vermeiden.

Controls können nicht allein auf Soll/Ist-Vergleichen aufgebaut werden: für Ereignisse, die in der Zukunft liegen, können noch keine Ist-Zustände gegeben sein und wenn solche vorliegen, kann es für eine angemessene Beeinflussung eines Systems zu spät sein. Dies ist insbesondere für strategische Fragen wichtig, denn diese müssen vorausschauend so gestaltet werden, daß möglichst keine negativen Abweichungen eintreten können. Jedenfalls können strategische Zielsetzungen nicht mit den Daten über die laufende Geschäftsentwicklung gesteuert werden.

2 Zwei Arten der Komplexitätsbeherrschung

Es gibt im wesentlichen zwei Arten, Komplexität unter Kontrolle zu bringen.[8)] Die erste Art möchte ich als *technomorphe* Variante bezeichnen. Technomorphes Management verfügt über einen Prototyp, ein Grundmodell: die *Maschine*. Die Grundphilosophie der Vorgehensweise besteht darin, jeden einzelnen Teil nach einem vorgefertigten Plan *im Detail zu konstruieren*, und die Teile nach einem ebenso *im vorhinein bestehenden Bauplan* zusammenzufügen. Mit dieser Vorgehensweise haben wir ungeahnte Erfolge erzielt. Unsere gesamte Zivilisation (wenn auch nicht unsere Kultur) beruhen darauf.

Es ist denn auch nicht weiter verwunderlich, daß in dieser Vorgehensweise die Lösung für sämtliche Probleme vermutet wird, daß sie *die* Problemlösungsmethode schlechthin geworden ist. Möglicherweise ist uns damit aber jener Fehler unterlaufen, den die Philosophen „the fallacy of misplaced generalization" nennen würden - den Fehler der unzuläßigen Verallgemeinerung. Der Umstand, daß eine Methode auf *vielen* Gebieten erfolgreich angewandt werden kann, bedeutet noch nicht notwendigerweise, daß sie *überall und jederzeit* Erfolg haben muß. Der Versuch, dieselbe Vorgehensweise auch im Bereich sozialer Organisationen anzuwenden und auch diese nach im voraus erstellten Plänen und Konzepten im einzelnen zu gestalten und zu steuern, letztlich jeden Teil durch Anordnung im Detail zu bestimmen, stößt offensichtlich auf Grenzen.

Die Dominanz dieser Philosophie hat jedenfalls dazu geführt, daß eine zweite Vorgehensweise fast unbeachtet geblieben ist, jedenfalls weit weniger hoch entwickelt wurde und somit als Alternative kaum in Betracht gezogen wird. Diese zweite Variante möchte ich als *systemisch-evolutionäres* Vorgehen bezeichnen. Auch diese Methode hat einen Prototyp - ein Paradigma: es ist der *Organismus*. Zu betonen ist allerdings, daß es sich um den freilebenden Organismus in seiner natürlichen Umgebung handelt und nicht etwa den Organismus im Laboratorium. Selbst die größten Erfolge auf dem Gebiet der Gentechnik haben bis heute nicht dazu geführt, daß wir auch nur den einfachsten Organismus im Detail hätten konstruieren können. Nach Aussagen führender Wissenschaftler auf diesen Gebieten ist dies auch in absehbarer Zeit nicht zu erwarten, und manche gehen soweit zu sagen, daß dies grundsätzlich unmöglich sei. Wie auch immer die Entwicklung aussehen mag, wir sind dennoch gegenüber organismischen Systemen nicht vollkommen machtlos, wir können sie beeinflussen, allerdings ist die Grundphilosophie des Umgangs mit Organismen eine gänzlich andere: Das Basismotto lautet hier nicht „Konstruieren im Detail", sondern „Schaffung und Gestaltung günstiger Bedingungen, damit sich die Eigendynamik des Organismus in die richtige Richtung entfalten kann". Dies mag etwas abstrakt klingen, aber schließlich weiß jedermann, daß Rosen an sonnigen Plätzen besser gedeihen als an schattigen, und letztlich versuchen ja nur noch wenige Leute, ihre Kinder durch detaillierte Anordnungen (auf technomorphe Weise) zu erziehen. Die Überzeugung hat sich langsam durchgesetzt, daß man sich wohl auch hier eher auf die Herstellung günstiger Entwicklungsbedingungen konzentrieren sollte.

So einleuchtend dies möglicherweise ist, so stellt sich natürlich sofort die Frage, ob dies von *praktischer* Relevanz für das Management komplexer sozialer Organisationen sein kann. Ich meine, daß dies der Fall ist. Praktisch sämtliche zwischenmenschlichen Beziehungen, und diese sind zweifellos für Organisationen von Bedeutung, entziehen sich dem „Konstruieren im Detail". Andererseits können wir sehr wohl Bedingungen schaffen, in denen so etwas wie Achtung, Respekt, Vertrauen, Motivation usw. entstehen können. Ein Organisationsklima kann man nicht „herstellen", man kann seine Entstehung aber begünstigen und vor allen Dingen die Art des Klimas durch die entsprechenden Bedingungen beeinflussen.

Ein anderes Anwendungsgebiet sind Verhandlungen. Selbstverständlich wird jeder erfahrene Geschäftsmann seine Verhandlungen sehr gründlich vorbereiten. Er kann aber nicht im voraus wissen, wie die Verhandlung wirklich ablaufen wird. Könnte man das Verhandlungsergebnis auf technomorphe Weise, also durch Anordnung im weitesten Sinne, herbeiführen, so würde man sich ja die mühsame, risikoreiche und zeitraubende Verhandlung selbst sparen. Weil dies aber eben nicht möglich ist, kann man sich lediglich darauf konzentrieren, Bedingungen so zu gestalten, daß eine größtmögliche Chance auf ein günstiges Verhandlungsergebnis entsteht.

Die beiden Varianten sollen hier nicht als sich gegenseitig ausschließend dargestellt werden. Erstens ist die technomorphe Methode überall dort von größter Effizienz, wo sie wirklich angewandt werden kann, wo also die Umstände es erlauben, durch Anordnung im Detail ein zuvor konzipiertes Resultat zu schaffen. Sie muß zwangsläufig aber dort scheitern, wo die Umstände dafür nicht geeignet sind, also im Bereich sehr großer Komplexität, was nichts anderes bedeutet, als daß wir den zukünftigen Verlauf eines komplexen Prozesses oder die Verhaltensweisen eines komplexen Systems nicht prognostizieren können, daß wir daher immer auf Überraschungen gefaßt sein müssen, und daß unser Mangel an Wissen um die Wirkungszusammenhänge entweder mit den vorhandenen Mitteln oder grundsätzlich nicht beseitigt werden kann.

Es muß hier aber auch sofort betont werden, daß jede Mystifizierung des systemisch-evolutionären Ansatzes falsch wäre. Ich lege darauf deshalb größten Wert, weil es diese Tendenzen gibt, und weil sie einer vernünftigen Anwendung, aber auch der systematischen Weiterentwicklung dieser Methode eher schädlich als nützlich sind. Wir haben einmal mehr leider das Problem, daß die Freunde des systemischen Denkens möglicherweise gefährlicher sind als jene, die es ablehnen oder ihm skeptisch gegenüberstehen. Systemisches Denken hat nichts mit einer Wiederbelebung von Mystik und Magie zu tun, so sehr auch gewisse Publikationen diesen Eindruck erwecken. Es hat nichts mit Esoterik, allgemeiner Weltharmonie und der Beschwörung von geheimnisvollen Kräften zu tun.

Das Gegenteil ist der Fall. Wir wissen glücklicherweise genügend über komplexe Systeme, um zumindest gewisse Vorstellungen darüber zu haben, was mit ihnen getan und wie mit ihnen umgegangen werden kann. Der entscheidende Unterschied zwischen dem technomorphen und dem systemischen Denken besteht darin, daß man sich im zweiten Falle darüber im klaren ist, daß wir über komplexe Systeme nie ausreichend Wissen oder Informationen haben können, um sie mit Hilfe technomorpher Methoden unter Kontrolle zu bringen. Wir wissen aber genug, um zumindest gewisse Modelle und Methoden entwikkeln zu können, die auch dort hilfreich sind, und wir können den menschlichen Einflußbereich in gewisser Weise damit enorm erweitern, allerdings unter Verzicht auf die Einflußnahme auf die Details.

3 Praktische Konsequenzen des systemorientierten Managements

In Zusammenhang mit systemischem Denken sind drei Begriffe stark in Mode gekommen: Selbstorganisation, Evolution und Vernetzung. Ich kann mich aber des Eindrucks nicht erwehren, daß Viele über die ständige Verwendung dieser Wörter hinaus nichts Wesentliches an Substanz beitragen. Es bringt naturgemäß nicht sehr viel, Selbstorganisation und Evolution ständig zu fordern, dann aber Antworten darauf schuldig zu bleiben, was sich eigentlich wie selbstorganisiert, was denn wirklich evolviert und in welche Richtung dies geschieht. Und die Forderung nach Vernetzung hat in weiten Bereichen auch nicht sehr viel weiter geführt, als zu graphischen Diagrammen, in denen alles mit allem durch nicht näher interpretierte Pfeile verknüpft ist.

Die Skepsis von Praktikern ist daher meines Erachtens recht verständlich. Natürlich wissen sie, daß ihre Unternehmungen über ein beträchtliches Maß an Eigendynamik verfügen. Dies ist schließlich ihr tägliches Problem. Die Forderung nach Selbstorganisation genügt aber nicht, wenn nicht auch ein gewisses Vertrauen geschaffen werden kann, daß die selbstorganisierenden Kräfte dann auch zu wünschenswerten Ergebnissen führen. Und selbstverständlich weiß der Praktiker auch, daß so manche Dinge aus sich heraus evolvieren, er hat nur auch die Erfahrung gemacht, daß dies manchmal direkt ins Chaos führt. Der Ruf nach Vernetzung ist spätestens seit dem Voranschreiten der Computerisierung ebenfalls ein Thema; der Praktiker weiß aber auch, daß es manchmal sinnvoll ist, Dinge zu *ent*flechten und sie getrennt zu halten, da eine Unternehmung manchmal nur auf diese Weise unter Kontrolle gehalten werden kann. Wozu sonst würde man Dezentralisierung benötigen. Die Dinge scheinen also nicht ganz so einfach zu liegen, wie manche Abhandlungen und Diskussionen nahelegen.

Ich möchte im folgenden versuchen, einige praktisch relevante Aspekte zu skizzieren, und zwar im Zusammenhang mit den drei vielleicht wichtigsten Aktivitätsfeldern moderner Unternehmensführung: der Unternehmungsstrategie, der Unternehmungsstruktur und der Unternehmungskultur. Sind diese drei Gebiete unter Kontrolle, so spricht vieles dafür, daß eine Unternehmung dann robust genug ist, um ziemlich viele Schwierigkeiten überstehen zu können. Die Kriterien des Überlebens und der Lebensfähigkeit einer Unternehmung sind damit engstens verknüpft. Meine Absicht ist selbstverständlich nicht, hier eine mehr oder weniger vollständige Behandlung dieser Themen vorzulegen. Ich möchte mich im Gegenteil auf jene Aspekte konzentrieren, anhand welcher ich glaube zeigen zu können, was angewandtes systemisches Denken, zumindest auf dem gegenwärtigen Entwicklungsstand, ist. Zukünftige Forschungen mögen weit darüber hinausführen. Schon die Realisierung der heute vorliegenden Resultate würde aber einen großen Fortschritt bedeuten.

3.1 Unternehmungsstrategie

Die Literatur zu diesem Thema ist fast unübersehbar geworden. Die theoretischen Ausgangspunkte sind sehr verschiedenartig und zum Teil außerordentlich komplex, während die Praxis sich meistens mit ein paar einfachen, möglicherweise zu einfachen Aspekten begnügt. In der nachfolgenden Abbildung sind die wichtigsten Zusammenhänge graphisch dargestellt.

Es würde den Umfang eines solchen Aufsatzes sprengen, auf sämtliche Details einzugehen; ich muß mich daher auf die wichtigsten Elemente beschränken. Zum einen finden sich hier die wichtigsten *Steuerungsgrößen*, die für die Lebensfähigkeit einer Unternehmung unabdingbar unter Kontrolle gebracht und gehalten werden müssen. Gleichzeitig sieht man die dazugehörigen *Orien-*

tierungsgrößen, also jene Daten, anhand welcher man beurteilen kann, ob die Steuerungsgrößen tatsächlich unter Kontrolle sind oder nicht. Als weiteren wichtigen Aspekt sieht man die Konsequenzen für den zeitlichen Horizont, der mittels der Steuerungsgrößen zu erreichen ist. Dieses Schema erlaubt eine klare Unterscheidung zwischen der operativen Unternehmenssteuerung und der strategischen Führung. Gleichzeitig können damit die wirklich entscheidenden (im Gegensatz zu willkürlich angenommenen) Vernetzungen der relevanten Größen dargestellt werden und ebenso können damit wichtige Selbstorganisationsaspekte berücksichtigt werden.

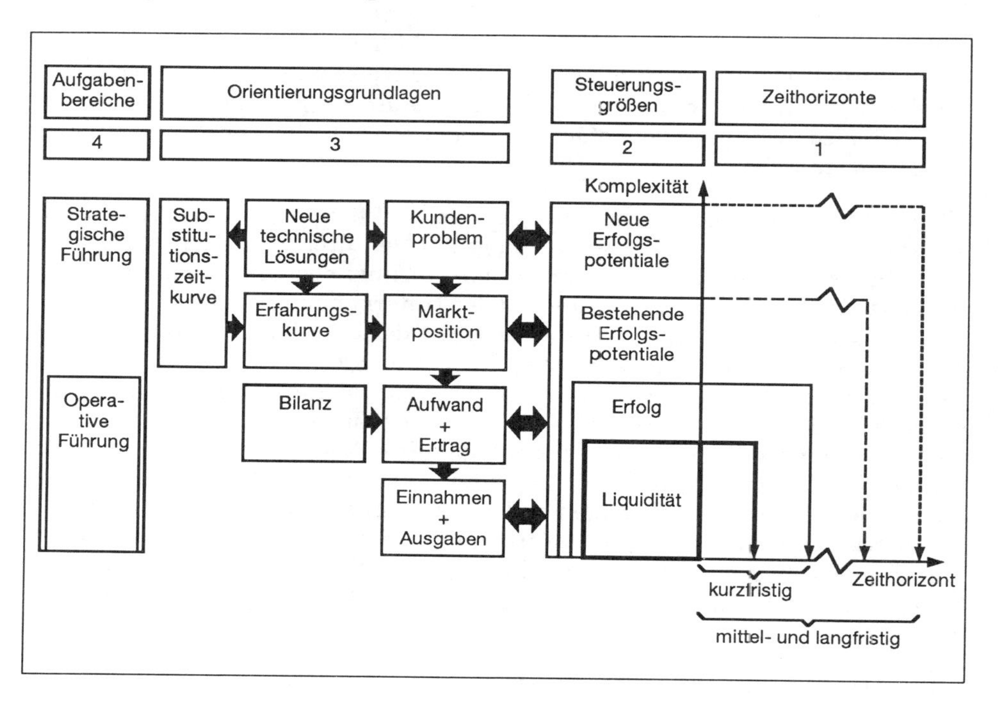

Abb. 1: Aufgabenbereiche der Unternehmungsführung mit ihren Steuerungsgrößen und der zunehmenden Komplexität der jeweiligen Orientierungsgrundlagen

An unterster Stelle steht die *Liquidität* als überlebensrelevante Steuerungsgröße, denn Unternehmungen gehen bekanntlich nicht unter, weil sie keine Gewinne machen, sondern deshalb, weil sie illiquid werden. Die dazugehörigen Orientierungsgrößen sind die Einnahmen und Ausgaben sowie die direkt damit zusammenhängenden Bilanzgrößen einschließlich der Kreditlimiten. Mit Hilfe der Liquidität kann aber nur ein sehr kurzfristiger Zeithorizont überblickt werden. Dies gilt völlig unabhängig von den Methoden, die man verwenden mag, um die Liquidität zu analysieren. Auch noch so sophistizierte Methoden werden es nicht erlauben, die Liquidität über die branchenspezifischen Zeithorizonte hinaus zu verlängern.

Um den Steuerungshorizont in die Zukunft zu erweitern, muß eine gänzlich andere Steuerungsebene erschlossen werden, nämlich jene des betriebswirtschaftlichen *Erfolges*. Die dazugehörigen Orientierungsgrößen sind die Erträge und die Aufwände, und diese sind, wie für jeden Kaufmann völlig klar ist, wesensgemäß verschieden von den Orientierungsgrößen der Liquidität. Das Entscheidende ist nun, daß zwischen Liquidität und Erfolg eine logisch gegenläufige Beziehungen in folgendem Sinne besteht: Die Liquidität kann positiv sein, obwohl Verluste gemacht werden; andererseits kann eine negative bzw. angespannte Liquiditätssituation vorliegen, obwohl man Gewinne macht. Dies ist natürlich für den Praktiker nichts Neues oder Überraschendes, schließlich hat er sein bilanzielles und buchhalterisches Handwerk gelernt. Trotz allem wird häufig übersehen, daß wir es hier mit einer typisch kybernetischen Beziehung zu tun haben, mit einem Steuerungs- oder „Control"-Problem par excellence, das darin besteht, daß wir durch die Signale einer Steuerungsgröße systematisch irregeführt werden können und diese Irreführung nur vermeiden können, indem wir eine logisch höhere Steuerungsebene in Betracht ziehen. Gleichzeitig haben wir es aber auch mit wichtigen Kausalbeziehungen zu tun, denn der betriebswirtschaftliche Erfolg verursacht letzten Endes eben die Spielräume, in denen sich die Liquidität bewegen kann.

Genau dieser Zusammenhang ist es, der zu einer ganz natürlichen, fast organischen Weiterentwicklung des unternehmerischen Steuerungs- und Lenkungssystems führt. Auch der betriebswirtschaftliche Erfolg kann mit den ihn selbst definierenden Größen nicht beliebig in die Zukunft projiziert werden, insbesondere wäre jede Form von Hochrechnung oder Extrapolation falsch. Um einen noch größeren Zeithorizont zu erschließen, benötigt man eine wiederum höhere Steuerungsebene, die in den gesamten Systemzusammenhang integriert werden muß.

Dies sind die *Erfolgspotentiale*, und zwar genauer, die heute und jetzt bestehenden, also *gegenwärtigen* Erfolgspotentiale. Der Begriff „Erfolg" wird hier nicht in einem vagen, umgangssprachlichen Sinne verwendet, sondern im Sinne des Rechnungswesens (nicht 'success', sondern 'profit'). Es handelt sich also um das Potential, aus dem sich der betriebwirtschaftliche Erfolg schließlich durch entsprechende Nutzung ergibt. Heutige Erfolgspotentiale als wesentliche Steuerungsgrößen haben wiederum ihre eigenständigen und spezifischen Orientierungsgrundlagen, mit denen allein eine Aussage über die Qualität und die Ergiebigkeit des Potentials gemacht werden kann. Zwischen der Steuerungsgröße „betriebswirtschaftlicher Erfolg" und der Steuerungsgröße „bestehende Erfolgspotentiale" besteht wiederum exakt dieselbe logische Beziehung, wie zwischen Liquidität und Erfolg. Die Gewinne können heute ausgezeichnet sein, obwohl die Potentiale einem massiven und möglicherweise irreversiblen Erosionsprozess unterworfen sind; andererseits kann man sich heute in einer Verlustsituation befinden, obwohl die Erfolgspotentiale ausgezeichnet sein können. Auch hier gilt wiederum der Grundsatz, daß man von einer untergeordneten Steuerungsgröße so gut wie nichts über ihre Verursachung bzw. die Steuerungsgröße höherer Ordnung aussagen kann. Umgekehrt können aber sehr zuverlässige Ableitungen gewissermaßen von oben nach unten gemacht werden: je besser die Erfolgspotentiale sind, umso leichter wird es fallen, auch tatsächliche Gewinne zu erzielen; wo kein Erfolgspotential vorhanden ist, läßt sich auch bei noch so gutem Management kein Erfolg mehr erwirtschaften.

In diesem Schema sind nun als Orientierungsgrundlagen für die bestehenden Erfolgspotentiale wiederum zwei Größen aufgeführt: die Marktanteile und die Erfahrungskurve, die als langfristig günstigstenfalls erreichbare Kosten*untergrenze* verstanden werden muß. Aufgrund des empirisch festgestellten Zusammenhanges zwischen Marktanteilen und Kostenuntergrenze (dem sogenannten Erfahrungs- oder Boston-Effekt) kann eine hinreichend genaue Aussage über die Ergiebigkeit von Erfolgspotentialen gemacht werden.

Allerdings wird niemand erwarten, daß wir mit nur gerade zwei Größen auskommen, um Erfolgspotentiale wirklich beurteilen und bestimmen zu können. Umfangreiche empirische Untersuchungen haben zum Ergebnis geführt, daß der weitaus größte Teil des unternehmerischen Ertragspotentiales von einem runden Dutzend Faktoren bestimmt wird. Wird der betriebswirtschaftliche Erfolg letztlich als Gesamtkapitalsrendite oder Return-on-Total-Investment (ROI) definiert, so kann gezeigt werden, daß der weitaus größte Teil der Unterschiedlichkeit im ROI, unabhängig von Branche, Land, Unternehmungsgröße usw., auf Unterschiedlichkeiten in eben diesen Faktoren zurückgeführt werden kann.

Hier können die einzelnen Größen nur kurz aufgezählt werden.[9)] Es sind dies: der relative Marktanteil, die relative Marktleistungsqualität, die Investmentintensität, die Produktivität, die Innovationsrate, das Kundenprofil, die Wachstumsrate des Marktes und die vertikale Integration. Für jeden einzelnen Faktor wurde durch vergleichende Studien bestimmt, wie seine Auswirkung auf die Gesamtkapitalsrendite ist. Von entscheidender Bedeutung aber ist nun, daß diese Faktoren in sich wiederum ein komplexes Netzwerkgefüge bilden, das bei entsprechender Konstellation in dem Sinne zu Selbstorganisation beiträgt, als eine deutliche Tendenz zu einer günstigen Gesamtkapitalsrendite gegeben ist, sobald diese Eckwerte unter Kontrolle gebracht sind.

Es handelt sich hier meines Erachtens um einen Paradefall von Selbstorganisation. Selbstverständlich ist es keine große Kunst, im Rahmen eines Modelles Hunderte oder sogar Tausende von Faktoren zu beschreiben, die alle

„irgendwie" mit dem ROI zu tun haben. Es wäre aber praktisch wohl müßig, eine so große Zahl und ein sich daraus ergebendes, gigantisch komplexes Netzwerk im einzelnen quantitativ bestimmen zu wollen. Jeder einzelne Faktor wäre mit sehr großen Ungenauigkeiten und Schätzfehlern behaftet. Die einzelnen Vernetzungsbeziehungen, ihre konkreten Verläufe und ihre quantitativen Interdependenzen über alle kombinatorischen Möglichkeiten zu bestimmen, würde selbst in relativ einfachen Unternehmungen die Grenzen des prinzipiell Möglichen überschreiten. Dies wäre ein typisch technomorphes Vorgehen, nämlich der Versuch, jede einzelne Größe im Detail zu bestimmen und entsprechend dem Gesamtziel zu organisieren.

Aufgrund der vorliegenden Forschungsresultate ergibt sich aber auch eine ganz andere Möglichkeit. Man nimmt die systemisch als wirklich entscheidend erkannten Variablen (und dies sind offensichtlich relativ wenige), führt diese in eine günstige Bedingungskonstellation und „zwingt" damit Hunderte oder Tausende anderer Faktoren in eine günstige Richtung zu driften. Per analogam könnte man sagen, daß dies dieselbe Methode ist, mit der man mit relativ einfachen Mitteln einen natürlichen Flußlauf durch eine entsprechende Anordnung einiger großer Felsblöcke in eine neue Richtung leiten kann.

Damit erschöpft sich das strategische Steuerungssystem aber noch nicht. Es stellt sich nämlich zusätzlich die Frage, wie *dauerhaft* die heutigen Erfolgspotentiale sind. Nur in sehr günstigen Fällen wird man davon ausgehen können, daß die heutigen Potentiale gleichzeitig auch identisch mit den zukünftigen Potentialen sind. Daher, und aufgrund der exakt gleichen logischen Beziehung, wie sie bereits im Zusammenhang mit den früheren Größen beschrieben wurde, müssen wir das Steuerungssystem noch um eine weitere Stufe ergänzen und eben auch *zukünftige Erfolgspotentiale* in den Systemsteuerungszusammenhang integrieren. Die Steuerungsgröße der heutigen Erfolgspotentiale kann positive Signale senden, während gleichzeitig eine Analyse zum Ergebnis kommen kann, daß keine zukünftigen Potentiale vorliegen. Umgekehrt können die heutigen Potentiale relativ schlecht sein, während man zum Ergebnis kommt, ausgezeichnete zukünftige Potentiale zu haben, die allerdings noch nicht „reif" genug sind, um bereits genutzt zu werden. Mit dieser obersten Steuerungsgröße kann der weitestmögliche zeitliche Horizont überblickt werden, und wie der Leser festgestellt haben wird, dies ohne jegliche Hochrechnung oder Extrapolation. Wir brauchen keine dieser Größen zu prognostizieren; die Erschließung einer jeweils vor- und höhergelagerten Steuerungsgröße erübrigt eine Prognose, die ohnehin nur in stabilen Zeiten möglich wäre und selbst dann mit großen Unzuverläßigkeiten behaftet ist.

Die Orientierungsgrundlagen für diese oberste Steuerungsgröße sind einerseits das sogenannte lösungsinvariant formulierte *Anwenderproblem*, und andererseits die technologische Substitution. In diesem Zusammenhang stoßen wir einmal mehr auf eminent systemische Gedankengänge und Zusammenhänge.

Die Verwendung dieser Orientierungsdaten und damit natürlich auch der Zwang, sie zu analysieren, zu identifizieren und besser zu verstehen, führt unmittelbar zu einer vom heutigen Produkt vollkommen unabhängigen Definition des Geschäftes, in dem sich das Unternehmen befindet. Nur damit gelingt es, der systemwissenschaftlichen Forderung Rechnung zu tragen, das System gewissermaßen unabhängig von seinem heutigen Output, und nur noch von seiner grundlegenden Funktion - von seinem Zweck her - zu verstehen.

In diesem Sinne produzieren Automobilunternehmungen eben nicht Autos, sondern Lösungen für ganz bestimmte Probleme ganz bestimmter Kundengruppen. Das Produkt muß damit sofort verstanden werden als eine von mehreren Lösungen für dahinterliegende Problemstellungen, und es ist nicht übertrieben zu sagen, daß die einen Automobilunternehmungen eben „Transportvehikel" oder „Distanzüberwindungsgeräte" produzieren, während andere eher „Balzgeräte höherer Ordnung" herstellen.

Damit wird aber natürlich auch sofort klar, daß jede dieser Lösungen transient, also nur von zeitlich begrenzter Dauer ist. Keine einzige Lösung für irgendein Problem hat, in historischen Zeiträumen betrachtet, überdauert. Strategisches Denken - und ich meine, daß dies auch typisch ist für Systemdenken - beginnt immer mit dem grundlegenden Axiom: Was immer heute existiert, es wird sich verändern - auch wenn wir heute noch nicht wissen auf welche Weise. Dies ist zumindest einer der Anwendungsschwerpunkte des Begriffes „sich umstrukturierender Systeme", und weil, wie man gleich sehen wird, dies selten unter Kontrolle des Managements einer Unternehmung steht, kann man durchaus von „sich *selbst* umstrukturierenden Systemen" sprechen.

Dieser Umstand wird klar, sobald wir die zweite Orientierungsgrundlage der zukünftigen Erfolgspotentiale näher betrachten: die technologische Substitution, also die Verdrängung bisheriger Problemlösungen durch neue. Wir haben es den bahnbrechenden Arbeiten von Gerhard Mensch, Cesare Marchetti und N. Nakicenovic zu verdanken, daß wir heute zumindest einiges über Sättigungs- und Substitutionsprozesse wissen. Sie folgen praktisch ausnahmslos einer logistischen, also s-förmigen Kurve, deren Verlaufsparameter, zumindest unter gewissen Umständen, bestimmt werden können. Eines der erstaunlichsten Ergebnisse dabei ist, daß wir die Wirtschaft, ja sogar die Gesellschaft schlechthin, im buchstäblichen Sinne als ein „lernendes System" verstehen können. Dies trifft deshalb zu, weil erstens s-förmige Kurven die typischen und klassischen Beschreibungen von Wachstums- bzw. Lernprozessen sind. Die Biologie liefert reichhaltiges Anschauungsmaterial dafür. Zum zweiten können wir damit aber auch ohne Bemühung von Analogien insofern von Lern- und Entwicklungsprozessen sprechen, als dies offensichtlich die Art und Weise ist, wie Ideen, verkörpert in Erfindungen und Innovationen, die Märkte erobern. Es verwundert daher natürlich auch nicht, daß diese Substitutions- und Diffusionsprozesse relativ lange Zeiträume beanspruchen und daß wir daraus ganz wesentliche Eckwerte für das Verhalten von Systemen gewinnen können.

In den nachfolgenden Abbildungen 2 - 10 sind einige Beispiele dargestellt, wobei es hier lediglich um die Illustration des grundsätzlichen Musters geht. (Zu beachten ist, daß die Ordinaten teilweise eine logarithmische Skala aufweisen, wodurch eine S-Kurve zu einer Geraden gestreckt wird. Sämtliche Prozesse haben somit grundsätzlich logistischen oder s-förmigen Charakter.)

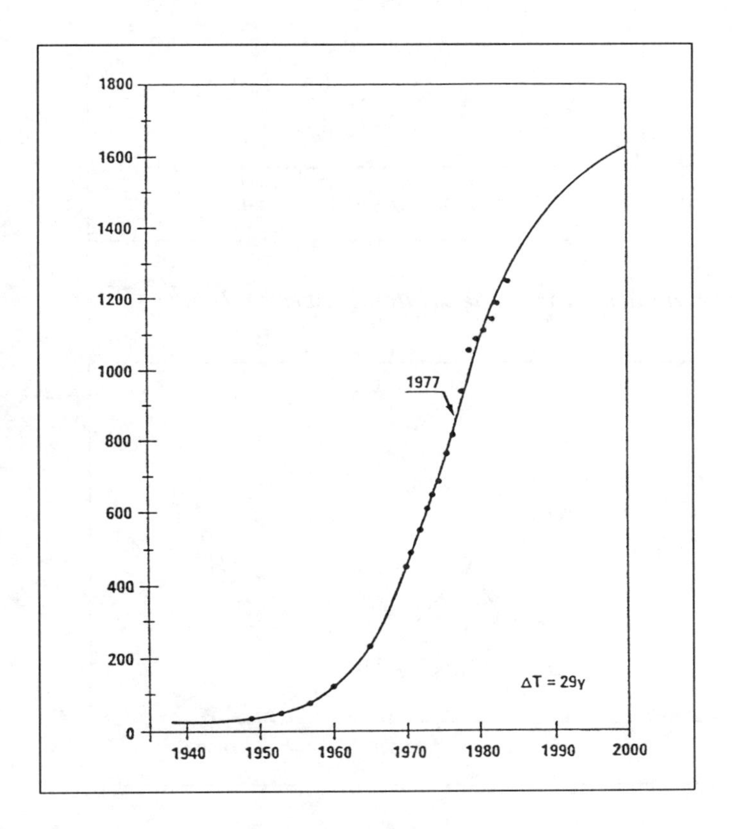

Abb. 2: Wachstum des Weltluftverkehrs (alle IATA Gesellschaften) in Personenkilometern pro Jahr

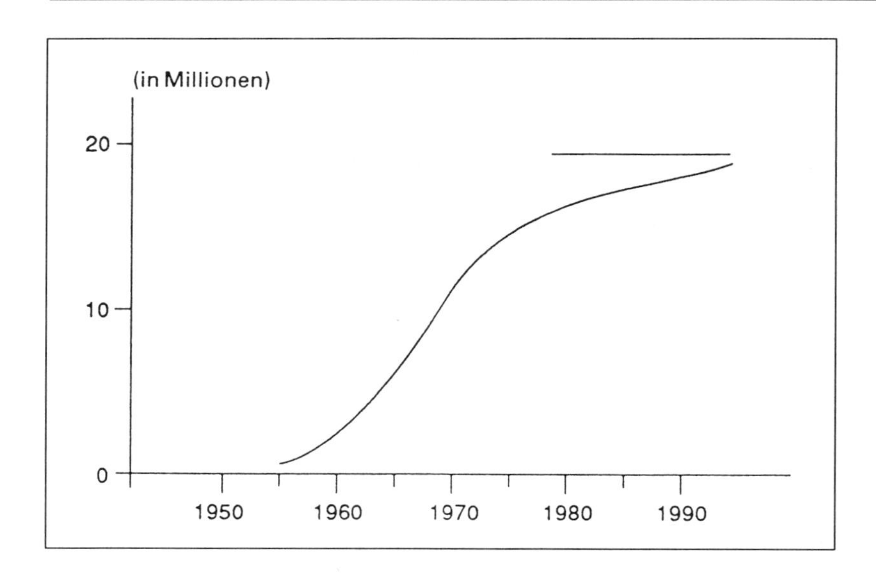

Abb. 3: Wachstum des italienischen Automobilbestandes

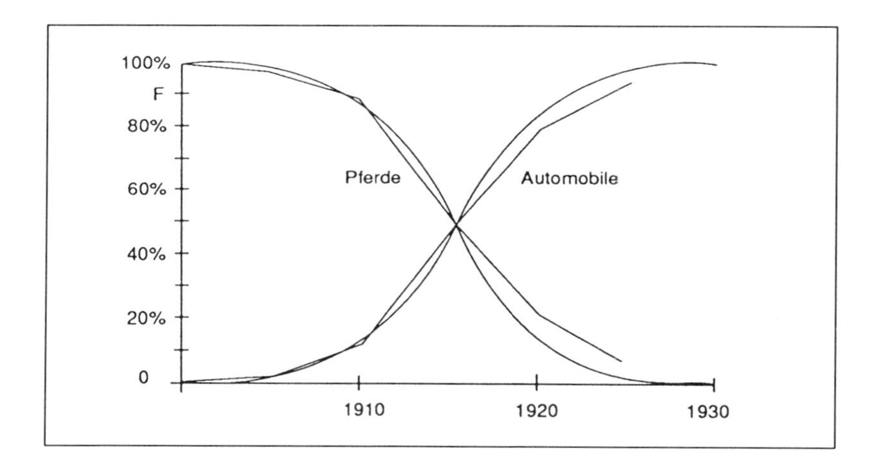

Abb. 4: Substitution von Pferden durch Automobile (USA)

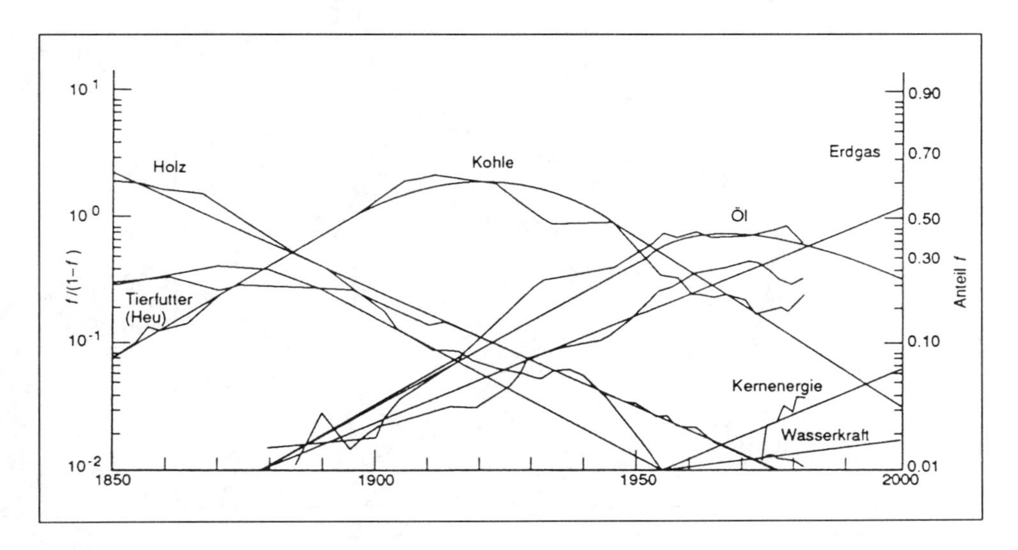

Abb. 5: Primär-Energie-Substitution (USA) Marktanteile verschiedener Energiearten am gesamten Energieverbrauch

Man beachte die bemerkenswerten Regelmäßigkeiten dieser Mehrfachsubstitution über den sehr langen Zeitraum. Die wirklichen Werte schwanken zwar um den errechneten idealen Verlauf, aber angesichts der betrachteten Periode doch erstaunlich wenig.

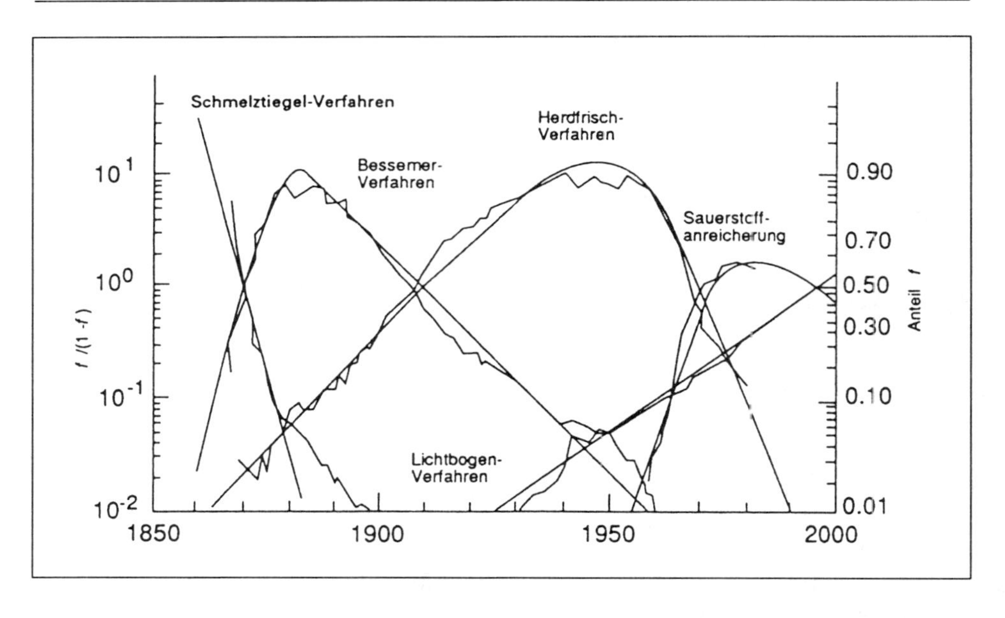

Abb. 6: Technologische Substitution verschiedener Stahlherstellungsverfahren

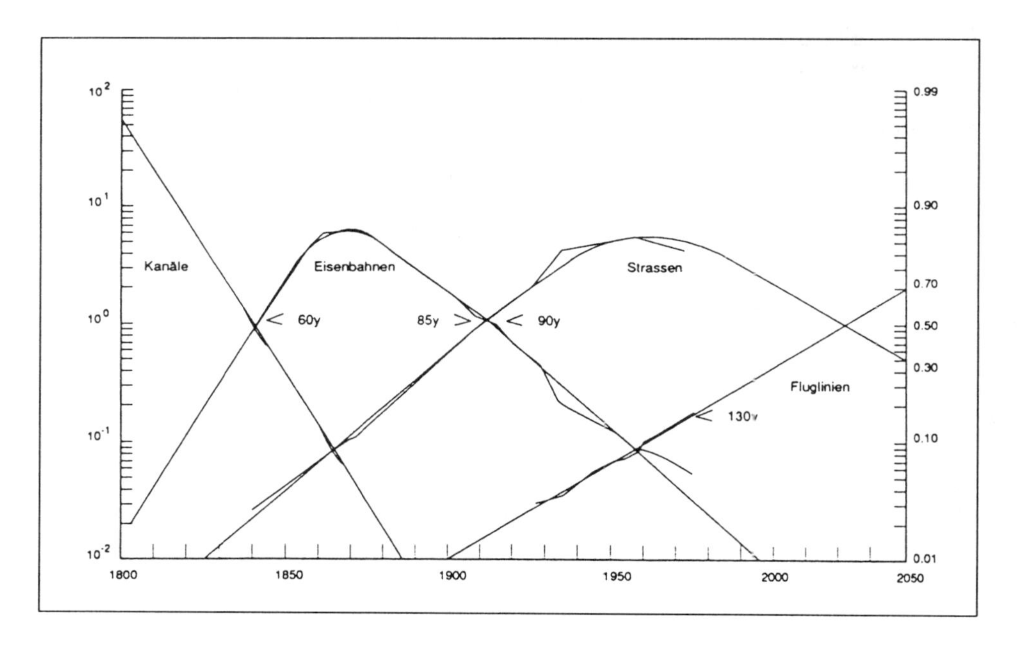

Abb. 7: Infrastrukturentwicklung und Substitution von Transportinfrastrukturen in den USA

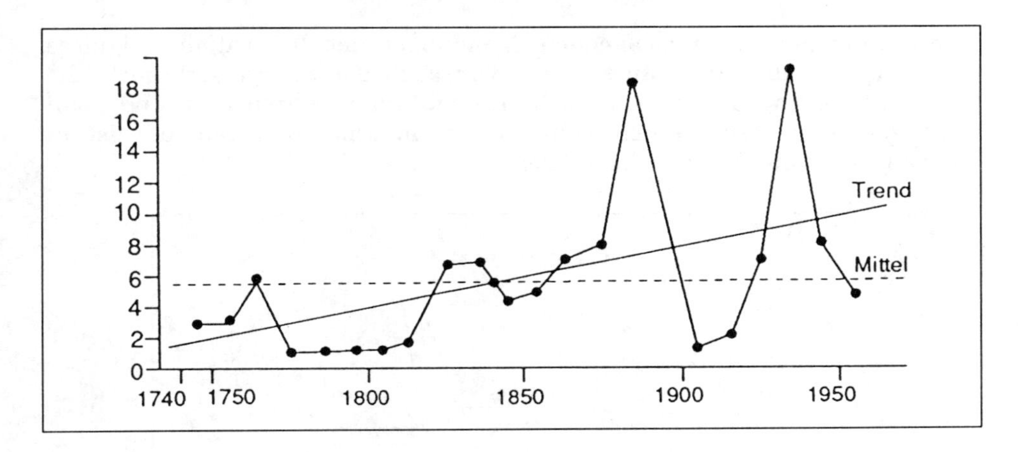

Abb. 8: Häufigkeit von Basisinnovationen in Dekaden von 1740-1960

Basisinnovationen erfolgen in markanten historischen Schüben. Die technologischen Schübe haben jedesmal zu totalen Veränderungen von Wirtschaft und Gesellschaft geführt. Die Spitzen haben die bemerkenswerte Zeitkonstante von rund 55 Jahren.

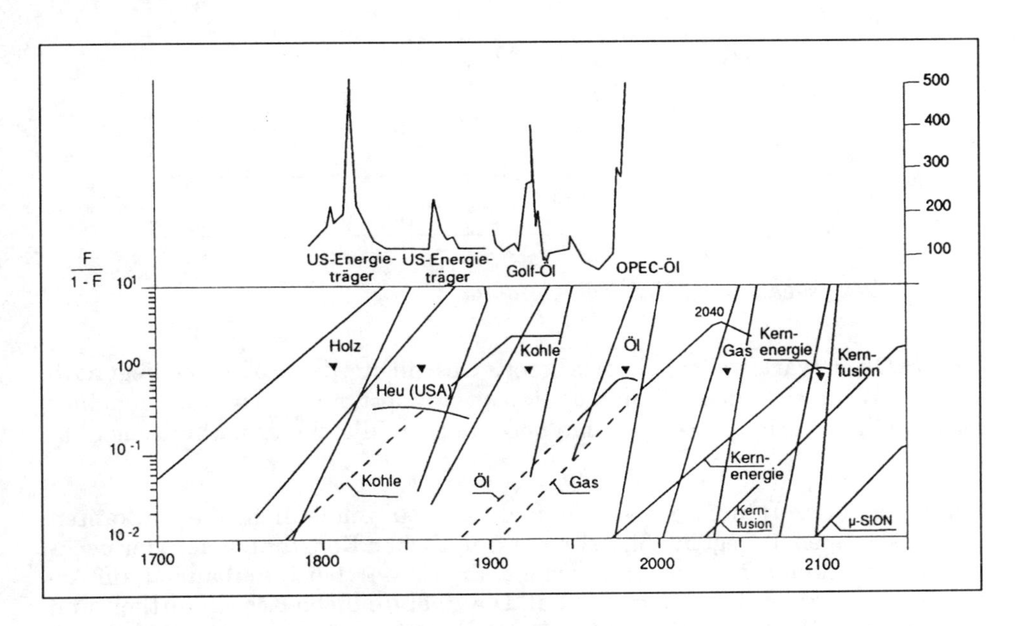

Abb. 9: Inventions- und Innovationsquellen (Geschichte und Prognose) Energiemaxima und Energiepreise

Sämtliche bisher zu verzeichnenden Erfindungen und Innovationsereignisse folgen einem markanten Muster, mit dem auch der Energieverbrauch, die Energiepreise und die wirtschaftliche Konjunktur synchronisiert sind (man beachte, daß die vertikale Achse einen logarithmischen Maßstab aufweist, in Wahrheit sind die Geraden also s-förmig).

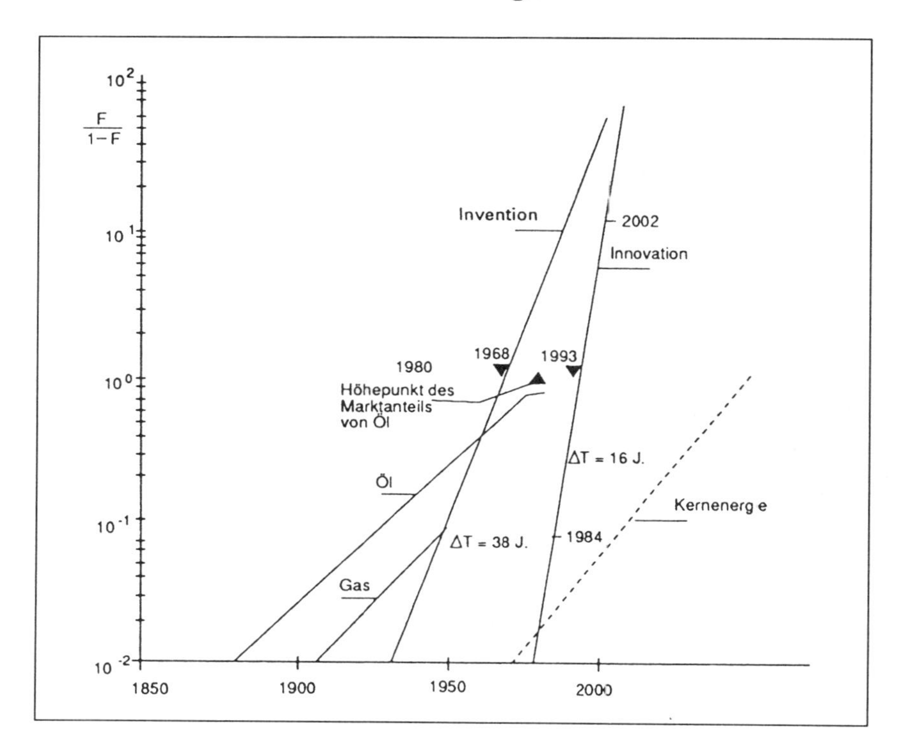

Abb. 10: Der gegenwärtige Technologieschub

Unsere Gegenwartswelle: teilweise bereits Geschichte, der größte Teil liegt noch vor uns. Wenn sich nichts Fundamentales verändert, müssen wir mit dem hier dargestellten Verlauf rechnen (man beachte ebenfalls die logarithmische Skala).

Von besonderem Interesse sind wohl in diesem Zusammenhang die markanten verlaufsbezogenen Regelmäßigkeiten und zeitlichen Konstanten der vier nachweisbaren säkularen Innovationsschübe, die C. Marchetti, aufbauend auf Arbeiten von G. Mensch, beschrieben hat. Die eigentümliche Koordiniertheit und Synchronisiertheit einer Vielzahl von wirtschaftlich relevanten Gegebenheiten ist immerhin bemerkenswert genug, um sich damit intensiv zu befassen. Die

Grundlage dieser Prozesse scheint die Art und Weise zu sein, in der Menschen Wissen gewinnen (forschen), es verbreiten (lernen) und es schließlich für praktische Zwecke zu nutzen beginnen (innovieren). Die wichtigsten Zusammenhänge und ihre Vernetzungen sind nochmals in Abbildung 11 zusammengefaßt.

Man sieht somit, daß sowohl das Steuerungssystem der Unternehmung selbst sowie die zwischen den relevanten Größen bestehenden Verknüpfungen im Sinne klar definierter logischer Beziehungen einerseits, und das Beziehungsgefüge der jeweiligen Einflußfaktoren für bestehende und zukünftige Erfolgspotentiale andererseits, ein komplexes Netzwerk bilden. Es liegt auf der Hand, daß hier Selbstorganisationsprozesse in großem Umfange vorliegen, die teils unternehmungsendogen, teilweise aber auch unternehmungsexogen sind, die wir also zum Teil gestalten, zu einem anderen Teil aber nur quasi passiv (aber doch antizipierend) nutzen können. So erfreulich und nützlich die vorliegenden Resultate sind, so ist mir natürlich nur zu bewußt, daß wir uns erst am Beginn des Verständnisses derartig komplexer Zusammenhänge befinden. Weitere Forschungen werden mit Sicherheit zu bemerkenswerten Resultaten führen. Wie damit hoffentlich aber ebenfalls gezeigt ist, kann es nicht um irgendwelche Selbstorganisations-Mythen und arbiträre Netzwerkdiagramme gehen.

3.2 Unternehmungsstruktur

Unternehmungsstrategien werden nicht in einem strukturfreien Raum konzipiert, sondern im Rahmen einer bestehenden und in der Regel historisch gewachsenen Organisation. Damit stellt sich auch in der Regel die Frage, ob als Folge oder gar als Voraussetzung für die Neukonzipierung einer strategischen Richtung die Unternehmungsstrukturen zu verändern sind. Die ganze Thematik wäre selbstverständlich an sich eine eigene Arbeit wert. Ich muß mich daher auch hier auf die allerwesentlichsten Zusammenhänge beschränken. Daher möchte ich an dieser Stelle nur einen einzigen Aspekt herausgreifen, nämlich den Übergang von der stammbaumähnlichen Organisationsstruktur zur Netzwerkstruktur.

Fast alle Unternehmungen verfügen über ein Organigramm. Die meisten dieser Organigramme ähneln in verblüffender Weise einem Familienstammbaum. Eine Ausnahme bilden lediglich die Matrix-Organisationen, die aber, im Detail betrachtet, in sich selbst wiederum Baumstrukturen aufweisen. Man kann sich nun aber fragen, ob damit irgendetwas Wesentliches über das Funktionieren einer Unternehmung zum Ausdruck gebracht werden kann. Die kritische Frage lautet wohl: Funktionieren Unternehmungen *wegen* oder *trotz* ihrer Organigramme?

Die meisten Praktiker werden wohl spontan zustimmen, daß ihre Unternehmung glücklicherweise trotz dieser eigentümlichen Gebilde funktionsfähig

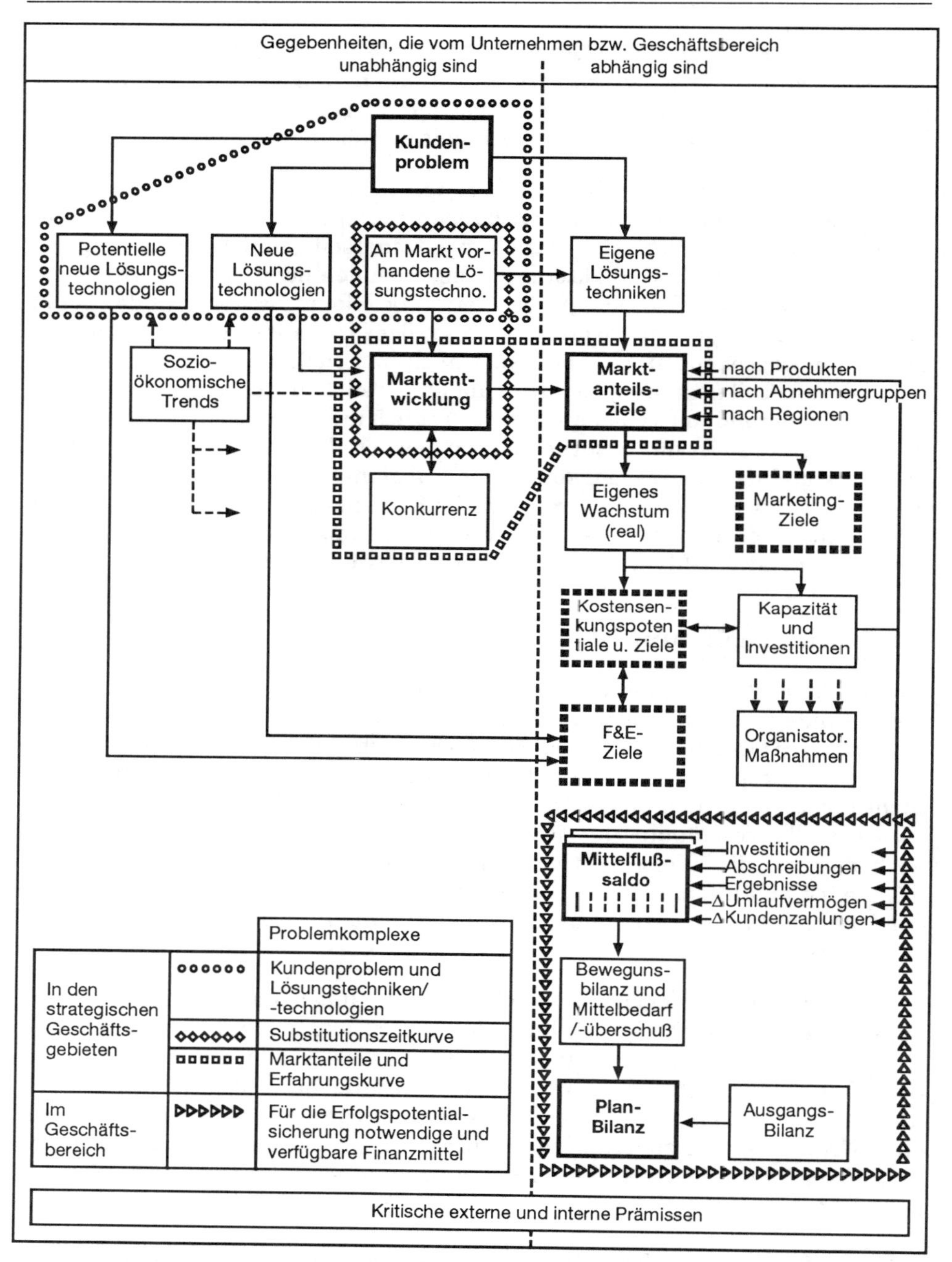

Abb. 11: Allgemeine Grundsystematik der für strategische Planungen relevanten Problemfelder und ihrer Verknüpfungen

sind. Dann stellt sich aber sofort die zweite Frage: Warum verwendet man graphische Darstellungen, die niemandem wirklich zu helfen scheinen? Das klassische Organigramm, gleichgültig welche Grundstruktur es darstellt, ist für die Illustration gewisser Zusammenhänge durchaus geeignet, sagt aber wenig über die tatsächliche Interaktionsweise der Elemente aus. Diese sind es aber, die praktisch die Realität der Führungskräfte bestimmen. Das Handeln von Managern kann sich längst nicht mehr im Rahmen ihrer direkten Abteilungsgrenzen bewegen, wenn sie wirklich Resultate erzielen wollen. Der Komplexitätsgrad, die spezifischen Formen der Arbeitsteilung und vor allen Dingen die Informationsflüsse in den Unternehmungen erfordern es, daß Manager in der Lage sind, innerhalb recht komplexer Netzwerke zu agieren und diese zu steuern, und zwar völlig unabhängig davon, ob ihnen in diesem Zusammenhang unmittelbare Kompetenzen zukommen, ob sie Anordnungs- oder Befehlsgewalt oder ähnliches haben.

Betrachten wir entlang dieser Linien die wirkliche Realität von Unternehmungen, so stoßen wir fast ohne Ausnahme auf Netzwerkstrukturen (vgl. Abb. 12).

Meine Erfahrung aus zahlreichen Seminaren und Workshops zeigt, daß kaum ein Manager Schwierigkeiten damit hat, sein *tatsächliches* Netzwerk zu visualisieren, sobald er dazu aufgefordert wird und die Freiheit bekommt, aus dem üblichen Modell der Organisationslehre auszubrechen. Natürlich könnte man nun die Auffassung vertreten, dies sei lediglich Strukturkosmetik. Immerhin kommen wir damit aber den täglichen Realitäten der Führungskräfte einen ganz beträchtlichen Schritt näher. Darüber hinaus stehen wir aber mit einem Schlag inmitten einer ganzen Reihe von erstaunlichen systemischen Effekten: Die formale Organisation, und damit gewissermaßen der technomorphe Aspekt jeder Struktur, zwingt die Führungskräfte geradezu, sich realitätsfremd zu verhalten. Sie „dürfen", zumindest offiziell, gar nicht über ihre Bereichsgrenzen hinausdenken, denn dafür sind ja andere zuständig. Praktisch zwangsläufig, und dies ist selbstverständlich auch der betriebswirtschaftlichen Organisationslehre seit langem klar gewesen, entwickelt sich daher die sogenannte informelle Organisation. Dies ist zweifellos ein erster Schritt in Richtung Selbstorganisation. Was ich mit den hier angedeuteten Netzwerkstrukturen jedoch meine, geht weit über die informelle Struktur hinaus. Netzwerkdenken bedeutet in diesem Zusammenhang, daß die einzelne Person für *alles* verantwortlich ist, was für ihre Resultate wirklich entscheidend ist, völlig unabhängig davon, ob es irgendwelche formellen oder informellen Strukturen gibt. Die Aufforderung, die tatsächlichen Funktionszusammenhänge zu visualisieren, führt zunächst zu einer Form von geistiger Selbstorganisation, nämlich der gedanklichen Durchdringung der für die Erfüllung der Aufgabe *tatsächlich* erforderlichen Strukturen. Darüber hinaus ergibt sich aber ein Selbstorganisationseffekt in dem Sinne, als wir nunmehr sich gegenseitig überlappende

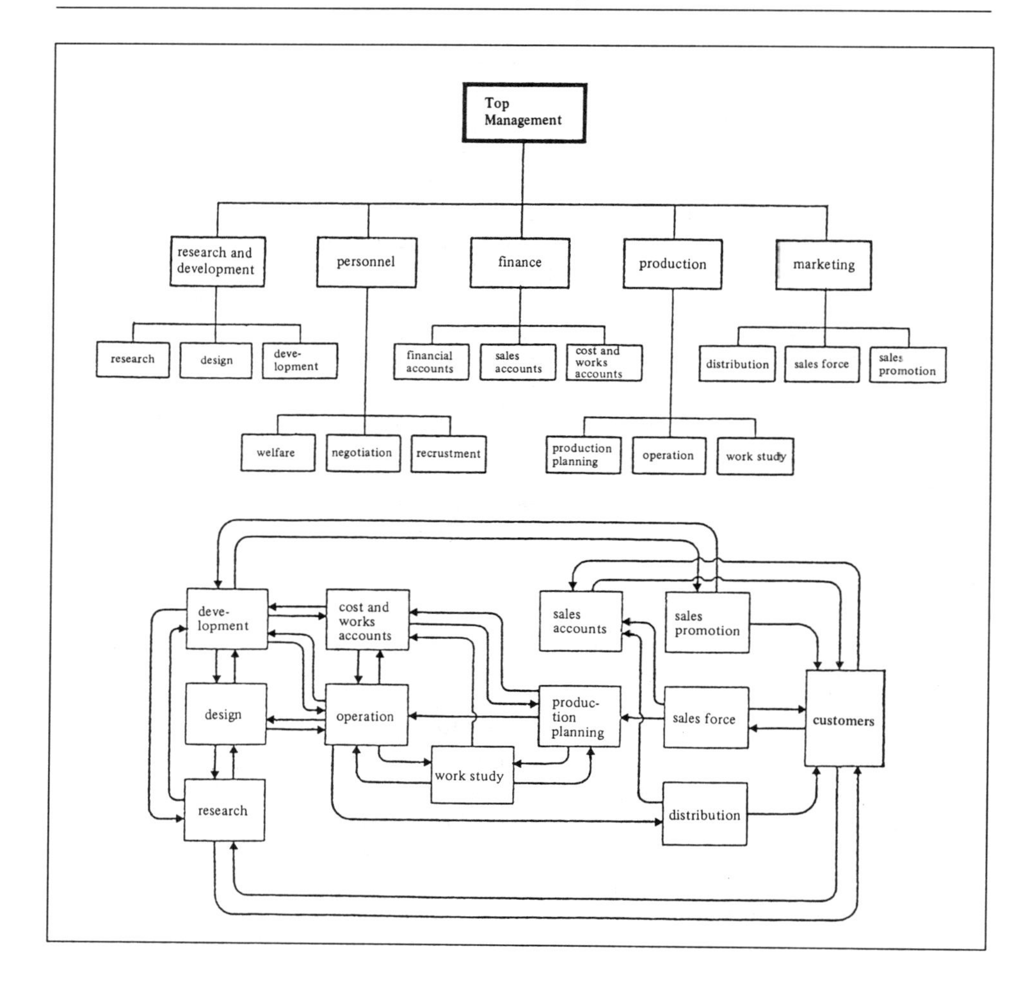

Abb. 12: Familienstammbaum oder Netzwerk

Netzwerkstrukturen haben und ganz natürlicherweise zu *struktureller Redundanz* gelangen.

Redundanz wird in der Regel im Rahmen der Betriebswirtschaftslehre als überflüssig und als Rationalisierungspotential verstanden. Aus den Systemwissenschaften und aus der Biologie wissen wir aber sehr genau, daß Redundanz eines der entscheidenden Prinzipien für die Funktionssicherheit eines Systems ist. Dies ist heute in der Technik völlig unbestritten und wird systematisch genutzt. Niemand würde wohl in ein Flugzeug einsteigen, wenn er nicht wüßte, daß eine ganze Reihe von Systemen, von Bordcomputern bis zu den

Triebwerken, mehrfach, also redundant ausgelegt sind. Redundanz der Funktionszusammenhänge und damit der manageriellen Verantwortlichkeit führt in gleichem Sinne dazu, daß die Funktionssicherheit der Unternehmung - und zwar ohne Kostenfolgen - massiv zunimmt. Man muß dafür möglicherweise die eine oder andere Motivationsschwierigkeit bzw. die eine oder andere Konfliktsituation in Kauf nehmen. Dies ist aber bei weitem nicht so problematisch wie der Versuch, in einer komplexen Struktur Klarheit der Verantwortungsgrenzen durch gegenseitige Exklusion herbeiführen zu wollen.

Auf der Grundlage derartiger, keineswegs beliebig verknüpfter, sondern durch die Aufgaben gesteuerter Netzwerkstrukturen kommt man zu gänzlich anderen Organisationsformen, als wir sie bisher in der Betriebswirtschaftslehre entwickelt haben. Die Krönung bildet ja bis anhin eine zwei- oder gar mehrdimensionale Matrix-Struktur. Bei genauer Betrachtung kommt man aber zwangsläufig zum Ergebnis, daß eine derartige Organisationsform lediglich die Schnittstellen maximiert und bereits eine relativ oberflächliche Varietäts- und Komplexitätsanalyse zeigt, daß solche Organisationen nicht wirklich unter Kontrolle sein können. Es verwundert daher auch nicht, daß die meisten Praktiker bestätigen werden, daß die Matrix-Organisationen in der Realität nicht wirklich funktionieren. Sie können beschrieben und graphisch dargestellt werden und bestechen sehr häufig sogar durch ihre visuelle Ästhetik und Symmetrie. Die tatsächliche Funktionsweise sieht in aller Regel aber vollkommen anders aus. Um dies herauszufinden, darf man sich allerdings nicht ausschließlich mit Vorstandsmitgliedern oder Generaldirektoren oder gar mit den Organisationsfachleuten unterhalten, sondern muß jene Menschen befragen, die innerhalb dieser Strukturen wirklich zu arbeiten haben.

3.3 Unternehmungskultur

Als nächstes Gebiet soll - ebenfalls in aller Kürze - noch der Aspekt der Unternehmungskultur behandelt werden. Gerade dieses Gebiet hat in den letzten Jahren große Aufmerksamkeit gefunden. An dieser Stelle bleibe dahingestellt, ob dies zurecht geschehen ist oder nicht und ob tatsächlich, wie viele behaupten, diese Facette bis anhin unberücksichtigt geblieben ist. Ich glaube, an anderer Stelle gezeigt zu haben, daß dem nicht so ist, sondern daß eine richtig verstandene Managementlehre immer schon diesem Aspekt Rechnung getragen habe.

Wie dem auch sei, die entscheidende Frage ist selbstverständlich das Problem der materiellen Ausgestaltung der Unternehmungskultur, also das Problem, welche Werte, Prinzipien, Überzeugungen etc. die Kultur prägen bzw. prägen sollen. Weitere Fragen, die damit zusammenhängen, beziehen sich auf das Problem der Veränderung und selbstverständlich auch der Wirkung einer Unternehmungskultur.

Wie auch immer diese Fragen beantwortet werden, über eines sind sich viele Fachleute einig, nämlich, daß die Unternehmungskultur kaum oder jedenfalls nur innerhalb sehr enger Grenzen bewußt im einzelnen gestaltet werden kann. Zweifellos gibt es einige Kulturtechnokraten, die der Auffassung sind, alles und jedes nach ihren eigenen Vorstellungen konzipieren zu können. Bei näherer Analyse stellt sich dies aber in aller Regel als Irrtum heraus. Bestenfalls gelingt dies noch in sehr kleinen und überschaubaren Unternehmungen, die auf diesem Gebiet in der Regel ohnehin keine Probleme haben. In allen anderen Fällen wird man aber zum Ergebnis kommen, daß die Unternehmungskultur ein klares Beispiel für das Selbstorganisationsphänomen darstellt.

Mit Hilfe der folgenden Abbildung möchte ich lediglich kurz skizzieren, welche Schlüsselgrößen - meiner persönlichen Auffassung nach - unter Kontrolle sein müssen, damit die Selbstorganisationstendenzen in die für Unternehmungen richtige Richtung tendieren. Unternehmungen sind zwar soziale, in erster Linie aber produktive Systeme. Sie existieren nicht um ihrer selbst willen (auch wenn man dies manchmal anzunehmen geneigt ist), sondern um für ihre Umwelt, die Gesellschaft im weitesten Sinne, eine Leistung zu erbringen. Sie beziehen ihre soziale Legitimation ausschließlich aus der Leistung nach außen. Aus diesem Grunde ist es von entscheidender Bedeutung zu akzeptieren, daß Unternehmungen - und meiner Auffassung nach auch alle anderen sozialen Organisationen - keine „Glücks-" oder „Zufriedenheitsvehikel" sein können, sondern letztlich nur nach ihrer Effektivität zu beurteilen sind. Die Spielregeln, die in einer Unternehmung bestehen, bestimmen nun ganz wesentlich die Richtung, in die sich Selbstorganisationstendenzen bewegen. Ist de facto das dominierende Verhaltenskriterium die individuelle Selbstverwirklichung, wird unvermeidlich eine Unternehmung eine gänzlich andere Kultur aufweisen, als wenn das Leitkriterium in Leistung, Effektivität und Ergebnissen besteht.

Wie mir scheint, ist es in letzter Zeit zur Mode geworden, systemische Selbstorganisation zu identifizieren mit Konzepten wie kooperatives Führungsverhalten, Selbstentfaltungsmöglichkeiten, Hedonismusprinzip, Freisetzung von Potentialen durch Selbstverwirklichung und ähnliches mehr. Natürlich hören sich alle diese Dinge sehr schön an, und sie sind in gewisser Weise faszinierend. Ich zweifle aber sehr daran, ob dies erstens überhaupt irgendetwas mit Selbstorganisation zu tun hat und ob zweitens damit der produktiven Aufgabe einer Unternehmung Rechnung getragen werden kann. In den letzten Jahren ist um diese Dinge herum geradezu eine Ideologie entstanden, die kaum mehr Kritik oder Skepsis zuläßt. Das Ganze verbindet sich in jüngerer Zeit noch mit den Forderungen nach charismatischen Führerpersönlichkeiten, nach kreativen und innovativen Persönlichkeitstypen, nach Identifikation usw. zu einer eigentümlich kollektivistisch-totalitären Philosophie.

Ich meine, daß eine wirklich geeignete, und dies bedeutet natürlich auch robuste Unternehmungskultur auf ganz anderen Aspekten aufgebaut ist. Es ist eine

Kultur der Effektivität und der Leistung; sie fragt nicht nach der Motivation, sondern nach dem tatsächlichen Verhalten; nicht nach den Anstrengungen, sondern nach den Ergebnissen; nicht nach Gründen, sondern nach Resultaten. Diese Unternehmungskultur ist vor allen Dingen insofern nicht nur realistischer, sondern auch *humaner*, als sie ihren Ausgangspunkt nicht bei irgendwelchen genial veranlagten Superpersönlichkeiten hat, sondern beim ganz *gewöhnlichen* Menschen. Die Grundfrage lautet nicht: Warum ist das Genie so besonders leistungsfähig? Dies ist etwas, was ja bei genauem Hinsehen niemanden wirklich überrascht. Die entscheidende Frage lautet ganz anders: Was befähigt gewöhnliche Menschen, Ungewöhnliches zu leisten? Dies ist im Kern das entscheidende Managementproblem, dies macht Management anspruchsvoll und schwierig, gleichzeitig aber eben human, weil der Ausgangspunkt der gewöhnliche Mensch ist. In diesem Sinne wirksame Führungskräfte handeln und prägen damit auch die Unternehmungskultur nach einigen ganz wenigen Grundsätzen, die sie aber recht konsequent einhalten (vgl. Abb. 13).

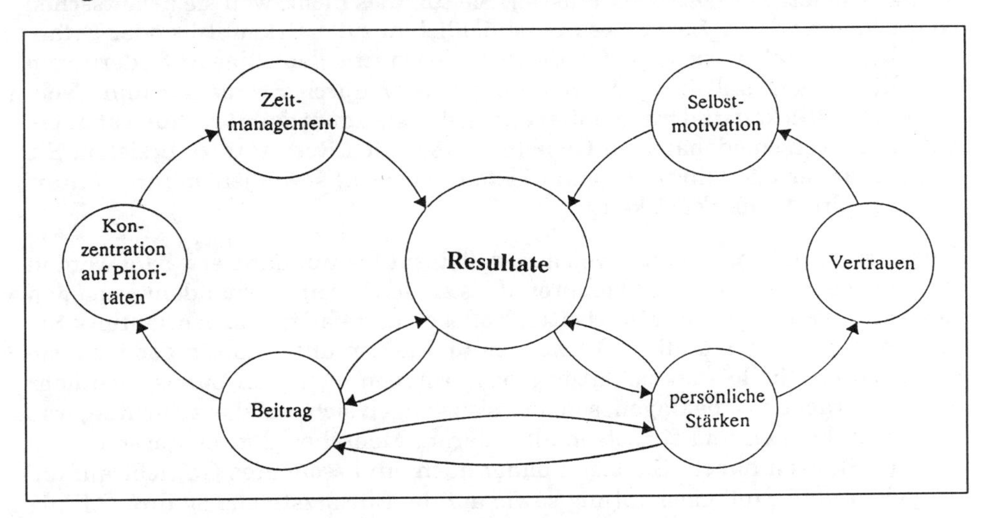

Abb. 13: Netzwerk der Faktoren managerieller Effektivität

Der effektive Manager handelt sehr konsequent nach dem Prinzip, daß letztlich nur die *Resultate* zählen. Er ist outputorientiert. Natürlich weiß er, daß Input in Form von Arbeit, Anstrengung und Mühe erforderlich sind, um Output zu produzieren. Sein Denken kreist aber niemals um die Inputs, sondern was für ihn zählt, sind die Ergebnisse. Dies mag nun sofort den Anschein erwecken, als werde hier einer Art von autoritärem, inhumanem und möglicherweise sogar brutalem Management das Wort geredet. Dies ist in keiner Weise der Fall. Die äußere Erscheinungsform, der Stil, die Verpackung gewissermaßen, können vollkommen verschieden sein. Natürlich will ich nicht bestreiten, daß es unter den ergebnisorientierten Führungskräften auch solche gibt, die zu einem autoritären Stil neigen; es gibt aber mindestens ebenso viele, die diesem Grundsatz mit äußerster Konzilianz, um nicht zu sagen Liebenswürdigkeit, nachleben. Entscheidend ist die Verwirklichung dieses Prinzips, und nicht so sehr die äußerliche Manifestation.

Zum zweiten wissen die wirksamen Führungskräfte, daß sie ihre Aufgabe und ihre Arbeit nur dann sinnvoll gestalten und damit auch Resultate erzielen können, wenn sie sich auf ihren *spezifischen Beitrag* an das Ganze konzentrieren. Sie stellen sich daher immer wieder die Frage: Was kann ich im besonderen im Rahmen dieser Unternehmung beitragen? Dies ist sozusagen der „Trick", mit dem man sich konsequent außenorientiert und in einem sehr verallgemeinerten Sinne kundenorientiert macht.

Die wirksamen Führungskräfte wissen weiter, daß sie sich auf einige ganz wenige Gebiete *konzentrieren* müssen. Sie tun dies nicht, weil sie arbeitsscheu oder bequem wären. Sie tun es ausschließlich aus der Erkenntnis oder Erfahrung heraus, daß an sie täglich derartig viele verschiedenartige Anforderungen gestellt werden, daß ihre Arbeit immer wieder durch Störungen und Sachzwänge zerstückelt und fragmentiert wird, daß sie kaum damit rechnen können, auf vielen verschiedenartigen Gebieten tatsächlich Resultate zu erzielen. Sie widmen daher auch ihrem eigenen *Zeitmanagement* sowie jenem ihrer Mitarbeiter größte Aufmerksamkeit.

Sie gehen auch konsequent davon aus, daß Resultate nur dann erwartet werden können, wenn man sich fast kompromißlos an den bereits vorhandenen eigenen Stärken, den *Stärken* der Mitarbeiter, Kollegen und Vorgesetzten orientiert. Sie erkennen selbstverständlich Schwächen und leiden unter diesen genauso wie alle anderen. Sie leisten sich aber gewissermaßen nicht den Luxus, sich über diese Schwächen zu beklagen, sondern sie zwingen sich, auf das zu achten, was Menschen können und sie setzen alles daran, Menschen dort einzusetzen, wo sie ihre Stärken haben. Sie legen daher auch ein besonderes Gewicht auf die Aufgaben- und Stellengestaltung sowie auf die Einsatzsteuerung ihrer Mitarbeiter, und sie sorgen strikte für Kongruenz zwischen diesen Aspekten und bereits vorhandenen Stärken.

Diese Art von Führungskräften achtet weniger auf Motivationsfragen, und sie sind nicht besonders damit beschäftigt, ständig das Innenleben ihrer Mitarbeiter zu analysieren. Worauf sie aber sehr achten, das ist die gegenseitige *Vertrauensbasis*. Wenn und insoweit ein Manager es geschafft hat, sich das Vertrauen seiner Mitarbeiter zu erwerben und zu erhalten, ist es ihm gelungen, eine wirklich robuste Führungssituation zu schaffen. Robustheit gegenüber den vielen Fehlern, die täglich passieren, ob wir es wollen oder nicht, ist, wie schon erwähnt, eine der entscheidenden Facetten einer guten Unternehmungskultur.

Und schließlich handelt es sich um Menschen, denen es auf irgendeine Weise immer wieder gelingt, einer auch noch so mißlichen Lage die positiven Seiten abzugewinnen. Sie warten nicht darauf, bis ein anderer sie motiviert; sie *motivieren sich selbst* und sie wissen, daß sie aus sich heraus die erforderliche Kraft entwickeln müssen, um mit den vielen Rückschlägen und Mißerfolgen, die das Tagesgeschäft mit sich bringt, fertig zu werden. Dahinter stehen keine besonders geheimnisvollen Methoden oder gar spezifische Persönlichkeitsveranlagungen. Die meisten Führungskräfte lernen dies im Laufe ihrer Praxis, wenn auch leider zu viele erst sehr spät.

Diese Grundsätze mögen ganz simpel erscheinen und sie sind es auch. Sie sind *einfach* - aber nicht *leicht* zu realisieren. Auch sie haben den Charakter von Eckpfeilern, relativ zu welchen sich schließlich so etwas wie Selbstorganisation ergeben kann. Es sind die unverzichtbaren Fixpunkte, die Orientierung überhaupt erst ermöglichen und die das zu schaffen vermögen, was Stafford Beer einmal „the entropic drift" genannt hat. Damit meinte er nichts anderes, als die dem Physiker wohlvertraute Tatsache, daß entsprechend dem zweiten Hauptsatz der Thermodynamik ein System immer in seinen wahrscheinlichsten Zustand tendiert. Die Frage ist natürlich immer wieder: Was ist der wahrscheinlichste Zustand? In einem physikalischen System ist es ein Zustand der Gleichverteilung der Energie. In einem sozialen System geht es darum, daß eine spontane Ordnung entsteht. Wie wir von Friedrich von Hayek lernen können, hängt dies mit der Existenz von Regeln im System zusammen, die das Verhalten einer großen Zahl von Individuen so steuern, daß die daraus entstehende Verhaltensordnung ein hohes Maß an Zweckmäßigkeit und Funktionssicherheit aufweist.

4 Früherkennung

Früherkennung im Dienste von Control der Unternehmung, und Identifikation und Operationalisierung vorauslaufender Controls müssen meines Erachtens bei den im letzten Abschnitt genannten Problembereichen der Unternehmungsstrategie, der Unternehmungsstruktur und der Unternehmungskultur ansetzen. Dies sieht vielleicht auf den ersten Blick nach Überforderung des Controlling aus. Hier können aber zum frühest möglichen Zeitpunkt Erosionserscheinungen festgestellt, wenn auch nicht oder nur zum Teil im klassischen Sinne gemessen werden.

Das Strategie-Konzept Gälweilers ist das einzige, mir bekannte, das explizit nicht auf Prognose aufbaut, sondern auf Vorsteuerung. Wir können die Zukunft nicht vorhersehen, sondern sie bestenfalls durch heutige Entscheidungen gestalten. Daran ändern auch noch so sophistizierte Prognose- und Szenariomethoden nichts.

Deshalb sind diese Dinge natürlich nicht wertlos. Insbesondere durch die Szenariotechnik können vorauslaufende Faktoren erfaßt und in ihrem Zusammenwirken untersucht werden; wir können versuchen, typische Verlaufsmuster zu erkennen und diese in die strategischen Überlegungen miteinzubeziehen. Aber eine Prognose im engeren Sinne ist nicht möglich. Niemand weiß heute, wie die Konjunktur in zehn Jahren aussehen wird, wie dann die Wechselkursrelationen sein werden, und wo sich dann die Preise für die relevanten Rohstoffe befinden werden.

Daher muß eine Strategie auf weiten Strecken unabhängig sein von solchen Prognosen. Genau dieses leistet das Konzept von Gälweiler, wenn auch nicht vollständig, so doch weitgehend. Es lenkt die Aufmerksamkeit auf jene Größen, die den Zeithorizont des unternehmerischen Handelns bestimmen, völlig unabhängig davon, ob wir für diese Zeiträume Prognosen haben oder nicht. Wenn die Natur der Geschäftstätigkeit es mit sich bringt, daß die Entwicklung einer neuen Technologie oder eines neuen Produktes, wie etwa in der Flugzeugindustrie, zehn bis zwölf Jahre dauert, bis sie operativ werden und die Konkurrenzsituation beeinflussen können, so legt eben eine entsprechende Entscheidung, dieses Produkt zu entwickeln oder auch nicht, die Unternehmung genau für diesen Zeitraum irreversibel fest, völlig unabhängig davon, wie sich die Konjunktur innerhalb dieses Zeitraumes entwickelt, welche Regierungspolitik betrieben wird und welche Währungsabkommen getroffen werden. Die Fixpunkte einer Strategie können also nur jene Dinge sein, die schon eingetreten sind und deren Konsequenzen, die sich vielleicht erst über lange Zeiträume entfalten werden. Typische Beispiele sind demographische und technologische Entwicklungen. Über alles andere sind bestenfalls Annahmen möglich, die mehr oder weniger plausibel sein können.

Früherkennung und Frühwarnung können sich daher auch nur mit diesen beiden Aspekten befassen: mit den durch die vorauslaufenden Faktoren implizierten Konsequenzen im Sinne von Abbildung 1 und 11 und mit den Annahmen, auf denen eine Strategie aufgebaut ist.

Dieser zweite Aspekte, die Prämissen einer Strategie, erfordert noch einige Bemerkungen. Sie können zu einer besseren Präzisierung einer Strategie führen und mithelfen, Komplexität unter Kontrolle zu bringen. Die Prämissen, oder vielleicht besser formuliert, die Grenzbedingungen einer Strategie, erlauben meines Erachtens die frühest mögliche Widerlegung (im Sinne Poppers) der durch die Strategie gewissermaßen implizierten Theorie über die Unternehmung. Natürlich handelt es sich dabei nicht um eine allgemeine Unternehmenstheorie, sondern um eine Theorie über das im Einzelfall betrachtete Unternehmen, seine Funktionsweise und seine Entwicklung. Es ist also eine spezielle Theorie, die aber doch allgemeine Aussagen empirischer Natur beinhaltet, die widerlegbar sind bzw. widerlegbar formuliert werden müssen. Die Prämissen oder Grenzbedingungen sind Ereignisse, bei deren Eintreten die

Unternehmungsleitung akzeptieren muß, daß die bisherige Strategie in wichtigen Grundelementen nicht mehr haltbar ist und als Folge davon nicht eine Verstärkung der bisherigen Anstrengungen, sondern eben eine neue Strategie, durch eine neue Situation erzwungen, erforderlich ist.

Wenn beispielsweise nach gründlicher Überlegung eine Meinung bezüglich des Dollarkurses und seiner mutmaßlichen Entwicklung entstanden ist, so hat dies natürlich nur den Charakter einer Vermutung oder eine Hypothese. Die Frage lautet nun: bei Erreichen welchen Dollarkurses wollen wir unsere Meinung als widerlegt betrachten und in den Teilen der Strategie, die noch verändert werden können, entsprechende Änderungen vornehmen? Jeder Arzt steht bei der Therapie vor dieser Frage: bei Eintreten welcher Wirkungen bzw. Nichteintreten welcher Wirkungen muß die Therapie als gescheitert angesehen werden?

Drucker hat im Zusammenhang mit dem Treffen wirksamer Entscheidungen unermüdlich auf die Bedeutung der Spezifikationen von Grenzbedingungen hingewiesen, und er hat dies unter anderem am Beispiel des Schlieffenplanes aus dem Ersten Weltkrieg verdeutlicht:[10)] Schlieffen war sich über die Grenzbedingungen seines Planes völlig im klaren, der darauf beruhte, Deutschland einen Zweifrontenkrieg zu ermöglichen, ohne seine Kräfte zu zersplittern. Er arbeitete präzise heraus, welche Ergebnisse wo und bis wann erreicht sein müssen, um dieses Ziel zu erreichen. Und es war ihm völlig klar, daß für den Fall des Nichteintretens dieser Ereignisse der ursprüngliche Plan fallengelassen werden müßte und ein neuer Plan erforderlich werden würde. Daß die Dinge dann nach dem Tode Schlieffens nicht so, wie er sie vorgesehen hatte, gehandhabt wurden, konfus improvisiert wurde und schließlich zu einem historischen Desaster führten, ist zu einem wesentlichen Teil darauf zurückzuführen, daß die Bedeutung von Grenzbedingungen von den Nachfolgern Schlieffens nicht verstanden wurde.

In Zusammenhang mit der Unternehmungsstruktur werden Controls nicht leicht zu konstruieren sein und ebensowenig in bezug auf die Unternehmenskultur. Aber gewisse Aspekte können doch einer laufenden Prüfung unterzogen werden, um frühzeitig auf Fehlentwicklungen aufmerksam zu machen. Ob dies Sache des Controlling im Sinne einer speziellen Funktion oder Abteilung sein kann, wird von den Umständen des Einzelfalles abhängen. Vielleicht muß dies letztlich als ureigenste und undelegierbare Aufgabe des Managements angesehen werden.

Wenn man aber bedenkt, wie sehr Fehlentwicklungen in Struktur und Kultur eine Unternehmung in Schwierigkeiten bringen können, wie schleichend zunächst, in späterer Konsequenz aber fast irreversibel Leistungsfähigkeit, Motivation, Vertrauen, Gerechtigkeitsempfinden und Achtung in einer Organisation zerrüttet werden, dann stellt sich zweifellos eine wichtige, wenn auch schwierige Aufgabe für eine wie immer in Zukunft zu gestaltende Controlling-Funktion.

5 Schlußbemerkungen

Wir stehen in vielerlei Beziehung erst am Anfang der Bemühungen, die Institutionen und Organisationen einer modernen Gesellschaft zu verstehen und sie steuern zu können. Die „organisierte Gesellschaft", wie sie inzwischen Tatsache ist, ist ja ein sehr junges Phänomen. Mit wenigen Ausnahmen sind die typischen Institutionen der Gesellschaft, die Unternehmungen und die Organisationen des Non-Profit-Bereiches, wie etwa jene des Gesundheits- und Bildungswesens, der Politik und Verwaltung, des Kulturbereiches usw. erst in den letzten hundert Jahren entstanden. Vorher hat sich das Leben der Menschen in der Familie, auf dem Bauernhof und im kleinen Handwerksbetrieb abgespielt. Selbst die früheren Großorganisationen des Staates, der Kirchen und des Militärs waren vergleichweise einfach.

Die Probleme von Control, Controls und Controlling werden uns noch längere Zeit beschäftigen, bis wir befriedigende Lösungen gefunden haben; aber ein Anfang scheint mir gemacht und die Richtung vorgezeichnet zu sein.

Die Arbeit von Professor Eschenbach, dem diese Festschrift gewidmet ist, und seines Institutes kann in diesem Zusammenhang nicht hoch genug gewürdigt werden, denn sie zeichnet sich, ausgehend von Fragen des klassischen Controlling gerade durch eine Entwicklung hin zu einer ganzheitlichen Sicht und einer umfassenden Behandlungen von Führungs- und Controlling-Problemen aus.

Anmerkungen

[1] Beer (1972), S. 35
[2] Beer (1975), S. 221
[3] Ashby (1970), S. 124 ff
[4] Ebenda S. 207
[5] Popper (1971), S. 384 ff
[6] Drucker (1974), S. 494 ff
[7] Drucker a.a.O., S. 496
[8] Malik (1989), passim
[9] Buzzell/Gale (1987)
[10] Drucker (1967), S. 207 ff

Abbildungsquellen:

Abb. 1: Gälweiler, A.: Strategische Unternehmensführung, Frankfurt / New York 1987.

Abb. 2: Nakicenovic, N.: Patterns of Change - Technological Substitution and Long Waves in the United States, IIASA, Laxenburg 1985.

Abb. 3: Nakicenovic, N.: Patterns of Change - Technological Substitution and Long Waves in the United States, IIASA, Laxenburg 1985.

Abb. 4: Nakicenovic, N.: Transportation and Energy Systems in the United States, IIASA, Laxenburg 1986.

Abb. 5: Nakicenovic, N.: Patterns of Change - Technological Substitution and Long Waves in the United States, IIASA, Laxenburg 1985.

Abb. 6: Mensch, G.: Das technologische Patt, Frankfurt 1975.

Abb. 7: Marchetti, C.: Society as a Learning System: Discovery, Invention, and Innovation Cycles Revisited, IIASA, Laxenburg 1981.

Abb. 8: Marchetti, C.: Society as a Learning System: Discovery, Invention, and Innovation Cycles Revisited, IIASA, Laxenburg 1981.

Abb. 9: Beer, S.: On Viable Governors, in: Discovery 23/1962.

Abb. 10: Malik, F.: Effizienzsteigerung durch optimale Arbeitsmethoden, in: Schweizer Ingenieur und Architekt, Heft 6/1987.

Abb. 11: Gälweiler, A.: Strategische Unternehmensführung, Frankfurt/New York, 1987.

Abb. 12: Beer, S.: On Viable Governors, in Discovery 23/1962.

Abb. 13: Malik, F.: Effizienzsteigerung durch optimale Arbeitsmethoden, in: Schweizer Ingenieur und Architekt, Heft 6/1987.

Literaturverzeichnis:

[1] Ashby, W.R., (1970) *An Introduction to Cybernetics*, 5th ed., London 1970.

[2] Beer, S., (1962) *On Viable Governors*, in: Discovery 23/1962

[3] Beer, S., (1972) *Brain of the Firm*, London 1972

[4] Beer, S., (1975) *Platform for Change*, London 1975

[5] Buzzell, R.D./Gale,B.T., (1987) *The PIMS Principles, Linking Strategy to Performance*, New York 1987

[6] Drucker, P., (1967) *Die ideale Führungskraft* , Düsseldorf 1967

[7] Drucker, P., (1974) *Management*, London 1974

[8] Gälweiler, A., (1987) *Strategische Unternehmensführung*, Frankfurt / New York 1987

[9] Malik, F., (1987) *Effizienzsteigerung durch optimale Arbeitsmethoden*, in: Schweizer Ingenieur und Architekt, Heft 6/1987

[10] Malik, F., (1989) *Strategie des Managements komplexer Systeme, 3. Auflage*, Bern/Stuttgart 1989

[11] Marchetti, C., (1981) *Society as a Learning System: Discovery, Invention, and Innovation Cycles Revisited*, IIASA, Laxenburg 1981

[12] Marchetti, C., (1986) *Infrastructures for Movement*, IIASA, Laxenburg 1986

[13] Mensch, G., (1975) *Das technologische Patt*, Frankfurt 1975

[14] Nakicenovic, N., (1985) *Patterns of Change - Technological Substitution and Long Waves in the United States*, IIASA, Laxenburg 1985

[15] Nakicenovic, N., (1986) *Transportation and Energy Systems in the United States*, IIASA, Laxenburg 1986

[16] Popper, K.R., (1971) *Logik der Forschung*, 4. Auflage, Tübingen 1971

Instrumente der Strategieentwicklung und -umsetzung

Richard Hammer, Hans H. Hinterhuber

Inhalt:

1 Die Evolution des strategischen Planungsinstrumentariums

In unserem dynamischen Zeitalter häufen sich die Indizien dafür, daß wir uns an einer evolutionären Schwelle befinden, in einer Phase bedeutsamer Umwälzungen, die für unsere Zukunft, für die Zukunft von Wirtschaft, Gesellschaft und Unternehmungen von entscheidender Bedeutung ist. Für Leben und Kultur des Menschen bedeutsame Prozesse haben in ihrer Vielfältigkeit und Komplexität eine Eigendynamik entwickelt, die sowohl auf geistiger als auch auf materieller Ebene in immer kürzeren Intervallen wesentliche Strukturänderungen mit sich bringen oder immer zwingender erforderlich erscheinen lassen. Mit zunehmender Häufigkeit erfolgt die Konfrontation mit neuartigen, grundlegenden Veränderungen der Umweltkonstellationen.[1] „Wir leben in einem Zeitalter akzelerierender Impermanenz und damit in einer Kulturepoche, in welcher das heraklitische „panta rhei", welches Wandel zum einzig permanent Existierenden erklärt, auf immer neue Weise beängstigende Aktualität gewinnt."[2] Die ständig schneller vor sich gehenden Veränderungen von Rahmenbedingungen für menschliches Gestalten entwerten laufend die Problemadäquanz von Strategien und Maßnahmen, die noch in jüngster Zeit erfolgswirksam waren.

Auch die moderne Wissenschaft ist Ausdruck dafür, daß eine evolutionäre Schwelle erreicht ist. Ihre Erkenntnisse brachten und bringen eine progressiv steigende Anzahl neuer Möglichkeiten zur Lösung unserer Probleme. Laufend werden Anstrengungen unternommen, Planungs- und Führungssysteme zu verbessern (siehe dazu Abbildung 1).[3]

Gerade die letzten beiden Jahrzehnte sind charakterisiert durch eine evolutionäre Weiterentwicklung von Führungsinstrumenten und -systemen. Seit dem nunmehr etwa 30jährigen Bestehen der strategischen Planung, die von den USA ausgehend Ende der 60er Jahre auch von den europäischen Unternehmungen als problemadäquates Instrument der Unternehmungsführung übernommen wurde, zeigen Theorie und Wirtschaftspraxis in zunehmendem Maße Interesse an diesem neuen Konzept. Permanent wird an der Weiterentwicklung des Führungsinstrumentariums gearbeitet, und mit zunehmender Erfahrung mit der Bewältigung von Implementierungsproblemen und mit dem Einsatz der einzelnen Instrumente scheint auch der Widerstand gegen diese Innovation im Führungsinstrumentarium geringer zu werden.[4] Im Rahmen dieser Arbeit interessiert vor allem die *Weiterentwicklung der strategischen Planung*, die - zum Unterschied der Evolution strategischen Denkens - ausschließlich auf die immer häufigeren Veränderungen der ökonomischen, technologischen und sozio-kulturellen Rahmenbedingungen zurückgeführt wird[5], die sich in zwei Richtungen vollzog,

1990 Strategische Unternehmensführung und Organisationskultur

1985 Strategische Unternehmensführung

1980 Strategische Planung

1975 Langfristige Planung

1970 Marketing

1965 Verwaltungssysteme

1960 Kostenrechnung

1955 Rationalisierung

1950 Produktion

Wiederaufbau/Produktion

Abb. 1: Entwicklungslinien der strategischen Unternehmungsführung

- in Richtung inhaltlicher Schwerpunktverschiebungen in der Interpretation der strategischen Planung und
- in Richtung einer systematischen Verbesserung und Verfeinerung ihrer Instrumente,

und sich in folgenden *Trends* ausdrückt:

- Die Bedeutung der Extrapolation in den Planungen sinkt.
- Die Flexibilität der Planung gewinnt an Bedeutung.
- Strategische Planung ist zunehmend in ihrem Zusammenhang mit einer Organisationsplanung zu sehen.
- Der Einsatz von spezifischen Methoden der strategischen Planung, insbesondere der Portfolio-Methodik, erfolgt verstärkt.
- Die Bedeutung der EDV für die Vorbereitung strategischer Entscheidungen wird in zunehmendem Ausmaß anerkannt.

Im folgenden werden die wesentlichen Elemente dieser Entwicklung der strategischen Planung entsprechend der nachstehenden Graphik herausgearbeitet.

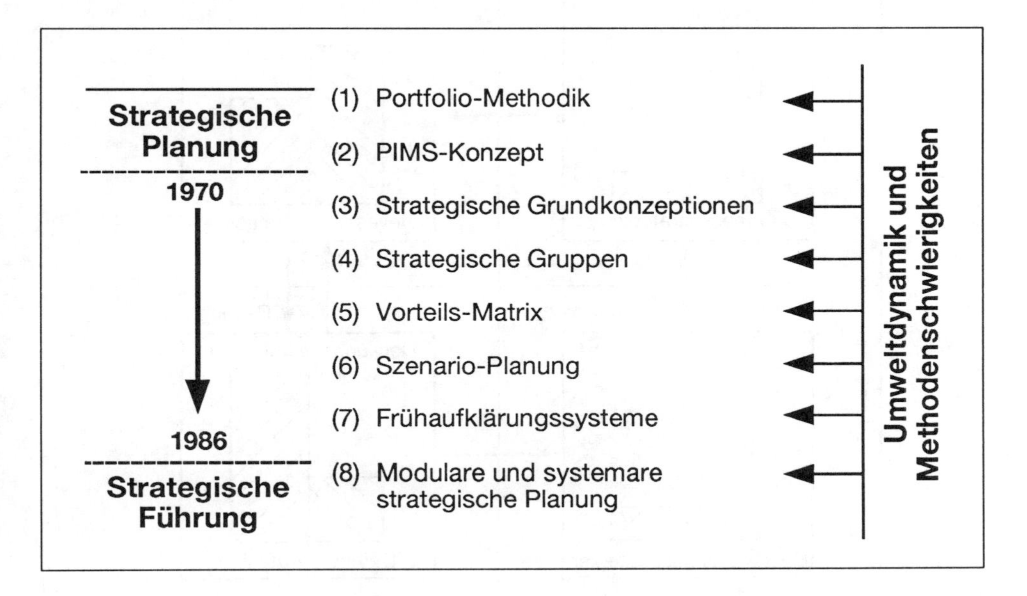

Abb. 2: Entwicklungselemente des strategischen Planungsinstrumentariums

2 Die Einführung der Portfolio-Methodik

Mit der Entwicklung und Einführung der Portfolio-Matrix[6] erreicht das Instrumentarium der strategischen Planung einen neuen integrativen Standard. Integrativ deshalb, weil bisher eingesetzte Methoden der strategischen Analyse und der Strategieentwicklung, wie z.B. das Konzept der Erfahrungskurve[7] oder das Lebenszyklus-Konzept, sich im Instrumentarium der Portfolio-Methodik integriert finden (siehe dazu die Abbildung 3).

Die Phasen im Lebenszyklus eines Produktes sind beinahe deckungsgleich mit den Hauptcharakteristika der vier Felder der Portfolio-Matrix in bezug auf das Marktwachstum und den Marktanteil, deren Relevanz als Schlüsselfaktoren für die Erfolgsträchtigkeit strategischer Geschäftseinheiten sich aus dem Konzept der Erfahrungskurve ableitet bzw. diese bestätigt.[8] Das Portfolio-Denken basiert in erster Linie auf der Wachstumsphilosophie der 50er und 60er Jahre und deren Einfluß auf die Strategieformulierung der Unternehmungen. Die Beurteilung der Marktwachstumsentwicklung ist zusammen mit dem Marktanteil die ausschlaggebende Determinante für die Wahl einer Investitions- oder

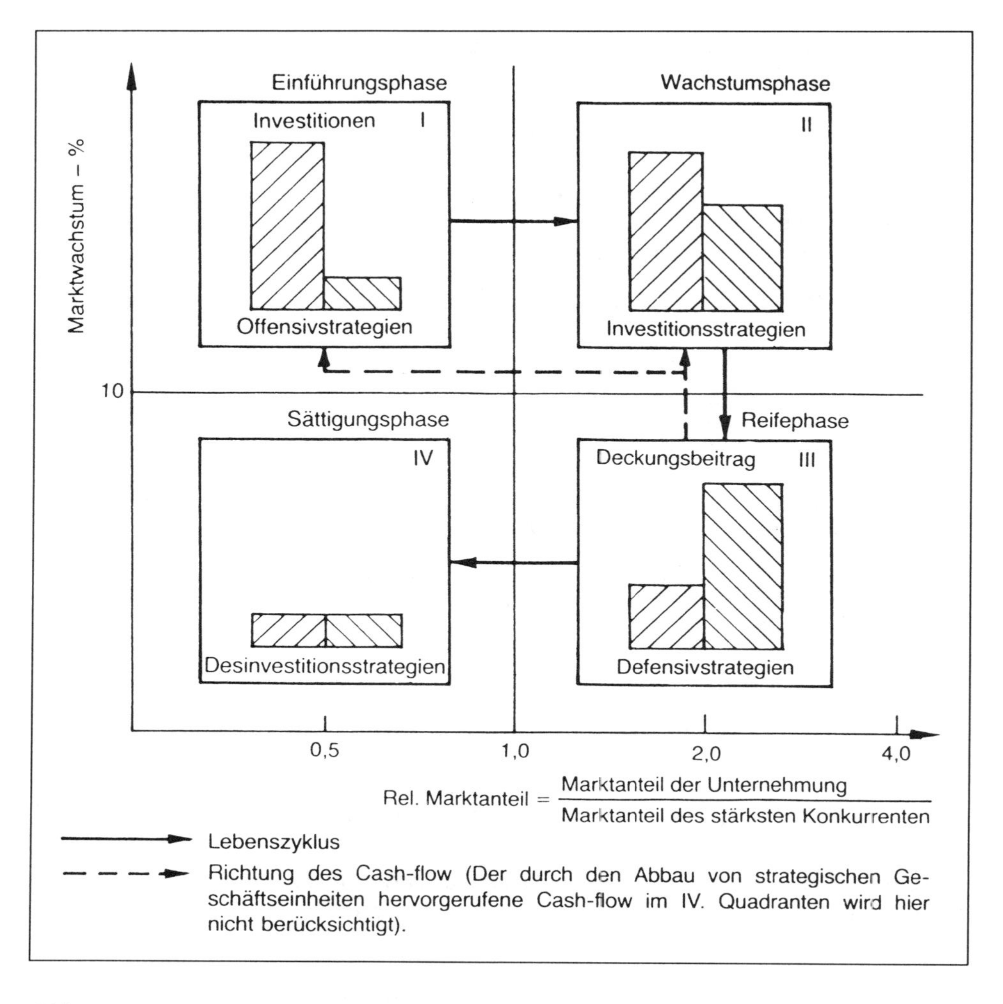

Abb. 3: Die Portfolio-Matrix (Marktanteils- / Marktwachstums-Matrix) im Zusammenhang mit dem Produktlebenszyklus-Konzept und dem Cash-flow-Strom

Wachstumsstrategie oder, im Extremfall eines schrumpfenden Marktes, einer Desinvestitions- oder Abschöpfungsstrategie.[9] Die prognostizierte Wachstumsrate für eine strategische Geschäftseinheit wird zugleich als Indikator für den Cash-flow-Verbrauch betrachtet, während der geplant erreichbare relative Marktanteil Auskunft über das erreichbare Cash-flow-Potential geben soll.[10] Den einzelnen Feldern der 4-Felder-Portfolio-Matrix bzw. den Phasen im Lebenszyklus einer strategischen Geschäftseinheit können Ein- und Auszahlungen zugeordnet werden.

Hinter dieser modellhaften Betrachtung des Cash-flow-Stromes steckt die eigentliche Grundintention des Portfolio-Denkens bzw. des „Portfolio-Managements":[11] Aufgabe der Unternehmungsführung ist es, das Portfolio einer Unternehmung in einem sogenannten „Fließgleichgewicht[12]" in bezug auf den Gesamt-Cash-flow zu halten, d.h. mit anderen Worten, einen Ausgleich zu schaffen zwischen mittelerzeugenden und mittelverbrauchenden strategischen Geschäftseinheiten.

Die Anwendung dieses Denkens bzw. dieser Methodik im Rahmen der strategischen Unternehmungsplanung in der Unternehmungspraxis verlief nicht unproblematisch: erfolgreich dort,

- wo Unternehmungen mit ihren strategischen Geschäftseinheiten vorwiegend auf wachsenden Märkten tätig waren,
- wo von vornherein der Stellenwert der Portfolio-Matrix primär als ein Instrument der strategischen Analyse und erst sekundär als Instrument zur Strategieentwicklung erkannt wurde,[13]
- wo das relativ hohe Aggregationsniveau der Informationen akzeptabel erschien
- und schlußendlich, wo in Kenntnis der Stärken und Schwächen des Instrumentes die Interpretation der Ergebnisse erfolgte.

Weniger erfolgreich eingesetzt und dementsprechend kritisiert erfolgte die Anwendung dort,

- wo nur das Endergebnis der Portfolio-Planung - das Ist- und das Ziel-Portfolio - betrachtet wurde, und nicht auch die vielen Antworten auf die detaillierten strategischen Fragestellungen auf dem Weg dorthin in der Interpretation der Ergebnisse und in der Strategie- und Maßnahmenplanung Berücksichtigung fanden;
- wo eine Unternehmung mit der vorwiegenden Anzahl von strategischen Geschäftseinheiten in stagnierenden oder sogar schrumpfenden Märkten mit einem eher relativ geringen Marktanteil tätig war und trotzdem hohe Renditen - einen hohen Return on Investment (ROI) - erwirtschaftete. Die aufgrund der Positionierung im Bereich der „Desinvestition" anzuwendende Normstrategie war daher für derartige Unternehmungen wenig aussagefähig und ein nicht zielführendes Ergebnis;
- wo falsche Erwartungen in die Methodik in Unkenntnis ihres wirklichen Stellenwertes zu „unbefriedigenden" Ergebnissen führen mußten.

Diese Kritikpunkte, vor allem an der der Portfolio-Methodik zugrundeliegenden Wachstumsphilosophie, an deren universeller Gültigkeit und Fortbestand, ließen spätestens ab Mitte der 70er Jahre echte Zweifel aufkommen.[14] Sie führten dazu, daß permanent an der Erweiterung und Verfeinerung des Instrumentariums gearbeitet wurde: Der 4-Felder-Matrix folgte die 9-Felder-Matrix[15] und an bestimmte Problem- oder Branchensituationen angepaßte Portfoliovarianten.[16]

Eine von der Portfolio-Diskussion unabhängige Entwicklung erfolgte mit der Realisierung der „PIMS-Studie", auf die im folgenden kurz eingegangen wird.

3 Die Realisierung der PIMS-Studie

PIMS ist die Abkürzung für „Profit Impact of Market Strategies" und die Kurzbezeichnung für ein mittlerweile internationales Forschungs- und Beratungsprogramm, das auf eine Entwicklung bei General Electric zurückgeht, um bestimmte Faktoren von Gewinn und Cash-flow aufzuzeigen. Da für die Repräsentativität und Verläßlichkeit der Aussagen eine größere Datenbasis notwendig war, installierte die Harvard Business School ein Pilot-Projekt. Kernstück ist eine Datenbank mit strategisch relevanten Daten von mehr als 200 Unternehmungen, darunter sämtliche Unternehmungen der berühmten „Fortune 100-Liste". Dieses Datenmaterial ermöglichte es erstmals, strategische Erfahrungen „anderer" Unternehmungen nutzbar zu machen. Dabei geht PIMS weit über eine Konkurrenzanalyse hinaus, da es nicht auf Branchen Bezug nimmt, sondern auf *Strukturvergleiche*.[17] Als Ergebnisse dieser Forschungen stehen in erster Linie „Schlüsselfaktoren des Erfolges" in Form von Determinanten des Return on Investment. Insgesamt 37 Einflußgrößen auf den Erfolg wurden mittels multivariabler, mathematisch-statistischer Verfahren[18] ermittelt, die zusammen 80% der ROI-Varianz erklären. Haupteinflußgrößen davon sind der relative Marktanteil und die Kapitalintensität als unabhängige Variable des Marktwachstums.[19] Die Art des Einflusses ist aus den Abbildungen 4 und 5 ersichtlich.

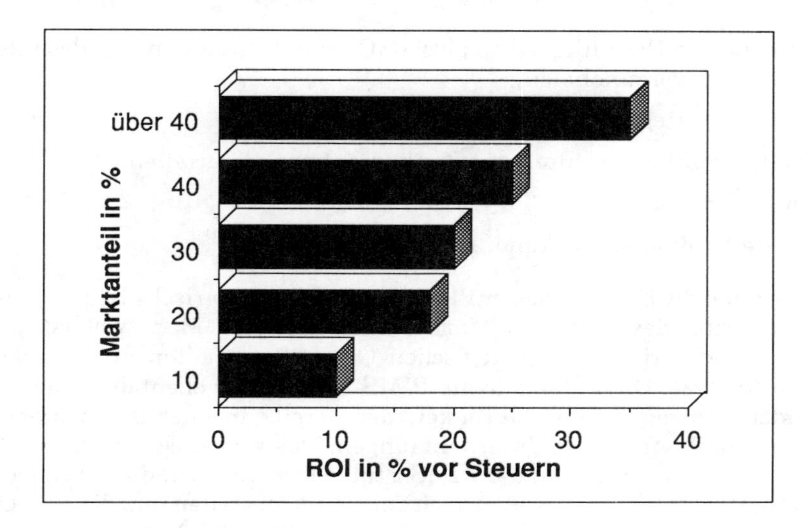

Abb. 4: Marktanteil und ROI

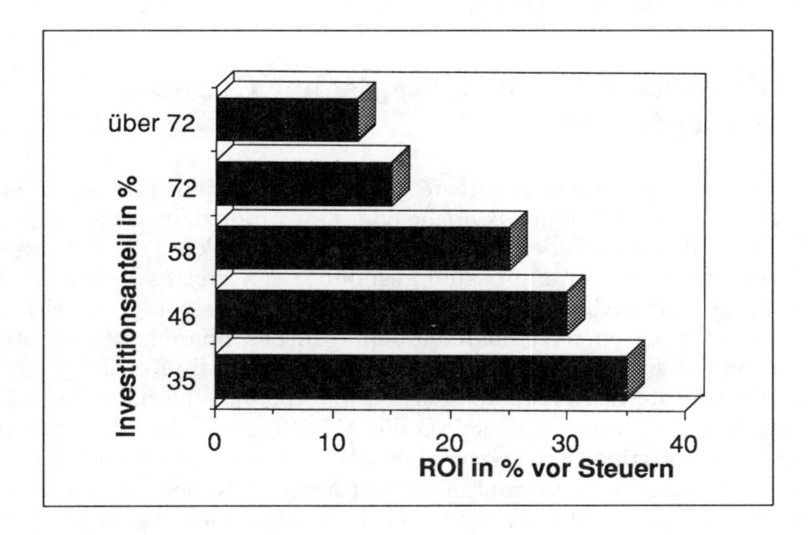

Abb. 5: Investitionsanteil und ROI

Die PIMS-Studie kann als Reaktion auf einen bis dahin spürbaren Mangel an strategischen „Erfahrungen" bezeichnet werden. Was wirklich wichtig und strategisch von Relevanz ist, bewiesen die Ergebnisse dieser Studie, die darüber hinaus die Möglichkeit schaffen,

- verbessert die Definition strategischer Geschäftseinheiten und des relevanten Marktes vorzunehmen,
- optimale Strategie-Varianten zu berechnen,
- das strategische Verhalten von Konkurrenten zu beurteilen,
- zu simulieren und
- potentielle Akquisitionskandidaten zu analysieren.[20]

Auch brachten die Ergebnisse der PIMS-Studie eine empirische Bestätigung für die Signifikanz des relativen Marktanteils und des Marktwachstums als Beurteilungskriterien von strategischen Geschäftseinheiten im Rahmen der Portfolio-Analyse. Damit leistete die PIMS-Studie aber ebenfalls einen unterstützenden Beitrag für die Gültigkeit der bereits in Diskussion stehenden Wachstumsphilosophie für Unternehmungen. Das war auch der Grund dafür, die Forschungen im Rahmen der PIMS-Studie fortzusetzen, die Datenbasis zu erweitern, zu internationalisieren, sich der Kritik zu stellen und die Ergebnisse zu überarbeiten. Dies führte Ende der 70er Jahre dann auch zu einer vielbeachteten Weiterentwicklung des strategischen Planungsinstrumentariums, der Konstruktion strategischer Grundkonzeptionen.

4 Die Konstruktion strategischer Grundkonzeptionen[21]

Zum Wesen bzw. Ziel einer Strategie gehört es, mit einer strategischen Geschäftseinheit innerhalb einer Branche oder eines Industriezweiges eine Position oder eine Nische zu finden, in der sie sich im Hinblick auf die Verbesserung ihrer Gewinnperspektiven am besten gegenüber den Wettbewerbskräften behaupten kann. Pümpin bezeichnet diese Position als die „strategische Erfolgsposition" einer strategischen Geschäftseinheit.[22] Insbesondere in schrumpfenden Branchen ist das Finden einer derartigen Position wichtig für das Überleben. Die schon erwähnte Schwäche der Portfolio-Methodik - die hohe Aggregation von Informationen - verhindert jedoch die Ableitung von Anhaltspunkten für die Definition derartiger Erfolgspositionen.[23] In der neuen Literatur zur Thematik der strategischen Unternehmungsplanung, insbesondere zum Problembereich der Wettbewerbsstrategie, wird deshalb vordergründig auf die Aggregation von Ergebnissen der Branchenanalyse auf der Ebene des Portfolio-Denkens verzichtet. Im Mittelpunkt steht vielmehr eine gut strukturierte und differenzierte Branchenanalyse inklusive einer Analyse der Wettbewerbsbeziehungen als einem „offenen" Bestandteil[24] der Strategieentwicklung. Dadurch wird vor allem erreicht, daß auch strategische Geschäftseinheiten der Unternehmung, die in schrumpfenden Branchen angesiedelt sind, eine differenzierte Beurteilung erfahren.[25] Das Vorhandensein strategischer Erfolgspositionen auch in diesen Branchen wird nicht von vornherein ausgeschlossen, sondern zum Untersuchungsgegenstand erhoben. Basistheorie dafür ist eine erweiterte Betrachtung der Ergebnisse der bereits zitierten PIMS-Studie, die vor allem den Zusammenhang zwischen ROI und relativem Marktanteil empirisch belegt, die sogenannte U-Kurve.[26]

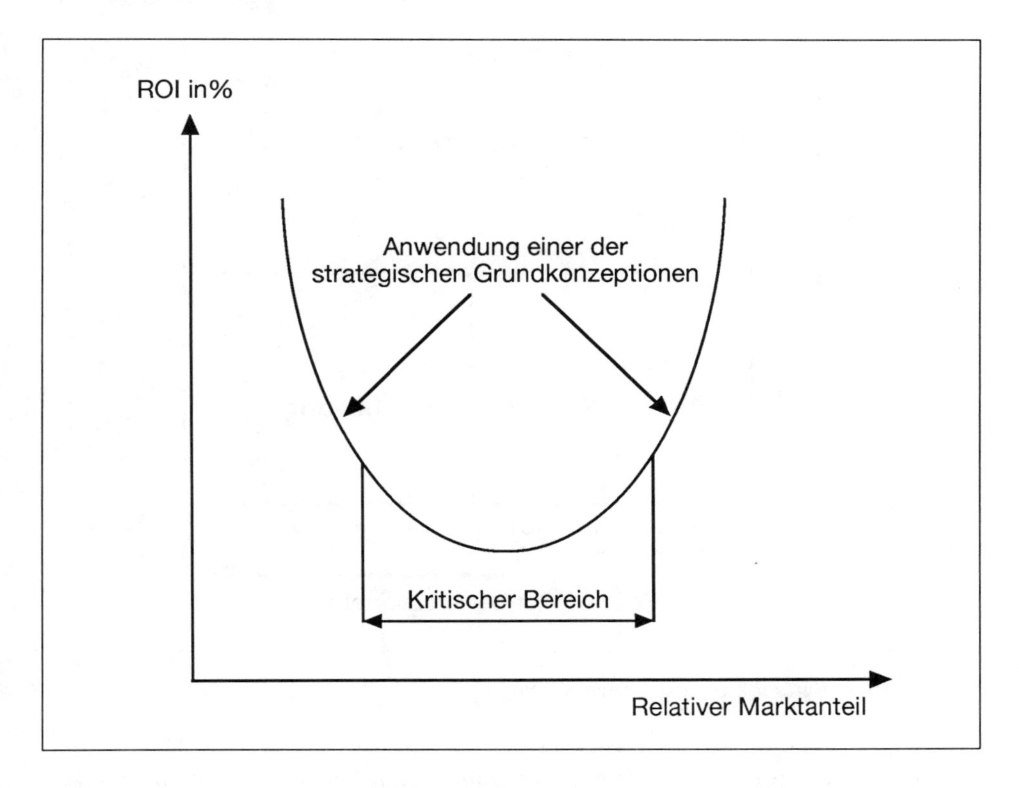

Abb. 6: Die Gewinnkurve der Unternehmung für unterschiedliche strategische Grundkonzeptionen

Entsprechend der Positionierung einer strategischen Geschäftseinheit entlang der Kurve eröffnen sich, im Sinne von Orientierungspunkten für die Schaffung dauerhafter Wettbewerbsvorteile in einer Branche, drei unterschiedliche strategische Grundkonzeptionen:[27]

- Kosten- bzw. Preisführerschaft
- Differenzierung
- Konzentration auf eine Marktnische.

Orientierungspunkte für ein differenziertes strategisches Verhalten entsprechend dieser drei strategischen Grundkonzeptionen sind in Abbildung 8 zusammengefaßt.[28]

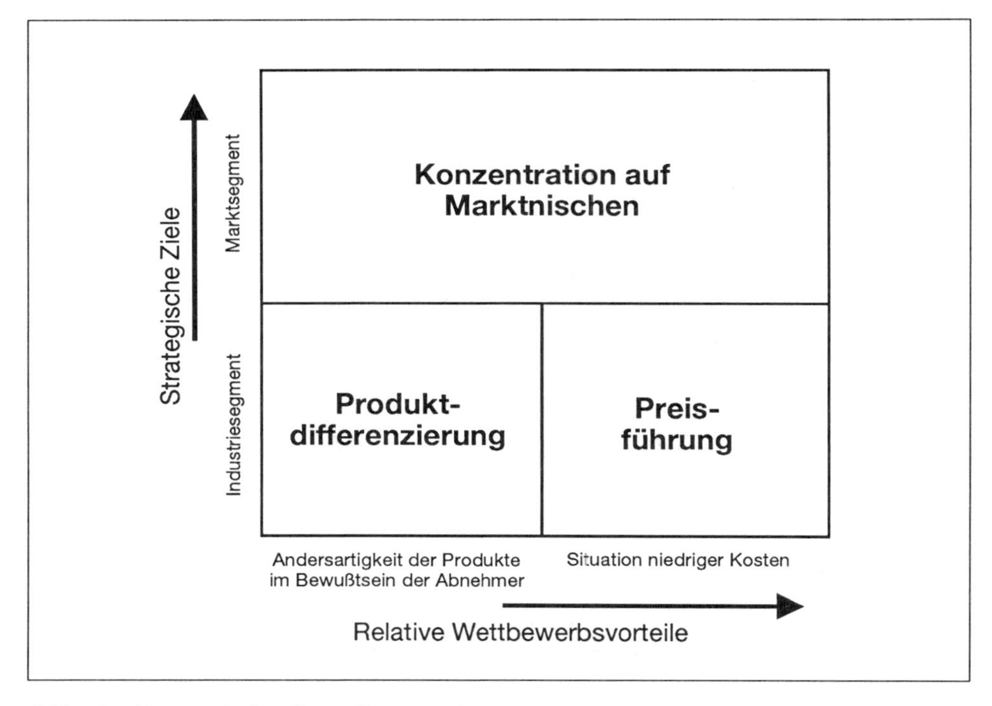

Abb. 7: Strategische Grundkonzeptionen

Die Weiterentwicklung der strategischen Planung auf Basis der Theorie der strategischen Grundkonzeptionen, die weniger eine Theorie als ein normatives Modell strategischen Verhaltens in Abhängigkeit des angestrebten bzw. erreichbaren relativen Marktanteils am Gesamtmarkt darstellt, besteht hauptsächlich darin, daß

- eine Aggregation und damit „Verschleierung" von Brancheninformationen vermieden wird und so für die Entwicklung von Wettbewerbsstrategien zusätzliche Informationen zur Verfügung gestellt werden;
- eine differenzierte Betrachtung für die Strategieentwicklung besonders in schrumpfenden Branchen erfolgt;
- vor allem Unternehmungen kleiner und mittlerer Größe, die im Verdrängungswettbewerb in schrumpfenden Branchen nur geringe Überlebenschancen besitzen, mit der Marktnischen-Konzeption oder/und einer Differenzierungsstrategie neue Möglichkeiten alternativen strategischen Handelns eröffnet werden[29] (siehe Abbildung 9).

		Strategische Grundkonzeptionen		
		Kostenführerschaft	Produktdifferenzierung	Konzentration auf eine Marktnische
Erforderliche Verhaltensweisen und Fähigkeiten	Unternehmungen	• Fähigkeit wenige Schlüsselentscheidungen auszuwählen • Verfahrensinnovation und -verbesserung • Hohe Investitionen • Starke Kostenorientierung in allen Bereichen • Fähigkeit der wirksamen, operativen Führung • Nutzung von Betriebsgrößenersparnissen und Erfahrungsökonomien • Orientierung an der Effizienz Organisation- und Absatzfä- • higkeiten auf großen Märkten • Internationalisierung *Notwendige Bedingung:* - Finanzmittelbeschaffung	• Produktinnovation und -verbesserung • Strategisches Marketing • Orientierte Grundlagenforschung, angewandte Forschung und Produktentwicklung • Hochqualifizierte Arbeitskräfte • Kreative Führung • Orientierung an der Flexibilität • Internationalisierung *Notwendige Bedingung:* - Gute Kostensituation	• Fähigkeit der Marktsegmentierung • Dienst am Kunden • Erkennen der Strukturänderungen • Innovationsfähigkeit *Notwendige Bedingung:* - Rasche und effiziente Anpassungsfähigkeit
	Gewerkschaften	• Bereitschaft, Löhne und Gehälter vorübergehend einzufrieren • Produktivitätsfortschritte Arbeitsmobilität • Bereitschaft f. Schichtarbeit • Mitbestimmung am Arbeitsplatz? *Notwendige Bedingung:* - Partnerschaftliche Orientierung der Industriepolitik	• Anreizsysteme für die Professionalität • Produktivitätsfortschritte • Hohe Arbeitsflexibilität • Mitbestimmung am Arbeitsplatz *Notwendige Bedingung:* - Partnerschaftliche Orientierung der Industriepolitik	• Anreizsysteme für die Professionalität • Bereitschaft zur Umstrukturierung *Notwendige Bedingung:* - Partnerschaftliche Orientierung der Industriepolitik
	Staat	• Rationalisierung der Dienstleistungen • Förderung der F&E Anstrengungen d. Unternehmungen • Finanzierungshilfen • Geeignete Steuerpolitik • Hohe öffentliche Nachfrage • Rasche Entscheidungen hinsichtlich Fusionen und Akquisitionen *Notwendige Bedingungen:* - Strategische Konzeption der Industriepolitik - Senkung der Inflationsrate - Sozialpartnerschaft	• Förderung der orientierten Grundlagenforschung • Verbesserung der Berufsausbildung • Exportförderung • Effiziente Bürokratie • Wissenstransfer Universität - Industrie *Notwendige Bedingungen:* - Strategische Konzeption der Industriepolitik - Senkung der Inflationsrate - Sozialpartnerschaft	• F&E-Förderung • Wissenstransfer Universität - Industrie • Diffusion von Markt- und Technologieinformationen • Förderung von technischen Hoffnungsgebieten *Notwendige Bedingung:* - Senkung der Inflationsrate

Abb. 8: Strategische Grundverhaltensweisen in Abhängigkeit von den strategischen Grundkonzeptionen

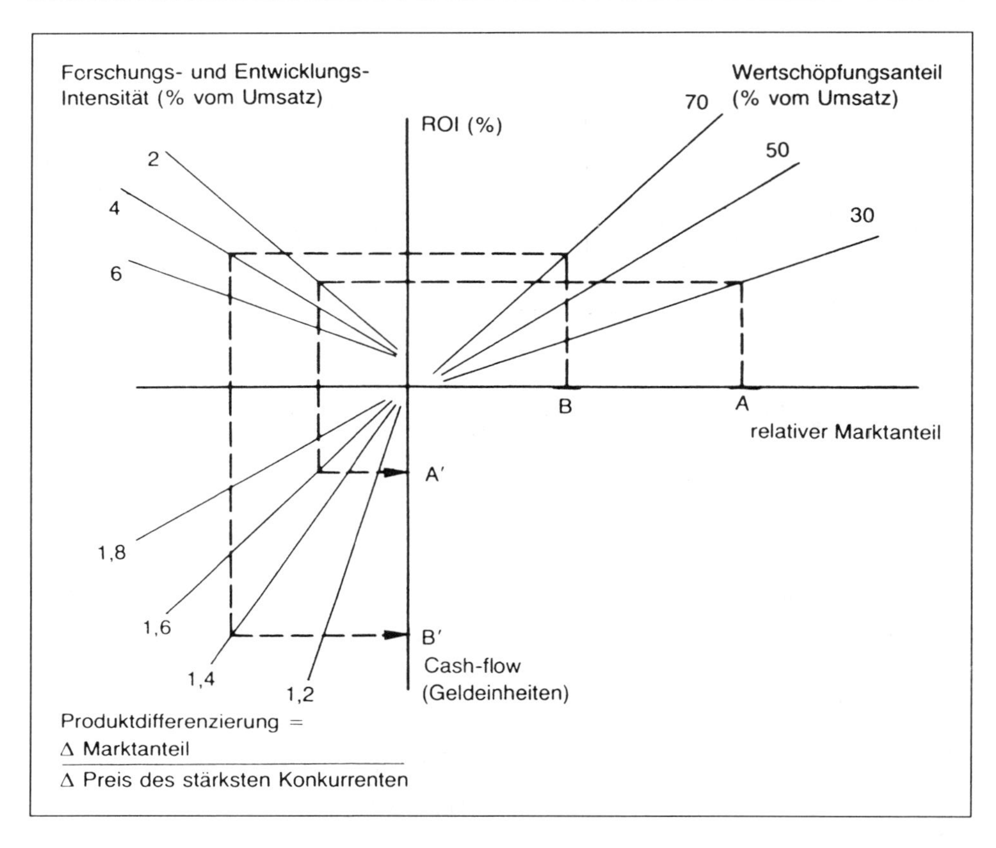

Abb. 9: Chancenmanagement in kleinen Unternehmungen[30]

Hauptimpulse für diese Weiterentwicklung waren die Stagnations- und Schrumpfungstendenzen vieler Märkte und Marktsegmente und die dadurch offengelegten Schwächen der Portfolio-Methodik.

5 Das Konzept strategischer Gruppen und der strukturellen Branchenanalyse

Die rezessiven Marktentwicklungen und der damit zusammenhängende, immer härter werdende Verdrängungswettbewerb in vielen Branchen führte Anfang der 80er Jahre zu einer weiteren Verfeinerung des Branchenanalyseinstrumentariums, dem Konzept strategischer Gruppen.[31] Dieses Konzept basiert im wesentlichen auf einer vertiefenden Analyse der Branchensituation. Innerhalb einer Branche werden die Wettbewerber ermittelt, die aufgrund bestimmter strategisch relevanter Merkmale - Newman nennt sie „strategische Schlüsseldimensionen"[32] wie z.B. der Spezialisierungs- und/oder Integrationsgrad, Breite oder Tiefe des Produktionsprogrammes, Intensität der Forschungs- und Entwicklungsausgaben, Art der Vertriebskanäle u.a.m. - ein ähnliches Wettbewerbsverhalten zeigen. Wettbewerber, die dieselben Ausprägungen in bezug auf diese strategischen Schlüsseldimensionen aufweisen und die ähnliche Stategien verfolgen, bilden eine „strategische Gruppe".[33] Die Zugehörigkeit zu einer Gruppe wird auch signalisiert durch in der Regel ähnliches Marktverhalten - entsprechend der Ähnlichkeit in den Marktstrategien - und daraus resultierenden vergleichbaren Gewinnpotentialen (siehe Abbildung 10).

Jeder Markt bzw. jede Branche ist durch die Existenz im Normfall mehrerer strategischer Gruppen charakterisiert, wobei zwischen verschiedenen Gruppen eine hohe Divergenz der strategischen Schlüsseldimensionen besteht, die die Mobilität der einzelnen Unternehmungen, von einer Gruppe in eine andere zu wechseln, stark einschränkt. Hinterhuber spricht in diesem Zusammenhang von sogenannten „Mobilitätsschranken",[34] die dazu beitragen, den strategischen Handlungsspielraum einer strategischen Gruppe zu definieren und damit das Spektrum möglicher alternativer Markt- und/oder Produktstrategien abzugrenzen.

Die Bedeutung dieses Instrumentariums bzw. dieser konzeptionellen Weiterentwicklung der strategischen Planung ist vor allem aber darin zu sehen, als durch diese Analysen, die zwischen der Branchen- und der Unternehmungsanalyse anzusiedeln sind, ein zusätzlicher Bezugsrahmen für strategische Entscheidungen bzw. für die Herleitung differenzierter Strategien geschaffen wird. Als Impulsgeber für diese Weiterentwicklung ist wiederum die Verschärfung der Wettbewerbssituation anzusehen, die auch für die im folgenden beschriebene Weiterentwicklung des strategischen Planungsinstrumentariums ausschlaggebend war.

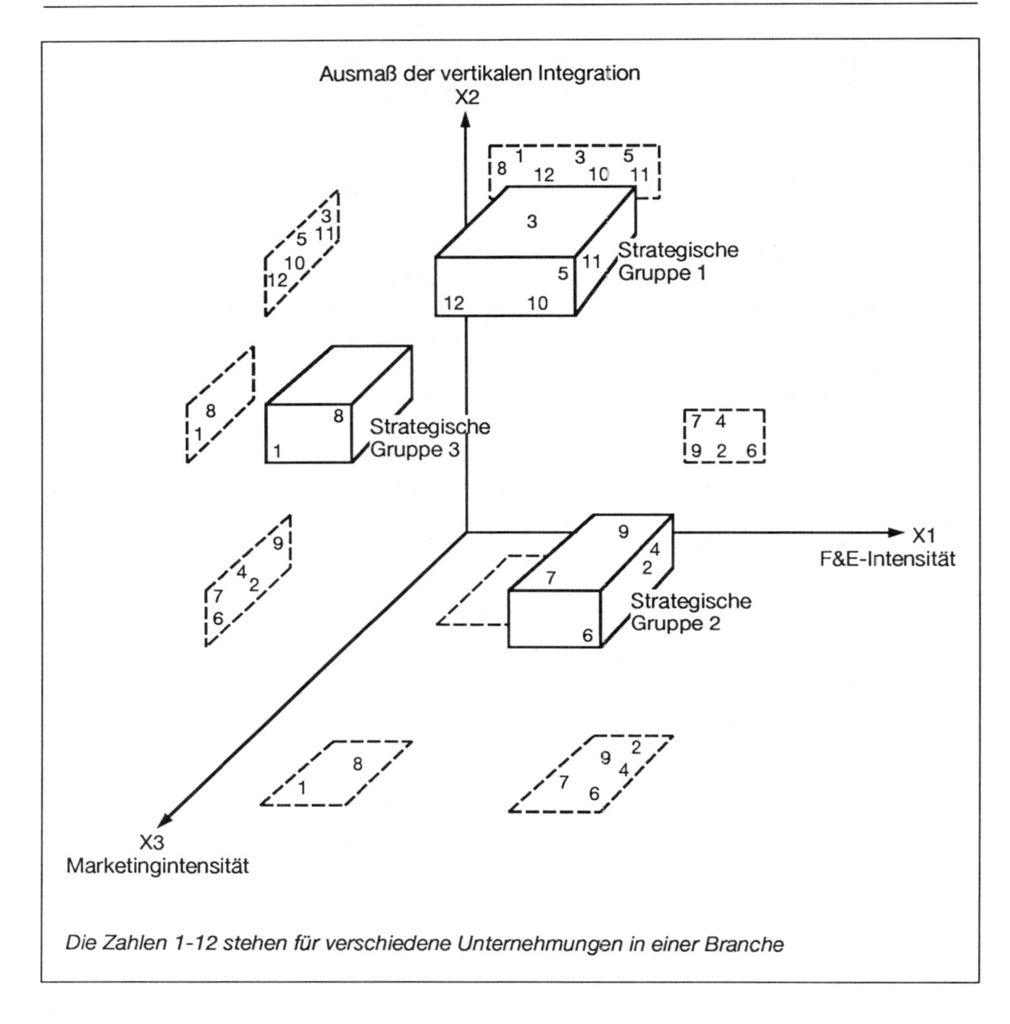

Abb. 10: Darstellung strategischer Gruppen

6 Die Entwicklung der „Vorteils-Matrix"

Eine dem aktuellen Strategieverständnis entsprechende Weiterentwicklung des Analyseinstrumentariums erfolgte mit der Konstruktion der „Vorteils-Matrix".[35] Promotor dieser Entwicklung Anfang der 80er Jahre war wiederum die Boston Consulting Group, die mit dieser neuen Matrix ein Instrument einbringt, das auf die Schaffung und Ausnutzung von dauerhaften Wettbewerbsvorteilen ausgerichtet ist. Ähnlich der Portfolio-Matrix handelt es sich um eine zweidimensionale Darstellungsform. Auf der Ordinate wird die Anzahl der erreichbaren Vorteile, auf der Abszisse die Größe der Vorteile aufgetragen.

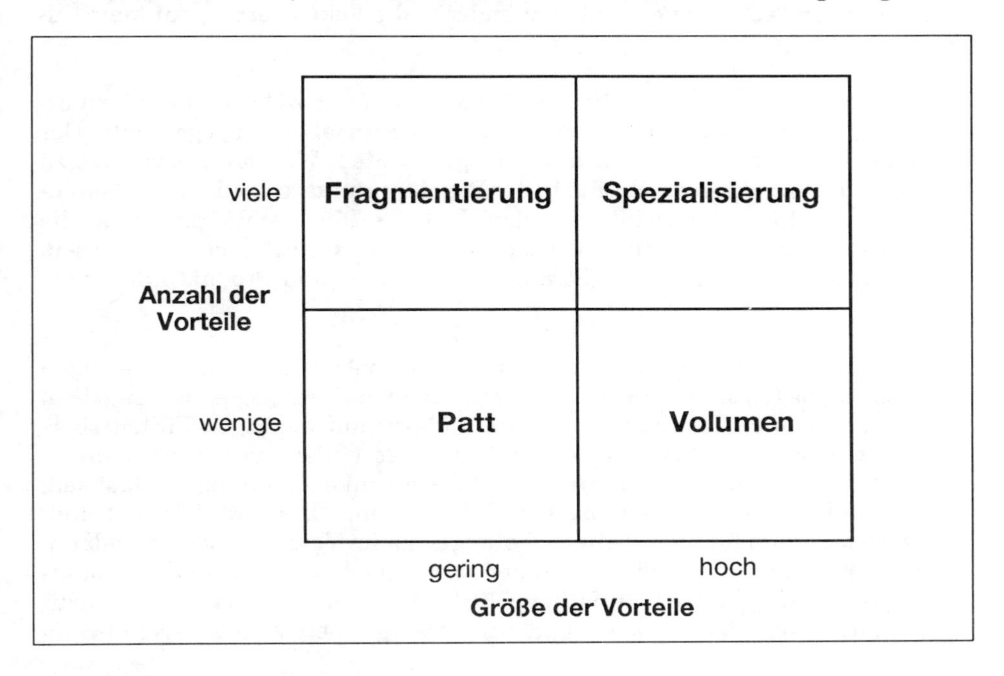

Abb. 11: Die Vorteils-Matrix von BCG

In Abhängigkeit von den möglichen Ausprägungen der beiden Achsendimensionen ergeben sich die vier Felder der Matrix, die vier unterschiedliche Arten von „Geschäften" charakterisieren und gleichzeitig Verhaltenstypologien strategischen Handelns darstellen.[36]

1. *Das Volumengeschäft*: Bei nur einem oder wenigen, jedoch großen möglichen Vorteilen, spricht man von einem Volumensgeschäft. Beispiele dafür sind der Großcomputerbau, der Passagierflugzeugbau, der LKW-Industrie u.ä. Als Normstrategien in diesem Bereich gelten Kapazitätserweiterung, Preisführerschaft, Erhöhung des Marktanteils. Strategisches Ziel ist die Erreichung der Marktführerschaft.

2. *Das Patt-Geschäft*: Bei einer Konstellation weniger Vorteile und geringer Größe dieser Vorteile ist ein Patt-Geschäft gegeben. In der Regel ergibt sich diese Situation in Märkten mit relativ alter und ausgereizter - allgemein zugänglicher - Technologie. Charakteristisch ist, daß kein Unternehmen am Markt dominiert. Alle Wettbewerber haben vergleichbare Kosten und Pro-

fitabilitäten. Beispiele dafür sind Grundstoffindustrien wie Stahl, Gummi, Papier u.ä. Normstrategien in diesem Geschäft sind zum einen die Entwicklung neuer Technologien und zum anderen die Fokussierung auf Marktnischen.

3. *Das Spezialisierungsgeschäft*: Bei einer Anhäufung vieler und großer Vorteile handelt es sich im Modellfall um ein Spezialisierungsgeschäft. Der Markt bietet eine große Anzahl von Möglichkeiten, Wettbewerbsvorteile zu erzielen. Charakteristisch sind in der Regel sehr unterschiedliche Präferenzen hinsichtlich des Produktes. Beispiele dafür: Die Kosmetikindustrie, die Modebranche, die Unterhaltungselektronik u.ä. Normstrategien in diesem Geschäft sind vor allem die Strategien der Preis- und Produktdifferenzierung.

4. *Das Fragmentierungsgeschäft*: Bei einer großen Anzahl und einer geringen Ausprägung (Größe) der Vorteile ist ein Fragmentierungsgeschäft gegeben. Typisch für die Fragmentierung ist ein Markt mit niedrigen Eintrittsbarrieren. Die Möglichkeiten der Profitabilität sinken mit zunehmender Betriebsgröße. Beispiel dafür sind die Getränke-Abfüllungs-Industrien, Dienstleistungsunternehmungen und Restaurants. Der strategische Handlungsspielraum für diese Unternehmungen ist im Vergleich zu den anderen Geschäften hier am größten. Von der Kostenführerschaft bis zur Produktdifferenzierung und Marktnischenpolitik ist alles offen und von den sonstigen situativen Bedingungen und den strategischen Zielen der Führung abhängig.

Die Bedeutung dieser Weiterentwicklung, die, wie auch die vorher dargestellten methodischen Verfeinerungen und Verbesserungen, die bisherigen Instrumente nicht substituiert, sondern nur ergänzt, besteht in erster Linie darin, unmittelbar zur Generierung von Wettbewerbsstrategien einen Beitrag zu liefern. Impulsgeber für diese „Innovation" sind, wie bereits angeführt, die Verschärfung der Wettbewerbssituation und das aktuelle Strategieverständnis.

7 Die Berücksichtigung von Szenarios in der strategischen Planung

Mit der Bedeutung der strategischen Unternehmungsplanung in einem Konzept der strategischen Unternehmungsführung steigert sich auch der Bedarf an Instrumenten, die sich mit zukünftig zu erwartenden Entwicklungen auseinandersetzen. Nach Geschka lassen sich diese Entwicklungen in mehrere sogenannte „Informationsringe" gliedern (siehe Abbildung 12).

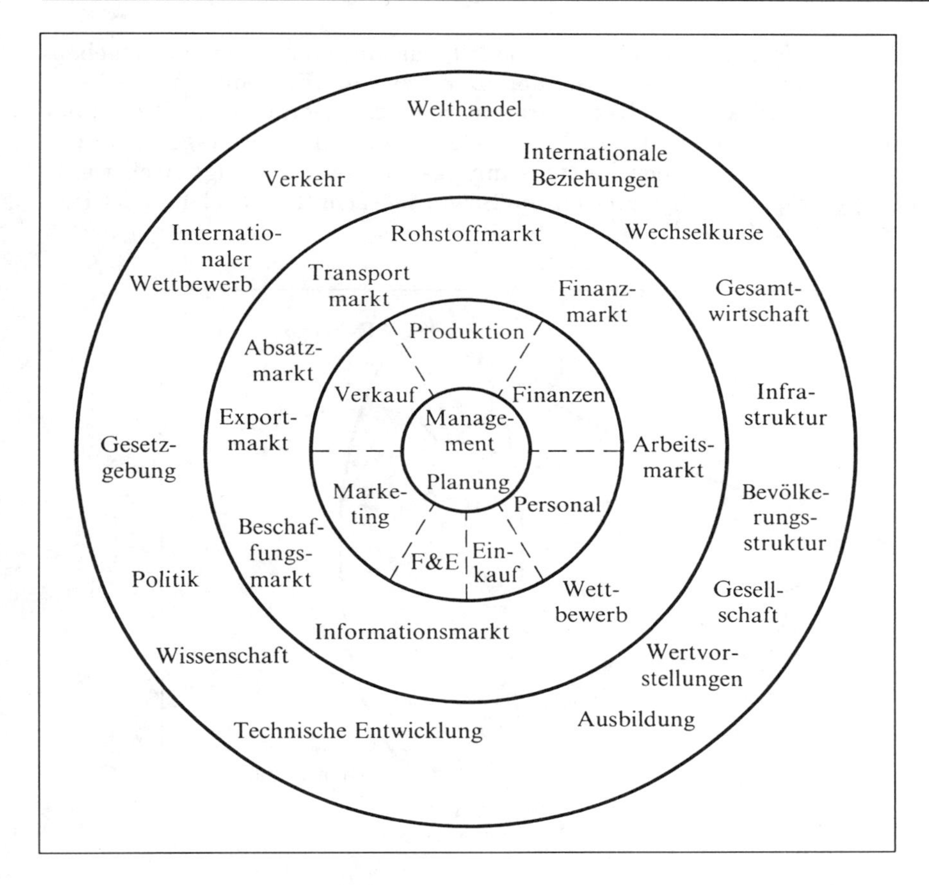

Abb. 12: Der Informationsbedarf für die Unternehmungsplanung[37]

Informationen über Produktions-, Verkaufs-, Marketingentwicklungen usw. (1. Informationsring) sind in der Unternehmung vorhanden. Die Beschaffung von Informationen über den 2. Informationsring kann im Einzelfall zwar aufwendig sein, verursacht aber in der Regel keine grundsätzlichen Probleme. Dahinter liegt jedoch noch ein 3. Informationsring von Einflüssen übergreifender Art, wie gesellschaftliche Trends, politische Veränderungen, neue Technologien, gesamtwirtschaftliche Trends etc. „Diese Faktoren hatten natürlich schon immer Einfluß auf die Unternehmungsentwicklung; in den letzten Jahren schien die Einwirkung jedoch unmittelbarer und gravierender geworden".[38] Für Geschka/von Reibnitz war dies Ende der 70er Jahre auch Anreiz genug, eine eigene Technik zu entwickeln, die es ermöglicht, „Bandbreiten und alternative Entwicklungen in Betracht zu ziehen bzw. zur Grundlage strategischer Planung zu machen".[39] Zentrales Element dieser Technik ist der sogenannte „Szenario-Trichter", ein Denkmodell, das ausgehend von den Gegebenheiten der Gegenwart, Zukunftsbilder in Form von „Extremszenarios" entwirft.[40] Die Auswirkungen dieser alternativen Szenarien sind im Prozeß der strategischen Planung mitzuverarbeiten. Gerade diesen Forderungen wird von der Praxis der strategischen Unternehmungsplanung allerdings noch wenig Rechnung getragen.[41] Dies obwohl die Szenario-Technik als solche geradezu perfektioniert erscheint.[42]

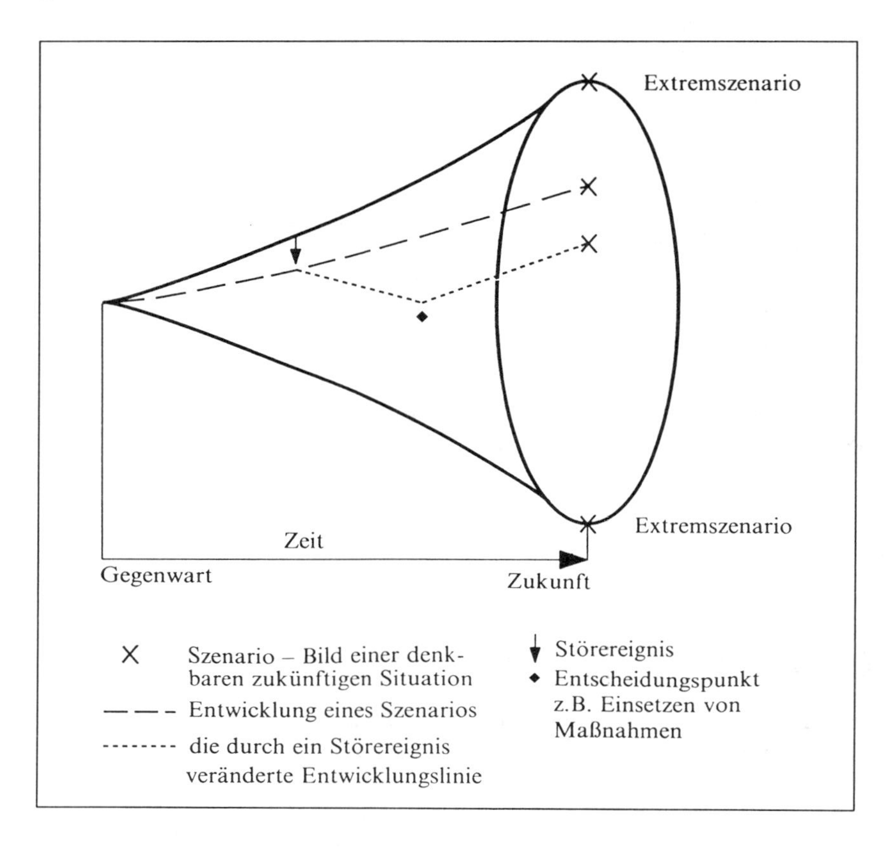

Abb. 13: Der Szenario-Trichter

In dieser Perfektionierung könnte aber auch die Begründung dafür liegen, daß die Szenario-Technik, wie auch die Veröffentlichungen darüber beweisen, sich höchst eigenständig und losgelöst von der Entwicklung sonstiger Instrumente und Prozeßüberlegungen der strategischen Planung etabliert hat. In einer verstärkten Integration dieser Technik in ein Ablaufmodell ist ein Weiterentwicklungspotential der strategischen Planung zu sehen.

8 Die Entwicklung von Frühwarn- und Frühaufklärungssystemen

Eine der Begründungen für die Perfektionierung der Szenario-Technik entsprechende Argumentation verbirgt sich auch hinter dieser schwerpunktmäßigen Entwicklung im Frühwarninstrumentarium der Unternehmung. Vor dem Hintergrund der sich immer mehr verschärfenden Wettbewerbssituation, dem verstärkten Auftreten von „Störereignissen" (wie z.B. plötzlich auftretende Energie- und/oder Rohstoffengpässe, Kriegsfälle, Gesetzesänderungen, technische Neuerungen usw.) und progressiv steigender Insolvenzen erfolgte Ende der 70er Jahre eine Renaissance der Diskussion um die Notwendigkeit von Frühwarn-, Früherkennungs- und Frühaufklärungssystemen,[43] deren Intensität bis heute erhalten geblieben ist. Seither dokumentiert auch eine Fülle von wissenschaftlichen Publikationen diesen neuen Schwerpunkt betriebswirtschaftlicher Forschungen. Dies erfolgte aber wiederum losgelöst von der Weiterentwicklung des strategischen Planungsinstrumentariums, sieht man von einigen relativ oberflächlichen integrativen Versuchen einmal ab.[44] Wenig beachtet wurde bisher insbesondere die Frage, in welcher Phase des Prozesses der strategischen Planung welche Frühaufklärungsinformationen gebraucht werden. Der Beantwortung dieser Fragen ist unter anderem ein Arbeitsschwerpunkt im Rahmen dieser Ausführungen gesetzt.

9 Systemare und modulare strategische Planungen

An den Augangspunkt des Evolutionsprozesses der strategischen Planung, insbesondere des Planungsinstrumentariums Anfang der 70er Jahre zurückkehrend, ist noch einmal zu betonen, daß mit der Adaptierung der Portfolio-Methodik im Bereich der Betriebswirtschaftslehre eine neue Ära begonnen hat, die auch heute noch wichtige Beiträge zur Methodik der strategischen Planung liefert. Aktuelle Entwicklungen konzentrieren sich aber vor allem darauf, die Lücken zu schließen, die diese Methodik trotz all ihrer Stärken offen läßt. Diese „Lücken", die u.a. auch zur Konstruktion der strategischen Grundkonzeptionen geführt haben, charakterisiert Porter zweifach:[45]

1. Es fehlt eine umfassende Methode zur Beurteilung der Branchenattraktivität und der Wettbewerbsposition.

2. Es fehlt der operative Gehalt der strategischen Alternativen. Strategiekonzepte sollten bis zur Durchführungsplanung durchdacht sein; das setzt Operationalität voraus.

Zu diesen Lücken kommt nach Hanssmann eine weitere hinzu, die er kurz als „Mangel an Systemdenken" bezeichnet.[46] Kernpunkt seiner Kritik ist die durch die Portfolio-Methodik unterstützte Isoliertheit der Strategieentwicklung für die einzelnen strategischen Geschäftseinheiten. Für ihn ist die Strategieentwicklung auf Unternehmungsebene, wie sie Hinterhuber vorschlägt,[47] insofern unzureichend, als dort nur eine Strategie je strategische Geschäftseinheit zur Koordination hinsichtlich des Bedarfes an Ressourcen und zur Abstimmung mit den Unternehmungszielen in die Diskussion miteingebracht wird. Für Hanssmann scheint es jedoch unerläßlich, daß jede strategische Geschäftseinheit „mehr als eine lebensfähige Option" zur Wahl stellt.[48] Dieser Forderung wird in seinem Ansatz einer „systemaren strategischen Planung" Rechnung getragen, der daneben noch folgende Elemente beinhaltet:[49]

– Eine *leistungsstarke Computerunterstützung*: Dadurch sollte eine rasche Synthese der Unternehmungsergebnisse für jede beliebige Kombination von SGE-Strategien möglich sein. Die Möglichkeit, rasch viele beliebige Strategiekombinationen durchzurechnen, erleichtert auch die Identifikation flexibler Unternehmungsstrategien. Sie macht das Risiko transparenter.

– *Ressourcenstrategien*: Die Planung der Ressourcen soll nach Hanssmann auch auf die Funktionalbereiche ausgedehnt werden. Strategische Optionen existieren nicht nur auf SGE-Ebene, sondern auch für die Erfüllung der funktionalen Aufgaben und sind daher gleichzeitig mit den möglichen Strategiekombinationen auf SGE-Ebene in Betracht zu ziehen.

– *Quantitative Modellierung*: Mehr als bisher soll das Instrument der quantitativen Modellierung für die planerische Beherrschbarkeit der komplexen Zusammenhänge zwischen SGE-Strategien, Ressourcenstrategien und Unternehmungsergebnissen Berücksichtigung finden.

Systemare strategische Planung, im Sinne von ganzheitlich, computer- und modellunterstützt, mit einer Betonung auch quantitativer Zusammenhänge, ist - und das sei abschließend festgestellt - zwar keine Neuentwicklung als solche,[50] in einer integrativen Betrachtung zusammen mit Portfolio-Methodik, strategischer Frühaufklärung und Prozeß der strategischen Planung aber eine mögliche Weiterentwicklung.

Anmerkungen

1 Drucker bezeichnet diese Entwicklung treffend mit dem Ausdruck „Age of Discontinuity", vgl. [7], S. 1

2 [36], S. 3 und vgl. weiter [18], S. 1

3 Vgl. [20], S. 20

4 Ein Beweis dafür liegt sicher im hohen Auftragsstand von Strategie-Beratungsfirmen. Dies deckt sich auch mit Untersuchungen zum Stand der Diffusion der strategischen Planung in industriellen Unternehmungen.

5 Diese Meinung wird vor allem durch die ähnliche Argumentation von Gabele und Zahn unterstützt. Vgl. [9], S. 127 und [42], S. 148 ff

6 Die Entwicklung erfolgte durch die Boston Consulting Group (BCG) gemeinsam mit General Electric Ende der 60er Jahre. Vgl. dazu [1] und [2]

7 Das Erfahrungskurvenkonzept geht ebenfalls zurück auf BCG. Vgl. dazu [1], [2] und [4]

8 Eine weitere, spätere Bestätigung der Relevanz von Marktanteil und Marktwachstum als Schlüsselfaktoren des Erfolges, erfolgte durch die sogenannte PIMS-Studie (Profit Impact of Market Strategies). Ein präziser Bericht darüber bzw. über die Hauptergebnisse dieser Studie findet sich in [6].

9 Beide Arten dieser sogenannten Normstrategien (oder auch Portfolio-Strategien) leiten sich aus einer bestimmten Position im Portfolio ab.

10 Vgl. [20], S. 116 f

11 Vgl. dazu die umfassenden Abhandlungen von [8], [23], [34]

12 Hinter dem Begriff des „Fließgleichgewichtes" steckt die Fähigkeit eines Systems, praktisch „stufenlos" von einem Gleichgewichtszustand in einen anderen zu wechseln. Vgl. dazu auch [39], S. 56

13 Vgl. dazu [14], S. 183, und weiter [12], S. 4833, [13], S. 4831, [37], S. 4832

14 Stellvertretend für die Kritiker der Wachstumsphilosophie sei hier auf die Arbeit des „Club of Rome" hingewiesen. Vgl. dazu [25]

15 Die 9-Felder-Matrix ist eine Entwicklung der Beratungsfirma McKinsey. Charakteristisch dafür ist die Berücksichtigung auch qualitativer Faktoren bei der Beurteilung der SGEs. Vgl. dazu [20], S. 97f

16 Vgl. dazu die Ausführungen in [14], S. 188 ff

17 Kritiker sehen darin allerdings eher eine Schwäche als eine Stärke der Ergebnisse dieser Forschungen, weil ihrer Ansicht nach die meisten Erfolgsfaktoren branchen- oder unternehmungsspezifisch sind. Vgl. dazu auch [33], S. 118

18 Vgl. dazu [24] und weiter [27]

19 Vgl. [41], S. 160, und [14], S. 137

20 Vgl. [28], S. 178 ff

21 Vgl. dazu [31], S. 95 f, und [19], S. 100 ff

22 Vgl. dazu [32], S. 30 f

23 Vgl. dazu die Ausführungen von [26], S. 29, und [17], S. 2 f

24 „Offen" heißt explizite Offenlegung der Ergebnisse der Branchenanalyse und nicht Einbringung der Ergebnisse in das Punktbewertungsmodell der Portfolio-Methodik, wodurch viele Einzelergebnisse der strategischen Analyse durch Aggregation „unsichtbar" werden.

25 Vgl. dazu auch die Ausführungen bei [22], S. 62

26 Vgl. dazu [31], S. 43
27 Vgl. dazu [31], S. 39
28 Vgl. dazu [19], S. 101, und [31], S. 40
29 Vgl. dazu [35], S. 132 f
30 Die Abbildung ist entnommen aus [41], S. 96
31 Grundlage dieser Konzeption ist die traditionelle Wettbewerbstheorie oligopolistischen bzw. monopolistischen Marktverhaltens, die durch diese Konzeption eine Erweiterung und/oder Vertiefung erfährt. Originär entwickelt findet sie sich bei [30], S. 214 ff. Eine Anwendungsbeschreibung und Weiterentwicklung erfolgt durch [21], S. 854 ff.
32 Vgl. dazu [29], S. 417 ff
33 Die Orginaldefinition von Porter beschreibt die strategischen Gruppen als „clusters of groups of firms following similar strategies along the stategic dimensions". [31], S. 214
34 Vgl. dazu [19], S. 116
35 Vgl. [38], S. 1 ff
36 Vgl. [38], S. 3
37 Vgl. [10], S. 239
38 [10], S. 240
39 Vgl. dazu [11], S. 71ff
40 Vgl. dazu [40], S. 3
41 Vgl. [10], S. 259
42 Vgl. dazu [40], S. 10; [10], S. 238 ff; [15], S. 441 ff
43 Die Thematik der „Frühwarnung" stand auch im Mittelpunkt der Jahrestagung des Verbandes der Hochschullehrer für Betriebswirtschaft in Innsbruck 1979. Vgl. dazu [5]
44 Siehe dazu die Ausführungen bei Hahn D. [13], S. 20
45 Vgl. [16], S. 24
46 Vgl. [16], S. 24
47 Vgl. [20], S. 75 ff
48 Vgl. [16], S. 24
49 Vgl. [16], S. 25 ff
50 Seit ca. 10 Jahren erlebt der Bereich der computerunterstützten Planung unter dem Titel „Entscheidungsunterstützungssysteme" (Decision Support Systems) eine neue Blüte. Vgl. dazu [43], S. 545 ff

Abbildungsquellen

Abb. 3: Hinterhuber, H.H., Strategische Unternehmensführung, 3. Auflage, Berlin/New York 1984, S. 118

Abb. 4: Buzzel, R.D., Gale, B.T., Das PIMS-Programm, Wiesbaden 1989, S. 9

Abb. 5 ebenda S. 117

Abb. 6: Porter, M.E., Wettbewerbsstrategie (Competitive Strategy), Frankfurt/Main 1984, S. 73

Abb. 7: ebenda S. 67

Abb. 8: Hinterhuber, H.H., Wettbewerbsstrategie, Berlin/New York 1982, S. 101 f

Abb. 9: Hinterhuber, H.H., Strategische Unternehmensführung, 3. Auflage, Berlin/New York 1984, S. 120

Abb. 12 von Reibnitz, Szenarien - Optionen für die Zukunft, Hamburg/New York 1987, S. 27

Abb. 13: ebenda S. 30

Literaturverzeichnis

[1] Boston Consulting Group, *Perspectives on Experiences*, Perspectives, Boston 1968

[2] Boston Consulting Group, *Business Strategies for Japan*, Perspectives, Tokio 1970

[3] Boston Consulting Group, *Growth and Financial Strategies*, Perspectives, Boston 1971

[4] Boston Consulting Group, *Experience Curves as a Planning Tool*, Perspectives, Boston 1972

[5] Bratschitsch, R., Schnellinger, W. (Hrsg.), *Unternehmenskrisen - Ursachen, Frühwarnung, Bewältigung*, Stuttgart 1981

[6] Buzzell, R.D., Gale, B.T., Sultan, R.G., *Market Share - A Key to Profitability*, in: HBR 1/1975, S. 97-106

[7] Drucker, P., *The Age of Discontinuity. Guidelines to Our Changing Society*, New York 1969

[8] Dunst, K.H., *Portfolio-Management*, 2. Auflage, Berlin/New York 1983

[9] Gabele, E., *Die Einführung von Geschäftsbereichsorganisationen*, Tübingen 1981

[10] Geschka, H., Hammer, R., *Die Szenario-Technik in der strategischen Unternehmensplanung*, in: Hahn, D., Taylor, B. (Hrsg.), Strategische Unternehmungsplanung, 4. Auflage, Würzburg 1986, S. 238-263

[11] Geschka, H., von Reibnitz, U., *Zukunftsanalysen mit Hilfe von Szenarien - Erläutert an einem Fallbeispiel „Freizeit im Jahr 2000"*, in: PD 4/1979, S. 71-101

[12] Grünewald, H., *Portfolio-Analyse als Instrument zur Beurteilung der strategischen Gesamtsituation*, in: AGPLAN e.V. (Hrsg.), Portfolio Management, Berlin 1982, S. 4831 ff

[13] Hahn, D., *Zweck und Standort des Portfolio Konzeptes in der strategischen Unternehmensführung*, in: AGPLAN e.V. (Hrsg.), Portfolio Management, Berlin 1982, S. 4831 ff

[14] Hammer, R., *Unternehmensplanung*, 3. Auflage, München 1988

[15] Hammer, R., von Reibnitz, U., *Strategische Unternehmensführung mit Szenario-Technik*, in: Löhn, J. (Hrsg.), Der Innovationsberater, 3. Jg., Heft 1, 1984

[16] Hanssmann, F., *Jenseits der Portfolio-Analyse. Systemare Strategische Planung*, in: ZfSP 1/1985, S. 23-26

[17] Harrigan, K.R., *Strategies for Declining Business*, Lexington u.a. 1980

[18] Hinterhuber, H.H., *Innovationsdynamik und Unternehmungsführung*, 2. Auflage, Wien/New York 1975

[19] Hinterhuber, H.H., *Wettbewerbsstrategie*, Berlin/New York 1982

[20] Hinterhuber, H.H., *Strategische Unternehmungsführung*, 3. Auflage, Berlin/New York 1984

[21] Hinterhuber, H.H., Kirchebner, M., *Die Analyse strategischer Gruppen von Unternehmungen*, in: ZfB 53/1983, S. 854-868

[22] Kundrun, B., *Betriebswirtschaftliche Methoden und Modelle für die Formulierung von Produkt / Markt-Strategien in schrumpfenden Branchen*, Dissertation, Innsbruck 1984

[23] Lange, B., *Portfolio-Methoden in der strategischen Unternehmensplanung*, Dissertation, Hannover 1981

[24] Marinell, G., *Multivariate Verfahren, Einführung für Studierende und Praktiker*, 2. Auflage, München/Wien 1986

[25] Meadows, D. et al., *The Limits of Growth*, New York 1972

[26] Meffert, H., *Marktorientierte Führung in stagnierenden und gesättigten Märkten*, in: Meffert, H., Wagner, H., Arbeitspapier Nr. 9, Münster 1983

[27] Mühlbacher, H., *Multivariate Verfahren und ihre Anwendung in der Marketingforschung*, in: Kulhavy, E. (Hrsg.), Marketingstudien, Linz 1978

[28] Neubauer, F.F., *Das PIMS-Programm und Portfolio-Management*, in: Hahn, D., Taylor, B. (Hrsg.), Strategische Unternehmungsplanung, 3. Auflage, Würzburg 1984, S. 165 ff

[29] Newman, H., *Strategic Groups and the Structure-Performance Relationship*, in: RE Stat 60/1978, S. 417-427

[30] Porter, M.E., *The Structure within Industries and Companies' Performance*, in: RE Stat, Mai 1979, S. 214-227

[31] Porter, M.E., *Competitive Strategy*, New York 1980

[32] Pümpin, C., *Management strategischer Erfolgspositionen*, Bern/Stuttgart 1982

[33] Roventa, P., *Portfolio-Analyse und Strategisches Management*, München 1979

[34] Roventa, P., *Portfolio-Analyse und Strategisches Management*, 2. Auflage, München 1981

[35] Rupp, M., *Produkt / Markt-Strategien*, Zürich 1980

[36] Sprüngli, K., *Evolution und Management - Ansätze zu einer evolutionistischen Betrachtung sozialer Systeme*, Bern/Stuttgart 1981

[37] Strüven, P., *Das Portfolio. Grundgedanken - Leistungsfähigkeit - Grenzen*, in: AGPLAN e.V. (Hrsg.), *Portfolio Management*, Berlin 1982, S. 4832 ff

[38] Strüven, P., Herp, T., *Möglichkeiten und Grenzen strategischer Analyseinstrumente*, unveröffentlichte Arbeitspapiere von BCG, München 1985

[39] Ulrich, H., *Die Unternehmung als produktives soziales System. Grundlagen der allgemeinen Unternehmungslehre*, Bern 1970

[40] von Reibnitz, U., *Szenarien als Grundlage strategischer Planung*, HM 1/1983, S. 1-10

[41] Wittek, B.F., *Strategische Unternehmensführung bei Diversifikation*, Berlin/New York 1980

[42] Zahn, E., *Strategische Planung zur Steuerung der langfristigen Unternehmensentwicklung*, Berlin 1979

[43] Zwicker, E., *Entscheidungsunterstützungssysteme - ein neues Konzept der computergestützten Planung?* in: Hahn, D., Taylor, B., (Hrsg.) Strategische Unternehmungsplanung, 4. Auflage, Würzburg 1986, S. 545-564

Neue Anwendungsgebiete

Controlling in mittelständischen Unternehmen

Peter Preißler

Inhalt:

1 Unternehmensgröße und Controlling - über die Notwendigkeit des Controlling für Klein- und Mittelbetriebe

Strukturelle und konjunkturelle Anpassungsprozesse zwingen die Unternehmen immer häufiger, nicht nur zu reagieren, sondern auch zu agieren. Dies erfordert eine erhöhte Entscheidungsbereitschaft und Entscheidungsfähigkeit - nicht nur für Großunternehmen, sondern auch für Klein- und Mittelbetriebe. Eine bestimmte Unternehmensgröße ist grundsätzlich keine Prämisse für Controlling. Der schnelle Strukturwandel, die sich ständig verändernde Umwelt, die Komplexität des Entscheidungsprozesses und vieles mehr bringen unabhängig von der Unternehmensgröße Anpassungs- und Koordinationsprobleme mit sich, die gerade im Klein- und Mittelbetrieb aufgrund des teilweise fehlenden, aber notwendigen Instrumentariums gravierender sind als in Großunternehmen. Daß Controlling unter bestimmten Voraussetzungen in der Lage ist, hier Hilfestellung zu leisten, soll gezeigt werden.

Wenn wir die Funktionen des Controlling betrachten, so zeigt sich, daß natürlich auch in Klein- und Mittelbetrieben ermittelt, dokumentiert, geplant, gesteuert und kontrolliert werden muß, und daß man auch in Klein- und Mittelbetrieben fundierte Informationen für die Unternehmensführung benötigt. Die noch zu beschreibenden Aufgaben gelten im Prinzip für alle Unternehmen unabhängig von der Unternehmensgröße. In Klein- und Mittelbetrieben können sich jedoch Strukturprobleme mit besonderer Schärfe zeigen.

Grundsätzlich gilt: Controlling verlangt keine Mindestbetriebsgröße! Aber natürlich muß die Betriebsgröße berücksichtigt werden. Deshalb müssen bei der Einordnung des Controlling in die Unternehmenshierarchie die Randbedingungen des Unternehmens, vor allem die Unternehmensgröße und Unternehmensstruktur, berücksichtigt werden.

Man kann die Einordnung des Controllers in ein Kleinunternehmen mit ca. 20 Beschäftigten nicht nach den gleichen Kriterien, die ein Konzern mit vielleicht 20.000 Mitarbeitern anwenden muß, vornehmen.

Es wäre unsinnig, Klein- und Mittelbetrieben eine eigene Controlling-Abteilung aufzudrängen. Zwangsläufig müssen dort andere Stellen, primär das Rechnungswesen, die Controllerfunktion wahrnehmen, d.h. es wird eine Bündelung mehrerer Funktionen auf einer Stelle erfolgen.

Neben der Betriebsgröße sind für die Einordnung des Controllers auch noch andere Kriterien maßgebend, die sich vor allem aus der Struktur des Unternehmens und seiner Art der Leistungserstellung ergeben:

- Komplexität der Produktion
- Produktevielfalt und Sensibilität der Produkte
- Zu verarbeitende und auszuwertende Datenmengen
- Organisations- und Führungsstruktur des Unternehmens
- Spezielle individuelle, betriebsinterne Ansprüche, die an das Controlling gestellt werden.

Zusammenfassend kann gesagt werden, daß es ein allgemeingültiges Rezept für die Einordnung des Controllers in die Unternehmenshierarchie nicht gibt. Die Entscheidung über die organisatorische Einordnung des Controllers ist immer auf den Einzelfall abzustellen. Entscheidend ist es, *daß* ein effektives Controlling installiert wird, welches seiner Aufgabe, Innovationsmotor in betriebswirtschaftlicher Hinsicht zu sein, gerecht wird und den Hauptursachen von Insolvenzen (mangelnde Informationen, fehlende Planung, unzureichende Kontrolle und nicht vorhandene Zielsetzungen) entgegenwirkt.

Wie gesagt: Controlling ist generell nicht von der Unternehmensgröße abhängig. Auch Kleinunternehmen können erfolgreich Controlling einführen und anwenden. Sie dürfen nur nicht in den Fehler verfallen, sich bei der Konzeption einseitig an Beispielen der Großindustrie zu orientieren, sondern müssen die spezifischen Strukturprobleme ihres Unternehmens berücksichtigen und begreifen. Vor allem sollten Klein- und Mittelbetriebe sich vorher genau informieren, was Controlling tatsächlich ist, und was es beinhaltet.

Die Bandbreite dessen, was man im allgemeinen für die Funktion des Controlling hält, beginnt beim „Ober-Buchhalter" und endet bei der Vorstellung, daß der Controller ein umfassendes Veto- und Entscheidungsrecht habe und stellt ihn damit in seiner Bedeutung dem Top-Management gleich. Diese Vorstellungen sind nicht zielführend! Was ist nun richtig?

Nun, eine einhellige Auffassung in Theorie und Praxis gibt es trotz einer Vielzahl von Definitionsversuchen noch immer nicht (Parallele zum Marketing!).

Die verschiedenen, entwickelten Definitionen können helfen, den Begriff des Controlling vielleicht zu verdeutlichen. Allerdings unterscheiden sich die Definitionen z.T. beträchtlich. Zielführend dürfte die Definition von Hoffmann sein, gemäß der Controlling als die Unterstützung der Steuerung des Unternehmens durch Informationen aufgefaßt wird. Wenn wir diesen Begriff um die Definition von Deyhle erweitern wollen, sollten wir m.E. nicht davon ausgehen, daß der Controller für das Vorhandensein eines Apparates zu sorgen hat, der auf das Unternehmen in Richtung Gewinnerzielung einwirkt. Man sollte vielmehr erweiternd sagen: Der Controller muß ein Instrumentarium aufbauen, das in der Lage ist, das Unternehmen bei der Zielerreichung zu unterstützen. Es entsteht dadurch folgender Arbeitsbegriff für Controlling, von dem im folgenden ausgegangen werden soll:

Controlling ist ein funktionsübergreifendes Steuerungsinstrument, das den unternehmerischen Entscheidungs- und Steuerungsprozeß durch zielgerichtete Informationserarbeitung und -verarbeitung unterstützt. Der Controller sorgt dafür, daß ein wirtschaftliches Instrumentarium zur Verfügung steht, das vor allem durch systematische Planung und der damit notwendigen Kontrolle hilft, die aufgestellten Unternehmensziele zu erreichen. Inhalt der Zielvorgaben können alle quantifizierbaren Werte des Zielsystems sein.

Diese Definition kann jedoch nur ein Arbeitsbegriff sein. Controlling besteht also nicht im „Nachspionieren und Nachkontrollieren", sondern der Controller ist eine Art Zielerreichungslotse, ein Ziel- und Planungsverkäufer (Deyhle). Man könnte den Controller gleichsam als den Lotsen oder Navigator des betrieblichen Schiffes verstehen, nicht aber als dessen Kapitän, der in erster Linie steuert und nur insoweit kontrolliert, daß die angesteuerte Richtung des Schiffes nicht gefährdet und der gesuchte Hafen erreicht wird. Kontrolle soll durch eine Art Selbstmechanismus ausgeübt werden.

2 Die Notwendigkeit einer Zieldefinition für Klein- und Mittelbetriebe

Man muß sich zunächst der Tatsache bewußt werden, daß Controlling nur funktionieren kann, wenn es sich an Zielen orientiert. Das Planen, Steuern, Regeln kann nur in Verbindung mit vorher festgelegten Zielen erfolgen, d.h. Controlling verlangt von der Unternehmensleitung eine klare, verbindliche, erreichbare Zielsetzung durch eindeutige Formulierung. Dies ist in der Praxis gerade bei Klein- und Mittelbetrieben nicht immer feststellbar, aber auch dort zwingend notwendig.

Der Controller soll die Zielsetzung des Unternehmens durch das Controller-Instrumentarium realisieren helfen; d.h. aber nicht, daß er diese Ziele selbst aufstellen soll, sofern nicht im Klein- und Mittelbetrieb der Unternehmer selbst Controlling-Funktionen übernimmt, was bei bestimmten Betriebsgrößen sogar als wünschenswert erscheint.

Mit den Zielen werden gewissermaßen die Spielregeln für den Controller festgelegt, und die Bandbreite seines Bewegungsfreiraumes abgesteckt. Diese aufgestellten Ziele müssen vom Controller als verbindliche Vorschriften aufgefaßt werden (die allerdings im Zeitablauf verändert werden können). Deshalb ist es eine Mindestvoraussetzung, daß diese Ziele realistisch sein müssen. Die

Zielerwartungen der Unternehmensleitung, die in das Controller-Zielsystem eingehen, müssen erreichbar sein! Nichts ist demotivierender als Zielvorgaben, die von Haus aus nie erreicht werden können. Die Unternehmenszielsetzung prägt Aufbau und Ablauf des Controlling. Deshalb müssen an diese Zielsetzung Mindestanforderungen gestellt werden, damit Controlling überhaupt lebensfähig ist.

Controlling ist nicht nur von einer konkreten Zielsetzung abhängig. Entscheidend ist auch eine klare Fixierung von Unternehmungs-Zielhierarchien. Sicherlich ist damit ein gewisser Formalismus und Verwaltungsaufwand verbunden, den Klein- und Mittelbetriebe scheuen. Es dürfen aber nicht Globalfloskeln wie etwa „Streben nach Rentabilität" oder „Produktivitätsverbesserung" in die Zielformulierung eingehen, sondern es müssen konkrete Sachziele definiert werden, die am besten durch Kennzahlen oder durch Prozentangaben konkretisiert werden.

Beispiele für konkrete Zielformulierungen wären:

15 % Cash-flow, 10 % ROI, 5 % mehr Marktanteil bei Produkt XY, 2 % Umsatzsteigerung gegenüber Vergleichsperiode, Pro-Kopf-Wertschöpfung 80.000 DM, DBU von 25 %, Kostensenkung von 800.000 DM usw. Die Zielformulierung sollte neben Zielinhalt (Was soll erreicht werden?) und dem Zielausmaß (In welchem Umfang?) auch Zielzeitpunkt (Bis wann, in welchem Zeitraum?) und Zielbereich (Wo hat das Ziel Gültigkeit?) festlegen. Gegebenenfalls ist es sogar empfehlenswert, den Zielkatalog durch die Unternehmensleitung in Form eines Führungs- bzw. Zielsetzungs-Handbuches zu dokumentieren und zu kommentieren, was allerdings bei Kleinbetrieben selten der Fall ist.

Je nach der Zielsetzung des Unternehmens fällt die Aufgabenstellung des Controllers anders aus. Gemessen werden sollte der Controller deshalb immer auch daran, inwieweit es ihm gelungen ist, die aufgestellten Ziele und Pläne zu realisieren. In einem Unternehmen, das dem Gewinn und der Rentabilität innerhalb der Zielhierarchie absolute Priorität einräumt, werden andere Aufgabenschwerpunkte auf den Controller zukommen als dort, wo beispielsweise Umsatz, Sicherheit, Liquidität, Unabhängigkeit, soziale Verantwortung gegen Mitarbeiter, Prestige, Ansehen oder eventuell andere Ziele im Mittelpunkt des Unternehmens stehen.

Welche Aufgaben und Funktionen der Controller zu erfüllen hat, kann nicht einheitlich festgelegt werden, sondern ist auf den Einzelfall abzustellen. Gerade die Betriebsgröße bringt es mit sich, daß vielleicht vom Controller auch Funktionen übernommen werden müssen, die nicht unbedingt Aufgaben des Controllers sind.

Die Betriebsgröße entscheidet auch darüber, ob die EDV, Organisation, Revision und der Finanzbereich einen oder mehrere organisatorische Teilbereiche darstellen oder mit dem Controlling zusammen ausgeübt werden. Die Kosten/Nutzen-Relation wird bei Vorliegen einer bestimmten Betriebsgröße den Ausschlag über die Eigenständigkeit geben, da jede Aufblähung dem Grundgedanken des Controlling widerspricht (Controlling = betriebswirtschaftliches Gewissen des Unternehmens).

Der Einsatz externer Unterstützung ist abzuwägen und unter bestimmten Voraussetzungen eine Möglichkeit, Fehler zu verhindern. Externe Unterstützung sollte aber nur dort in Anspruch genommen werden, wo dies nötig ist und nach sorgfältiger Vorauswahl der externen Berater (nur Fachleute einsetzen, die nachweislich auf diesem Gebiet mit Erfolg gearbeitet haben).

3 Das Mindestinstrumentarium des Controllers in Klein- und Mittelbetrieben

Die Frage nach dem Instrumentarium oder den Hilfsmitteln des Controllers deckt sich weitgehend mit der Frage der zum Controller gehörenden Arbeitsgebiete. Dies bedeutet, daß das Controller-Instrumentarium im allgemeinen aus folgenden Bausteinen besteht:

- Integriertes Informations-, Planungs- und Kontrollsystem
- Aussagefähiges Berichtssystem
- Modernes Kostenrechnungssystem
- Kennzahlensystem
- Erfolgsrechnung (lang- und kurzfristige Erfolgsrechnung)
- Wirtschaftlichkeits- und Investitionsrechnung
- Integration und Erfassung aller Unternehmensbereiche
- Permanente und institutionalisierte Kostensenkungsprogramme
- Frühwarnsystem.

Die aufgezeigten Arbeitsgebiete des Controlling sind praktisch unabhängig von der Betriebsgröße anzutreffen und somit unerläßliche Bestandteile jedes Controlling.

Im folgenden sollen nun einige dieser Instrumente des Controller beschrieben werden:

3.1 Das controllergerechte Informationssystem

Jede unternehmerische Entscheidung ist genau genommen die Folge einer Information. Die Richtigkeit der Entscheidung (sowohl inhaltlich als auch zeitlich) hängt von der Güte bzw. überhaupt vom Vorhandensein einer Information ab. Deshalb sind Aufbau und Pflege eines aussagefähigen Informationssystems eine Hauptaufgabe des Controllers.

Zwischen Betriebsgröße und der Art und Ausgestaltung des Informationssystems besteht ein direkter Zusammenhang. Während im Kleinbetrieb die Kommunikationsmöglichkeit wesentlich leichter gegeben ist, besteht bei wachsender Betriebsgröße die Notwendigkeit formalisierter Informationssysteme.

Es ist die schwierige Aufgabe des Controllers, ein Informationssystem aufzubauen, das einerseits den Informationsbedürfnissen des Unternehmens Rechnung trägt und andererseits dem Wirtschaftlichkeitsprinzip entspricht, aber auch der Betriebsgröße angepaßt ist. Es kommt nicht darauf an, möglichst komplexe und „fortschrittliche" Informationssysteme aufzubauen, sondern sie empfängerorientiert und wirtschaftlich zu gestalten.

Im einzelnen sind folgende Anforderungen beim Aufbau eines Informationssystems zu berücksichtigen:

- Die erarbeiteten Informationen müssen aktuell und konkret sein. ❑
- Sie müssen knapp, einfach und wirtschaftlich sein (so wenig wie möglich, so viel wie nötig!). ❑
- Das Informationssystem muß Schwachstellen und Abweichungen rechtzeitig erkennen lassen (Einleiten von Gegenmaßnahmen). ❑
- Das Informationssystem muß auf einer gemeinsame Informationsquelle aufbauen. ❑
- Die Informationen müssen objektiv und sachlich richtig sein. ❑
- Die Informationen sind möglichst zu visualisieren und müssen vor allem verständlich sein (empfängerorientiert). ❑

Das aufzubauende Informationssystem ist ein zu integrierender Bestandteil des Ziel-, Planungs- und Kontrollsystems des Unternehmens, wie Abbildung 1 zeigt.

Im Mittelpunkt des im Controlling vorgesehenen integrierten Informations-, Planungs- und Kontrollsystems steht der Soll/Ist-Vergleich.

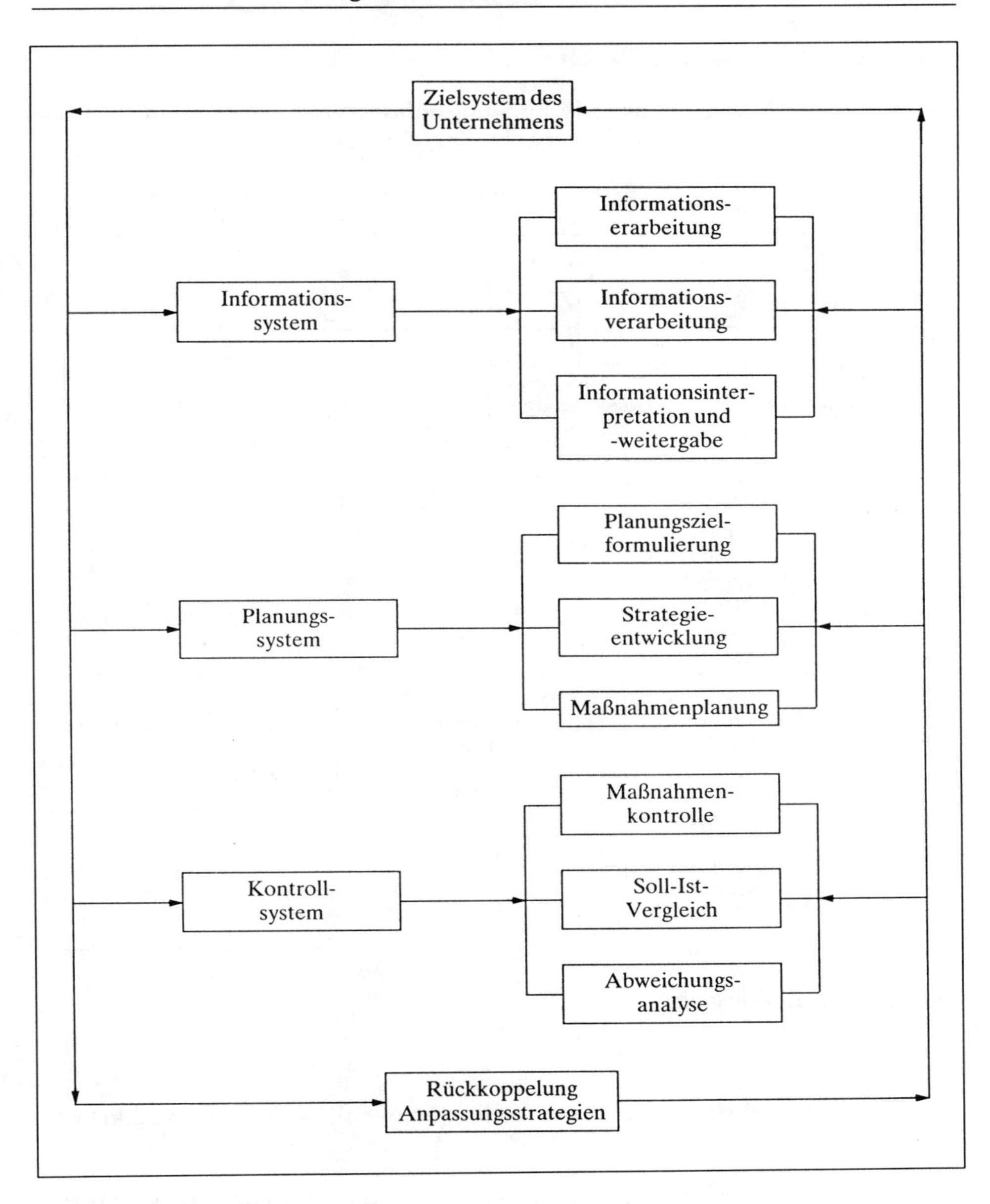

Abb. 1: Das Informationssystem
(Quelle: Preißler, Controlling, S. 67)

3.2 Der Soll/Ist-Vergleich

Der vom Controller aufzubauende, laufende Soll/Ist-Vergleich wird im allgemeinen nach folgendem Grundschema ablaufen (siehe Abbildung 2):

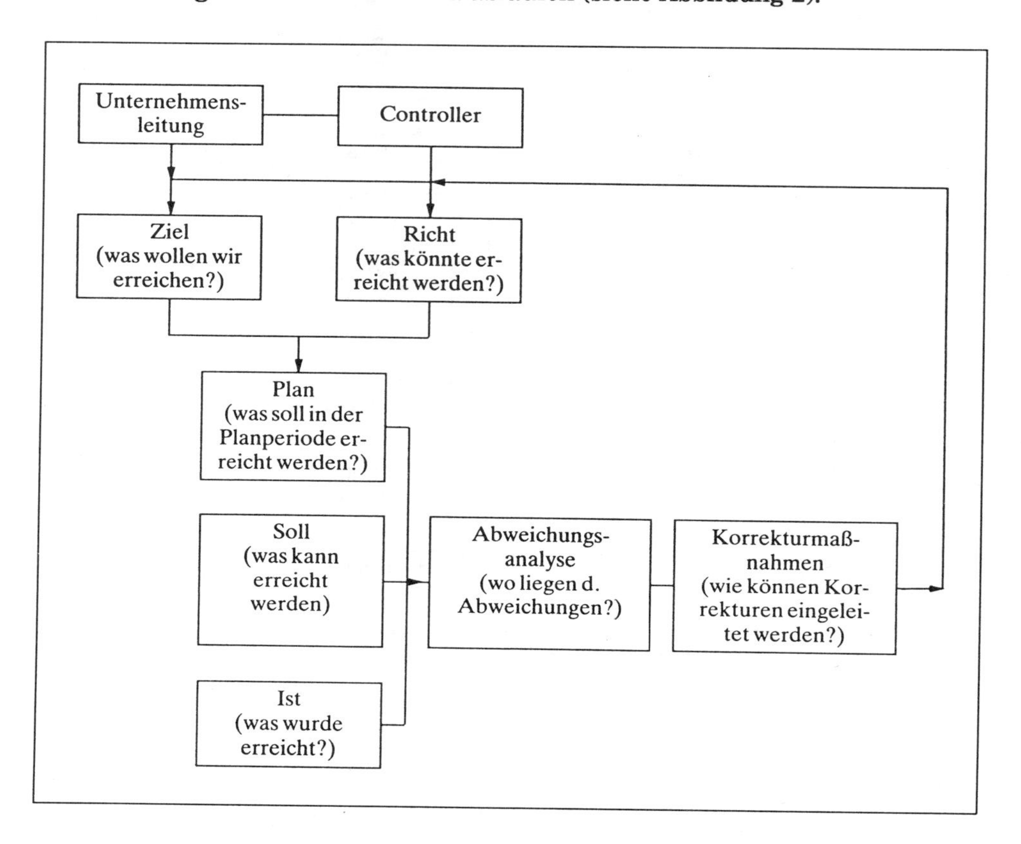

Abb. 2: Soll / Ist-Vergleich
(Quelle: Preißler, Controlling, S. 78)

Folgende Ablaufschritte sind im Controlling beim Soll/Ist-Vergleich zu koordinieren:

– Auf der Basis der Unternehmensziele gilt es, mittels erprobter Verfahren mit den verantwortlichen Bereichsleitern, Abteilungsleitern, Kostenstellenleitern die Teilpläne zu erarbeiten.

- Die erreichten Ist-Werte sind mit den Planwerten bzw. Sollwerten zu vergleichen und mit Hilfe der Abweichungsanalyse Korrekturentscheidungen und konkrete Maßnahmen einzuleiten. Dabei ist wichtig, daß Planung und Kontrolle aufeinander abgestimmt sind, d.h. Vergleichbares miteinander verglichen werden kann.

- Die Abweichungsanalyse setzt einen Korrekturmechanismus in Gang, der anhand von neuen Lösungsansätzen entweder das ursprünglich angesteuerte Unternehmensziel realisieren soll oder gegebenenfalls sogar zu neuen Unternehmenszielen führen kann.

Das dargestellte Planungs- und Kontrollsystem, das im Soll-Ist-Vergleich als wichtigstes Instrumentarium sichtbar wird, ist nicht nur im Großunternehmen zu finden. Auch im Klein- und Mittelbetrieb ist Planung zwingend notwendig, wobei sich zweifellos der Planungshorizont und der Umfang des Planungsprozesses von denen eines Großunternehmens unterscheiden wird.

Dem Controller fällt hier die schwierige Aufgabe zu, das richtige Maß im Planungs- und Kontrollsystem entsprechend dem Wirtschaftlichkeitsprinzip und den Bedürfnissen eines kleinen Unternehmens zu finden.

3.3 Das Berichtssystem im Controlling

Im Mittelpunkt eines jeden Informationssystems stehen institutionalisierte, nach den Bedürfnissen des Empfängers ausgerichtete Controllerberichte, die folgende Reaktionen und Aktionen bewirken sollten:

- Erkennen und bewerten von Planrealitäten
- Ansprechen der am Erfolg oder Mißerfolg beteiligten Verantwortungsbereiche
- Ursachenanalyse
- Einleiten von Gegenmaßnahmen.

Controllerberichte dienen nicht nur der Unternehmensleitung als Entscheidungshilfe, sondern sind das Instrumentarium des Controllers, das auf jeder Stufe und in jedem Bereich des Unternehmens erkennen lassen soll, inwieweit die definierten Ziele erreicht bzw. gefährdet sind.

Die dargestellte Berichtshierarchie beantwortet auch gleichzeitig die Frage, ob auch im Klein- und Mittelbetrieb alle Bereiche und Stufen in das Berichtswesen einbezogen werden müssen. Soll Controlling erfolgreich sein, darf es keinen „weißen Fleck" im Unternehmen geben. Die Betriebsgröße wird erst dann entscheidend, wenn Art, Häufigkeit und Ausgestaltung der Controllerberichte angesprochen werden. In der Regel kann gesagt werden: Je größer und komplexer der Betriebsumfang, um so formalistischer wird auch das Berichtswesen sein müssen, wobei auch hier die ökonomische Grenze des Informationsnutzens nicht überschritten werden darf.

Controllerberichte sollten mindestens folgende Bausteine enthalten:

Erfolgsrechnung
- Umsatz
- Variable Herstellkosten, gegliedert nach Kostenarten
- Fixe Herstellkosten, gegliedert nach Kostenarten
- Vertriebs- und Verwaltungskosten
- Sonstige Kosten
- Leistungen
- Betriebsergebnis
- Produkt- und Spartenergebnisse

Absatz
- Umsätze gesamt
- Umsätze nach Artikelgruppen
- Umsätze nach Verkaufsbezirken und In- und Ausland

Personal
- Beschäftigtenstand
- Personalkennzahlen
- Lohn- und Gehaltskosten, unterteilt nach Kostenarten
- Krankenstand, Fluktuation und u.a. Kennzahlen

Produktion
- Betriebsauslastung
- Ausstoß
- Produktivitätskennzahlen (u.a. Wartezeiten, Stillstandzeiten)
- Geleistete Stunden

Finanzbereich
- Liquiditätsentwicklung
- Investitionsentwicklung

Der Controller in seiner Rolle als Ziel- und Planungsverkäufer sollte seine Berichte an die Verantwortungsträger „verkaufen". Zum Verkaufen gehört auch die entsprechende Präsentation der Controllerergebnisse. Hierzu sollte sich der Controller auch in Klein- und Mittelbetrieben der einschlägigen Hilfsmittel bedienen (Flip-Charts, Tafeln, Overhead-Projektoren usw.). Die Controllerberichte selbst sind graphisch aufzubereiten. Besonders geeignete graphische Hilfsmittel sind Schaubilder, Diagramme, graphische Darstellungen usw., vor allem zweidimensionale graphische Darstellungen. Beispielhaft sollen einige graphische Darstellungsmöglichkeiten für den Controllerbericht gezeigt werden (siehe Abbildung 3).

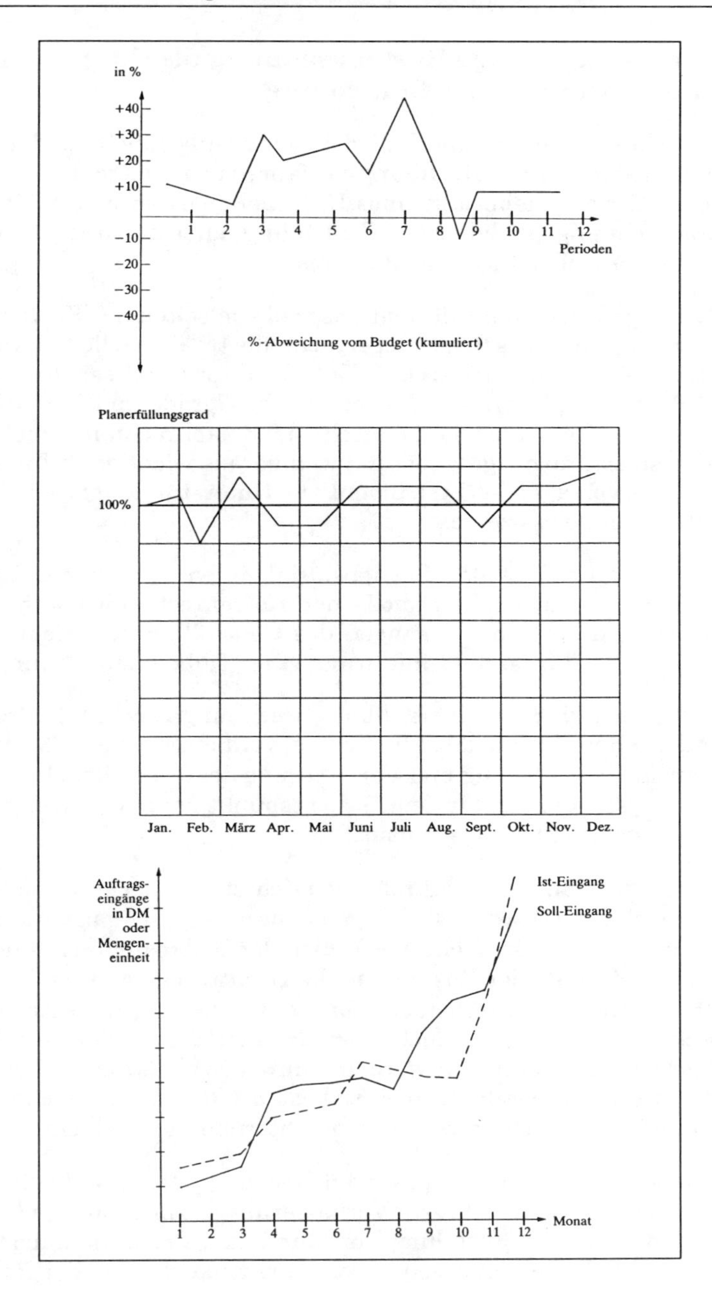

Abb. 3: Graphische Darstellungsmöglichkeiten für den Controllerbericht
Quelle: Preißler, Controlling, S. 97 ff

3.4 Eine aussagefähige Kostenrechnung als Hauptbedingung für ein erfolgreiches Controlling

Der Kostenrechnung kommt innerhalb des Controlling eine besondere Stellung zu, da gerade moderne Kostenrechnungsverfahren in der Lage sind, wesentliche Informationen für die Steuerung eines Unternehmens zu liefern. Das Instrument Kostenrechnung ist daher für Controlling einer der bedeutendsten Bestandteile des Controller-Instrumentariums.

Um jedoch den gewünschten Informationsgrad von seiten der Kostenrechnung zu gewährleisten, genügt es in der Regel nicht, die traditionelle Vollkostenrechnung als Basis für unternehmerische Entscheidungen zu sehen (dies gilt im gleichen Maße für den Klein- und Mittelbetrieb). Gerade im Klein- und Mittelbetrieb wird zum Teil auch heute noch die Kostenrechnung mehr als ein „Preisbildungsinstrument" gesehen und weniger als wichtigster Informationslieferant und hervorragendes Instrument zur Unterstützung des unternehmerischen Entscheidungsprozesses.

Je nach Art und Umfang der Betriebstätigkeit wird auch der Klein- und Mittelbetrieb zu aussagefähigen, modernen Kostenrechnungsmethoden übergehen müssen, um den Anforderungen des Controlling zu entsprechen. Die Mindestforderung dafür ist die Einführung einer Teilkostenrechnung.

Dies bedeutet nicht, daß auf eine Vollkostenrechnung verzichtet wird; es müssen immer die vollen Kosten, d.h. alle Kosten, verdient werden. Es handelt sich lediglich um eine Erweiterung und Verfeinerung des in der Regel bestehenden Kostenrechnungssystems unter dem Gesichtspunkt der konsequenten Anwendung des Kostenverursachungsprinzips.

Im Gegensatz zur Vollkostenrechnung verzichtet die Deckungsbeitragsrechnung (die Bezeichnung Deckungsbeitragsrechnung ist nicht ganz exakt, sie wird jedoch synonym für alle Erscheinungsformen der Teilkostenrechnung verwendet) auf die Zuordnung aller Kosten und die Ermittlung von Gewinnen für die einzelnen Kostenträger. Entscheidend für die Beurteilung eines Kostenträgers ist der Deckungsbeitrag (und nicht der Gewinn, der in der Regel für den Kostenträger gar nicht ermittelt werden kann), der nach Abzug der variablen bzw. Einzelkosten zur Deckung der Fixkosten (Grenzkostenrechnung) bzw. Gemeinkosten (Einzelkostenrechnung) im Unternehmen verbleibt.

Solange ein Kostenträger einen positiven Deckungsbeitrag aufweist, trägt er zur Fixkostendeckung und damit zur Verbesserung des Betriebsergebnisses bei. Die Vollkostenrechnung führt hingegen durch die Proportionalisierung der Fixkosten und durch die Schlüsselung von Gemeinkosten bei der Beurteilung von Kostenträgern teilweise zu falschen Schlüssen und verletzt zweifelsohne das Kostenverursachungsprinzip.

Generell hat der Controller die Entscheidung zwischen folgenden Alternativen der Kostenrechnung zu treffen (siehe Abbildung 4):

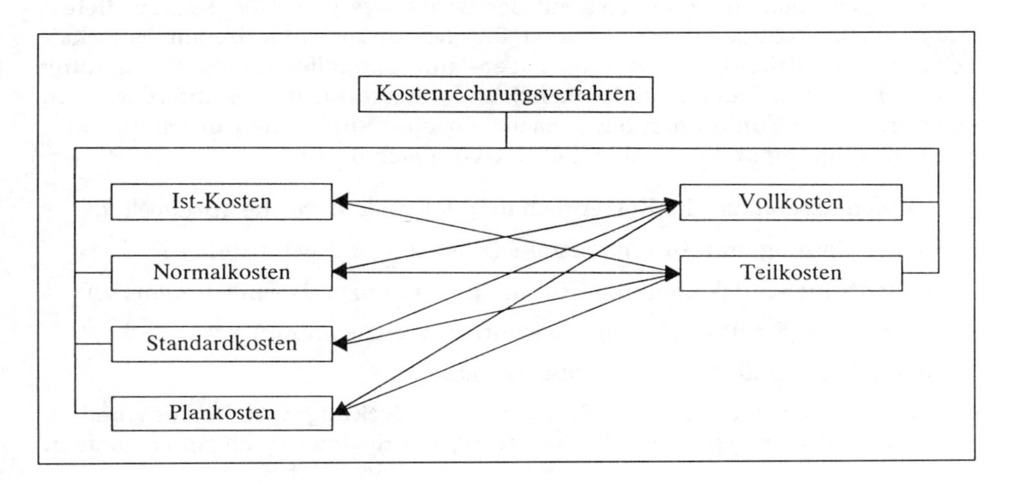

Abb. 4: Kostenrechnungsverfahren
(Quelle: Preißler, Controlling, S. 121)

Kostenbegriff \ Kostenrechnungssystem		Vollkosten-rechnung	Teilkosten-rechnung
Ist-Kosten (Kosten, die tatsächlich angefallen sind)	Vergangenheits-orientiert	X	X
Normalkosten (durchschnittliche normalisierte Ist-Kosten vergangener Perioden)		X	X
Standardkosten (durchschnittlich normalisierte Ist-Kosten mit Planansätzen)	Zukunfts-orientiert	X	X
Plankosten zukunftsorientierte, geplante Kosten mit Vorgabecharakter)		X	X

Abb. 5: Kostenrechnungssystem
(Quelle: Preißler, Controlling, S. 122)

Das heißt, grundsätzlich kann der Controller sowohl die Voll- als auch die Teilkostenrechnung kombinieren mit Ist-, Normal-, Standard- und Plankosten.

Auch der Klein- und Mittelbetrieb sollte die Grundüberlegungen der Teilkostenrechnung in sein Kostenrechnungssystem einfließen lassen. Nur diese Kostenrechnungsmethode (idealerweise auf der Grundlage geplanter Kosten) liefert einerseits die nötigen Informationen für den unternehmerischen Entscheidungsprozeß (Produktbeurteilung, Eigen- und Fremdfertigung, Beurteilung von Verkaufsbezirken und vieles mehr), andererseits erfüllt sie Anforderungen der Controlling-Funktionen bzw. macht einzelne Funktionen überhaupt erst möglich (Planung und Kontrolle, Soll/Ist-Vergleich usw.).

Zusammenfassend hat die Kostenrechnung folgende Bereiche abzudecken:

- Kostenplanung und Kostenkontrolle (Kostenarten/Kostenstellen)
- Kostenträger-Stückrechnung (Kalkulation, Grenzpreisermittlung usw.)
- Kurzfristige Erfolgsrechnung (Kostenträgerzeitrechnung)
- Investitions- und Wirtschaftlichkeitsrechnung
- Betriebswirtschaftliche Sonderfragen (Aufdeckung von Verlustquellen, Wirtschaftlichkeitsfragen, Durchführung von Kostensenkungsprogrammen usw.).

Die Investitions- und Wirtschaftlichkeitsrechnung ist eine wesentliche Basis des strategischen Controlling. Speziell im Rahmen der Investitionsrechnung muß der Controller versuchen, die Stärken des Unternehmens und deren Einflußgrößen zu analysieren, um so die „Marschrichtung des Unternehmens" über mehrere Jahre hinweg zu bestimmen. Sinn und Zweck der Investitionsplanung ist es letzten Endes, wahrscheinliche Entwicklungen der Nachfrage, der Produktionsstechniken, der Finanzierungsmöglichkeiten, der Personalentwicklung und der Beschaffungsmärkte zu bewerten und sie in sinnvolle, langfristig wirksame, wenn auch meist nur schwer oder gar nicht mehr korrigierbare Maßnahmen umzusetzen. Ein wirksames strategisches Controlling kann auf dieses Instrumentarium nicht verzichten, will es erreichbare Ziele in Form positiver Ergebnisse über einen längeren Zeitraum hinweg setzen.

Wesentlich bei der Einführung bzw. Verfeinerung moderner Kostenrechnungsverfahren ist die Frage der Wirtschaftlichkeit. Je mehr Informationen von der Kostenrechnung verlangt werden, um so komplizierter und auch teurer wird sie.

Allgemeinregeln für die Ausgestaltung der Kostenrechnung gibt es nicht, was analog auch für Klein- und Mittelbetriebe gilt. Der Controller des Klein- und Mittelbetriebes wird der Kosten/Nutzen-Relation ein spezielles Augenmerk widmen müssen. Die Kostenrechnung „von außen", d.h. das Heranziehen externer Berater, kann besonders in der Einführungsphase die Kosten/Nutzen-Relation günstig beeinflussen und stellt eine echte Alternative gerade für den Klein- und Mittelbetrieb dar.

3.5 Kennzahlen als unverzichtbares Instrumentarium des Controllers

Kennzahlen gehören mit zum unverzichtbaren Instrumentarium des Controllers.

Fundierte unternehmerische Entscheidungen ohne aussagefähige Informationsbeschaffung und -auswertung sind meistens nicht mehr möglich. Wer aktuelle und aussagefähige Entscheidungsunterlagen hat, kann schneller analysieren, disponieren, reagieren, aber auch agieren und besitzt daher auch größere Chancen im wirtschaftlichen Konkurrenzkampf.

Kennzahlen können Schwachstellen aufzeigen, Abweichungen signalisieren und erfüllen die Funktion eines Beurteilungs- und Entscheidungsbarometers. Ein Mindestmaß an Kennzahlen benötigt jeder Controller, um kausale Zusammenhänge (Wirkung und Ursache), erkennen zu können. Die Kennzahlen bieten dem Controller darüber hinaus die Möglichkeit, die Situation seines Unternehmens im Vergleich zu anderen Unternehmen realistisch zu sehen. Kennzahlen haben (nicht nur für den Controller) immer eine vierfache Bedeutung:

1. Sie erlauben Maßstäbe
2. Sie üben Erfolgskontrollfunktion aus
3. Sie ermöglichen (innerbetriebliche und außerbetriebliche) Vergleiche.
4. Sie erlauben es, mehrdimensionale Sachverhalte der Unternehmung darzustellen.

Wert und Aussagefähigkeit von Kennzahlen im Controlling werden durch *Zeit*, *Identität*, *Wertigkeit* und vor allem die *richtige Kennzahleninterpretation* bestimmt. Auch in Klein- und Mittelbetrieben sollte der Controller versuchen, Kennzahlen optisch aufzubereiten, so z.B. durch einen „Kennzahlenkamm", eine „Kennzahlensonne" oder das häufig anzutreffende Säulendiagramm (siehe Abbildungen 6 - 8).

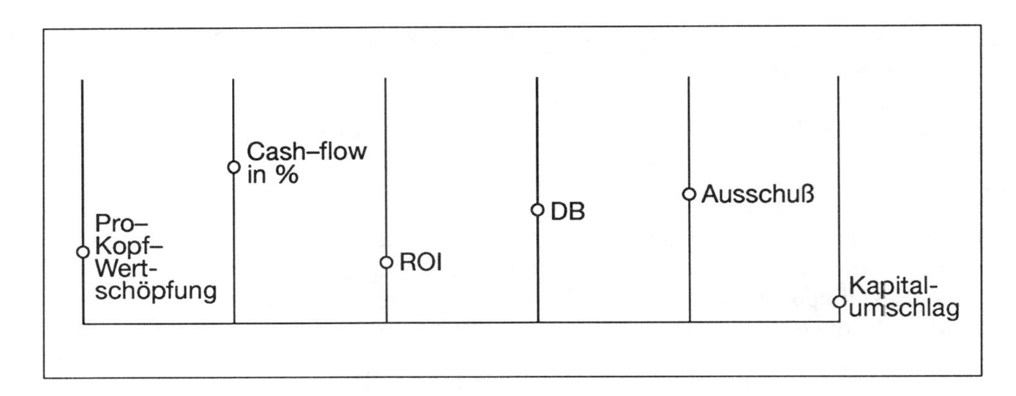

Abb. 6: Kennzahlenkamm
(Quelle: Preißler, Controlling, S. 105)

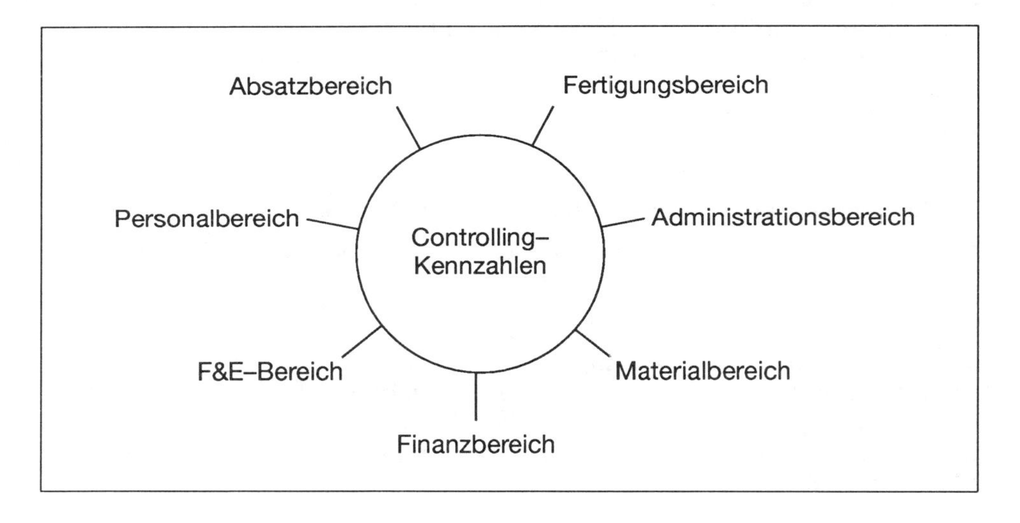

Abb. 7: Kennzahlensonne
(Quelle: Preißler, Controlling, S. 105)

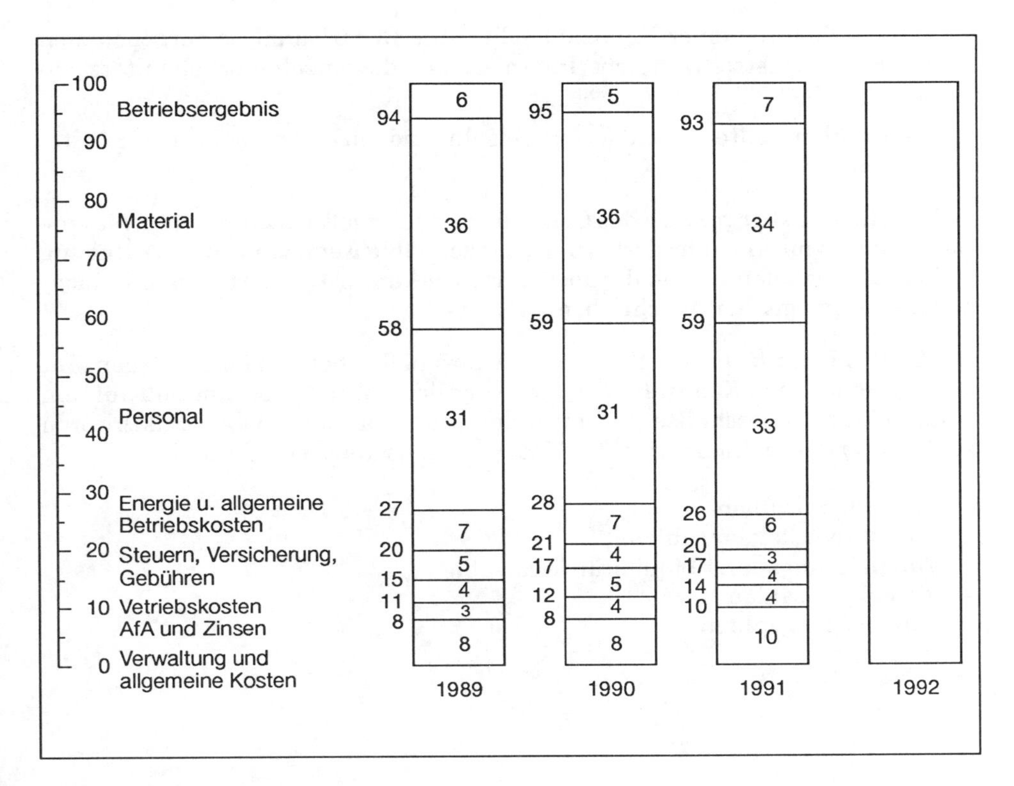

Abb. 8: Säulendiagramm

Wichtig ist, daß es dem Controller gelingen muß, alle Bereiche in das Controlling-System zu integrieren.

Für den Controller stellt sich das Problem, aus der Vielfalt möglicher Kennzahlen die für sein Unternehmen geeigneten auszuwählen und aufzubereiten. Die Auswahl von Kennzahlen sollte u.a. berücksichtigen:

- Die Zielsetzung der Kennzahl muß erkennbar sein.
- Die Kennzahlen müssen den Kriterien der Wirtschaftlichkeit genügen und sollen deshalb teilweise in bestehende Informationssysteme integriert werden.
- Kennzahlen müssen aktuell und flexibel sein.
- Kennzahlen müssen in der Zahl beschränkt bleiben.

- Vor Erarbeitung einer Kennzahl sollte eine Bedarfsanalyse vorgenommen werden, die feststellt, welche Informationen die einzelnen Stellen tatsächlich benötigen.
- Kennzahlen sollten nach festen Regeln und nicht sporadisch erarbeitet werden.

Es besteht eine *Bringschuld* des Controllers, d.h. er sollte nicht warten, bis eine Stelle eine Kennzahl anfordert, sondern regelmäßig Kennzahlen zur Verfügung stellen. Kennzahlen sollten darüber hinaus zukunftsorientiert sein, d.h. nicht nur die Vergangenheit beschreiben.

Der Controller sollte bei der Kennzahlenauswahl flexibel sein und auch den Mut zu ungewöhnlichen Kennzahlen haben. Vor allem sollte er aber speziell auf sein Unternehmen zugeschnittene Kennzahlen bilden, die er wie folgt strukturieren könnte und der Zielhierarchie des Unternehmens anpassen sollte:

- Erfolgskennzahlen
- Produktivitätskennzahlen
- Finanzierungs- und Liquiditätskennzahlen
- Risikokennzahlen
- Bereichskennzahlen

Das vom Controller aufzubauende Kennzahlensystem sollte grundsätzlich folgende Kennzahlen umfassen (aus Preißler, Controlling, S. 106 - 114):

1. Erfolgskennzahlen	zu errechnen jährlich	zu errechnen pro Quartal	zu errechnen monatlich
1.1 Netto-Betriebsleistung = Fakturierte Umsätze +/− Bestandsveränderungen an Halb- und Fertigfabrikaten − Erlösschmälerungen	X	X	X
1.2 Umsatzrendite = $\frac{\text{Betriebsergebnis} \times 100}{\text{Netto-Betriebsleistung}}$	X	X	X
1.3 Cash flow = Betriebsergebnis + Kalk. Abschreibungen + Kalk. Eigenkapitalzinsen + überhöhte Rückstellungen*) + kalk. Wagnis + kalkulatorischer Unternehmerlohn*) + sonstige Aufwendungen, die nicht gleichzeitig Ausgaben sind − Erträge, die zu keinen Einnahmen geführt haben	X		
1.4 Cash flow in % der Netto-Betriebsleistung = $\frac{\text{Cash flow} \times 100}{\text{Netto-Betriebsleistung}}$	X		
1.5 Gesamtkapitalrendite = $\frac{(\text{Betriebsergebnis} + \text{Gesamtzinsen}) \times 100}{\text{Gesamtkapital}}$	X		
1.6 Eigenkapitalrendite = $\frac{(\text{Betriebsergebnis} + \text{Eigenkapitalzinsen})}{\text{Eigenkapital}} \times 100$	X		
1.7 Kapitalumschlag = $\frac{\text{Netto-Betriebsleistung}}{\text{Gesamtkapital}}$	X		
1.8 Materialkostenanteil = $\frac{\text{Materialkosten} \times 100}{\text{Netto-Betriebsleistung}}$	X	X	X
1.9 Personalkostenanteil = $\frac{\text{Personalkosten} \times 100}{\text{Netto-Betriebsleistung}}$	X	X	X

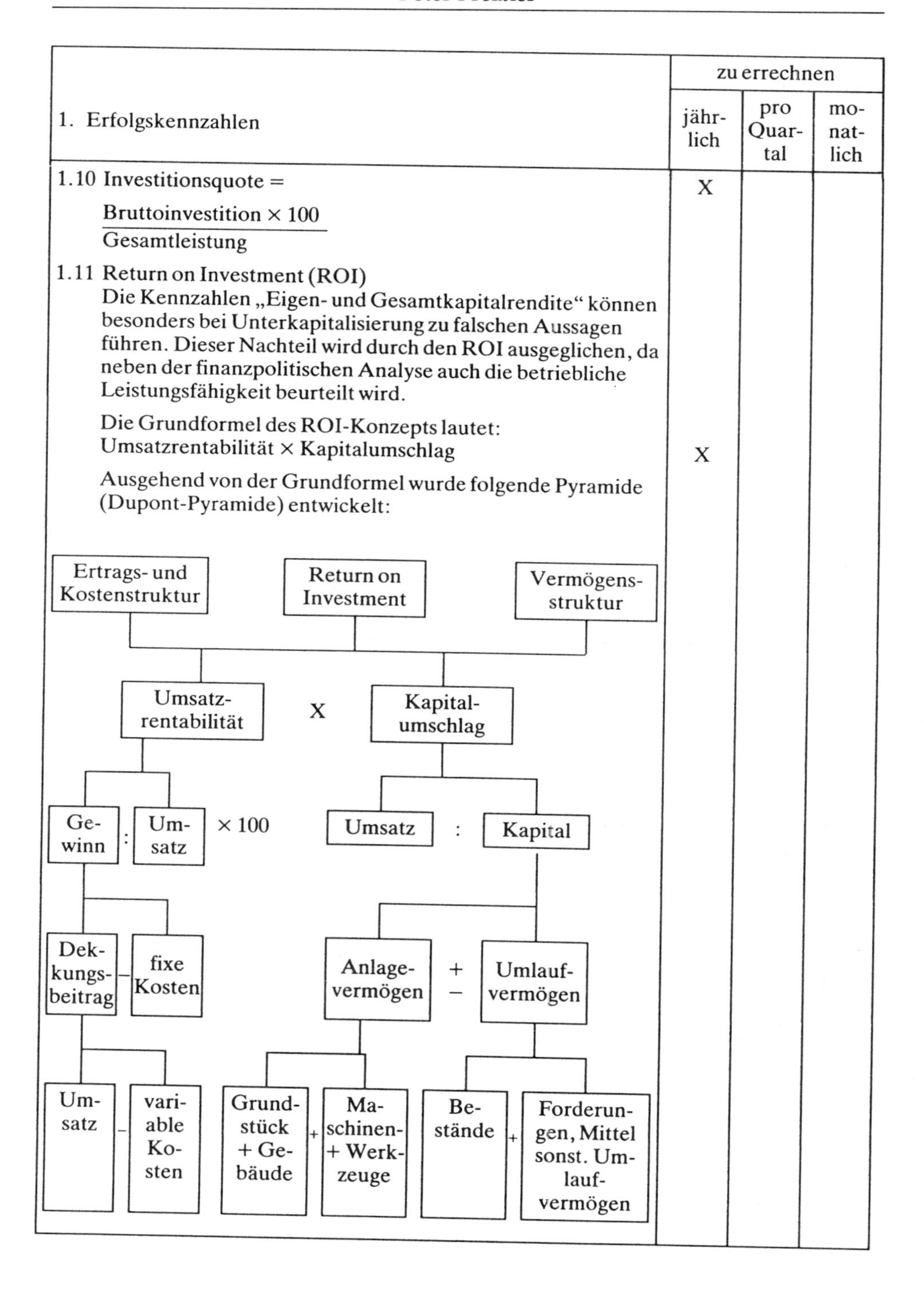

1. Erfolgskennzahlen	zu errechnen		
	jährlich	pro Quartal	monatlich
1.10 Investitionsquote = $\frac{\text{Bruttoinvestition} \times 100}{\text{Gesamtleistung}}$	X		
1.11 Return on Investment (ROI) Die Kennzahlen „Eigen- und Gesamtkapitalrendite“ können besonders bei Unterkapitalisierung zu falschen Aussagen führen. Dieser Nachteil wird durch den ROI ausgeglichen, da neben der finanzpolitischen Analyse auch die betriebliche Leistungsfähigkeit beurteilt wird. Die Grundformel des ROI-Konzepts lautet: Umsatzrentabilität × Kapitalumschlag Ausgehend von der Grundformel wurde folgende Pyramide (Dupont-Pyramide) entwickelt:	X		

1. Erfolgskennzahlen	zu errechnen jährlich	pro Quartal	monatlich
1.12 Mindestumsatz (out-of-pocket-point) = $\frac{\text{Ausgabenwirksame fixe Kosten} \times 100}{\text{Deckungsbeitrag in \% des Umsatzes}}$	X		
1.13 Mindestumsatz (Break-Even-Point der Substanzerhaltung) = $\frac{\text{Fixe Kosten} \times 100}{\text{Deckungsbeitrag in \% des Umsatzes}}$	X		
1.14 Mindestumsatz der Plangewinnerzielung = $\frac{(\text{Fixe Kosten} + \text{Plangewinn}) \times 100}{\text{Deckungsbeitrag in \% des Umsatzes}}$	X		
1.15 Leverage-Effekt = $\frac{\text{Gesamtkapital}}{\text{Eigenkapital}} \times \frac{\text{Gewinn}}{\text{Gewinn} + \text{Fremdkapitalzinsen}}$	X		
2. Produktivitätskennzahlen			
2.1 Pro-Kopf-Leistung = $\frac{\text{Netto-Betriebsleistung}}{\text{Zahl der korrigierten Beschäftigten}}$	X	X	X
2.2 Pro-Kopf-Wertschöpfung	X	X	X

	Sparten 1	2	3	usw.
Pro-Kopf-Leistung ./. Pro-Kopf-Materialverbrauch				
Pro-Kopf-Wertschöpfung				

Diese Kennzahl ist sowohl für das Gesamtunternehmen als auch für einzelne Sparten zu ermitteln, um Unterschiede in der Wertschöpfung zu erkennen und möglichst „Störfaktoren“ (z.B. Handel) zu eliminieren.

	jährlich	pro Quartal	monatlich
2.3 WPK-Wert (Wertschöpfungs-, Personalkosten-Koeffizient)	X	X	X

	Sparten 1	2	3	usw.
Netto-Betriebsleistung ./. Materialeinsatz ./. Fremdleistungen				
= Butto-Produktionsleistung und/oder Handelsleistung				
Personalkosten				

$$\frac{\text{Brutto-Produktionsleistung}}{\text{Personalkosten}} = \text{WPK-Wert}$$

<table>
<tr><td rowspan="2">2. Produktivitätskennzahlen</td><td colspan="3">zu errechnen</td></tr>
<tr><td>jährlich</td><td>pro Quartal</td><td>monatlich</td></tr>
<tr><td>
2.4 Arbeitserlös je Fertigungsstunde
Als Fertigungsstunde darf nur die „produktive“ Stunde (incl. möglicher Maschinenrüstzeiten) verstanden werden.
<table>
<tr><td></td><td colspan="4">Sparten</td></tr>
<tr><td></td><td>1</td><td>2</td><td>3</td><td>usw.</td></tr>
<tr><td>Netto-Betriebsleistung
⁒ Ausgangsfrachten
⁒ Provisionen
⁒ Material/Fremdleistungen
⁒ anteil. Verwaltungs-/ Vertriebskosten</td><td></td><td></td><td></td><td></td></tr>
<tr><td>Arbeitserlös
Geleistete Fertigungsstunden
Arbeitserlös je Fertigungsstd.</td><td></td><td></td><td></td><td></td></tr>
</table>
</td><td>X</td><td></td><td></td></tr>
<tr><td>
2.5 Deckungsbeitrag je Fertigungsstunde
<table>
<tr><td></td><td colspan="4">Sparten</td></tr>
<tr><td></td><td>1</td><td>2</td><td>3</td><td>usw.</td></tr>
<tr><td>Arbeitserlös je Fertigungsstunde
⁒ Lohnkosten je Fertigungsstunden (incl. LNK)</td><td></td><td></td><td></td><td></td></tr>
<tr><td>Deckungsbeitrag/Fertigungsstd.</td><td></td><td></td><td></td><td></td></tr>
</table>
</td><td>X</td><td>X</td><td>X</td></tr>
<tr><td>
2.6 Ausschußquote
Der Ausschuß entsteht durch Bearbeitungs- bzw. Materialfehler, nicht aber durch Materialabfälle.
$\text{Abfallquote} = \frac{\text{Abfallmenge} \times 100}{\text{Materialeinsatz}}$
oder $\frac{\text{Abfallmaterial} \times 100}{\text{Gesamter Materialverbrauch}}$
Quote des Ausschußmaterials =
$\frac{\text{Ausschuß in Mengeneinheiten} \times 100}{\text{Mengeneinheiten, die in Ordnung sind}}$
</td><td>X</td><td>X</td><td>X</td></tr>
<tr><td>
2.7 Produktivität =
$\frac{\text{tatsächlich verfahrene Fertigungsstunden}}{\text{mögliche Fertigungsstunden}}$
</td><td>X</td><td>X</td><td>X</td></tr>
</table>

3. Finanzierungs- und Liquiditätskennzahlen	zu errechnen jährlich	pro Quartal	monatlich
3.1 Anlagendeckung = $\frac{\text{Eigenkapital} \times 100}{\text{Anlagevermögen}}$	X		
3.2 Entschuldungsgrad = $\frac{\text{verfügbarer cash flow} \times 100}{\text{Netto-Verschuldung}}$ Netto-Verschuldung = Fremdkapital ⁒ liquide Mittel	X		
3.3 Liquiditätsverhältnis = $\frac{\text{Umlaufvermögen} \times 100}{\text{kurzfristiges Fremdkapital}}$	X		
3.4 Verschuldungsgrad = $\frac{\text{Fremdkapital} \times 100}{\text{Gesamtkapital}}$	X		
3.5 Verschuldungsfaktor = $\frac{\text{langfristige Effektivverschuldung}}{\text{cash flow}}$ Effektiv-Verschuldung = verzinsliches langfristiges Fremdkapital + kurzfristige Fremdmittel ⁒ flüssige Mittel ⁒ kurzfristige Forderungen	X		
3.6 Eigenkapitalausstattung = $\frac{\text{Eigenkapital} \times 100}{\text{Gesamtkapital}}$	X		
3.7 Liquidität ersten Grades = $\frac{\text{Flüssige Mittel am Stichtag (DM} \times 100)}{\text{kurzfristige Verbindlichkeiten am Stichtag (DM)}}$	X		

4. Kennzahlen zur Risikostruktur	zu errechnen jährlich	pro Quartal	monatlich
4.1 Cash flow × Umsatzrate $\frac{\text{Cash flow} \times 100}{\text{Umsatz}}$	X		
4.2 DBU $\frac{\text{Deckungsbeitrag} \times 100}{\text{Umsatz}}$	X	X	
4.3 Fixkostenstruktur = $\frac{\text{Fixe Kosten} \times 100}{\text{Umsatz}}$	X		
4.4 Mindestspanne = $\frac{\text{Gesamtumsatz} \times 100}{\text{Fixkosten}}$	X		
4.5 Kosten von Betriebsfunktionen = $\frac{\text{Herstellkosten} \times 100}{\text{Umsatz}}$	X		
4.6 Kosten von Betriebsfunktionen = $\frac{\text{Verwaltungs- und Vertriebskosten}}{\text{Umsatz}}$	X	X	X
4.7 Auftragsreichweite (in Tagen) $\frac{\text{Auftragsbestand (per ultimo)} \times 360}{\text{Umsatz der letzten 12 Monate}}$	X	X	

5. Kennzahlen zum Materialbereich	zu errechnen		
	jährlich	pro Quartal	monatlich
5.1 Umschlagziffer des Fertigwarenlagers = $\frac{\text{Bestände an Fertigwaren}}{\text{Umsatzerlöse}}$	X		
5.2 Umschlagziffer des Materiallagers $\frac{\text{Bestände an Roh-, Hilfs- und Betriebsstoffen}}{\text{Aufwendungen für Roh-, Hilfs- und Betriebsstoffe}}$	X		
5.3 Durchschnittliches Zahlungsziel in Tagen = Zahlungsmoral des Kunden = Kundenkredite = $\frac{\text{Ø Verbindlichkeiten} \times 360}{\text{Einkaufsvolumen incl. MWst.}}$	X		
5.5 Materialanteil in % = $\frac{\text{Aufwendungen für Roh-, Hilfs- u. Betriebsstoffe}}{\text{Gesamtleistung}} \times 100$	X	X	X
5.6 Termin-/Mengen-/Qualitätstreue d. Lieferanten = $\frac{\text{Anzahl der beanstandeten Lieferungen (Termin, Quantität, Qualität)}}{\text{Zahl der Lieferungen}}$	X	X	
5.7 Materialintensität = $\frac{\text{Materialkosten} \times 100}{\text{Netto-Betriebsleistung}}$	X		
5.8 Materialgemeinkostensatz = $\frac{\text{Materialgemeinkosten} \times 100}{\text{Fertigungsmaterial}}$	X	X	
5.9 Grad der Lagerhaltung in Tagen = $\frac{\text{Durchschnittlicher Bestand in DM}}{\text{Gesamtmaterialkosten DM/Jahr}} \times 360 =$ .... Tage	X	X	
5.10 Pro-Kopf-Materialverbrauch = $\frac{\text{Materialeinsatz}}{\text{Zahl der korrigierten Beschäftigten}}$	X	X	X

6. Kennzahlen zum Vertriebsbereich	zu errechnen jährlich	zu errechnen pro Quartal	zu errechnen monatlich
6.1 Kundenumsätze			
Anteil in % Plan = $\frac{\text{Umsatz des Kunden laut Plan in DM} \times 100}{\text{Gesamtumsatz laut Plan in DM}}$	X	X	X
Um das tatsächliche Verkaufsverhalten aufzuzeigen, müßte diese Kennzahl spezifiziert werden, um Planabweichungen sichtbar werden zu lassen:			
Abweichung in % = $\frac{\text{Ist-Umsatz des Kunden in DM} - \text{Planumsatz des Kunden} \times 100}{\text{Plan-Umsatz des Kunden in DM}}$	X	X	X
6.2 Veränderungen im Artikelsortiment			
Umsatzanteil des Artikels in % = $\frac{\text{Mengenumsatz des Artikels laut Plan} \times 100}{\text{Gesamtmengenumsatz laut Plan}}$	X	X	X
Abweichung vom Umsatzplan in % = $\frac{\text{Ist-Mengenumsatz des Artikels} - \text{Plan-Mengenumsatz} \times 100}{\text{Planmengenumsatz des Artikels}}$	X	X	X

Beispiel:

Artikel	Geplanter Mengenumsatz	Ist-Mengenumsatz	Abweichung in %
A	100	80	− 20%
B	50	100	−100%
C	20	20	0

6. Kennzahlen zum Vertriebsbereich	zu errechnen jährlich	zu errechnen pro Quartal	zu errechnen monatlich
6.3 Wirtschaftlichkeit des Fuhrparks	X		
$\frac{\text{Deckungsbeiträge in DM des mit dem Fahrzeug getätigten Umsatzes}}{\text{Kosten des Fahrzeuges}}$			
< 1, dann reicht Deckungsbeitrag nicht aus, die entsprechenden Fahrzeugkosten abzudecken.			
Auslastungsgrad (= 1, dann Optimum) = $\frac{\text{Umsatz in kg oder Zeiteinheit (Stunden, Tage, Schichten)}}{\text{Anzahl der Touren pro Zeiteinheit} \times \text{Ladekapazität des Fahrzeugs}}$	X		

6. Kennzahlen zum Vertriebsbereich	zu errechnen		
	jährlich	pro Quartal	monatlich
6.4 Beurteilung von Außendienstmitarbeitern (je größer d. Kennziffer, desto günstiger d. Relation) $\frac{\text{Umsatz oder Deckungsbeitrag in DM pro AD und Zeiteinheit}}{\text{Gesamtkosten des AD pro Zeiteinheit}}$	X	X	X
Break-even-point des AD = $\frac{\text{Zuordenbare Kosten des AD}}{\text{\% DB}}$	X		
Grad der Lagerhaltung = $\frac{\text{Fertigfabrikate} \times 100}{\text{Umlaufvermögen}}$	X	X	X
Außenstandsdauer = $\frac{\text{Durchschnittlicher Bestand an Kundenforderungen} \times 360}{\text{Umsatz (DM/Jahr)}}$	X	X	X

Das vorgestellte Instrumentarium ist nur das Mindestinstrumentarium, das auch in jedem Klein- und Mittelbetrieb vorhanden sein muß. Nicht eingegangen wurde dabei auf das Frühwarnsystem des Controllers (Gap-Analysen, Portfolioanalysen, Konkurrenzanalysen, usw.)

4 Controlling in den einzelnen Bereichen des Unternehmens

Wenn man sich zusammenfassend die Funktionen und Aufgaben des Controllers vor Augen führt, darf ein wesentlicher Aspekt des Controlling nicht verlorengehen: Der Controller muß ein permanenter Innovationsmotor in betriebswirtschaftlicher Hinsicht sein. Nur ein ständiges Infragestellen angewandter Methoden und Verfahren in allen Unternehmensbereichen mit dem Ziel, die Rentabilität, Wirtschaftlichkeit und Kosten/Nutzen-Relation langfristig zu verbessern, ist ein Garant für erfolgreiches Controlling.

Auf die vielfältigen Möglichkeiten der positiven Beeinflussung der einzelnen Unternehmensbereiche durch Controlling sollten auch Klein- und Mittelbetriebe keinesfalls verzichten.

Bei immer stärkerem Wettbewerb auf den Absatzmärkten lassen sich durch richtige Steuerung der kostenbeeinflussenden Faktoren im Fertigungsbereich erhebliche Chancen zur Verbesserung des Betriebsergebnisses nutzen.

Das gleiche gilt beim Materialeinsatz und bei den zeitabhängigen Kosten des Materialbereichs. Dies ist Motivation genug für einen Controller, unter Umständen gerade hier den Hebel für eine wirtschaftlichere Vorgehensweise anzusetzen.

Richtiges Controlling im Fertigungs- und Materialbereich stellt eine fast nahtlose Verbindung zum Absatzbereich her und gewährleistet so einen zielgerichteten Informationsfluß. Wenn man davon ausgeht, daß die wesentlichste Einflußgröße für den Deckungsbeitrag des Unternehmens neben den Kosten der Umsatz ist, so ist es eine der Hauptaufgaben des Controllers, dafür zu sorgen, daß die „richtigen" Umsätze gemacht werden und daß man solche Umsätze wirtschaftlich abwickelt. Der Controller muß deshalb grundlegendes Marketingwissen besitzen, um in der Lage zu sein, die Einflüsse von Maßnahmen im Absatzbereich auf die Kosten/Nutzen-Relation des Unternehmens darzustellen.

Stichwortartig, in Form einer Prüfliste, sollen Ansatzpunkte für den Controller in den einzelnen Bereichen des Unternehmens aufgezeigt werden (siehe Abbildung 9).

5 Zusammenfassung

Die aufgezählten Ansatzpunkte sind nur ein kleiner Ausschnitt aus der Fülle von Möglichkeiten, die dem Controller zur Beeinflussung des Gesamtergebnisses in den einzelnen Bereichen offenstehen. Auch in dieser Aufgabe unterscheidet sich Controlling im Klein- und Mittelbetrieb nicht vom Controlling in größeren Unternehmen, höchstens in der Komplexität der Problemstellung. Controlling ist auch in Klein- und Mittelbetrieben unerläßlich! Die spezielle Problemstellung in Klein- und Mittelbetrieben zwingt allerdings dazu, mittels einfacher, aber ausgewählter und erprobter Verfahren unternehmerische Entscheidungen gewinnorientiert vorzubereiten, durchzusetzen und deren Auswirkungen zu überwachen. Der Controller soll die maßgebenden Führungskräfte im Sinne einer ausgewogenen Unternehmenssteuerung zur Abstimmung veranlassen, Teilziele mit ihnen absprechen und sie zu gewinnbringendem Handeln verpflichten. Er analysiert erreichte Ergebnisse und stellt anhand des Soll/Ist-Vergleichs Diagnosen auf. Wenn er Zahlenmaterial interpretiert, tritt er als kritischer Berater auf; er versucht, seine Kollegen in Geschäftsleitung und in den Bereichsleitungen auf den Weg zu bringen, der am erfolgversprechendsten erscheint.

Bereich	Mögliche Ansatzpunkte	
Materialbereich	Standardisierung und Normung	❑
	Errechnung von Kostensenkungschancen	❑
	Überwachung der Bestandsermittlung	❑
	Erstellung einer Bestellmengentabelle	❑
	Lfd. Vergleich der Materialkosten	❑
	Transparentmachung von Einkaufsentscheidungen	❑
	ABC-Analysen	❑
	Beeinflussung der Materialgemeinkosten	❑
Vertriebsbereich	Vom Umsatzdenken zum Deckungsbeitragsdenken	❑
	Kundenanalysen	❑
	Angebots- und Nachkalkulation mit Hilfe der Teilkostenrechnung	❑
	Überprüfung der Absatzmengen	❑
	Überprüfung der Preis- und Konditionenpolitik	❑
	Überprüfung der Bezirkseinteilungs- und Bezirksanalysen	❑
	Tourenplanung, Tourenoptimierung	❑
	Artikelerfolgskontrolle und Sortimentspolitik	❑
	Auftragsgrößenstruktur	❑
	Zielorientierte Außendienstentlohnungssysteme	❑
Fertigungsbereich	Investitions- und Wirtschaftlichkeitsberechnung und -kontrolle	❑
	Produktivitätsüberwachung und -kontrolle	❑
	Gemeinkostenentwicklungsvergleiche	❑
	Wartezeitenanalysen	❑
	Fertigungsauftragsabrechnung	❑
	Mitarbeit und Anregung bei Wertanalysen	❑
	Eigen- oder Fremdbezug	❑
Forschung und Entwicklung	Einführung einer F&E-Kostenrechnung	❑
	Projekt-Controlling	❑
	Zeiterfassungsbögen	❑
	Kostenstrukturanalysen	❑
Administrationsbereich	Personalentwicklung	❑
	Textverarbeitung	❑
	Überprüfung der Kommunikationswege	❑
	Einleitung von Schwachstellenanalysen und Kostensenkungsprogrammen	❑
	ZBB	❑

Abb. 9: Prüfliste für den Controller

Controlling ist also ein funktionsübergreifendes Steuerungsinstrument, das die Unternehmensführung beim Entscheidungsprozeß durch Informationen unterstützt - mehr nicht; mehr kann es in keinem Unternehmen sein! Der Controller soll mit geeigneten Planungs-, Steuerungs- und Kontrollinstrumenten das Unternehmensgeschehen innerhalb der ihm vorgegebenen Zielsetzungen positiv beeinflussen. Die Wahrnehmung der Controlling-Aufgaben ermöglicht erst der Unternehmensführung, das Unternehmen durch Planung und Kontrolle zielorientiert an Umweltveränderungen anzupassen und die dispositiv-koordinierenden Aufgaben der Unternehmenssteuerung zu erfüllen. Es genügt keineswegs, daß einzelne Controlling-Aufgaben isoliert wahrgenommen werden. Es kommt vielmehr darauf an, *daß* ein Controlling-System vorhanden ist. Hierzu ist die organisatorische Verankerung der Controlling-Aufgaben bei einem verantwortlichen Mitarbeiter auch in Klein- und Mittelbetrieben unerläßlich, wenngleich Teilfunktionen notfalls auf einzelne Bereiche verlegt werden können.

Damit ist alles über Inhalt und Aufgabe des Controlling ausgesagt. Man sollte sich davor hüten, mehr in das Controlling hineinzuinterpretieren. Controlling ist keine Philosophie, keine „Wunderwaffe". Controlling ist nur ein Instrument, keine Selbststeuerung und kein Garant für „das Wohlergehen des Unternehmens". Die Steuerung ist nach wie vor personenabhängig und hängt nach wie vor von den Qualitäten des „Steuernden" ab. Auch im Controlling können nur bekannte Führungs- und Verhaltensmechanismen ablaufen. Der Controller wird ebenfalls nur auf die allgemein bekannten Möglichkeiten der rationellen Unternehmensführung zurückgreifen können.

Wenn man sich davor hütet, im Controlling mehr zu sehen als es sein kann, so kann Controlling für fast jedes Unternehmen, unabhängig von der Größe, Vorteile bringen. Es müssen allerdings die entsprechenden Voraussetzungen im Unternehmen erst geschaffen werden. Controlling sollte nicht überhastet und unüberlegt eingeführt werden. Gerade hier sollte eine Kosten/Nutzen-Analyse vorher durchgeführt werden, Vor- und Nachteile sollten nüchtern abgewogen werden. Sonst besteht die Gefahr, daß Controlling im Unternehmen nur Verwirrung stiftet und eine zusätzliche Quelle der Kostenverursachung darstellt.

6 Literatur

[1] Anthony, R.: *Planning and Control Systems - A Framework for Analysis*, Boston 1965

[2] Anthony, R.; Dearden, J.; Vancel, R.F.: *Management Control Systems*, 2. Auflage, Homewood 1972

[3] Bramsemann, R.: *Controlling*, Wiesbaden 1978

[4] Braun, H.: *Controller-Funktion in der Praxis*, in: Controller Magazin, München-Gauting 2/1970, S. 45-55

[5] Burns, C.B.: *Controlling the Corporate Controllers*, in: The Accountant's Magazine, Jg. 77, 1973, Nr. 801, S. 126-131

[6] Cochran, E.B.: *What is a Controller*? in: The Journal of Accountancy, July, 1955, S. 46-53

[7] Collard, F.M.: *Controller*, in: Management Enzyklopädie Bd. II, München 1970, S. 71-92

[8] Controller's Institute of America: *The Place of the Controller's Office*, New York 1946

[9] Deyhle, A.: *Controller-Handbuch*. Enzyklopädisches Lexikon für die Controller-Praxis, 5 Bände, München-Gauting 1974

[10] Deyhle, A.: *Controller's Vorgehensplan - Schrittliste in 16 Punkten*, in: Controller Magazin, 1979, S. 93-143

[11] Deyhle, A.: *Der Controller in europäischer Sicht*, in: IO, 1968, S. 451-456

[12] Deyhle, A.: *Controller-Praxis*, 2 Bände, München 1972

[13] Dörrie, U., Kicherer, H.P., Preißler, P.: *Die Kostenrechnung eines kunststoffverarbeitenden Unternehmens als Informationsbasis für produktions- und absatzwirtschaftliche Entscheidungen*, in: Erfolgskontrolle im Marketing. Berlin 1975

[14] Financial Executives Institute (Hrsg.): *Controllership and Treasurership Functions defined by FEI*, in: The Controller, 1962, S. 289

[15] Gardner, F.V.: *Profit Management and Control*, New York, Toronto, London 1961

[16] Gaydoul, P.: *Controlling in der deutschen Unternehmenspraxis*, Darmstadt 1980

[17] Haberland, Preißler, Meyer: *Handbuch Revision-Controlling-Consulting*, München 1978-1991

[18] Hahn, D.: *Hat sich das Konzept des Controllers in Unternehmungen der deutschen Industrie bewährt*? in: Betriebswirtschaftliche Forschung und Praxis, 2/1978, S. 101-128

[19] Hoffmann, F.: *Der Controller im deutschen Industriebetrieb*, in: Der Betrieb, Nr. 50, 1968, S. 2181 bis 2185

[20] Lawrence, P.R., Lorsch, J.W.: *Organization and Environment - Managing Differentiation and Integration*, Homewood 1967

[21] MacDonald, J.H.: *Controllership: Its Function and Technique*, Hrsg. vom Controller's Institute of America, New York 1940

[22] Mann, R.: *Praxis strategisches Controlling*, München 1981

[23] Peemöller, V.: *Praktisches Lehrbuch Controlling und betriebliche Prüfung*, München 1978

[24] Pfeiffer, W., Preißler, P.: *Der Erkenntniswert der Kostenrechnung*, in: Erfolgskontrolle im Marketing, Berlin 1975

[25] Preißler, P.: *Controlling auch für Klein- und Mittelbetriebe*, 8. Auflage, Eschborn 1991

[26] Preißler, P. (Hrsg.): *Intensivkurs für Führungskräfte. Bd. 1: Grundlagen Kosten- und Leistungsrechnung*, 3. Auflage, Landsberg/Lech 1990

[27] Preißler, P.: *Checklist: Operatives Controlling*, 3. Auflage, München 1988

[28] Preißler, P.: *Verbesserung des Kosten- / Nutzenverhältnisses im Vertriebsbereich*, 3. Auflage, Eschborn 1990

[29] Preißler, P.: *Controlling*, 3. Auflage, München 1991

[30] Preißler/Ebert/Peemöller/Koinecke (Hrsg.): *Controlling*, 4. Auflage, Landsberg/Lech 1990

[31] Thornton, Bradscher, Hull: *Controllership in Modern Management*, Chicago 1950

[32] Wilson, R.M.S.: *Financial Control: A System Approach*, London 1974

[33] Zünd, A.: *Begriffsinhalte Controlling-Controller*, in: Handbuch Revision-Controlling-Consulting, Hrsg. von Haberland/Preißler/Meyer, München 1979, S. 1-25

Controlling in öffentlichen Organisationen (Non Profit Organizations)

Jürgen Weber

Inhalt:

1 Einführung

Abgesehen von den ersten - zumindest begrifflichen - Wurzeln ist Controlling als ein Konzept der Führungsunterstützung erwerbswirtschaftlicher, auf die Erzielung von Gewinn gerichteter Unternehmen gestaltet worden. Seit einiger Zeit sind Stimmen laut geworden, Controlling auch für öffentliche Verwaltungen und Unternehmen nutzbar zu machen. Als einer der ersten ist hier Rolf Eschenbach zu nennen, der schon 1983 eine entsprechende Forderung erhob.

Begründet werden diese Anstöße zumeist mit dem Hinweis auf den wachsenden Druck auf die öffentlichen Finanzen, daneben allerdings auch - wie die Abbildung 1 zeigt - mit einer Vielzahl unterschiedlichster Entwicklungen. Alle diese führen in summa zu einem erheblichen Veränderungsdruck, der seinerseits eine Reihe von Konsequenzen für die Führung öffentlicher Verwaltungen und Unternehmen auslöst. Bestehende Ziel- und Handlungsstrukturen werden in Frage gestellt, um auf Dauer den Bedürfnissen der Bürger besser zu entsprechen oder diese Bedürfnisse mit weniger Mitteleinsatz als bisher decken zu können. Gefordert wird eine Ausrichtung des öffentlichen Sektors auf die „Kunden" öffentlicher Institutionen anstelle eines obrigkeitsstaatlichen Leistungs„diktats". An dieser Stelle setzt der Verweis auf das Controlling ein, da man Controlling - abgeleitet aus der Entwicklung dieses Führungs-Teilsystems - als Konzept zur Bewältigung von Komplexität und Umfelddynamik begreifen kann.

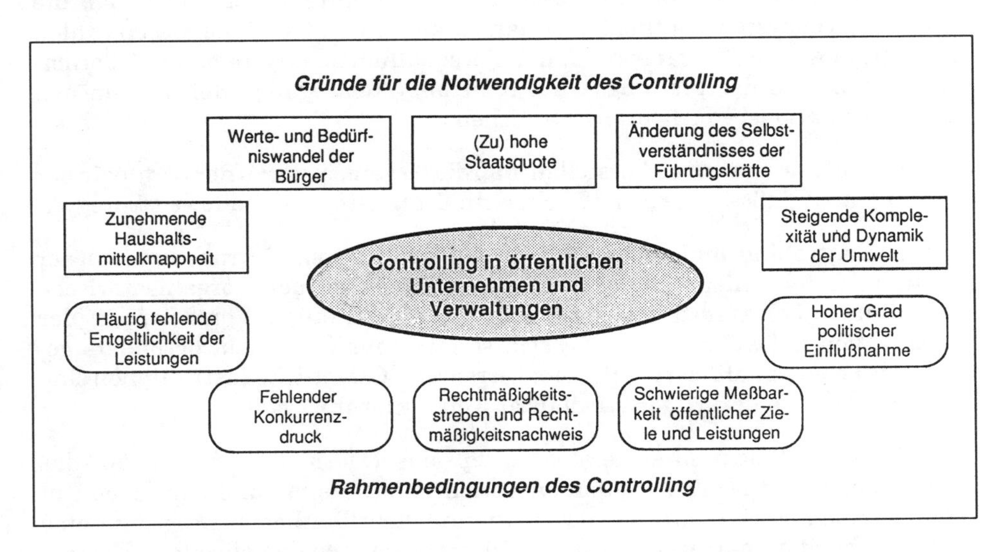

Abb. 1: Überblick über die Ausgangsbedingungen des Controlling in öffentlichen Institutionen

Im folgenden geht es darum, die grundsätzliche Einsatzfähigkeit des Controlling in öffentlichen Institutionen herauszuarbeiten, Möglichkeiten und Grenzen für seinen Einsatz aufzuzeigen. Dabei soll bewußt der Eindruck vermieden werden, Controlling sei als Allheilmittel für die Genesung der öffentlichen Staatsfinanzen oder als effizientes Über-Bord-Werfen mehrerer Jahrzehnte von Verwaltungsforschung und Verwaltungserfahrung zu verstehen. Hierzu erweist es sich als sehr hilfreich, wenn nicht unabdingbar, zu Beginn kurz das zugrundeliegende Controlling-Verständnis darzustellen.

2 Zum Konzept des Controlling

2.1 Controlling als Koordinationsfunktion

Controlling kennzeichnet nach hier vertretener Auffassung einen bestimmten Teilbereich innerhalb der Unternehmensführung, dessen Aufgabe in der Koordination des Führungs-Gesamtsystems besteht. Die Bedeutung dieser Koordinationsaufgabe wird umso deutlicher, je größer und damit weniger überschaubar ein Unternehmen wird, je schneller und tiefgreifender sich das Umfeld einer Institution wandelt und je höher die Spezialisierung aller Führungskräfte wird. Die Koordination des Führungs-Gesamtsystems als zentrale Controlling-Aufgabe hat mehrere Facetten. Zum einen beinhaltet sie eine *systemkoppelnde Funktion*. In dieser muß Controlling sicherstellen, daß die Führungs-Teilsysteme optimal aufeinander abgestimmt sind. Zu diesen zählen das Zielsystem, die Organisation, das Personalführungssystem, das Informationssystem und das Planungs- und Kontrollsystem. Einige Beispiele mögen den Koordinationsbedarf veranschaulichen:

- Das Controlling muß sicherstellen, daß die Organisation zu der Strategie der Institution paßt - ganz gemäß dem Grundsatz „structure follows strategy".

- Das Controlling muß sicherstellen, daß das Personalführungssystem der Organisation entspricht; das in Unternehmen aktuelle organisatorische Postulat „Zelte statt Burgen", das für eine häufige Veränderung der Aufbauorganisation steht, läßt sich so etwa nur mit einem besonders geschulten und qualifizerten Personal erreichen. Öffentliche Institutionen sind allerdings von derartiger Flexibilität weit entfernt.

- Das Controlling muß sicherstellen, daß das Informationssystem auf das Planungs- und Kontrollsystem ausgerichtet ist: Wenn ein öffentliches Unternehmen etwa - unter Berücksichtigung der öffentlichen Bindung - eine weitgehend dezentrale Steuerung präferiert, müssen den einzelnen Kostenstellenleitern genügend detaillierte und umfassende Informationen hierzu bereitgestellt werden.

Die Koordinationsaufgabe des Controlling beschränkt sich aber nicht auf die Kopplung von Führungs-Teilsystemen. Auch innerhalb dieser fallen Koordinationsbedarfe an. Hierbei spricht man von *systembildender Koordination*. So ist in vielen öffentlichen Institutionen beispielsweise derzeit eine strategische Planung nur sehr schwach ausgeprägt und zudem mit der operativen Planung kaum verzahnt.

Mit der Systembildung und der Systemkopplung sind die beiden wichtigsten Aspekte der Koordinationsaufgabe des Controlling beschrieben. Zur Präzisierung des Controlling-Begriffs ist es aber erforderlich, weitere Teilfunktion anzusprechen, die die Systembildung und Systemkopplung gleichsam „umranken". Hierbei ist zunächst an die der *Bildung nachgelagerte Aufgabe der Systemüberprüfung* zu denken, der gegebenenfalls eine Systemveränderung bzw. -anpassung folgt. Bedenkt man die anfangs angesprochene zunehmende Dynamik der Institutionenum- und -innenwelt, wird die Bedeutung dieser Teilaufgaben deutlich. Schließlich gilt es zu beachten, daß ein reines Systemdesign wenig nützt; es ist auch erforderlich, die *Koordinationssysteme konkret einzuführen bzw. durchzusetzen*. An der Konsequenz dieser Systemdurchsetzung mangelt es (selbst) in vielen marktwirtschaftlichen Unternehmen.

2.2 Abgrenzung controllingorientierter Führung von bürokratischer Führung

Traditionell vorherrschendes Führungsmodell in öffentlichen Institutionen, insbesondere hoheitliche Funktionen ausübenden Verwaltungen, ist das der Bürokratie. Hierfür sind schwerpunktmäßig zwei Ursachen bestimmend: Zum einen war staatliches Handeln in seinem Ursprung häufig darauf gerichtet, aus übergeordneten staatspolitischen Gründen Freiheitsrechte des einzelnen Bürgers einzuschränken. Dementsprechend bestand in der Verwaltung schon frühzeitig das Bestreben, die Berechtigung der Wahrnehmung hoheitlicher Aufgaben in Ausfüllung bestehender Gesetze belegen zu können. Dem Rechtmäßigkeitsstreben und Rechtmäßigkeitsnachweis kommt auch heute noch eine zentrale Bedeutung zu. Beide führen zu einem Geflecht von Rechts- und Verwaltungsvorschriften, die häufig gleichzeitig Leistungsarten, Leistungserstellungsprozesse und Produktionsfaktoren betreffen, somit die Dispositionsfreiheit öffentlich Bediensteter wesentlich beschneiden. Weiterhin lassen sie „Fehlertoleranzen", die in der Privatwirtschaft zur Erhöhung der Wirtschaftlichkeit bewußt eingeplant werden, grundsätzlich nicht zu. Schließlich begünstigen sie die unreflektierte Weiterführung bislang verfolgter Aufgaben und behindern ständige Überprüfungen des Leistungsprogramms öffentlicher Institutionen.

Zum anderen bestehen erhebliche Schwierigkeiten, die Leistungen öffentlicher Institutionen messen zu können. Häufig fällt es schon schwer, die Art der zu erstellenden Leistungen einzugrenzen (was ist z.B. öffentliche Sicherheit als „Produkt" der Polizei?). Noch größere Probleme stellen sich, will man die wesentlichen Leistungsmerkmale festlegen (wie läßt sich z.B. die Qualität der Ausbildungsleistung einer Hochschule abbilden?). Die mangelnde Meßbarkeit der Leistungen und der sie regelnden Sachziele hat zwei unerwünschte Auswirkungen. Einerseits wird trotz grundsätzlichen Vorrangs der wahrzunehmenden öffentlichen Aufgabe (Sachziele) vor den mit der Aufgabenwahrnehmung verbundenen finanziellen Wirkungen (Formalziele) das Handeln vieler öffentlicher Institutionen wesentlich durch Formalziele bestimmt. Andererseits ist die Meßproblematik Ursache (oder zumindest Alibi) für Freiräume oder Unstimmigkeiten der Zielsysteme der Verwaltungen oder Unternehmen, die mit subjektiven Wertvorstellungen und Prioritäten ausgefüllt werden können bzw. werden müssen. Auch ein Controller - so wird sich später zeigen - ist von diesem Phänomen in seiner täglichen Arbeit häufig betroffen. Weiterhin behindert die mangelnde Meßbarkeit der Leistungen, für die Dienstleistungsproduktion einer Verwaltung oder eines öffentlichen Unternehmens optimale Input-Output-Relationen zu bestimmen, z.B. die optimale Taktfrequenz im öffentlichen Personennahverkehr festzulegen. Schließlich fehlen aussagefähige Maßgrößen zur Leistungsbeurteilung einzelner Instanzen bzw. Verwaltungseinheiten.

Eine bürokratische Führung geht von der in privatwirtschaftlichen Unternehmen üblichen Vorgehensweise ab, das Verhalten der Funktionsträger durch Regeln bzw. Anreize für das Ergebnis ihrer Tätigkeit vorzubestimmen, und versucht, ein koordiniertes zielentsprechendes Verhalten durch die Vorgabe von Regeln bezüglich des Prozesses der Ergebniserstellung zu erreichen. Ein weiteres Grundmerkmal der Bürokratie besteht in der Zentralität der Lenkung des wirtschaftenden Systems. Beide Aspekte können nur dann führungseffizient sein, wenn zu einem bestimmten Zeitpunkt die Möglichkeit besteht, das geplante Verhalten des Systems unabhängig von dem nach Abschluß der Planung zu beobachtenden tatsächlichen Verhalten vorzubestimmen. Bürokratiemodelle lassen sind in diesem Sinn als planungsdeterminiert bezeichnen. Kontrollen sind (nur) deshalb erforderlich, um die Einhaltung der Prozeßvorgaben zu überwachen. Abweichungen lassen sich eindeutig als Ausführungsfehler identifizieren und sind in Zukunft zu vermeiden. Sie führen in aller Regel nicht zu einer Neuformulierung einzelner Regeln. Die Starrheit von Bürokratien liegt auf der Hand.

Eine controllingorientierte Führung unterscheidet sich von einer Bürokratie sowohl bezüglich des Grades der Planungszentralisation als auch bezüglich des Stellenwerts der Planung für die Lenkung des wirtschaftenden Systems:

– Einer controllingorientierten Koordination liegt eine dezentrale Gestaltung des Planungsprozesses zugrunde, deren Notwendigkeit bzw. Sinnhaftigkeit funktional durch eine immer höhere Komplexität des Planungsfeldes und die zunehmende Dynamik seiner Entwicklung, personal durch die Motivationswirkungen auf die Planungsbeteiligten begründet wird.

- Einer controllingorientierten Koordination liegt ein Lenkungsmodell zugrunde, das Planungen in ihrer Bedeutung nicht mehr über Kontrollen stellt, sondern Planungen und Kontrollen als gleich bedeutsam erachtet.

Im Rahmen bürokratischer Führung kommt Kontrollen - wie bereits angesprochen - nur die Funktion zu, feed-back-Informationen zu liefern. Soll-Ist-Abweichungen zeigen primär Änderungsnotwendigkeiten in der Plandurchführung auf, wie auch der linke Teil der Abbildung 2 zeigt. Wie ebenfalls der Abb. 2 zu entnehmen, können Kontrollen jedoch umgekehrt in einem feed-forward-Sinn auch Korrekturen der Planansätze nahelegen. Je diskontinuierlicher die Umweltentwicklung verläuft und je weniger Planungs-Know-how besteht, desto wichtiger wird diese zweite Funktion der Kontrolle. Sie bildet eine notwendige Bedingung für die Planung; letztere ist ohne Kontrolle nicht möglich. Man findet diese Situation häufig im Bereich der strategischen Planung vor. Sowohl diese feed-forward-bezogenen als auch die „klassischen" feed-back-orientierten Kontrollen haben ihre spezifischen Einsatzfelder. Beide werden vom Controlling als Anforderungen an das mit den anderen Führungsteilsystemen und in sich zu koordinierende Planungs- und Kontrollsystem vorausgesetzt.

Dezentrale und über unterschiedliche Funktionen der Kontrolle mehrfach rückgekoppelte Steuerung von wirtschaftenden Systemen wird häufig als kybernetisch bzw. - in einer Analogiebetrachtung zu biologischen Systemen - als bio-kybernetisch bezeichnet. Greift man diese Terminologie auf, läßt sich zusammenfassend feststellen, daß Controlling ein (bio-)kybernetisches Führungsparadigma als Grundlage verlangt. Der controllingorientierte Koordinationsansatz ist mit einem zentralistisch-planungsdeterminierten Führungskonzept nicht vereinbar. Controlling in ein derart geführtes soziales System einzubringen, birgt ein erhebliches Konfliktpotential in sich und führt dann, wenn dieses Führungsparadigma rational gewählt wurde, zwangsläufig zu Effizienzverlusten.

2.3 Konsequenzen für die Tragfähigkeit des Controlling in öffentlichen Institutionen

Controlling in öffentlichen Institutionen einführen zu wollen, heißt deshalb, von der Notwendigkeit einer Änderung des bürokratischen Führungsparadigmas überzeugt zu sein. Diese Überzeugung zu fundieren und zu validieren, kann auf zwei Wegen ansetzen, die beide bereits implizit angesprochen wurden. Zum einen bietet es sich - im Rahmen eines Analogieschlusses - an, die Gründe für die Controlling-Entwicklung in erwerbswirtschaftlichen Unternehmen heranzuziehen und nach ihrer Übertragbarkeit auf öffentliche Institutionen zu fra-

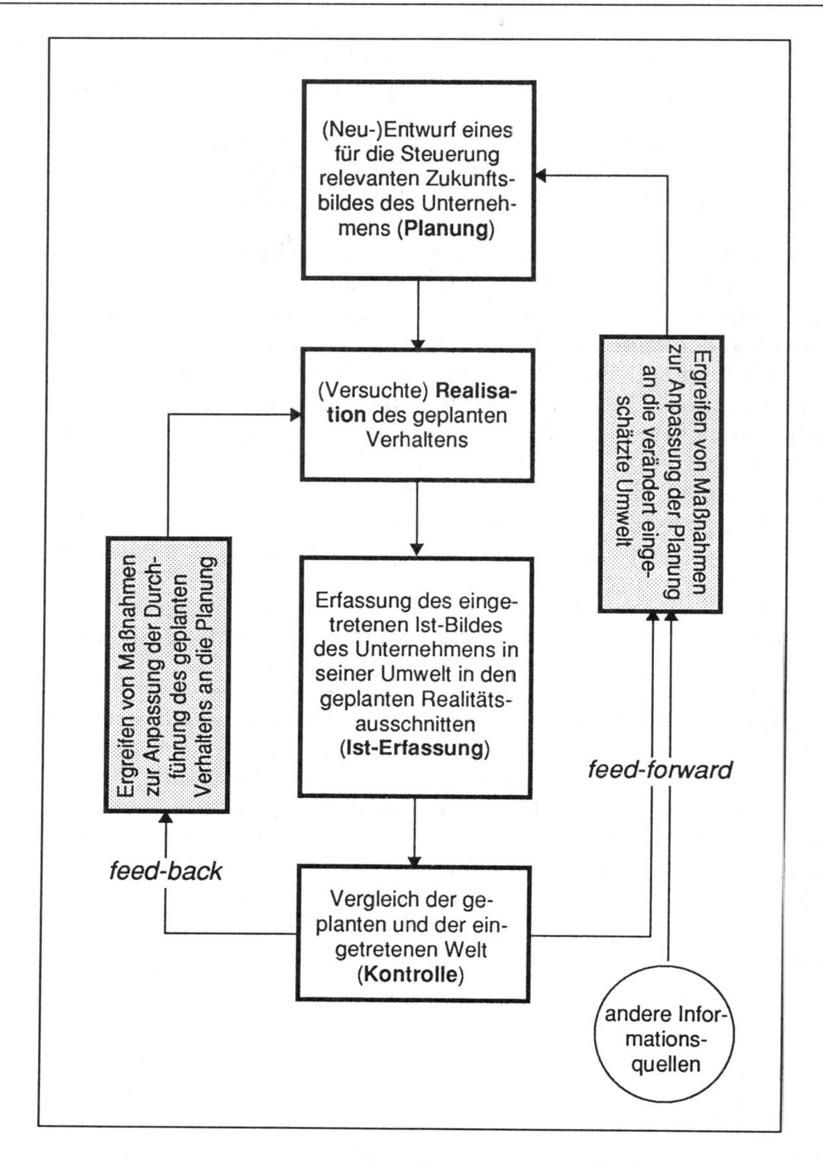

Abb. 2: Schematische Darstellung des Planungs- und Kontrollregelkreises

gen. Die Argumentation wird im wesentlichen über die Feststellung veränderter Rahmenbedingungen, höherer Komplexität und Dynamik des Umfeldes öffentlicher Verwaltungen und Unternehmen und geänderter Qualifikation und

Einstellung der Mitarbeiter zur Ableitung eines Controlling-Bedarfs führen (vgl. nochmals die Abb. 1).

Zum anderen kann man versuchen, einen Beleg für die Tragfähigkeit des Controlling-Konzepts konsistent aus der Führungstheorie abzuleiten. Dieser Weg verspricht in allgemeiner Form jedoch nur schwer zu gelingen. Einerseits liegen bis heute auch für erwerbswirtschaftliche Unternehmen keine „hieb- und stichfesten" Effizienzaussagen unterschiedlicher Führungsformen vor. Andererseits sind die einzelnen öffentlichen Institutionen für allgemeingültige Aussagen zu heterogen. Dies gilt nicht nur bezüglich Verwaltungen einerseits und Unternehmen andererseits, sondern auch innerhalb beider Institutionengruppen. Allerdings wäre es falsch, die Erkenntnisse der Führungstheorie gänzlich zu vernachlässigen. Auch sie weisen bei steigender Umfeldkomplexität und -dynamik den Weg zu einer dezentralen, planungs- und kontrolldeterminierten Unternehmensführung, in deren Folge ein unabweisbarer Bedarf für die Koordinationsfunktion des Controlling auftritt.

Im folgenden sei deshalb - quasi als eine Arbeitshypothese - von einer grundsätzlichen Sinnhaftigkeit oder - weitergehend - Notwendigkeit des Controlling in öffentlichen Institutionen ausgegangen. Für die Gestaltung des Einführungswegs sind im einzelnen insbesondere die folgenden Merkmale der bürokratischen Ordnung von Bedeutung:

– Die Gestaltungsfreiheit und Entscheidungskompetenz einer Führungskraft ist durch rechtliche Vorschriften und das direkte Eingriffsrecht des Vorgesetzten (bzw. der vorgesetzten Behörde) stärker eingeschränkt. Dies bedingt eine im Vergleich zu erwerbswirtschaftlichen Unternehmen höhere Bedeutung der ständigen Infragestellung des vorgegebenen Handlungsrahmens.

– Das Handeln öffentlich Bediensteter ist durch ein starkes Sicherheitsstreben und durch Vergangenheitsbezug gekennzeichnet. Innovationsfreude und Innovationsbereitschaft sind nicht gefordert, häufig nicht gewünscht und/oder zulässig. Einerseits erwachsen hieraus dem Controlling als „Schrittmacher" betriebswirtschaftlichen Denkens und Handelns Restriktionen. Andererseits eröffnet dies grundsätzlich ein weites Arbeitsfeld für das Controlling, weist diesem eine große potentielle Bedeutung zu.

– Es besteht in der Regel ein Mangel an Leistungsanreizen für öffentlich Bedienstete. Durchgängige leistungsbezogene Anreiz- und Sanktionsmechanismen fehlen, werden zwar intensiv diskutiert, aber bislang nur in Ansätzen praktiziert. Hieraus ergeben sich Motivationsprobleme (bzw. -reserven). Eine wichtige Aufgabe des Controlling muß es folglich sein, in Zusammenarbeit mit den jeweiligen Führungskräften die zu verfolgenden Ziele zu präzisieren, eine Planung der Zielerreichung und deren periodische Kontrolle vorzunehmen, Meßlatten zur Leistungsbeurteilung zu liefern und dadurch Motivationssteigerungen in Gang zu setzen (Koordination des Zielsystems und des Personalführungssystems).

- Obwohl in Gesetzen und Verordnungen explizit verankert, werden öffentlich Bedienstete dem Wirtschaftlichkeitsprinzip häufig nicht gerecht. Da das Handlungsergebnis öffentlicher Leistungserstellung als einer der beiden Bestimmungsfaktoren der Wirtschaftlichkeit nur schwer definier- und meßbar ist, rückt automatisch der Mitteleinsatz (Ausgaben bzw. Kosten) in den Mittelpunkt der Betrachtung. Das Streben nach Wirtschaftlichkeit wird durch das Streben nach Sparsamkeit ersetzt. Das zentrale Instrument, Sparsamkeit zu erreichen bzw. zu gewährleisten, wird in der Haushaltsmittelplanung und -kontrolle gesehen. In der derzeit praktizierten Form weist diese jedoch - wie später zu zeigen sein wird - gerade bezogen auf ihren Hauptzweck Mängel auf. Dem Controlling kommt deshalb die Aufgabe zu, entweder Änderungen des bisherigen Budgetierungsprozesses zu konzipieren und anzuregen oder durch den Aufbau eines zuarbeitenden, parallelen Planungs- und Kontrollsystems die skizzierten Nachteile abzumildern bzw. zu beseitigen.

- Öffentliche Führungskräfte unterscheiden sich aus den skizzierten Gründen in ihrer Mentalität - in öffentlichen Unternehmen weniger, in öffentlichen Verwaltungen mehr - von ihren Kollegen in der Erwerbswirtschaft. Wenn schon dort dem Moderations-, Präsentations- und Verhaltenskönnen des Controllers eine zentrale Bedeutung zukommt, sein Erfolg wesentlich davon abhängt, inwieweit es ihm gelingt, seine Informationen und seine Unterstützung benutzeradäquat zu „verkaufen", so muß er in öffentlichen Institutionen mit einer noch deutlich höheren diesbezüglichen Arbeitslast rechnen. Den unruhigen, innovativen „spirit of controlling" in einer durch Behördenmentalität gekennzeichneten konservativen Umgebung durchzusetzen, läßt erhebliche Reibungsverluste erwarten und stellt an den Controller in der öffentlichen Verwaltung bzw. Unternehmung sehr hohe persönliche Anforderungen.

Vor dem Hintergrund dieser Besonderheiten sollen im folgenden die einzelnen Aufgabenfelder des Controlling in öffentlichen Unternehmen und Verwaltungen diskutiert werden. Diese Diskussion erfolgt getrennt für die strategische und die operative Lenkung der Institutionen. Dabei werden auch und insbesondere Planungs- und Kontroll- sowie Informationsinstrumente zu betrachten sein. Eine controllingspezifische Koordinationsaufgabe kann nur dann entstehen, wenn diese Instrumente auch in den öffentlichen Verwaltungen und Unternehmen eingesetzt werden. Ihre Notwendigkeit bzw. die Sinnhaftigkeit ihres Einsatzes nachzuweisen, bedeutet damit, den Boden für das Controlling zu bereiten.

3 Strategisches Controlling in öffentlichen Verwaltungen und Unternehmen

3.1 Aufgabenstellung des strategischen Controlling in öffentlichen Institutionen

Operatives Controlling kann in der Erwerbswirtschaft auf eine sehr lange Tradition zurückblicken; Ansätze zu einem strategischen Controlling wurden dagegen erst in Folge der in den sechziger Jahren aufkommenden Diskussion einer strategischen Führung von Unternehmen entwickelt. Abgesehen von dem sich hinter dieser unterschiedlichen zeitlichen Struktur verbergenden unterschiedlichen konzeptionellen Ausreifungsgrad unterscheiden sich operatives und strategisches Controlling insbesondere in folgenden drei Merkmalen:

- Während sich das operative Controlling in einem weitgehend festgelegten Ziel- und Handlungsrahmen vollzieht, muß das strategische Controlling im Prozeß der strategischen Planung bewußt die aktuell verfolgten Ziele, realisierten Tätigkeitsfelder und benutzten Instrumente der Aufgabenerfüllung des Unternehmens in Frage stellen. Bezogen auf öffentliche Institutionen bedeutet dies, ständig zu überprüfen, ob der vorgegebene öffentliche Auftrag noch den übergeordneten öffentlichen Aufgaben dient, durch andere Aufträge ergänzt oder ersetzt werden sollte, ob weiterhin Übereinstimmung zwischen den betrieblichen Zielen und dem öffentlichen Auftrag besteht und Art und Organisation der Leistungserstellung den gesetzten Zielen noch gerecht werden.

- Während das operative Controlling primär verwaltungs- oder unternehmensinterne Prozesse steuern hilft, ist strategisches Controlling vorherrschend auf die Beziehungen der öffentlichen Betriebe zu ihrer Umwelt, auf die sie tragenden Institutionen (bei einem kommunalen Versorgungsunternehmen z.B. auf die Kommunalverwaltung) einerseits und die Leistungsempfänger andererseits, gerichtet. Wege zu einer größeren - in der Privatwirtschaft als zentraler Wettbewerbsfaktor erkannten - „Kundennähe" zu finden und zu ebnen („bürgernahe Verwaltung"), ist folglich eine bedeutsame Aufgabe des strategischen Controlling.

- Strategisches Controlling ist nicht auf bestimmte Zeitintervalle begrenzt. Die ihm innewohnende langfristige Betrachtungsweise prädestiniert das strategische Controlling dazu, die vorherrschende Kurzfristorientierung der Führung öffentlicher Institutionen zu überwinden.

Will man die Aufgaben des strategischen Controlling in öffentlichen Institutionen kurz zusammenfassen, so läßt sich zum einen die Funktion herausarbeiten, Antriebsmotor, Moderator und Registrator einer strategischen

Planung zu sein. Zum anderen muß das strategische Controlling als Transmissionsriemen zur Umsetzung der strategischen Planung in operative Handlungen dienen. Beide Funktionsbereiche sind dem (Selbst-)Verständnis öffentlicher Institutionen als Ausführungsorgane demokratisch legitimierter Entscheidungsgremien grundsätzlich konträr. Der Begriff „Führungsunterstützung" bedarf deshalb in öffentlichen Verwaltungen und Unternehmen einer spezifischen Modifikation: Das Controlling in einer einzelnen Institution darf sich nicht auf die ökonomische Unterstützung der Verwaltungs- oder Unternehmensführung beschränken, sondern muß - wie die Leitungsinstanzen selbst - als spezifische Koordinationsaufgabe stets die enge Einbindung der betreffenden Institution in den Gesamtzusammenhang öffentlichen Handelns beachten. Wenn es den übergeordneten öffentlichen Instanzen nicht gelingt, die aus geänderten Umweltbedingungen resultierenden Veränderungsbedarfe zu erkennen und umzusetzen, so ist es Aufgabe der einzelnen Unternehmens- oder Verwaltungsleitung, hierfür eigene Vorschläge zu unterbreiten und damit die notwendigen Anpassungsvorgänge selbst in Bewegung zu setzen trachten.

Eine solche „Vorschlagsverantwortung", die Bereichsleitungen in dezentralisierten Großunternehmungen per se besitzen, öffentliche Leitungsinstanzen dagegen nur in einer Art „Lückenbüßerfunktion" ausüben, wird derzeit von den Führungskräften noch zu wenig erkannt bzw. angenommen. Systematische strategische Planungen finden sich nur in ersten Ansätzen. Ein strategisches Controlling einzurichten, das diese Funktion übernimmt, verspricht deshalb einen hohen Nutzen. Zu seiner Durchsetzung lassen sich aus dem gleichen Grund jedoch auch hohe Widerstände erwarten.

3.2 Wichtige Planungs- und Kontrollinstrumente als Basis des strategischen Controlling in öffentlichen Institutionen

Strategische Planungs- und Kontrollinstrumente bilden zwar keine originären Controlling-Instrumente, sind aber als Voraussetzung unabdingbar, die Koordinationsform des Controlling zum Tragen kommen zu lassen. Für die Beantwortung der Frage, ob Controlling auch für öffentliche Unternehmen und Verwaltungen einsetzbar ist, kommt man also nicht umhin, die Planungs- und Kontrollinstrumente auf ihre Anwendbarkeit in öffentlichen Institutionen hin zu untersuchen. Die Abbildung 3 listet die wichtigsten davon auf. Ihre Struktur liegt auch den folgenden Ausführungen zugrunde.

3.21 Instrumente zur Erlangung von strategischem Basiswissen

Als Basiswissen zur Beurteilung der strategischen Position eines Betriebs kann man allgemeine wirtschaftliche Erkenntnisse und Einblicke in wirtschaftswissenschaftliche Grundtatbestände bezeichnen, denen für die Daseinsberech-

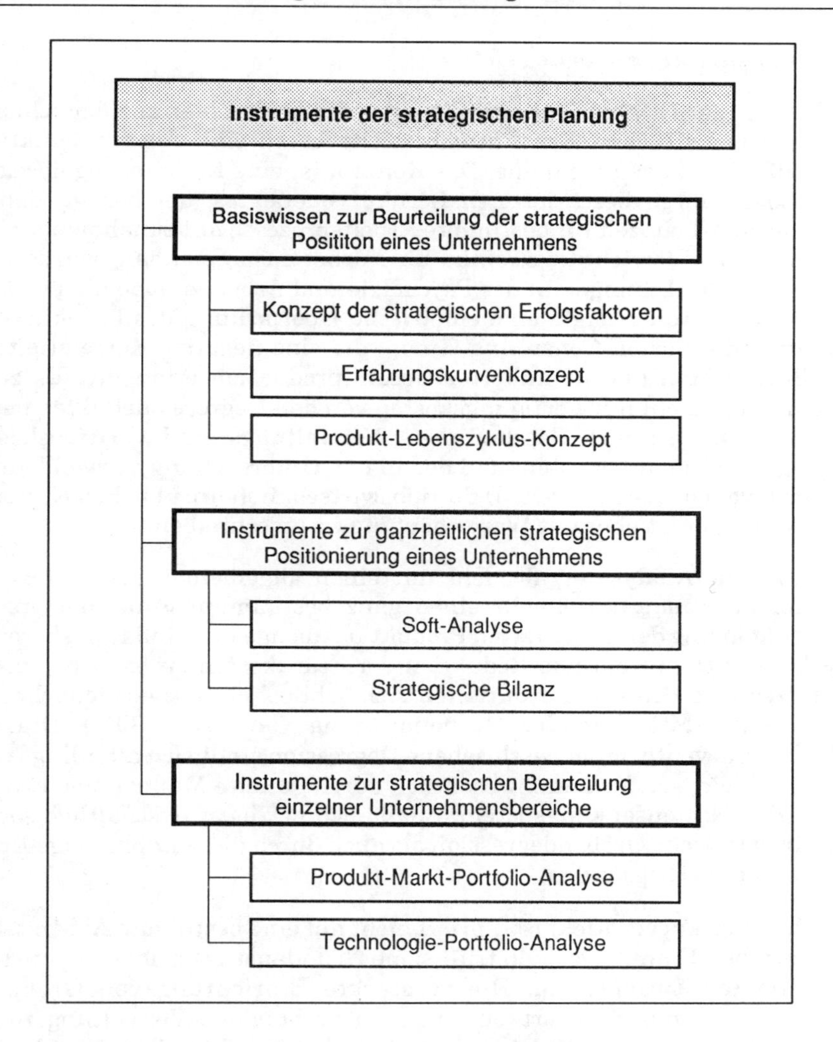

Abb. 3: Überblick über strategische Planungsinstrumente

tigung des Betriebs eine zentrale Bedeutung zuerkannt wird. Daseinsberechtigung läßt sich dabei für erwerbswirtschaftliche Unternehmen mit Wettbewerbsfähigkeit spezifizieren, also der Fähigkeit, sich im marktwirtschaftlichen System auf Dauer behaupten zu können. Bezogen auf öffentliche Institutionen bedeutet Daseinsberechtigung zum einen, daß eine bestimmte öffentliche Aufgabe dauerhaft erforderlich ist, und zum anderen, daß diese Aufgabe nicht besser von (einem oder mehreren) Privaten wahrgenommen werden kann.

a) Erfahrungskurveneffekt

Das Konzept der Erfahrungskurve als einer der beiden hier anzusprechenden betriebswirtschaftlichen Erkenntnisbereiche beschreibt einen produktionswirtschaftlichen Zusammenhang. Das Konzept ist eine Erweiterung des schon in den 20er Jahren beschriebenen Lernkurveneffektes, der besagt, daß die erforderliche Arbeitszeit für bestimmte Arbeitsprozesse mit zunehmender Wiederholung dieser Verrichtungen sinkt. Ein solcher Zusammenhang wurde durch umfangreiche Forschungen in der Psycholgie und Arbeitsergonomie bestätigt. In den 60er Jahren erfolgte eine empirische Überprüfung des Lernkurveneffekts durch die Boston Consulting Group, die eine negative Korrelation zwischen Stückkosten und kumulierter Gesamtproduktion erbrachte. Es zeigte sich somit, daß nicht nur Fertigungskosten von den Degressioneffekten betroffen waren, sondern auch Beschaffungs-, Verwaltungs- und Vertriebskosten. Allerdings muß man beachten, daß der in der Untersuchung verwendete Kostenbegriff vom in der (deutschen) Betriebswirtschaftslehre üblichen Kostenbegriff abweicht; er ist eher mit Wertschöpfung zu umschreiben.

Die empirische Analyse ergab nicht nur einen allgemeinen degressiven Zusammenhang, sondern vielmehr einen ganz bestimmten Funktionstyp: Mit jeder Verdopplung der kumulierten Produktionsmenge war - inflationsbereinigt - eine konstante prozentuale Reduktion der Stückkosten zu beobachten. Für unterschiedliche Branchen ermittelten sich schließlich unterschiedliche Prozentwerte (im Mittel in der Größenordnung von 20% - 30%). Die vom Erfahrungskurventheorem beschriebene Degression stellt sich allerdings nicht automatisch ein, sondern muß wesentlich durch gezielte Maßnahmen erreicht werden. Das Kostensenkungspotential läßt sich betriebswirtschaftlich sowohl durch eine statische Größendegression als auch durch die zeitabhängige Erfahrung (Lerneffekt) begründen.

Der Erfahrungskurveneffekt ist a priori nicht auf eine bestimmte Art erstellter Leistungen beschränkt. Deshalb trifft seine Grundaussage prinzipiell auch für öffentliche Institutionen zu. Die verstärkte Einrichtung von Großkrankenhäusern, die mit Standortkonzentration verbundene Verwaltungsreform oder die Einrichtung zentraler, automatisierter Briefverteilzentren bei der Deutschen Bundespost seien als wenige Beispiele genannt, um zu verdeutlichen, daß man die produktionsmengenabhängige Kostendegression auch im öffentlichen Sektor bewußt nutzen will bzw. genutzt hat.

Allerdings gilt es für öffentliche Institutionen ein Spezifikum zu beachten, das aus der Art der zu produzierenden und anzubietenden Leistungen resultiert: Eine Dienstleistungsproduktion erfordert als zusätzlichen Produktionsfaktor stets den Leistungsempfänger. Dieser ist unmittelbar in den Produktionsprozeß eingebunden. Folglich nimmt die Art der Leistungserstellung unmittelbar Einfluß auf die an ihm bzw. mit ihm erbrachte Leistung, kann nicht unabhängig von dieser festgelegt werden. Sehr deutlich wird dieser Zusammenhang am Beispiel des Schlagworts „Gesundheitsfabriken", mit dem Großkrankenhäuser häufig belegt werden. Wenngleich derartige Einrichtungen durch den hohen Durchsatz an Patienten modernste technische Ausrüstung wirtschaftlich tragbar werden lassen (Kostendegression), steht das „industrielle" Produktionsverfahren im Widerspruch zu einer medizinischen Versorgung, die auf die psychologischen Bedürfnisse der Kranken ausgerichtet ist. Will eine öffentliche Institution somit den im Erfahrungskurvenkonzept beschriebenen Zusammenhang nutzen, so bedarf es im ersten Schritt stets der Überprüfung, ob damit Veränderungen der Sachzielerfüllung verbunden sind. Potentielle Kostenvorteile müssen gegen mögliche Beeinträchtigungen insbesondere der Leistungsqualität abgewogen werden.

b) Produktlebenszyklus

Die Idee des Produktlebenszyklus will einen Zusammenhang zwischen quantitativen (insbesondere Deckungsbeitrag und Umsatz) und (im weiteren Sinn) qualitativen Merkmalen eines Produktes (z.B. Wettbewerbsintensität, Bedeutung der Produktionstechnologie) und seinem „Lebensalter" herstellen. Das „klassische" (Produkt-)Lebenszykluskonzept ist durch eine strenge Abfolge von vier Phasen (Einführung, Wachstum, Reife, Sättigung) gekennzeichnet, deren Eindeutigkeit und Unterscheidbarkeit unterstellt werden. Diese Phasen sind durch unterschiedliche Ausprägungen der angesprochenen qualitativen (z.B. Art der Absatzmärkte und der verwandten Technologie) und quantitativen Größen (z.B. Marktanteil, Umsatzentwicklung) gekennzeichnet. Trotz einiger Schwächen liefert das Produktlebenszykluskonzept wesentliche Anregungsinformationen für den Prozeß der langfristigen Produktionsprogrammplanung. Der Nutzen dieses Konzeptes ist primär in der Bewußtseinsbildung zu sehen, wobei die Warnung im Mittelpunkt steht, sich nicht auf einmal mit bestimmten Produkten erworbenen Wettbewerbsvorteilen auszuruhen.

Gerade vor dem Hintergrund dieser Aussage scheint das Produktlebenszykluskonzept auf den ersten Blick in öffentlichen Institutionen nur sehr begrenzt weiterzuhelfen. Insbesondere im hoheitlichen Bereich bestehen Leistungsbedarfe der Art nach häufig auf lange Zeit unverändert fort (z.B. innere Sicherheit, kommunale Selbstverwaltung), Absatzmengen und Absatzerlöse (z.B. Gebührenaufkommen) sind damit weitgehend als Konstanten anzusehen. Allerdings sollte man sich von einer derart direkten Betrachtungsweise lösen und den dem Produktlebenszyklus zugrundeliegenden Grundzusammenhang sehen: Im Kern steht die Erkenntnis, daß nur durch ein ständiges Erneuern der Produktpalette eine Anpassung an den sich permanent ändernden Bedarf der Leistungsempfänger erreicht werden kann.

Bezogen auf öffentliche Institutionen bedeutet dies, innerhalb vorgegebener öffentlicher Aufgaben (z.B. Informationsversorgung) laufend zu überprüfen, ob die abgeleiteten öffentlichen Aufträge (z.B. Aufbau und Instandhaltung eines Kommunikationsnetzes) und die zur Erfüllung erbrachten Leistungsarten (z.B. Telefon) weiterhin den Bedürfnissen der Bürger entsprechen, oder ob man nicht Anpassungen vornehmen, öffentliche Aufträge umformulieren oder anderen Aufgabenträgern zuordnen sowie das Leistungsprogramm verändern muß. Löst man sich von der engen Auffassung, neue Produkte müßten stets auf neue Bedarfsarten und/oder Bedarfsträger ausgerichtet sein, so wird deutlich, daß die Beachtung des Produktlebenszykluskonzepts in öffentlichen Institutionen dazu führen kann, das Leistungsangebot besser an die sich wandelnden Bedarfe der Bürger anzupassen.

3.22 SOFT-Analysen als Instrumente zur ganzheitlichen strategischen Positionierung einer öffentlichen Institution

Im Rahmen von sogenannten SOFT-Analysen (Strengths (Stärken), Opportunities (Chancen), Failures (Schwächen), Threats (Gefahren)) wird versucht, die allgemeine strategische Position des Unternehmens durch die Analyse der derzeitigen Stärken und Schwächen sowie von Chancen und Risiken ihrer Veränderung zu ermitteln. Die angestrebte Gesamtbeurteilung des Unternehmens in seiner Stellung in Markt und Wettbewerb erfordert dabei explizit eine Berücksichtigung der Nachfrage- und Konkurrenzsituation. Hierzu wird zumeist auf bekannte Methoden und Erkenntnisse der strategischen Planung zurückgegriffen, häufig ergänzt durch aus der Praxis gewonnene autorenspezifische Bausteine. Bereits daraus läßt sich ableiten, daß man die SOFT-Analysen kaum als ein originäres Meßinstrumente der strategischen Position eines Unternehmens in Markt und Wettbewerb bezeichnen kann. Ihre Eigenständigkeit liegt vielmehr in der gesamtheitlichen Visualisierung dieser Position sowie in der expliziten Bewertung der im einzelnen zu berücksichtigenden Elemente.

Ausgangspunkt einer Gegenüberstellung von Stärken und Schwächen sind die für die marktbezogene Überlebensfähigkeit des Unternehmens als bedeutsam erachteten Faktoren. In Analyse- und Planungsteams sind die wichtigsten davon auszuwählen und anschließend zu bewerten. Diese Bewertung erfolgt im Hinblick auf den (die) wichtigsten Konkurrenten. Das Aufzeigen der Entwicklung der Erfolgsfaktoren in der Vergangenheit liefert zusätzliche Informationen. Die Ergebnisse derartiger Stärken/Schwächen-Analysen werden häufig in Form von Profilen dargestellt.

Überträgt man wiederum nur die Vorgehensmethode, nicht den betriebstypspezifischen Katalog potentieller Stärken und Schwächen auf öffentliche Institutionen, so lassen sich die verschiedenen Spielarten der SOFT-Analyse auch für

Verwaltungen und öffentliche Unternehmen heranziehen. Dies leuchtet unmittelbar für Institutionen ein, die in aktuellen oder potentiellen Konkurrenzbeziehungen zu erwerbswirtschaftlichen Unternehmungen stehen. Zu dieser Gruppe zählen beispielsweise die Verpflegungsbereiche von Studentenwerken. Für sie zeigt die Abbildung 4 exemplarisch Aufbau und Ausgestaltung eines Stärken/Schwächen-Profils.

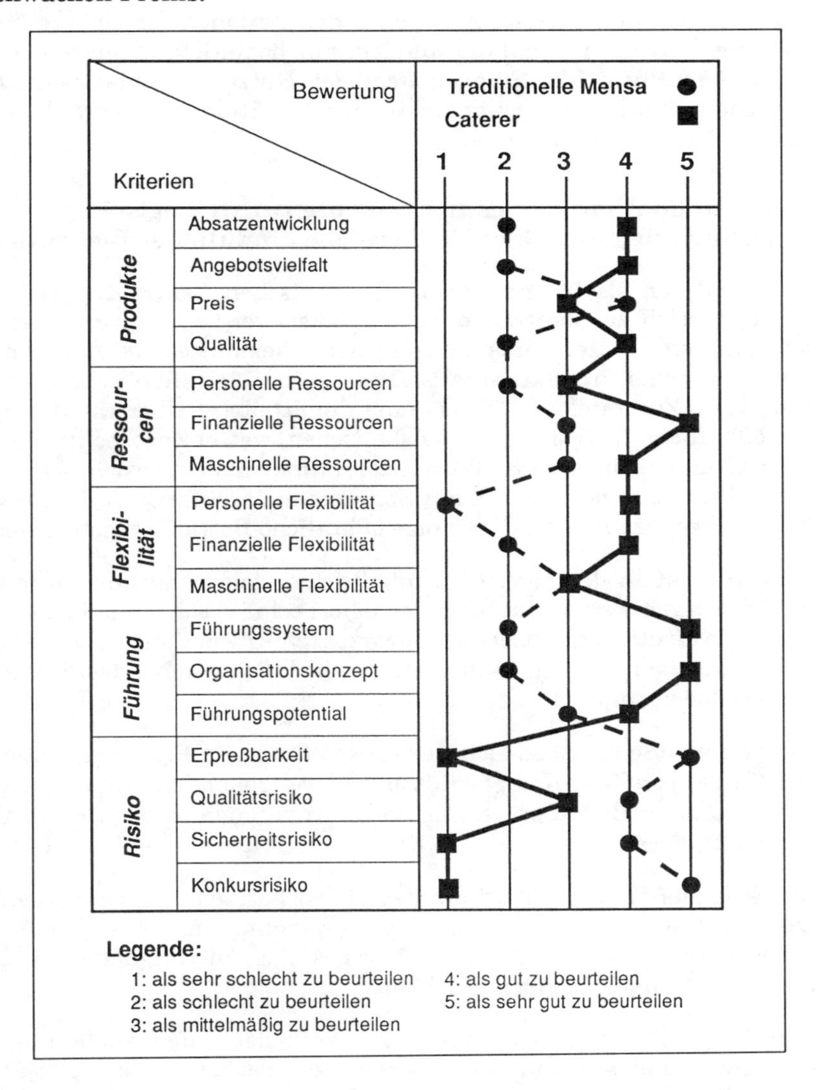

Abb. 4: Beispiel eines Stärken / Schwächen-Profils zur Beurteilung der strategischen Position des Verpflegungsbereichs eines Studentenwerks

Sinnvoll anwendbar sind solche Instrumente jedoch auch für öffentliche Institutionen, die lediglich Substitutionskonkurrenz ausgesetzt sind. Sie zwingen z.B. ein öffentliches Verkehrsunternehmen dazu, systematisch und kontinuierlich zu analysieren, welche Elemente des Leistungsangebots (z.B. Taktfrequenz, Netzausbaugrad, Bequemlichkeit der Fahrzeuge, Fahrtdauer) wesentliche Vor- oder Nachteile im Vergleich zum Individualverkehr aufweisen, und liefern somit gezielte Anregungsinformationen für eine verbesserte Ausrichtung des Angebots auf die Kunden. Für hoheitliche Funktionen wahrnehmende öffentliche Institutionen liegt der Nutzen der hier betrachteten strategischen Planungsinstrumente in der Funktion ziel- bzw. bedarfsgerechterer Leistungserstellung.

3.23 Portfolio-Analysen als Instrumente zur strategischen Beurteilung einzelner Teilbereiche öffentlicher Institutionen

Portfolio-Analysen als Instrument des strategischen Controlling auf den öffentlichen Bereich zu übertragen, scheint aus zwei Gründen nicht möglich: Portfolio-Analysen setzen zum einen eine hohe Flexibilität und Autonomie der Wahl anzubietender Produkte voraus. Diese ist in vielen öffentlichen Betrieben nicht gegeben. Zum anderen fordert eine unmittelbare Übertragbarkeit, daß sich die öffentliche Institution - aus fiskalischen, wettbewerbspolitischen oder sonstigen Gründen - in einer Konkurrenzsituation mit erwerbswirtschaftlichen Anbietern befindet, wie dies z.B. auf Sparkassen zutrifft. Beide Bedingungen werden gleichzeitig für nur sehr wenige öffentliche Betriebe gegeben sein.

Wenn auch nicht in der konkreten inhaltlichen Ausgestaltung, so läßt sich jedoch die Vorgehensmethode der Portfolio-Technik sehr nutzbringend für öffentliche Institutionen einsetzen. Bevorzugtes Anwendungsfeld ist der Bereich der Aufgabenplanung, in dem sie ein bislang bestehendes Planungsdilemma abmildern können:

- Auf der einen Seite haben sich theoretisch fundierte Planungssysteme wie das PPBS wegen ihrer Komplexität und zu weitgehenden Anforderungen an Umfang und Qualität der benötigten Informationen in der Praxis als ungeeignet erwiesen.

- Auf der anderen Seite führt die derzeit vorherrschende vergangenheitsbezogene Aufgaben- und Haushaltsmittelplanung zur anfangs monierten unreflektierten Fortschreibung bislang bestehender Aufgabenbereiche, zu Inflexibilität und Unwirtschaftlichkeit.

Eine auf die spezifische Problemstellung öffentlicher Aufgabenplanung angepaßte Portfolio-Analyse könnte dazu dienen, die zunächst aus dem letztjährigen Haushaltsplan übernommenen Aufgabenfelder in einer vergleichsweise wenig aufwendigen kritischen Betrachtung auf ihre Priorität, beibehalten zu werden, zu untersuchen. Ein Beispiel eines derartigen Vorgehens zeigt die Abbildung 5.

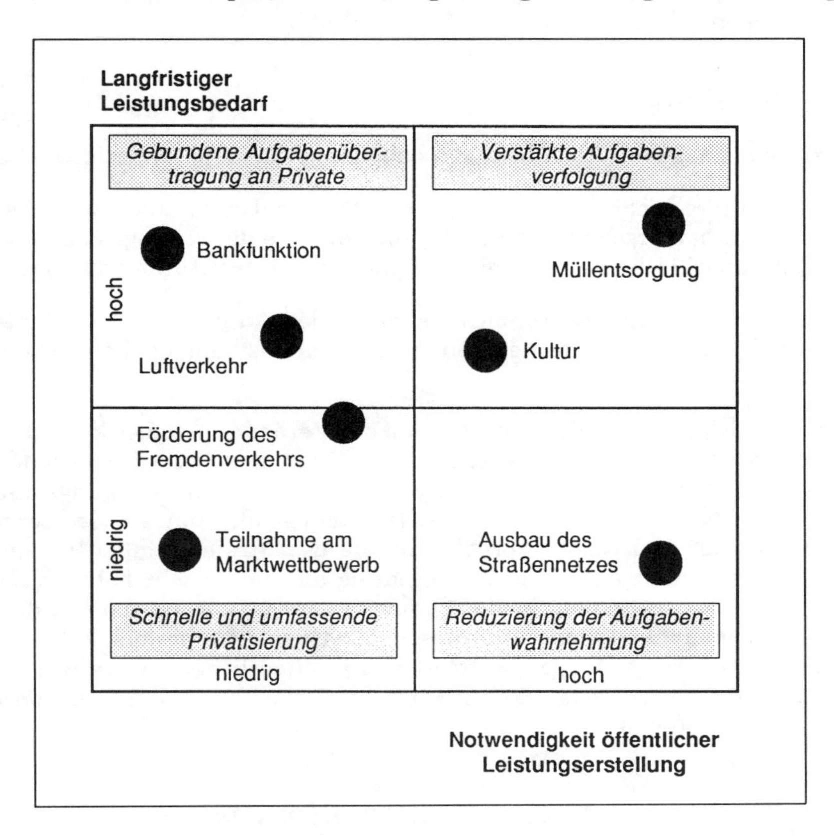

Abb. 5: Beispiel einer auf die strategische Planung öffentlicher Aufgaben ausgerichteten Portfolio-Analysen

Als von der betreffenden öffentlichen Institution (hier einer Landesregierung) nicht beeinflußbare Größe wählt die modifizierte Portfolio-Analyse den langfristigen Bedarf an einer bestimmten (bislang) öffentlichen Aufgabe. Handlungsspielraum besitzt das Führungsorgan bezüglich der Festlegung, ob bzw. mit welcher Dringlichkeit öffentliche Institutionen die lokalisierte Aufgabe erfüllen müssen. In den durch diese beiden Achsen geschaffenen Raster sind zur Veranschaulichung einige Beispiele eingetragen.

Die analoge Anpassung der für die einzelnen Felder der Portfolio-Matrix postulierten Normstrategien ist ebenfalls in der Abbildung 5 ausgewiesen. Die Handlungsempfehlungen reichen, - zwangsläufig - ohne breite empirische Basis formuliert, von einer sofortigen Abgabe einer bislang in öffentlicher Trägerschaft wahrgenommenen Aufgabe bis hin zu einer Forcierung und Erweiterung der Aufgabenwahrnehmung.

3.3 Ergebnis

Die vorangegangenen Ausführungen haben insbesondere zweierlei gezeigt:

- Trotz unterschiedlicher Ausgangs- und Rahmenbedingungen lassen sich in der Erwerbswirtschaft entwickelte Instrumente der strategischen Planung auf die spezifischen Verhältnisse in öffentlichen Institutionen anpassen.
- Trotz des höheren Bestimmtheitsgrades des Aufgabenfeldes öffentlicher Verwaltungen und Unternehmen scheinen die Instrumente konkret einsetzbar.

Die verschiedenen Beispiele zeigten, daß der Veränderungsdruck mittlerweile so stark geworden ist, daß die bestehenden Strukturen zunehmend und dann revolvierend hinterfragt werden müssen. In einer solchen Ausgangssituation erweist sich aber das Bürokratien zugrundeliegende Konzept des zentralen „Weltentwurfs" und seiner Vorgabe für die dezentralen Aufgabenträger als immer weniger effizient, da es zwangsläufig mit einem sehr hohen Vorbereitungsaufwand verbunden ist, dem immer kürzere Geltungsdauern der Vorschriften gegenüberstehen. Aus diesen Überlegungen heraus läßt sich die anfangs geäußerte These, es bestehe auch in öffentlichen Verwaltungen und Unternehmen heute ein (großer) Controlling-Bedarf, für den Bereich der strategischen Führung als belegt ansehen.

4 Operatives Controlling in öffentlichen Verwaltungen und Unternehmen

4.1 Aufgabenstellung des operativen Controlling in öffentlichen Institutionen

Abgeleitet aus der grundsätzlichen Koordinationsfunktion lassen sich drei Aufgabenschwerpunkte des operativen Controlling festmachen, die auch die Struktur der folgenden Diskussion bestimmen:

- Das operative Controlling muß eine zieloptimale Lösung einzelner zur Entscheidung anstehender Problemstellungen sicherstellen. Dies beinhaltet, für die richtigen Informationen und die richtigen Entscheidungsmethoden Sorge zu tragen. Hierbei handelt es sich im ersten Schritt im wesentlichen um eine systembildende Aufgabe.

- Das operative Controlling muß ein adäquates, auf den dezentralen, planungs- und kontrolldeterminierten Führungsstil passendes Kontrollsystem initiieren, also Instrumente einfordern oder - systembildend - selbst schaffen, die eine laufende Überwachung der öffentlichen Institution erlauben.

- Das operative Controlling muß eine den Zielen der öffentlichen Institution und ihrer Einbindung in den Gesamtzusammenhang öffentlichen Handelns entsprechende Aufgabenplanung und -budgetierung methodisch erarbeiten und instrumentell sowie vom Ablauf her unterstützen (Systembildungs- und Systemkopplungsaufgabe, bezüglich des bisherigen Haushaltsplanungsvorgehens auch Systemüberprüfung und -veränderung).

4.2 Wichtige Controlling- bzw. dieses unterstützende Instrumente in öffentlichen Institutionen

4.21 Instrumente zur informatorischen Unterstützung von Entscheidungen

Instrumente, die Informationen zur Unterstützung von Entscheidungen liefern sollen, werden maßgeblich von der Art der jeweils zu treffenden Disposition bestimmt. Ohne diese hier umfassend und ausführlich zu systematisieren, läßt sich festhalten, daß von der Art der betroffenen Ziele wohl die wichtigsten Einflüsse ausgehen. Hierbei sind grundsätzlich Entscheidungen, deren Ausgang allein die Formalziele einer öffentlichen Institution betreffen (z.B. Vorhalten einer eigenen Werkstatt oder Zukauf von Handwerkerleistungen?), von solchen zu trennen, die neben einer unterschiedlichen Formalzielerfüllung auch divergente Wirkungen auf die Erreichung der Sachziele ausüben (etwa Öffnungszeiten eines Amtes, die zugleich Verwaltungskosten und Bürgernähe beeinflussen) (vgl. auch den Überblick der Abbildung 6).

Bei der ersten Gruppe von Dispositionen kann man prinzipiell auf dieselben Rechengrößen zurückgreifen, wie sie zur Lösung entsprechender Problemstellungen in erwerbswirtschaftlichen Unternehmungen verwendet werden (Kosten bzw. Deckungsbeiträge bei kurzfristigen Entscheidungen, Kapitalwerte bei langfristigen Dispositionsproblemen). Analoges gilt für die herzuziehenden Methoden (z.B. Verfahrensvergleiche auf der Basis relevanter Kosten, Gemeinkostenwertanalysen, Investitionsrechnungen, die nicht nur die Anschaffungskosten, sondern auch Folgekosten berücksichtigen).

Allerdings sind wiederum Spezifika zu beachten. Hierbei sei insbesondere auf die Konsequenzen der engen Abhängigkeit öffentlicher Verwaltungen und Unternehmen von übergeordneten Institutionen hingewiesen. Sie bedingt nicht selten eine gespaltene Kosten- bzw. Erfolgsträgerschaft: Trägerhaushalte (z.B. Kommunen) übernehmen oftmals zur Entlastung der Kunden einer öffentlichen

Zielbezug	**Allein formalzielbezogene Entscheidungen**	**Sach- und formalzielbezogene Entscheidungen**
Beispiele	Eigen- oder Fremddruckerei? Auswahl eines Dienstfahrzeugs	Erweiterung der Öffnungszeit einer Bibliothek? Standort eines hochfrequentierten Amtes?
Einzubeziehende Informationen	Relevante Kosten (keine Vollkosten, jedoch Einbeziehung sonst oftmals nicht berücksichtigter Kosten, wie z.B. Folgekosten, Kosten in anderen Institutionen)	Relevante Kosten und Änderungen der Sachzielerreichung (z.B. Bürgernähe, Freundlichkeit, Versorgungsgrad)
Besondere Probleme	Fehlen einer entscheidungsorientierten Kostenrechnung; häufig gespaltene Erfolgsträgerschaft	Mangelnde Präzisierung und Meßbarkeit der Sachziele; politische Einflüsse

Abb. 6: Arten in öffentlichen Institutionen zu treffende Entscheidungen

Institution (z.B. einer Stadtbibliothek) direkt die Bereitstellung bestimmter Produktionsfaktoren (z.B. der benutzten Gebäude); Kosten bzw. Auszahlungen hierfür erscheinen im Rechnungswesen der nutzenden Wirtschaftseinheit nicht. Daraus resultiert für den Controller ein grundsätzliches Dilemma: Strebt er - aus gesamtwirtschaftlicher Sicht heraus geboten - eine alle Kosten einbeziehende Kostenminimierung an, handelt er u.U. den einzelbetrieblichen Zielen „seiner" Verwaltung bzw. „seines" Unternehmens zuwider. Zielt er dagegen auf eine Minimierung der von der Einzelinstitution zu tragenden Kosten ab, muß er oftmals bewußt Unwirtschaftlichkeiten in Kauf nehmen, die allerdings allein den Träger belasten (z.B. mangelnde Instandhaltung zulasten verfrühter Ersatzbeschaffung).

Die zweite Gruppe von Entscheidungsproblemen erfordert neben monetären Daten bzw. allein auf Geldgrößen basierenden Lösungsverfahren die Berücksichtigung sachzielbezogener Auswirkungen. „Rechen"größen sind damit neben Kosten und Erlösen Sachzielerfüllungsgrade. Aufgrund der Eigenart von Sachzielen wird man diese nur selten unmittelbar und in toto erfassen können. Grundsätzliche Meßprobleme führen vielmehr in der Regel dazu, sie nur ausschnittsweise und/oder auf niedrigem Skalenniveau (z.B. ordinal, etwa im Sinne eines besser oder schlechter) abbilden zu können. Methodisch steht der

Nutzen/Kosten-Analyse in diesem Zusammenhang die Nutzwertanalyse oder das Arbeiten mit sozialen Indikatoren gegenüber.

Um die skizzierten Informationen laufend zu erfassen, müssen parallel zwei Rechenkreise in öffentlichen Institutionen eingerichtet werden. Zum einen benötigt man eine entscheidungsorientierte Kosten- und Erlösrechnung, die ein Rechnen mit relevanten Kosten zuläßt. Hierzu wird sich der Controller in nur geringem Maße auf vorhandene Informationssysteme stützen können. Allerdings muß er als Folge nicht - wie noch in jüngster Zeit - ein eigenes Programmkonzept „auf der grünen Wiese" aufbauen. Vielmehr liegen erste Arbeiten vor, Standardsoftware der Kostenrechnung, wie sie für erwerbswirtschaftliche Unternehmen seit geraumer Zeit konzipiert und implementiert ist, unmittelbar auf öffentliche Institutionen zu übertragen, sie durch die Schaffung entsprechender Schnittstellen in die Lage zu versetzen, auch die bisherige kameralistische Rechnungsführung mit zu übernehmen.

Zum anderen muß ein sachzielbezogenes Rechnungswesen eingerichtet werden. Dies sollte eine laufende Aufzeichnung wichtiger sachzielbezogener Indikatoren vorsehen (Aufbau einer Indikatorengrundrechnung), in der die einzelnen Indikatorausprägungen „unverarbeitet", d.h. nicht weiter verdichtet oder umgeformt aufgezeichnet werden. Ein Beispiel für Unternehmen des öffentlichen Personennahverkehrs zeigt die Abbildung 7. Eine solche Indikatorengrundrechnung bildet die unverfälschte Grundlage für zweckbezogene, fallweise Informationsverdichtungen. Solche Auswertungen (z.B. zur Beurteilung einzelner Investitionsvorhaben) müssen zwangsläufig auf die spezifischen Verhältnisse des Einzelfalles abstellen. Im Gegensatz zu einer laufenden Verdichtung bietet sich dadurch die Möglichkeit, daß sich der Controller als Informationslieferant und die Unternehmens- bzw. Verwaltungsleitung als Informationsempfänger der Grenzen der jeweiligen Datenverdichtung (z.B. der Bildung eines Nutzwerts) bewußt sind, damit die damit verbundenen Gefahren weitgehend vermieden werden.

4.22 Instrumente zur laufenden Überwachung des Betriebsgeschehens

Im Bereich der Formalzielüberwachung kann der Controller in öffentlichen Institutionen auf das ausgereifte Konzept der Kostenplanung und -kontrolle zurückgreifen, das die Grenzplankostenrechnung beschreibt. Der Schwerpunkt der mit diesem Instrument gewonnenen Anregungsinformationen liegt in den standardmäßig ermittelten Abweichungen. Diese sind die Ausgangsbasis für detaillierte Ursachenanalysen und sich daran anschließende Korrekturmaßnahmen. Wesentliche Anpassungserfordernisse an die spezifischen Bedingungen öffentlicher Institutionen sind vom Grundsatz her nicht zu erwarten. Dies gilt auch für Verwaltungen mit ihrer ausgeprägten Dienstleistungs-

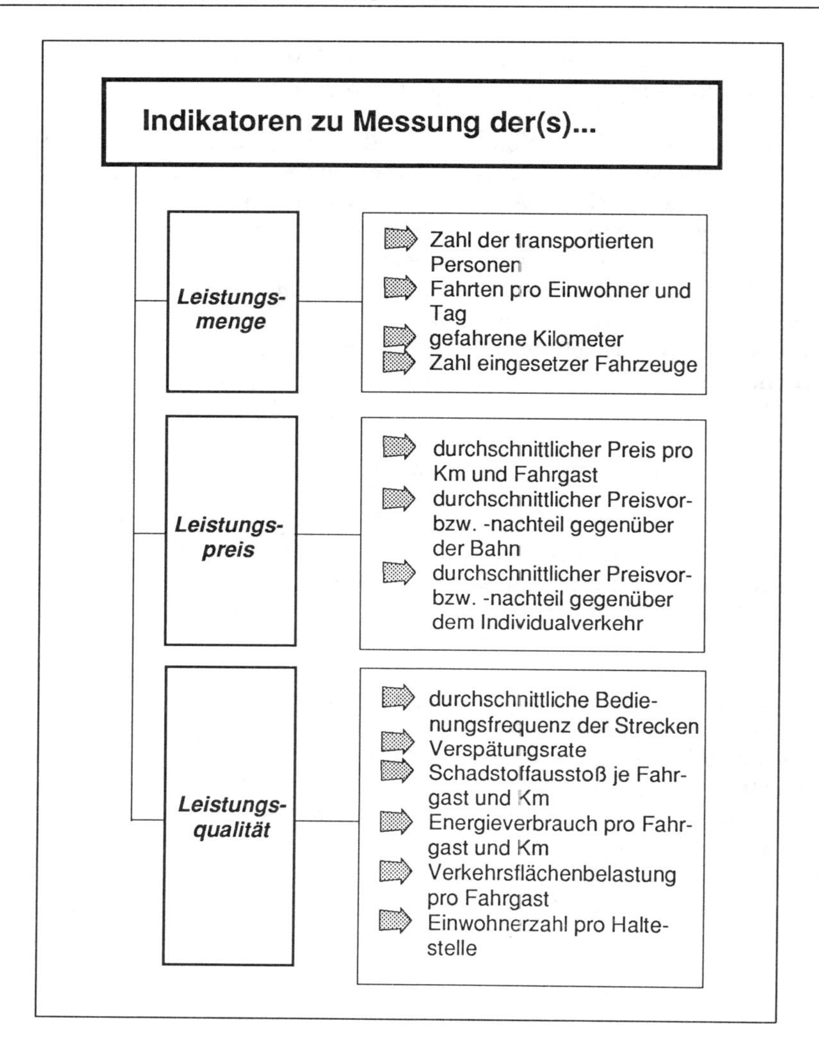

Abb. 7: Beispiele von sachzielbezogenen Indikatoren

struktur, da sich seit einiger Zeit in der Privatwirtschaft das Einsatzgebiet der Grenzplankostenrechnung auf Dienstleistungsbetriebe ausgedehnt hat. Weiterhin läßt sich die Kostenplanung unmittelbar mit der Bereitstellung relevanter Kosteninformationen zur Entscheidungsunterstützung koppeln, so daß kein zusätzlicher Rechenkreis erforderlich ist.

Überträgt man den Grundansatz der Plankostenrechnung auf den Bereich der Überwachung der Sachzielerreichung, so gilt es für den Controller, ein System der laufenden Planung und Kontrolle der einzelnen Sachzielkomponenten aufzubauen bzw. diesen Aufbau anzuregen. Für die Forschungs- und Ausbildungsleistung einer wissenschaftlichen Hochschule zeigt die Abbildung 8 das in diesen Kontext einzuordnende Beispiel eines Indikatoren-Soll-Ist-Vergleichs. Es läßt u.a. erkennen, daß in der betrachteten Periode die Forschungs-

Soll-Ist-Vergleich	Ist	Plan/Soll	Abweichung
Zahl inländischer Studenten	175	200	-12,50%
Zahl ausländischer Studenten	12	25	-52,00%
Bewerber/Studienplatzverhältnis	10,3	7,5	37,33%
Abbrecherquote	8,50%	7,50%	13,33%
Durchfallquote Vordiplom	5,50%	5,00%	10,00%
Durchschnittsnote Vordiplom	2,49	2,75	-9,45%
Durchfallquote Diplom	3,00%	2,00%	50,00%
Durchschnittsnote Diplom	2,58	2,75	-6,18%
Termintreue der Lehrveranstaltungen	87,40%	90,00%	-2,89%
Anteil externer Dozenten	24,75%	25,00%	-1,00%
Beurteilung Lehrveranstaltungen (*)	5,12	5,75	-10,96%
Beurteilung Prüfungsfächer (**)	5,24	5,75	-8,87%
Belastung der Hochschullehrer (SWS)	10,58	8,00	32,25%
Anfangsgehalt der Absolventen	65255	60000	8,76%
Wissenschaftliche Vorträge/HL	3,80	2,00	90,00%
Zahl ausgerichteter Tagungen/Kongr.	3,00	2,00	50,00%
Veröffentlichungen A/HL (***)	1,40	1,00	40,00%
Veröffentlichungen B/HL (****)	5,87	3,00	95,67%
Erschienene Bücher	5,00	3,00	66,67%
Abgeschlossene Promotionen	3	3	0,00%
Abgeschlossene Habilitationen	1	1	0,00%
Rufe/Hochschullehrer	2,40	2,00	20,00%
Zahl bearbeiteter Forschungsprojekte	22	20	10,00%
Umsatz aus Forschungsprojekten	655450	550000	19,17%
Zahl von Projektassistenten	12	10	20,00%

LEGENDE:

(*) Skalenendpunkte 1 und 7; beste Beurteilung: 7
(**) Skalenendpunkte 1 und 7; beste Beurteilung: 7
(***) Veröffentlichungen in Refereezeitschriften
(****) Veröffentlichungen in anderen Fachzeitschriften

Abb. 8: Beispiel eines Indikatoren-Soll-Ist-Vergleichs zur laufenden Überwachung der Sachzielerreichung einer wissenschaftlichen Hochschule

aktivitäten weit über die Planwerte hinaus ausgebaut wurden, dies jedoch zu Lasten der Lehre ging. Hiermit werden wesentliche Anregungsinformationen zur sachzielbezogenen Steuerung geliefert. Ein derartiges Überwachungsinstrument setzt ebenfalls unmittelbar auf der im vorherigen Abschnitt skizzierten laufenden Sachzielerfassung auf, erfordert somit keine zusätzliche Datenbasis.

4.23 Budgetierung als Instrument zur operativen Steuerung eines Betriebs

Budgetierung als das originäre Aufgabenfeld des Controlling in erwerbswirtschaftlichen Unternehmungen auf öffentliche Institutionen übertragen zu wollen, bedeutete - so der erste Eindruck - Eulen nach Athen zu tragen. Öffentliche Verwaltungen (Haushaltsplan) und öffentliche Unternehmen (Wirtschaftsplan) verfügen schon von ihren Ursprüngen her über eine standardmäßige Planung bzw. Budgetierung von Ausgaben und Einnahmen. Allerdings weist die derzeit praktizierte Ermittlung von Haushaltsplänen eine Reihe von wesentlichen Schwächen auf, von denen hier nur die wichtigsten genannt seien:

– Der Budgetierungsprozeß ist stark zentralisiert. Die einzelnen Verwaltungsangehörigen werden zu wenig an der Planung ihrer Haushaltsansätze beteiligt.

– Die Budgetierung erfolgt im wesentlichen als Fortschreibung von bisherigen Haushaltsansätzen. Dies führt zu Unwirtschaftlichkeit und zu einer mangelnden Flexibilität gegenüber Umweltänderungen.

– Die Budgetierung ist - bis auf geringe Ausnahmen - durch ein strenges Jährlichkeitsprinzip gekennzeichnet. Dies begünstigt eine kurzfristige, zeitliche Verbundbeziehungen (z.B. Folgekosten einer Investition) vernachlässigende Denkweise.

– Der Budgetierungsprozeß bezieht sich nicht nur auf Haushaltsansätze für einzelne Verwaltungseinheiten, sondern umfaßt weitergehend auch die Festlegung einzelner Ausgaben- und Einnahmenarten (Titel). Eine Ausgleichsmöglichkeit zwischen diesen (einseitige oder gegenseitige Deckungsfähigkeit) besteht bis auf wenige Ausnahmen nicht. Dies führt zu einer Unwirtschaftlichkeit begünstigenden Starrheit des Budget„korsetts".

Der derzeitige Prozeß der Planung von Haushaltsmitteln stellt auf der einen Seite - so läßt sich kurz resümieren - durch den gewählten Detaillierungsgrad der Planansätze und die praktizierte Form der Planfestlegung (Verabschiedung durch ein parlamentarisches Gremium (Haushaltsplan) bzw. durch eine entsprechende Instanz des Trägerhaushalts (Wirtschaftsplan)) grundsätzlich sicher, daß die einzelnen Verwaltungseinheiten und ausgegliederten Unternehmen den verabschiedeten, demokratisch legitimierten Zielsetzungen und Willenserklärungen Folge leisten. Auf der anderen Seite begünstigt das gewählte Planungsvorgehen in vielfältiger Hinsicht Unwirtschaftlichkeiten, was sich prägnant mit dem Begriff „Dezemberfieber" veranschaulichen läßt. Es stellt sich die Frage, ob sich derartige Ineffektivität spürbar einschränken läßt, ohne die Sicherstellung politisch legitimierten Handelns öffentlicher Institutionen zu gefährden.

Eine Antwort hierauf muß in zwei Schritten erfolgen. Zum einen gilt es zu analysieren, ob bei gleicher Enge der Bindung an verabschiedete Haushaltsansätze Verbesserungen im Bereich der Haushaltsmittelplanung möglich sind. Eine Überwindung der (zumindest zum Teil) unreflektierten Aufgabenfortschreibung durch systematische Aufgabenrevisionen, eine Abkehr von der starken Planungszentralisation zugunsten einer Einbindung der dezentralen Führungskräfte in die Mittelbudgetierung, eine systematische Einbeziehung der Folgekosten von Investitionen in eine auf den gesamten Lebenszyklus von Projekten bezogene Ausgaben- bzw. Kostenplanung und eine Veränderung der Sichtweise nicht ausgeschöpfter Ausgabenansätze (als Ergebnis sinnvoller Rationalisierungen anstelle nicht tolerabler Einschränkungen des geplanten Leistungsrahmens) sind wichtige Anhaltspunkte für die Vermutung, daß die Analyse zu einem positiven Ergebnis führen wird.

Eine Realisierung der genannten Entwicklungen erfordert jedoch wesentliche Änderungen im Budgetierungsprozeß und - vorgelagert - im Bewußtsein aller mit der Planung von Haushaltsmitteln Befaßten. Es erscheint unrealistisch, derartige tiefgreifende Veränderungen ohne entsprechende organisatorische Anpassungen erreichen zu können. Vielmehr liegt es geradezu auf der Hand, mit diesem Aufgabenkomplex eine neu zu schaffende Controlling-Instanz zu betrauen. Die zu erwartenden Erfolge durch die Verbesserung des Planungsprozesses können wesentlich dazu beitragen, die Akzeptanz- und Begründungsproblematik des Controlling in öffentlichen Institutionen abzumildern.

Zum anderen muß die Frage gestellt werden, ob man zur Erzielung weiterer Effektivitätssteigerungen darüber hinausgehend bereit ist (bzw. sein sollte), die sehr enge Bindung einzelner Verwaltungseinheiten zugunsten stärkerer dezentraler Entscheidungskompetenz zu vermindern. Hier bieten sich insbesondere zwei Wege an.

Ein Weg setzt am Instrument der Deckungsfähigkeit an. Ausgangspunkt der Überlegung ist die Tatsache, daß öffentlichen Unternehmen in der Rechtsform von Eigenbetrieben oder verselbständigten Regiebetrieben prinzipiell mehr Freiheit in der Gestaltung der Zusammensetzung der Ausgaben eingeräumt wird, als dies für öffentliche Verwaltungen gilt. Zwar müssen im Erfolgsplan die erwarteten Aufwendungen (und Erträge) auch „titel"weise geplant und genehmigt werden. Abweichungen von den Plansätzen im laufenden

Geschäftsjahr bedürfen prinzipiell jedoch nur dann der zusätzlichen Zustimmung des Trägers, wenn daraus (erhebliche) Änderungen des zuzuschießenden bzw. abzuführenden Ergebnisses resultieren. Wenngleich die hieraus ableitbare Möglichkeit weitgehender gegenseitiger Deckungsfähigkeit durch Bewilligungsbedingungen für Zuschüsse häufig wieder eingegrenzt wird, besteht für die Unternehmensleitung ein deutlich höherer Dispositionsspielraum, als er für öffentliche Verwaltungen und sog. Bruttobetriebe (z.B. eine Verwaltungsdruckerei) gilt. Die Betriebsleitung kann auf im vorhinein nicht geplante Änderungen der Umwelt reagieren, Mehrkosten in einem Bereich durch Kostenreduzierungen in einem anderen Bereich ausgleichen.

Diese dezentrale Entscheidungskompetenz wird zumeist mit dem Verweis auf das - begrenzt - erforderliche unternehmerische Handeln der Betriebsleitungen und die damit unabdingbare Flexibilität begründet. In einem speziellen Bereich öffentlichen Handelns wird somit vom Grundsatz einzelausgaben- und -einnahmenweiser Vorgabe politisch legitimierten Willens abgewichen. Dieser Grundsatz ist folglich kein unumstößlicher Grundwert, sondern letztlich Gegenstand von Optimierungsüberlegungen. Diese Erkenntnis rechtfertigt es, über Möglichkeiten gegenseitiger Deckungsfähigkeit budgetierter Ausgaben- und Einnahmenansätze auch für öffentliche Verwaltungen nachzudenken.

Derartige Überlegungen im Detail zu führen, sprengte bei weitem den Rahmen dieses Beitrags. Unterschiedliche Festlegungen des relativen (z.B. bis zu einem bestimmten Prozentsatz eines Titels zulässige Deckungsfähigkeit) und absoluten Umfangs (z.B. Beschränkung auf einen bestimmten Teil des gesamten Ausgabenvolumens einer Verwaltungseinheit) und der Objekte einer Deckungsfähigkeit (Einbeziehung aller Titel oder Beschränkung auf einzelne (welche?) Ausgaben- und Einnahmenarten) sowie der Form der Kompetenzübertragung (z.B. Anzeige- oder nachträgliche Billigungspflicht) lassen derart viele Spielarten erhöhter dezentraler Entscheidungsbefugnis zu, daß es detaillierter Überlegungen bedarf, gangbare, operationale und politisch durchsetzbare Wege zu finden.

Fragt man nach der möglichen Position des Controllers in diesem Prüfungs- und Konzeptionierungsprozeß, so ist zunächst auf dessen hohe Fachkompetenz zu verweisen. Anstoß, Gestaltung, Unterstützung und Organisation der Budgetierungsprozesse gehören in privatwirtschaftlichen Unternehmungen zu den Kernaufgaben von Controllern. Dies umschließt auch Optimierungen des Ausgleichs zwischen zentralen (top-down) und dezentralen (bottom-up) Interessen. Controller in öffentlichen Institutionen wären somit sehr geeignet, im Rahmen der Entscheidungsvorbereitung die Aufgabe zu übernehmen, im Detail die ökonomischen Konsequenzen unterschiedlicher Lösungsmöglichkeiten des Dezentralisierungsproblems aufzuzeigen. Darüber hinaus kommt dem Controlling eine zentrale Bedeutung nach Einführung irgendwie gearteter Erweiterungen der Deckungsfähigkeit zu. Es ist unschwer vorauszusehen, daß jede

Erweiterung der dezentralen Entscheidungskompetenz mit der Verpflichtung zum Nachweis und zur Begründung von Abweichungen von den ursprünglichen Mittelansätzen verbunden sein wird. Diese Berichts- und Argumentationspflicht ist wiederum eine typische Controlleraufgabe.

Analog ist für den zweiten Weg zu stärkerer Dezentralisierung der budgetbezogenen Entscheidungskompetenz in öffentlichen Institutionen zu argumentieren. Auch die Aufweichung der strengen Jährlichkeit der Haushaltsplanung durch verstärkte Übertragbarkeit von Einnahmen- und insbesondere Ausgabenansätzen kann dazu führen, daß untergeordnete Führungsinstanzen dem demokratisch legitimierten Willen von zentralen Entscheidungsgremien zuwider handeln. Effektivitätssteigerungen stehen erneut Risiken nicht gewollten öffentlichen Handelns gegenüber. Wiederum sind die Erarbeitung von Lösungsvorschlägen, deren ökonomische Evaluierung und - nach Realisierung - Dokumentation und Begründung von Ausschöpfungen des dezentralen Entscheidungsspielraums wesentliche potentielle Aufgabenbereiche eines Controlling in öffentlichen Institutionen.

5 Realisierungschancen des Controlling in öffentlichen Institutionen

Zusammenfassend lassen sich folgende vier Aussagen formulieren:

1. Controlling als betriebswirtschaftliches Führungsinstrument findet sich derzeit in öffentlichen Institutionen nur in Ansätzen. Vorschläge zur Einführung und Anwendungserfahrungen liegen fast ausschließlich für öffentliche Unternehmen vor. Allerdings ist eine zunehmende und breitflächige Beschäftigung mit dem Controllingkonzept zu beobachten.

2. Der wesentliche potentielle Nutzen des Controlling in öffentlichen Institutionen besteht in einer schnelleren Anpassung des öffentlichen Leistungsprogramms an sich wandelnde Bedürfnisse der Bürger, in einer stärkeren Versachlichung politischer Entscheidungsprozesse und Rahmenbedingungen, einer besseren ökonomischen Abstimmung einzelner Verwaltungen und Unternehmen (z.B. Trägerhaushalt/Nettobetriebe) untereinander sowie zwischen diesen und erwerbswirtschaftlichen Wirtschaftseinheiten (Ent- versus Verstaatlichung) sowie einer Erhöhung der Wirtschaftlichkeit der Leistungserstellung.

3. Das Controlling-Konzept kann grundsätzlich auf jede Art öffentlicher Institution übertragen werden. Der Grad vorzunehmender Modifikationen ist jedoch wie auch Eschenbach 1983 bereits betonte - in hoheitliche Funktio-

nen ausübenden Verwaltungen deutlich anders als in weitgehend erwerbswirtschaftlichen Zielen dienenden öffentlichen Unternehmen.

4. Controlling in öffentlichen Institutionen durchzusetzen, ist massiven Problemen ausgesetzt. Der dem Denken in öffentlichen Betrieben konträre Denkansatz des Controlling wird sowohl die erstmalige Einführung erheblich behindern, als auch die tägliche Arbeit der Controller sehr erschweren. Wiederum bestehen zwischen öffentlichen Verwaltungen und öffentlichen Unternehmen graduelle Unterschiede.

Will man den Controlling-Gedanken im öffentlichen Bereich fest verankern, muß man sich deshalb auf einen langen, beschwerlichen Weg einrichten. Controlling kann und muß zu einer Änderung des grundsätzlichen Führungsparadigmas öffentlicher Institutionen führen, ohne diese nicht mehr als eine Feigenblattfunktion ausfüllen. Als Startpunkt mag es sich durchaus anbieten, wegen möglicher Fehlinterpretationen zunächst den Controlling-Begriff überhaupt nicht zu verwenden, sondern durch die Implementierung einzelner Planungs-, Steuerungs- und Kontrollinstrumente das Feld für das Controlling vorzubereiten, positive Anwendungserfahrungen zu sammeln, die einen Ausbau zu in sich geschlossenen Konzepten der Führungsunterstützung erleichtern. Unabhängig davon sollte sich die einschlägige ökonomische Forschung verstärkt dem Controlling in öffentlichen Institutionen zuwenden, um tragfähige Argumentationsunterstützung für die Führungskräfte „vor Ort" zu entwickeln. Hierzu sei auch der mit dieser Festschrift zu Ehrende aufgerufen.

Entwicklungstendenzen

Neue Entwicklungstendenzen in der prozeß-orientierten Kosten- und Leistungsrechnung

Heinrich Müller

Inhalt:

1 Einführung

Für den Kostenbegriff im Sinne moderner Systeme der Kosten und Leistungsrechnung kennt die Betriebswirtschaftslehre mehrere Definitionen, die sich in der Wortwahl, kaum aber in der grundsätzlichen Zielrichtung unterscheiden: „Kosten sind" - etwa nach Mellerowicz - „der wertmäßige, betriebsnotwendige Normalverbrauch an Gütern und Leistungen zur Erstellung des Betriebsprodukts."

Der Kostenbegriff hängt damit unmittelbar und untrennbar mit dem Produktionsprozeß zusammen. Früher wurde dieser enge Zusammenhang fast ausschließlich hinsichtlich der vergangenheitsbezogenen Abrechnung der Leistungen der Industriebetriebe, aber auch der Dienstleistungs- und Handelsbetriebe, der Banken, der Versicherungen und der Transportbetriebe gesehen, während heute - fast schon selbstverständlich - die Kostenrechnung auch die gesamte operative *Planung* umfaßt, und damit auch Produktions- und Kosten*planung* als Einheit gesehen wird.

Die übergeordnete Aufgabe der Kostenrechnung besteht darin, sämtliche betrieblichen Vorgänge im Plan und im Ist - ausgehend von der Konstruktion und Entwicklung über die Beschaffung und die Produktion bis zum Absatz - verursachungsgerecht, zahlenmäßig und möglichst zeitnah abzubilden. Je besser nun diese prozeßkonforme, isomorphe Abbildung sowohl der Planung als auch des noch so komplexen Produktionsvollzugs gelingt, desto besser erfüllt die Kostenrechnung ihre Zielvorgabe. Damit ist die Kostenrechnung das *zahlenmäßige Spiegelbild* der geplanten und der realisierten Produktionsvorgänge.

Spiegelbilder sollen das gespiegelte Objekt verzerrungsfrei darstellen. Dieses Ziel hat die Kostenrechnung in den zurückliegenden etwa 80 Jahren - so „jung" ist dieses Wissensgebiet erst - stets zu erreichen versucht, allerdings mit dem jeweils zur Verfügung stehenden betriebswirtschaftlichen Instrumentarium, vor allem aber mit den jeweils verfügbaren Hilfsmitteln der Informations- und Datenverarbeitung.

Erst in den letzten etwa 20 bis 30 Jahren ist es jedoch gelungen, diesen Anspruch befriedigend zu realisieren.

Grundlage aller fortschrittlichen Kostenrechnungssysteme und heute erkennbarer, im folgenden erläuterten Entwicklungstendenzen ist die von Wissenschaft und Praxis anerkannte und angewandte *entscheidungsorientierte Grenzplankostenrechnung / Deckungsbeitragsrechnung* (nach Kilger/Plaut).

Dieses immer schon als *prozeßkonformes Planungs- und Abrechnungssystem* bezeichnete Kostenrechnungssystem basiert auf der *Planung* aller betrieblichen Vorgänge und des logistischen Mengenflusses, der direkten und unmittelbaren Einbeziehung sämtlicher im Ist angefallener Daten des Produktionsvollzugs in die *Abrechnung*, andererseits auf der *Teilung der Kosten* in beschäftigungsabhängige proportionale und beschäftigungsunabhängige fixe Kosten sowie auf der regelmäßigen *Gegenüberstellung* von geplanten und angefallenen Mengen bzw. Kosten im Sinne des Controlling. Außerhalb dieses kostenrechnerischen Verfahrens angesiedelte alternative Systeme und die ihnen innewohnenden Kostentheorien haben allesamt keine praktische Bedeutung erlangt und werden daher im folgenden nicht behandelt.

Stimmt man nun der These zu, daß die Kostenrechnung im wesentlichen eine Abbildungsfunktion der tatsächlichen betrieblichen Vorgänge (sowohl des primären und des sekundären industriellen Produktionsvollzugs als auch des gesamten tertiären Bereichs der Dienstleistungen) zu erfüllen hat, also eine direkte Abhängigkeit der Lösungsansätze der Kostenrechnung vom Produktionsvollzugs besteht, muß auch folgendes gelten: Wandelt sich der Produktionsvollzug - etwa durch Einführung flexibler Fertigungssysteme; durch die Globalisierung von Beschaffung, Produktion und Vertrieb; durch den Zwang zur Flexibilisierung der Fertigung bei Wahrung der Wirtschaftlichkeit; durch die Verschiebung der Kosten des direkten zum indirekten Leistungsbereich als eine direkte Folge der Automatisierung usw. - dann müssen die praktischen Verfahren der angewandten Kostenrechnung diesen technischen oder logistischen Entwicklungstrends folgen.

Damit aber sind folgerichtig die betriebswirtschaftlichen und verfahrenstechnischen Antworten auf die sich wandelnde Umwelt nicht „neue", „fortschrittlichere" oder „andere" Kostenrechnungssysteme, sondern die *konsequente Weiterentwicklung der bestehenden Abrechnungssysteme.*

Den heute in der betriebswirtschaftlichen Diskussion befindlichen Begriffen, wie etwa Activity-Based-Costing, (Prozeß- bzw. Logistikkostenrechnung,) strategische Kostenrechnung, Lebenszyklus-Kostenrechnung, Fertigungstiefen-Optimierungsrechnungen, Target-Costing usw., liegen daher nicht etwa neue betriebswirtschaftliche Theorien und grundlegend neue Erkenntnisse zugrunde, sondern sie stellen gleichsam die Antworten der Kostenrechnung auf die sich wandelnde Umwelt dar.

„Tempora mutantur, nos et mutamur in illis" gilt eben sinngemäß auch bezüglich des hier zu behandelnden Wissensgebietes. Das war auch in der Vergangenheit zu beobachten: Der Verfasser beschäftigt sich seit über 30 Jahren praktisch ausschließlich mit den Problemen der Einführung moderner Kosten- und Leistungsrechnungssysteme in Industrie, Dienstleistungs- und Transportbetrieben. In diesem Zeitraum haben sich nicht nur die Darstellungsformen und die durch die moderne EDV-Technologie möglich gewordenen formalen Verfahren der Kostenrechnung ganz erheblich gewandelt, auch bestimmte betriebswirtschaftliche Methoden erscheinen gegenüber der Zeit von vor etwa 20 oder

30 Jahren verändert oder gänzlich neu. Dazu zählen beispielsweise Lösungsansätze für sehr differenzierte Artikelergebnisrechnungen, Plan/Ist-Vergleiche als Controlling-Instrumente in jeder Phase der Produktionskette, die Primärkostenrechnung, die konsequente Abweichungsverrechnung, die differenzierte Planungsrechnung, Vertriebsinformationssysteme usw.

Die folgenden Ausführungen beziehen sich angesichts des vorgegebenen Rahmens dieses Aufsatzes nur auf betriebswirtschaftliche Entwicklungstendenzen, dargestellt am Beispiel der *industriellen Fertigung*. Der Verfasser hat im Laufe seiner beruflichen Tätigkeit jedoch einen nennenswerten Teil seiner Zeit auch dafür verwandt, die Erkenntnisse der modernen entscheidungsorientierten Grenzplankostenrechnung auf die betriebswirtschaftlichen Anforderungen von Handels-, Dienstleistungs- und Transportunternehmen zu übertragen. Die hier geschilderten Entwicklungstendenzen gelten daher grundsätzlich auch für die nicht-industriellen Aktivitäten.

Die Weiterentwicklung der Kostenrechnung in den vergangenen Jahrzehnten erfolgte, anders als etwa bei der Nutzung neuer technischer Methoden (beispielsweise bei der Einführung numerischer Steuerungen von Werkzeugmaschinen) keineswegs in allen Betrieben innerhalb eines überblickbaren Anpassungszeitraums gleichzeitig. Selbst bei Firmen der gleichen Branche sind von Betrieb zu Betrieb unterschiedliche Entwicklungsstände des innerbetrieblichen Rechnungswesens erkennbar. Was in einem Betrieb längst geübte Praxis im Rechnungswesen ist, ist für den anderen noch Neuland.

Angesichts dieser unterschiedlichen Entwicklungsstadien der Praxis des innerbetrieblichen Rechnungswesens erscheint es daher sinnvoll, im folgenden zunächst einen kurzen Überblick über den erreichten Stand des Rechnungswesens, d.h. die wissenschaftlich und praktisch abgesicherten betriebswirtschaftlichen Tatbestände der modernen Grenzplankostenrechnung und Deckungsbeitragsrechnung, zu geben.

2 Erreichter Stand der entscheidungsorientierten Grenzplankostenrechnung

Der Sinngehalt des Begriffs „Grenzplankostenrechnung", unter dem alle Methoden und Verfahren des modernen entscheidungsorientierten innerbetrieblichen Rechnungswesens zusammengefaßt werden können, läßt sich am besten aus den Wort-Bestandteilen selbst ableiten:

„Grenz" weist im engeren Sinne auf die für die Herstellung der letzten (zusätzlichen) Produktionseinheit verursachten Mehrkosten und im erweiterten Sinn auf die proportionalen, leistungsabhängigen Kosten hin. Mit diesem Begriff ist

ganz allgemein die konsequente Teilung der Kosten in leistungsabhängige proportionale und leistungsunabhängige fixe Kosten gemeint.

„Plan" bedeutet, daß das gesamte Rechenwerk der flexiblen Grenzplankostenrechnung grundsätzlich auf der Planung des logistischen Mengenflusses und des Leistungsflusses (und deren Bewertung, um zu Plankosten zu gelangen) aufbaut. Und schließlich weist das Wort

„Kosten" auf den Unterschied zwischen dem aufwandsbezogenen Rechnen des äußeren Kreises und dem leistungsbezogenen Rechnen des inneren Kreises, d.h. auf die Kostenrechnung hin. Das innerbetriebliche Rechnungswesen ist eine der beiden Zweckrechnungen eines Zweikreissystems.

Plankosten bzw. Ist-Kosten sind im Sinne des Controlling *Daten*. Erst durch die Gegenüberstellung von Plan- und Ist-Mengen bzw. -Werten entstehen - aus verschiedenen Gründen - Abweichungen, die im Sinne des Controlling *Informationen* darstellen:

Das Controlling als Grundlage und als Zielsetzung der im folgenden definierten Hauptaufgaben des Rechnungswesens bedient sich - gleichsam als betriebswirtschaftlicher Meß- und Regelkreis - dieser Informationen, um in allen Phasen der Entwicklungs-, Produktions- und Absatzprozesse regelnd und steuernd eingreifen zu können.

Controlling bedeutet demnach „Steuern durch Informationen", die Informationen sind das Ergebnis von Plan/Ist-Vergleichen bzw. Soll/Ist-Vergleichen.

Jedes Kostenrechnungssystem hat heute - und natürlich auch in der Zukunft - drei Hauptaufgaben zu erfüllen:

- Bereitstellung von Instrumenten für die *Kostenkontrolle und -beeinflussung*:

  Dazu ist es erforderlich, Kosten- und Leistungsmaßstäbe in Form von Kosten- und Leistungsplanungen festzulegen und die Ist-Kosten bzw. Ist-Leistungen ständig und regelmäßig in Form von Soll/Ist-Vergleichen am Soll zu messen. Die Kostenkontrolle bezieht sich dabei als *Gemeinkosten-Controlling* auf die Kostenstellenrechnung und als *Produktionskosten-Controlling* auf Kalkulation, Auftrags und Kostenträgerrechnung.

- Bereitstellung von Instrumenten und Verfahren zur *Erfolgskontrolle* und *Rentabilitätsmessung*:

  Der Erfolg jeder Vertriebsaktivität, sei dies nun der Verkauf eines Produkts oder einer Dienstleistung kann nur am Deckungsbeitrag gemessen werden, den diese Aktivität zur Deckung der leistungsunabhängigen fixen Kosten, d.h. der Kosten der Betriebsbereitschaft des Unternehmens, erbringt. Auch Deckungsbeiträge werden in modernen Abrechnungssystemen geplant, Dekkungsbeitrag-Plan/Ist-Vergleiche sind - im Rahmen des *Vertriebs-Controlling* - die anerkannten Verfahren zur Beurteilung des Erfolgs der Verkaufsaktivitäten.

- Bereitstellung von relevanten Zahlen zu *Entscheidungsrechnungen*:

  Bei zahlreichen betrieblichen Entscheidungen muß „gerechnet" werden, sei es bei der technischen Verfahrenswahl bei Fragen nach Zukauf oder Eigenproduktion oder bei Optimierungsrechnungen aller Art. Die zahlenmäßigen Grundlagen für diese planerischen Überlegungen, aber auch für die spätere Ist-Abrechnung etwa bei Investitionsvorhaben im Sinne des Investitions-Controlling müssen von der Kostenrechnung bereitgestellt werden. Nur wenn Plan- und Ist-Werte auf vergleichbaren, konsistenten Bewertungsansätzen basieren, sind die Ergebnisse von Soll/Ist-Vergleichen aussagefähig.

Die *Bewertung* des gesamten Mengen- und Leistungsflusses erfolgt dabei mit einer *Bewertungsmatrix*, d.h. mit proportionalen und fixen Planansätzen sowie proportionalen und fixen Abweichnungen (verschiedener Abweichungsarten).

Daneben hat die Kostenrechnung eine Anzahl weiterer Detailaufgaben zu lösen. Es zählen dazu beispielsweise die Ermittlung des Betriebsergebnisses, die Bereitstellung von Grundlagen für die Preisbildung, die Ermittlung der Selbstkosten zur Kontrolle der Angebotspreise, die Bewertung der Bestände an Halb- und Fertigfabrikaten, die Bereitstellung von Informationen für Planungszwekke, die Bereitstellung der erforderlichen Daten, um die Ordnungsmäßigkeit der Buchhaltung sicherzustellen usw.

3 Entwicklungstendenzen

Erkennbare Entwicklungstendenzen, die auf bestehenden, gesicherten Systemen aufbauen, können keine in sich geschlossenen Gedankengebäude sein, sondern betreffen mehr oder weniger evolutionäre Entwicklungen spezifischer Teilkomplexe dieser Systeme. Auch ist die Auswahl und Wertung von Entwicklungstendenzen naturgemäß subjektiv, da alle objektiven Maßstäbe für die Bedeutung der Entwicklungstendenzen naturgemäß noch fehlen müssen. Manches, was dem Fachmann heute als Tendenz erscheint, kann schon nach kurzer Konfrontation mit der Praxis wieder von der Bildfläche verschwinden, andere Tendenzen können sich herausbilden.

Zielsetzung der vorliegende Arbeit kann es nicht sein, alle gegenwärtig diskutierten Entwicklungen zu erläutern und zu analysieren. Das würde nicht nur den vorgegebenen Rahmen dieser Arbeit sprengen, sondern auch den Blick für das Wesentliche der Entwicklungs*tendenzen* verstellen.

In den folgenden Kapiteln 3.1 - 3.6 sollen aus verschiedenen Tendenzkomplexen sechs Trends herausgearbeitet und mit jeweils einem praktischem Beispiel unterlegt werden.

3.2 Funktionale Weiterentwicklungen

Am Beispiel Prozeßkostenrechnung:

Die betriebswirtschaftliche Diskussion - bisher jedoch noch kaum die betriebliche Praxis - beschäftigt sich in letzter Zeit mit neuen Begriffen wie etwa *Prozeßkostenrechnung*, *prozeßorientierte Kostenrechnung*, *Logistik-Controlling* oder *Activity Based Costing*. Den Vertretern dieser Überlegungen geht es dabei - bei etwas unterschiedlichen Ausgangslagen - stets um die „verursachungsgerechtere" Zurechnung der Kosten des sogenannten *indirekten Leistungsbereichs* zu den Produkten bzw. Kostenträgern. (Die bekannten Verfahren der Grenzplankostenrechnung bezüglich der prozeßkonformen, bezugsgrößenabhängigen Planung, Kontrolle und Weiterverrechnung aller Kosten des *direkten Leistungsbereichs* auf die Produkte, im wesentlichen also der Kosten der „primären" Fertigungsstellen sowie aller Einzelkosten, sind demgegenüber - im Gegensatz zu den USA, dem Ursprungsland dieser Gedankengänge - kein Thema der Prozeßkosten- bzw. Logistikkosten-Betrachtungen. Neuerdings diskutierte Vorschläge, die gebräuchlichen Bezugsgrößenarten der Kostenstellen des direkten Leistungsbereichs, z.B. Vorgabezeiten, durch „Prozesse" wie z.B. „Lochbohren mit bestimmter Tiefe und bestimmtem Durchmesser" zu ersetzen, haben mit den Zielen der hier dargestellten Prozeßkostenrechnung nur mittelbar zu tun).

Aktueller Anlaß für diese Überlegungen ist der in manchen Branchen bzw. bei bestimmten Produktionsprozessen zu beobachtende, signifikante Wandel in der Fertigungstechnologie (z.B. flexible Fertigungsinseln) und der dafür erforderlichen Steuerungstechniken (CIM-Prozeduren).

Bei herkömmlichen Produktionstechniken fällt der überwiegende Anteil der primären (Gemein-)Kosten auch in den primären Kostenstellen an. Dementsprechend hatte und hat die Form der Verrechnung der zunächst auf sekundäre Kostenstellen bzw. auf Kostenstellen des indirekten Leistungsbereichs kontierten Kosten auf die Produkte bzw. Kostenträger nur eine verhältnismäßig geringe Bedeutung und ist im allgemeinen unproblematisch sowie ohne größeren Aufwand entweder innerhalb der Kostenstellenrechnung selbst bzw. über einfache oder differenzierte Zuschlagsrechnungen lösbar.

In den letzten Jahren hat sich diese Kosten- und Verrechnungsstruktur in bestimmten Branchen wesentlich verändert. Heute sind - mit steigender Tendenz - ganze Branchen bzw. ein bestimmter, wachsender Umfang der Produktionstechnik so weit automatisiert, daß in manchen Fällen weniger als die Hälfte der primären Fertigungskosten in den primären Stellen selbst anfallen, während dort dann bereits die überwiegenden Anteile der primären Kosten zunächst „sekundären " Kostenstellen bzw. Kostenstellen des indirekten Leistungsbereichs angelastet werden, die dann mit herkömmlichen betriebswirtschaftlichen Verfahren auf Primärstellen bzw. über Zuschläge auf die Produkte verteilt werden.

Damit gewinnt aber die Planung und Verrechnung der Kosten des *indirekten Leistungsbereichs*, d.h. der Entwicklung (Konstruktion, Versuchswerkstätten), der Planung, Steuerung und Kontrolle des Produktionsvollzugs (Arbeitsvorbereitung, Fertigungssteuerung und Qualitätswirtschaft), der immer aufwendiger werdenden, rechnergestützten Logistik (Einkauf, Wareneingang, Lagerwirtschaft, Versand) und der Verwaltung (Controlling, Finanzbuchhaltung, EDV und Organisation) sowie des Vertriebs (Kundendienst, Wartung) mehr und mehr an Bedeutung, während der Anteil der direkt mit der Produktion anfallenden Kosten des *direkten Leistungsbereiches* an den Gesamtkosten dementsprechend zurückgeht.

In diesem Zusammenhang sind auch die Überlegungen zur *Fertigungstiefenoptimierung* zu sehen, beispielsweise in der PKW-Industrie, die nicht selten zu Vorschlägen führen, die Fertigungstiefe (d.h. den Eigenfertigungsanteil) zu reduzieren und bisher selbsterstellte Teile zuzukaufen. Das führt ebenfalls zu einer Verschiebung der Kosten des direkten (produzierenden) zum indirekten (logistischen) Leistungsbereich.

Schließlich bewirkt das vom Markt geforderte und dank moderner, EDV-gestützter Fertigungstechnologien heute gelegentlich bereits realisierbare, sehr rasche Reagieren der Unternehmen hinsichtlich der Marktwünsche nach kurzen Lieferzeiten für kleine Lose komplexer Produkte stets auch eine gewisse Verschiebung von produktiven Tätigkeiten zu planenden, steuernden und administrativen Aktivitäten.

Die *Grenzplankostenrechnung* verrechnet im allgemeinen die Kosten des indirekten Leistungsbereichs nach zwei unterschiedlichen, durch die verfügbare Standard-Software unterstützten Verfahren auf Kostenträger (Produkte/Aufträge):

- *Über die Kostenstellenrechnung*, wobei entweder eine *direkte Leistungsverrechnung* von sekundären auf primäre (oder zunächst auf weitere sekundäre) Kostenstellen erfolgt, z.B. bei Handwerker- oder Energiestellen, oder das Verfahren der *Deckungsrechnung* zur Anwendung gelangt: die leistungsempfangenden Stellen decken dabei entsprechend ihrer Ist-Beschäftigung die Kosten der Leistungen der abgebenden sekundären Stellen, z.B. bei Leitungs- und Arbeitsvorbereitungsstellen. Über die - proportionalen - Kostensätze der primären Stellen gelangen die proportionalen Kosten der sekundären Kostenstellen *stückbezogen* vor- oder nachkalkulatorisch auf die einzelnen Produkte, bei der Methode der Parallelbewertung mit proportionalen und fixen Kosten auch die leistungsunabhängigen fixen Kosten der sekundären Stellen. Proportionale und fixe Kostenstellenabweichungen werden in Relation zu den proportionalen und fixen Soll-Kosten verrechnet.

- Ein Teil der Kosten des indirekten Leistungsbereichs wird über mehr oder minder differenzierte *Zuschlagssätze* (Materialgemeinkosten-, Verwaltungs- und Vertriebszuschläge) in die Kalkulation übernommen. Verrechnungsbasis sind dabei im allgemeinen Material-, Fertigungs- oder Herstell*kosten*, gelegentlich aber auch Verbrauchs*mengen*.

Die zwangsläufige Folge der beiden genannten Verrechnungsmethoden ist aber, daß die proportionalen Kosten aller indirekten Leistungsbereiche in den herkömmlichen Abrechnungssystemen entweder *proportional zu den Bezugsgrößenmengen, d.h. den Leistungseinheiten der primären Stellen*, oder *proportional zum mengen- oder wertmäßigen Materialverbrauch* auf die Kostenträger weiterverrechnet werden.

Bei einer Reihe von Kostenstellen des indirekten Leistungsbereichs besteht jedoch *keine Korrelation* zwischen den Leistungsmengen (Bezugsgrößenmengen) dieser Stellen und den Stückkosten der Vor- und Nachkalkulation: Die Kosten etwa der Ausführung einer Bestellung oder eines innerbetrieblichen Transports sind praktisch stückzahlunabhängig, jedoch direkt proportional zu der Anzahl der Einzelvorgänge „Bestellen" oder „Transportieren". Diese Tätigkeiten sind die „Prozesse" der Prozeßkostenrechnung.

Besteht aber kein Leistungsbezug zwischen den über die Deckungsrechnung oder über die Zuschlagsrechnung verrechneten Leistungen des indirekten Bereichs zu den Produkteinzelkosten, kann die herkömmliche Verrechnung je nach Bedeutung des indirekten Leistungsbereichs zu zwei unter Umständen gravierenden Fehlaussagen führen:

- Die retrograd aus den produzierten bzw. verkauften Produktmengen abgeleiteten Bezugsgrößen für den indirekten Leistungsbereich können *kein Leistungsmaßstab* für diese Stellen sein: der Geldwert beispielsweise aller in der Nachkalkulation *verrechneten Materialgemeinkostenzuschläge* einer Periode haben zunächst *keinerlei Bezug* zu der von der Kostenstelle „Einkauf" *erbrachten Leistungen* (der „Einkaufsprozesse"). Eine Kostenkontrolle für diese nach Umfang und Bedeutung wachsenden Stellen ist daher nicht möglich.

- Die Weiterrechnung der Kosten des indirekten Leistungsbereichs auf Produkte kann zu *falschen Grenzselbstkosten* und damit zu *fehlerhaften, dek-*

kungsbeitragsorientierten Vertriebsentscheidungen führen: Werden z.B. alle Kosten der Beschaffung über Materialgemeinkostenzuschläge stückbezogen verrechnet, werden große Fertigungslose bezüglich der Materialgemeinkosten zu hoch und kleine Fertigungslose zu niedrig belastet, da die Kosten je Beschaffungsprozeß gleich hoch sind und sich bei großen Losen auf große Stückzahlen verteilen, was naturgemäß zu niedrigeren Materialgemeinkosten für große Stückzahlen führen muß und umgekehrt.

Die gefährliche Konsequenz: Kleine Lose bringen zu gute rechnerische Deckungsbeiträge, was zu äußerst bedenklichen unternehmerischen Fehlentscheidungen führen kann. Ähnlich negative Schlußfolgerungen bezüglich der verursachungsgerechten Kostenzuordnung über „Zuschläge" können sich auch bei unterschiedlicher technischer Komplexität der Teile, unterschiedlicher Fertigungstiefe, unterschiedlicher Vertriebskanäle usw. ergeben.

Die Prozeßkostenrechnung versucht nun, einen bestimmten Kostenumfang des gesamten indirekten Leistungsbereichs nicht mehr über den „Umweg" sekundäre/primäre Stellen oder in Form von Zuschlägen, sondern als Prozeßkosten dem Kostenträger, z.B. losgrößenbezogen, direkt zuzuordnen, d.h. eine Anzahl von Kostenstellen des indirekten Leistungsbereichs werden in abrechnungstechnischer Hinsicht zu Kostenstellen des direkten Leistungsbereichs.

Dazu definiert die Prozeßkostenrechnung in den betroffenen Kostenstellen einen oder mehrere *Prozesse*, strukturiert diese Prozesse nach prozeßunabhängigen und prozeßabhängigen Aktivitäten, plant die Menge der Prozesse bei Planbeschäftigung und ermittelt die Prozeßkosten in vergleichbarer Weise, wie dies bei der herkömmlichen Kostenplanung geschieht. Das Ergebnis ist die Bereitstellung von *Prozeßkostensätzen*, mit denen die Kostenstellenkosten der betreffenden sekundären Stellen *losgrößenabhängig* direkt auf die einzelnen Produkte (in der Vor- und Nachkalkulation) verrechnet werden.

Beispielhaft dafür sei die Kostenstelle „Einkauf" genannt: Prozesse (bzw. rechnerisch zu verdichtende Teilprozesse) dieser Kostenstelle „Einkauf" sind etwa Angebote einholen und Preise prüfen, Bestellungen aufgeben, Rechnungsprüfung, Vorbereitung der Buchungen u.ä.

Für jeden dieser Prozesse bzw. Teilprozesse wird die Plan-Prozeßmenge, d.h. die Anzahl der Vorgänge für die Planbeschäftigung z.B. eines Jahres festgelegt und ein Prozeßkostensatz je Prozeß ermittelt. Je nach Inanspruchnahme, d.h. unter Berücksichtigung des Verursachungsprinzips, werden nun den einzelnen Produkten (Kostenträgern) bei der Planung oder bei der Ermittlung der Ist-Kosten über Prozeß-Bezugsgrößen die Prozeßkosten des indirekten Leistungsbereichs losgrößen- oder auftragsbezogen *direkt* zugerechnet.

Hinsichtlich der Plankalkulation, beispielsweise eines Maschinenbaubetriebs, würden die Kosten des Einkaufs dann nicht mehr wie bisher über einen oder mehrere Materialgemeinkostenzuschläge verrechnet werden, sondern über einzelne Prozesse. Wäre es etwa erforderlich, für ein Fertigungslos - planmäßig - zwei Bestellungen aufzugeben, zwei Rechnungsprüfungsvorgänge vorzunehmen usw., so würden die entsprechend bewerteten Prozeß-Bezugsgrößenmengen für das geplante Fertigungslos als Prozeßmengen in die Plankalkulation eingesetzt werden (und den bisherigen Materialgemeinkostenzuschlag ersetzen).

Die - statistische - Verteilung dieser Prozeßkosten auf eine Produktionseinheit (zur rechnerischen Ermittlung der Stückkosten) würde formal in gleicher Weise erfolgen wie die - statistische - Verteilung beispielsweise der Rüstkosten je Fertigungslos (d.h. durch Division der Prozeßkosten je Los durch die Plan- bzw. Ist-Losgröße).

Die Voraussetzungen für die Anwendung der Prozeßkostenrechnung treffen jedoch keineswegs auf alle Kostenstellen des indirekten Leistungsbereichs zu. Immer dort, wo eine eindeutige Mengenbeziehung zwischen den Kosten von „sekundären" Stellen und den Leistungsbezugsgrößen der primären Stellen vorherrscht, werden die bisherigen bewährten Verfahren der Weiterrechnung der sekundären Kostenstellenkosten auf die primären Stellen beibehalten. Dies betrifft insbesondere den großen Bereich der Werkstattleistungen sowie die Raum- und Energiestellen.

Aber auch bei jenen Kostenstellen, deren Kosten nach den Vorstellungen der Prozeßkostenrechnung verrechnet werden sollten, sind der Anwendbarkeit der Prozeßkostenrechnung Grenzen gesetzt. So wird in der Prozeßkostenrechnung stets ein *linearer Zusammenhang* zwischen den Änderungen der Prozeßmengen und den Änderungen der diesen Prozeßmengen zugrundeliegenden Kostenarten unterstellt: Kostet beispielsweise ein Teilprozeß „Ware bestellen" 50,00 DM, so unterstellt die Prozeßkostenrechnung, daß 10 derartige Teilprozesse 500,00 DM kosten, was aber wegen der von Bestellung zu Bestellung sehr unterschiedlichen *qualitativen Komponente* dieser Prozesse falsch sein kann.

Auch enthalten die sekundären Stellen bestimmte Kostenarten, die prozeßmengen*un*abhängig, d.h. fix sind, beispielsweise die Kosten für die *allgemeine Verwaltungstätigkeit* und die *Leitung* der Kostenstelle „Einkauf". Diese Kosten müssen aber auch in der Prozeßkostenrechnung entsprechend der herkömmlichen Verteilung auf die prozeßmengenabhängigen Teilprozesse „verteilt" werden.

Das bedeutet aber, daß in allen Kostenstellen, in denen die prozeßmengenunabhängigen, d.h. fixen Kostenarten dominieren, etwa bei allgemeinen Verwaltungsstellen, eine von der Prozeßkostenrechnung angestrebte verursachungsgerechte Zuordnung dieser Kostenstellenkosten auf Produkte praktisch nicht möglich ist, und die herkömmliche Form der Verteilung zu gleichen (betriebswirtschaftlich problematischen) Ergebnissen bei allerdings wesentlich einfacherer Handhabung führt, da der Planungsaufwand im Rahmen einer Kostenplanung für Kostenstellen des indirekten Leistungsbereichs nicht unerheblich ist.

Die von einigen Vertretern der Prozeßkostenrechnung vertretene Ansicht, die Prozeßkosten sowie alle Kosten des indirekten Leistungsbereichs seien „Vollkosten", ist dabei völlig realitätsfern: Ein Teil der Kosten der Kostenstellen des indirekten Leistungsbereichs ist naturgemäß zu den Prozeßmengen proportional, andere Kostenarten zum Teil proportional, zum Teil fix, andere völlig prozeßmengenunabhängig, d.h. voll fix.

Das Verrechnen der Prozeßkosten auf die einzelnen Produkte, z.B. die Kosten eines Bestellvorgangs auf einen Auftrag, ist dabei natürlich nur hinsichtlich des prozeßmengenabhängigen, leistungsabhängigen Teils der Kosten statthaft, die prozeßmengenunabhängigen (fixen) Kosten sind Kosten der Betriebsbereitschaft (wie alle übrigen Fixkosten) und müssen rechnerisch auch wie diese behandelt werden (z.B. durch Parallelrechnung der Fixkosten, d.h. durch deren „Proportionalisierung" bezüglich der Bezugsgrößenmengen oder durch die stufenweise Fixkosten-Deckungsrechnung).

Die mit der verursachungsgerechten Verrechnung der Kosten des indirekten Bereichs verbundenen Probleme sind der Grenzplankostenrechnung natürlich seit langem bekannt, gewannen jedoch in der jüngsten Vergangenheit wegen der bereits erwähnten Zunahme des Umfangs der Kosten dieses Bereichs zusätzlich an Bedeutung.

In den herkömmlichen Kostenrechnungssystemen wurde dieses Problem im allgemeinen durch eine Verfeinerung der Bezugsgrößenwahl der sekundären und der primären Stellen, durch die Kostenstellen-Deckungsrechnung (als Ablösung der betriebswirtschaftlich abzulehnenden Umlagerechnung), sowie durch eine Vervielfachung der Zuschlagssätze sowohl im Materialgemeinkostenbereich als auch in der Zurechnung der Kosten der Verwaltungs- und Vertriebsstellen gelöst. Wo dies erforderlich ist, wurden bis zu 20 und mehr geplante Zuschlagsarten bereitgestellt, beispielsweise eigene Materialgemeinkostenzuschläge für sperriges Material (mit umfangreichen Kosten für die Lagerung oder den innerbetrieblichen Transport) oder etwa für Elektronikbauteile mit ihrem sehr geringen Platzbedarf und geringen Handlingkosten. Gleiches galt und gilt für die Planung differenzierter Vertriebswegzuschläge, um z.B. absatz- und abnehmerspezifische Unterschiede in der Kostenverursachung berücksichtigen zu können.

Auch in der Vergangenheit wurden gelegentlich bereits bestimmte „Prozesse", z.B. die Leistungen der Arbeitsvorbereitung oder bestimmte Transportleistungen, den Aufträgen direkt zugerechnet. Rüstkosten werden, sofern sie relevant sind, praktisch immer als „Rüstprozesse" behandelt. Und schließlich basieren alle modernen Verfahren der Kalkulation und des Controlling von Dienstleistungsbetrieben (Bahn, Post, Banken und Versicherungen) auf der Planung, Bewertung und Verrechnung von „Vorgängen" bzw. „Prozessen" (die sich aus Teilprozessen, z.B. „eine Fahrkarte ausstellen", „Neuanlage eines Kunden-Stammsatzes über Bildschirm" usw. zusammensetzen können).

Um die Prozeßkostenrechnung als partielle Ergänzung zur Grenzplankostenrechnung zu realisieren, sind weder neue EDV-Systeme noch merkliche Änderungen an bestehenden Systemen erforderlich. Die Voraussetzungen bezüglich der Planung und Datenerfassung, aber auch der Bereitstellung der entsprechenden Instrumente für Soll/Ist-Vergleiche des indirekten Leistungsbereichs sind dabei praktisch identisch mit jenen für die Produktionskostenstellen:

Bestimmung von Logistik-Kostenstellen und Prozeß-Bezugsgrößen, Bestimmung (Ableitung) der Plan-Prozeß-Bezugsgrößenmengen aus der operativen Fertigungsplanung bzw. Absatzplanung, analytische Planung dieser Kostenstellenkosten, Planung, z.B. der relevanten Logistik-Kosten je Kostenträger und Fertigungslos in Form von Logistikplänen (vergleichbar mit der Erstellung von Arbeitsplänen), Erfassung der Ist-Logistikleistungen entweder retrograd durch Auflösung der Logistikpläne oder aufgrund der erfaßten Produktionsmengen und schließlich die Bereitstellung entsprechender EDV-gestützter Instrumente für die kostenstellen- und die produktionsbezogenen Prozeßkosten-Soll/Ist-Vergleiche. Die sind mit den Herstellkosten-Soll/Ist-Vergleichen abrechnungstechnisch vergleichbar.

Beispiele zweier Plankalkulationen für die Produkte A1 und B1, jeweils sowohl mit herkömmlicher Materialgemeinkosten-(MGK-)Zuschlagsrechnung als auch mit Prozeßkosten-Ausweis zeigen die Abbildungen 1 und 2. Während bei der MGK-Zuschlagsrechnung die Stückkosten für beide Produkte gleich sind (126,00 DM pro Stück), zeigt die Prozeßkostenrechnung für Produkt A1 (viele Logistikvorgänge) um 11,9 % höhere Stückkosten (141,00 DM pro Stück), für Produkt B1 (wenig Logistikvorgänge) um 6 % niedrigere Stückkosten (118,50 DM pro Stück) als bei der MGK-Zuschlagsrechnung. Rüstkosten sind in beiden Fällen als „Rüst-Prozesse" (mit gleichen Prozeßkosten) ausgewiesen.

Die Prozeßkostenrechnung sowie alle in diese Richtung gehenden betriebswirtschaftlichen Vorschläge verfolgen die gleichen grundsätzlichen Ziele einer möglichst verursachungsgerechten Zuordnung der Kosten bestimmter Stellen des indirekten Leistungsbereichs auf das Produkt, den Auftrag oder den Kostenträger. Denn letzten Endes müssen zur Beurteilung des Erfolgs einer Vertriebs-

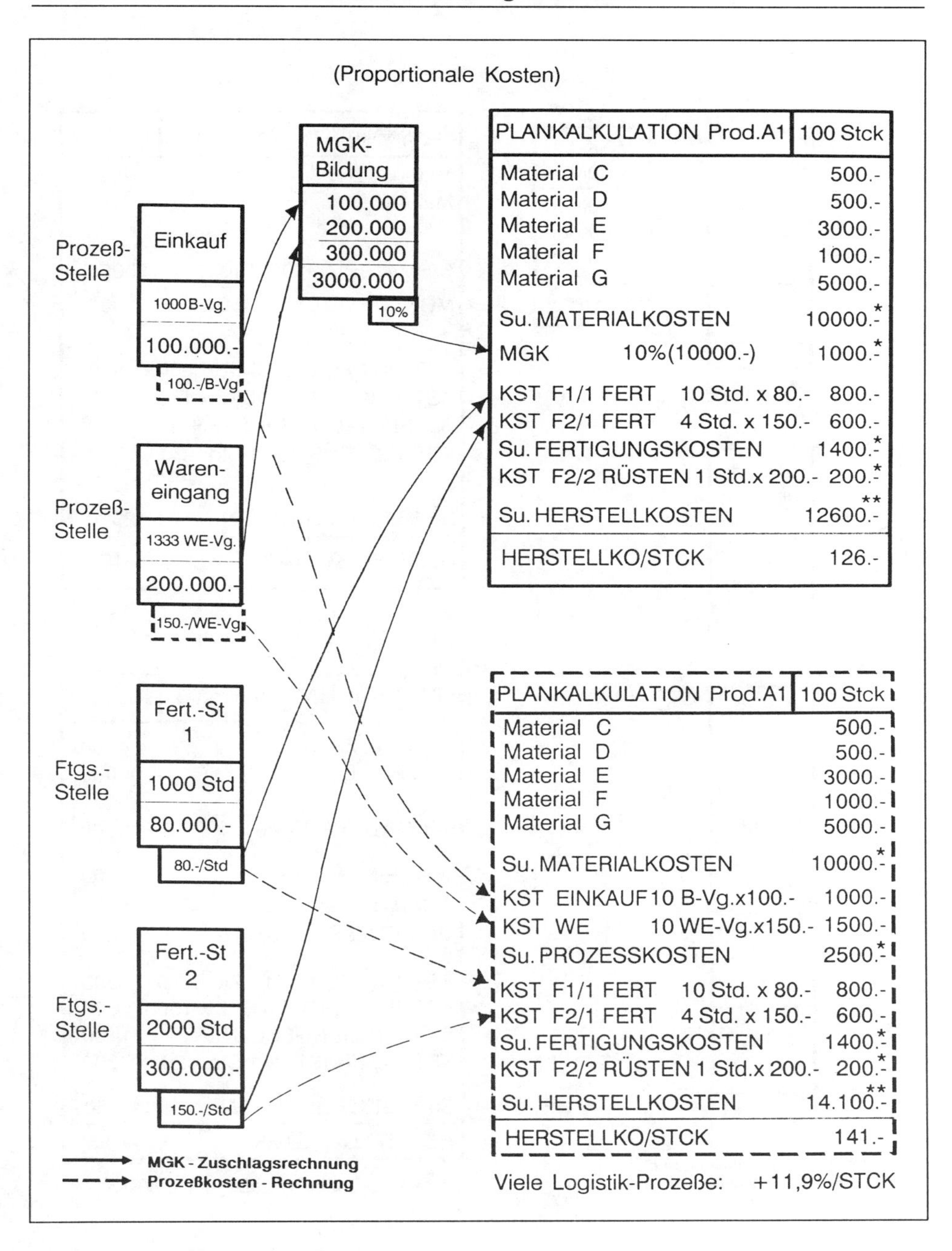

Abb. 1: Plankalkulation mit Prozeßkosten (1)

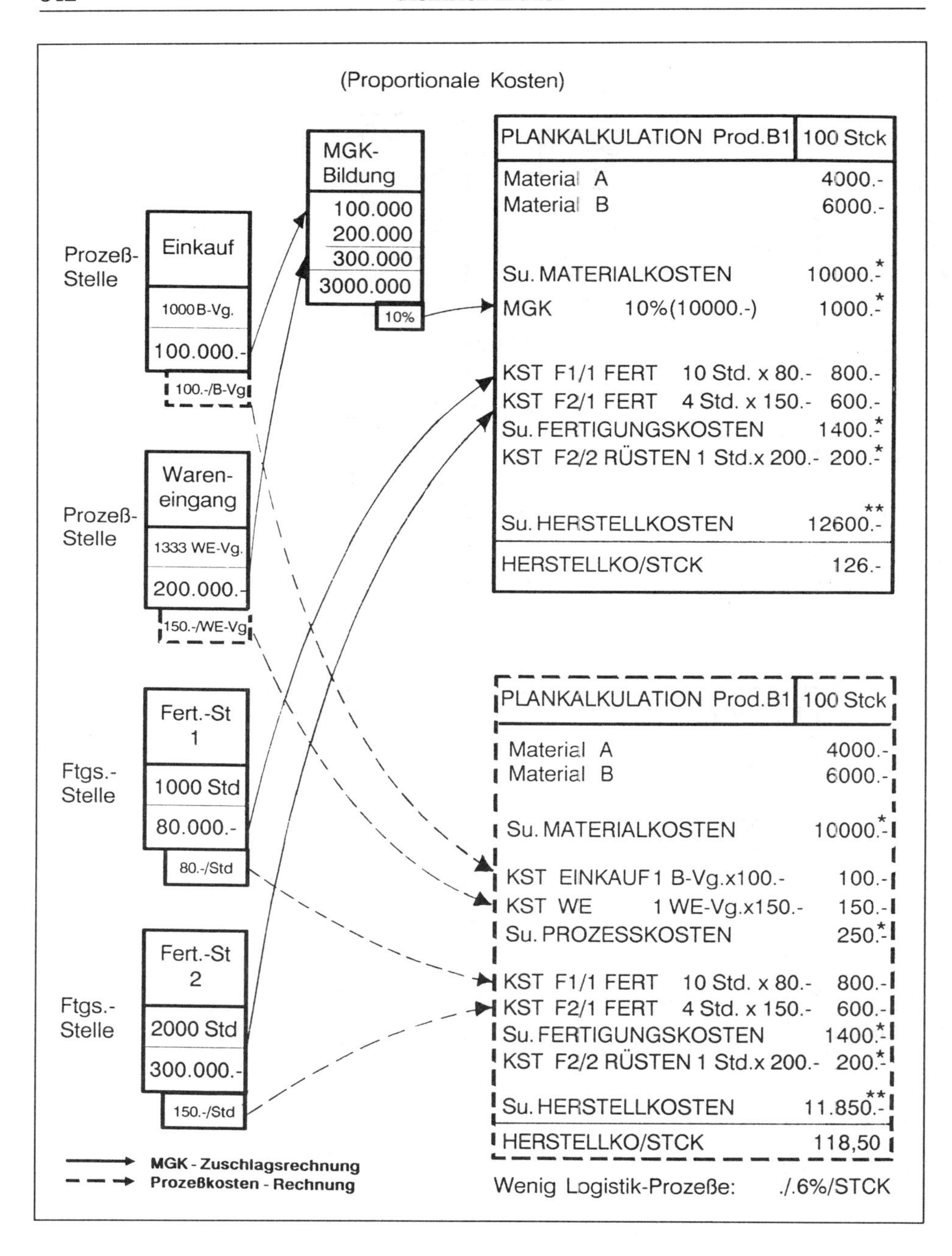

Abb. 2: Plankalkulation mit Prozeßkosten (2)

aktivität stets die Grenz-Herstell- bzw. -Selbstkosten des Produkts oder eines Auftrags insgesamt bekannt sein, um den Deckungsbeitrag zu ermitteln.

Damit stellt aber die Prozeßkostenrechnung (und ähnliche Verfahrensvorschläge) keinesfalls eine neue Form der Kostenrechnung dar, sondern eine auf den grundsätzlichen Lösungsansätzen basierende, systematische Weiterentwicklung der Grenzplankostenrechnung, die die spezifischen Veränderungen der Fertigungstechnologie adäquat berücksichtigt.

3.2 Integrative Weiterentwicklungen

Am Beispiel des entscheidungsorientierten CIM

Die Hauptzielsetzung des CIM - Computer Integrated Manufacturing - ist es, den Werdegang eines Produkts von der ersten Idee über alle Entwicklungs-, Produktions-, Logistik- und Qualitätssicherungsaktivitäten bis zum erfolgreichen Markteinsatz durch rechnergestützte Produktionstechniken mit Hilfe der verfügbaren Informationstechnologien konsequent und durchgängig zu begleiten. CIM bedeutet demnach „Denken in Prozessen".

Stationen des produktionstechnischen und logistischen Werkzeugs CIM sind vor allem:

- Konstruktion und Entwicklung (CAD)
- Arbeitsplanerstellung (CAP)
- Fertigung und Montage (CAM)
- Qualitätssicherung (CAQ)
- Produktionsplanung und -steuerung (PPS)
- Betriebsdatenerfassung und -kommunikation (BDE)

Bei vielen der genannten Teilkomplexe fallen - in unterschiedlicher Intensität und Häufigkeit - *operative oder auch strategische Entscheidungen* an, beispielsweise bei der Wahl eines Fertigungsverfahrens, dem Ersatz eines Werkstoffes durch ein anderes Material oder etwa bei der Beurteilung eines Vertriebswegs. Dafür ist jedoch, sind erst einmal die technischen Fragen etwa der Funktionalität und Qualität geklärt, eine konsistente, kostenmäßige Bewertung erforderlich, um die Wirtschaftlichkeit der Entscheidungen beurteilen zu können.

Die für diese Entscheidungsrechnungen relevanten Bewertungsansätze sowie die erforderlichen Instrumente für die entscheidungsorientierte Analyse kann nur die Grenzplankostenrechnung bereitstellen.

Wird demnach CIM nicht nur als Integration technischer, soft- und hardwaregestützter Verfahren und Kommunikationstechniken verstanden, um den Produktionsvollzug zu unterstützen, sondern auch als effizienter Lösungsansatz zur wirtschaftlichen Fertigung, dann sind Controlling und CIM nicht voneinander trennbar. Aus betriebswirtschaftlicher Sicht bedeutet CIM daher CIM *und* Controlling, dessen Grundlage die Grenzplankostenrechnung ist.

Die Aussagen der Grenzplankostenrechnung basieren dabei schon immer - und lange bevor CIM-Überlegungen in der Theorie durchdacht und in der Praxis realisiert wurden - auf der bereits erwähnten, *prozeßkonformen Bewertung* aller betrieblichen Mengen und Leistungen, wie dies beispielsweise durch die Bewertung des Materialverbrauchs, der Leistungen sowie der Produktions- und Ausschußmengen, aber auch der technischen Daten wie etwa der Arbeitspläne und Stücklisten, mit Plankostensätzen unter Berücksichtigung von Abweichungen bewirkt wird. Damit ist aber die moderne Grenzplankostenrechnung eine grundlegende Voraussetzung für wesentliche Teilaspekte des entscheidungsrelevanten CIM. Andererseits bildet die praktische Manifestation des CIM mit ihrer betriebsnahen Sammlung und Bereitstellung konsistenter Stamm- und Bewegungsdaten eine wichtige Voraussetzung für wichtige Teilaspekte der Kostenrechnung.

Diese gegenseitige Durchdringung von CIM- und Controlling-Gedanken bildet sich in den verschiedenen Teilaspekten der Kostenrechnung (mit ihren Software-Lösungen) und des CIM unterschiedlich ab. So stellt die *Kostenartenrechnung* als Grundlage für die Kostenstellen-, Kostenträger- und Ergebnisrechnung vor allem eine wichtige *Voraussetzung* dar, während die *Kostenstellenrechnung* die unerläßlichen proportionalen Kostensätze für alle Bewertungsaufgaben liefert.

Die eigentliche Verbindung der Kostenrechnung zum entscheidungsorientierten CIM erfolgt jedoch über den umfangreichen Komplex der *Kostenträgerrechnung* bzw. des Produkt- und Produktionskosten-Controlling. Hinsichtlich der Materialwirtschaft und der Logistik handelt es sich hierbei um die mengen- und wertmäßige Bestandsführung für Rohstoffe sowie für Halb- und Fertigfabrikate, ferner um die für alle Planungsüberlegungen relevante Bewertung von Arbeitsplänen und Stücklisten im Rahmen der Kostenträgerstückrechnung (Plankalkulation) sowie um die wertmäßige Führung von Fertigungsaufträgen und der Bestandsführung für in Fertigung befindliche Aufträge (WIP: „Work in Progress").

Als *nachgelagerter Teilkomplex* zum entscheidungsorientierten CIM ist die *Ergebnisrechnung / Deckungsbeitragsrechnung* zu sehen, die die für die Vertriebssteuerung und das Vertriebs-Controlling erforderlichen Deckungsbeiträge auf der Grundlage bewerteter wirtschaftlicher Produktionsverfahren liefert.

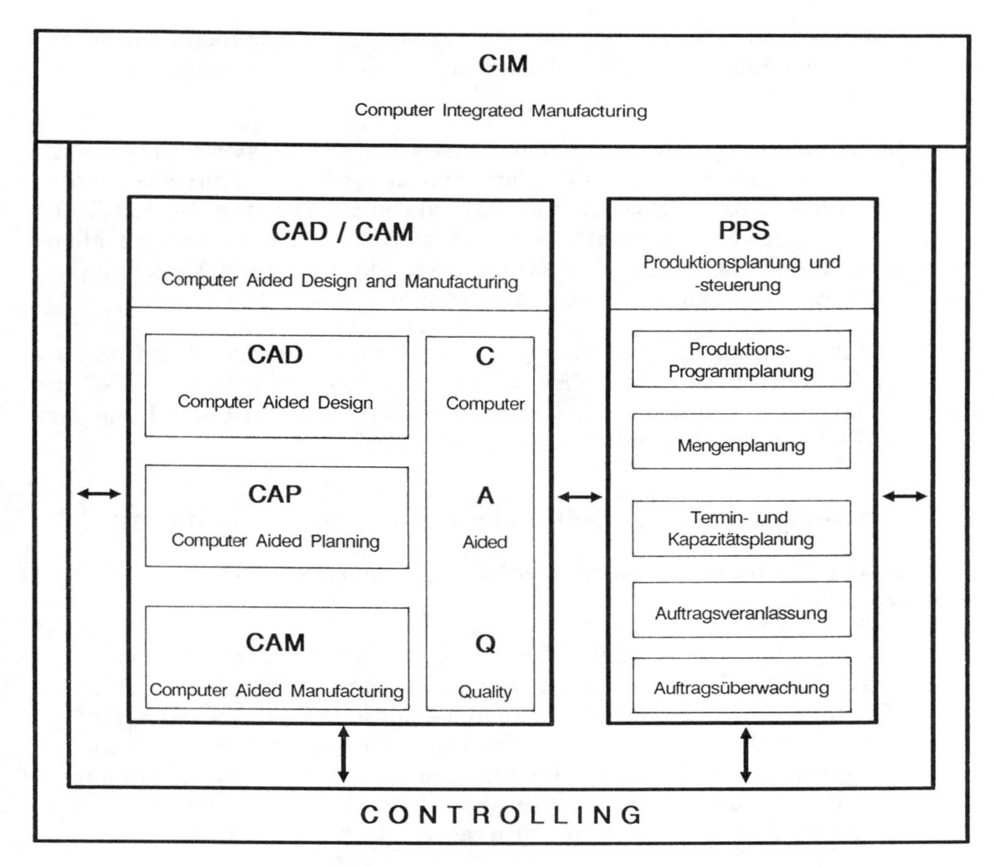

Abb. 3: Entscheidungsorientiertes CIM
(CIM Darstellung nach AWF)

Den allgemeinen Zusammenhang zwischen den CIM-Komponenten, den PPS-Systemen und dem Controlling zeigt Abbildung 3. Die im linken Teil der Abbildung dargestellten CIM-Komponenten CAD, CAP, CAM und CAQ liefern dabei vor allem die Grundlagen der kurzfristigen operativen Planung. Für diesen Planungshorizont sind jedoch im allgemeinen alle relevanten Investitionsentscheidungen getroffen, d.h. die fixen Kosten spielen in diesem Zusammenhang hinsichtlich des entscheidungorientierten CIM keine Rolle. Entschieden wird praktisch immer auf der Grundlage der bereits getätigten Investitionen, d.h. der vorhandenen, verfügbaren Kapazitäten bzw. der kurzfristig - beispielsweise als verlängerte Werkbänke - verfügbaren, zukaufbaren Fremd-Kapazitäten. Damit erfolgt die Bewertung der CIM-orientierten Mengengerüste nur zu leistungsbezogenen Grenzkosten. (Fixkosten sind natürlich stets dann zusätzlich zu den Grenzkosten zu berücksichtigen, wenn z.B. investiert werden muß.)

Im rechten Teil der Abbildung 3 sind die klassischen PPS-Systeme dargestellt, die die kurzfristige Planung, den Produktionsvollzug und die Abrechnung der Fertigung unterstützen. Sowohl die CIM- als auch PPS-orientierten Teilkomplexe werden von den Controlling-Systemen umschlossen, um an allen relevanten Stellen die entscheidungsorientierten Planungs- und Abrechnungstatbestände mit Grenzkosten bewerten zu können.

Es besteht in Theorie und Praxis wenig Zweifel, daß die EDV-gestützte Integration von Kostenrechnung und CIM zu einem „kostenorientierten CIM" in Zukunft wachsende praktische Bedeutung hinsichtlich der Sicherstellung der Wirtschaftlichkeit des Produktionsvollzugs erlangen wird.

3.3 Erweiterungen des Zeithorizonts der Kostenrechnung

Am Beispiel strategischer Kostenrechnung/Lebenszyklus-kostenrechnung

Die Wandlungen in der Produktionstechnik der letzten Jahre lassen zwei unterschiedliche Tendenzen erkennen: Auf der einen Seite ist eine zunehmende *Flexibilisierung der Fertigung* festzustellen, da der Markt - branchenabhängig - immer kleinere Serien komplexerer Produkte verlangt, für die die nötigen Fertigungstechniken in Form sehr flexibler numerisch gesteuerter Fertigungszellen geschaffen wurden. Die „Just-in-time"-Produktion bzw. die „Losgröße eins" markieren dabei eine extreme Form dieser Flexibilisierung.

Auf der anderen Seite ist - wiederum branchenbedingt und ebenfalls mit zunehmender Tendenz - zu beobachten, daß für bestimmte Produkte spezielle, meist sehr umfangreiche Sachinvestitionen, aber auch Forschungs- und Entwicklungsarbeiten und Absatzaktivitäten für *nur eben dieses einzige Produkt* und für einen *definierten Lebenszyklus* getätigt werden. Markt und Konkurrenz zwingen zu einer signifikanten Verkürzung der Lebenszyklen bestimmter Erzeugnisse. Der Produkterfolg kann dann nicht mehr am - z.B. durch Anlauf, Produktverbesserungen und Käuferverhalten u.a. bewirkten - stark schwankenden operativen, für kurze, beispielsweise monatliche Perioden errechneten Deckungsbeitrag gemessen werden, sondern nur am geplanten und im Ist ermittelten *strategischen Deckungsbeitrag*, d.h. aus dem, aus der Gegenüberstellung aller Kosten und Erlöse des *gesamten Lebenszyklus* ermittelten Produkterfolg.

Beispiele dafür sind hochautomatisierte, sehr kapitalintensive Fertigungsanlagen etwa in der modernen PKW-Industrie für ein bestimmtes PKW-Modell, bei der Chip-Produktion oder etwa bei den Fertigungsanlagen bestimmter komplexer Waffensysteme. Hier wird durch die Investitionsentscheidung für ein Produkt bzw. eine Produktfamilie eine *Zuordnung auch erheblicher Anteile der fixen Kosten zu einem einzigen Produkt* und für eine *definierte Stückzahl* bewirkt. In den genannten Fällen ist es nämlich praktisch nicht möglich, die für Konstruktion, Produktion (und gelegentlich auch für den Absatz) dieses bestimmten Produktes getätigten Investitionen, etwa für bestimmte spezielle Montageeinrichtungen und verkettete Transferstraßen, für Spezialfahrzeuge für den innerbetrieblichen Transport, für spezielle Lagertechniken und ähnliche Logistikeinrichtungen oder für spezifische Marketingaktivitäten für ein anderes Produkt ohne erhebliche Zusatzkosten weiterzuverwerten.

Nach Beendigung des planmäßigen Lebenszyklus werden diese Spezialanlagen nicht mehr benötigt und dementsprechend nicht mehr wiederbeschafft. Daher sind die *gesamten Kosten* für die Fertigung des spezifischen Produkts - gebundene Produktentwicklung, Vorrichtungsbau, Anlagen-Investitionen und gegebenenfalls auch die Kosten für spezielle Vertriebsaktivitäten - der Gesamtmenge aller im Lebenszyklus-Zeitraum zu fertigenden Produkte insgesamt zuzuordnen.

Abbildung 4 zeigt eine typische Lebenszykluskurve (mit kumulativen Vollkostenergebnissen), als Vergleich die Vergleichskurve V (strichpunktiert) für ein Vorgängermodell, die erste (Plan-)Kurve P (gestrichelt) und die geschäftspolitisch orientierte Soll-Kurve S (ausgezogen). Die Ist-Kurve I (ebenfalls ausgezogen) zeigt einen gedachten Verlauf als Ansatz für das Controlling (Soll/Ist-Vergleich). Analysen und Konsequenzen daraus sind in Abbildung 4 stichwortartig dargestellt.

Die Ermittlung der Gesamtkosten eines Produktzyklus bedient sich dabei weitgehend der Verfahren und Instrumente, aber auch der Softwaresysteme der entscheidungsorientierten Grenzplankostenrechnung: Dazu zählen beispielsweise die software-unterstützte Kostenplanung, Simulations- und Umwertungsrechnungen für die Kostenstellen, Produktionsplanungs- und Steuerungssysteme und die Plankalkulation - ggf. unter Einschluß der Erkenntnisse der Prozeßkostenrechnung - für die Ermittlung der Plan- und Soll-Produktkosten; Ergebnisplanungssysteme zur Errechnung der voraussichtlichen Erlöse; Projektplanungs- und Abrechnungssysteme für die Planung und Erfassung der Entwicklungs-, Werkzeug- und Anlaufkosten sowie die korrespondierenden Ist-Abrechnungs- und Controlling-Systeme.

Lebenszykluskurven-Betrachtungen sind in der betriebswirtschaftlichen Praxis seit langem bekannt, allerdings fast ausschließlich in Form qualitativer Einzelbetrachtungen.

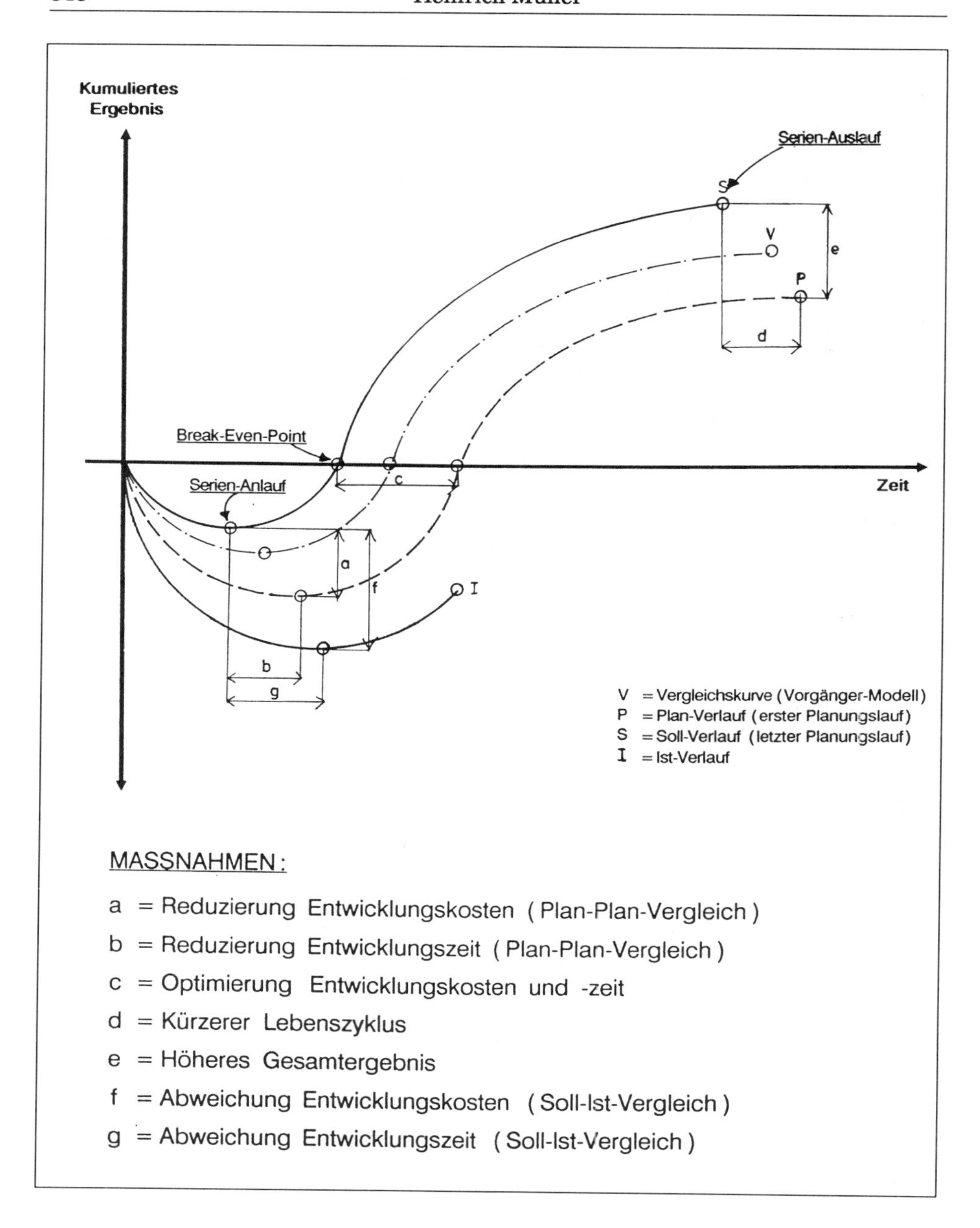

Abb. 4: Lebenszyklus-Kurven

Erst in jüngster Zeit ist in die betriebswirtschaftliche Diskussion die Lebenszyklus-Betrachtung als quantitative, *strategische Kostenrechnung* eingegangen, die alle Kosten- und Erlöseinflüsse auf das einzelne Produkt (oder auf eine Produktfamilie) im Rahmen eines geschlossenen, EDV-gestützten Planungs- und Abrechnungssystems als Plan und im Ist aufzeigen und die Komplexität eines Unternehmens als Summation aller einzelnen Lebenszykluskurven darlegen soll. (Standard-Software-Systeme für die Darstellung und Simulation von Lebenszykluskurven und der Addition zu Unternehmensmodellen in Form von numerisch/graphischen Systemen sind heute noch nicht, auch nicht in Ansätzen vorhanden.)

Die möglicherweise auftretenden Abstimmungsprobleme mit der Gewinn- und Verlustrechnung und der Bilanz, deren einjähriger Betrachtungszeitraum im allgemeinen kürzer als der Lebenszyklus eines Produkts ist, lassen sich durch entsprechende Überleitungsbrücken lösen.

Deckungsprobleme ergeben sich bei der Lebenszyklus-Betrachtung allerdings stets dann, wenn die geplante Absatzmenge oder die Dauer des Produktzyklus aufgrund äußerer Einflüsse vom Plan erheblich abweichen. Dann nämlich müssen die, trotz aller Produktzyklus-Überlegungen nicht gedeckten Fixkosten eben doch von den Deckungsbeiträgen der übrigen verkauften Produkte alimentiert werden, da Fixkosten in letzter Konsequenz immer unternehmensbezogen gesehen werden müssen. Eine sorgfältige und realistische Planung der Absatzmengen und des Produktionszeitraums ist daher eine der wichtigsten Voraussetzungen für diese spezifische Weiterentwicklung der modernen, entscheidungsorientierten Grenzplankostenrechnung.

3.4 Entwicklungstendenzen im Zusammenhang mit der Konstruktion

Am Beispiel des kostenorientierten Entwickelns

Wichtige Teilziele des entscheidungsorientierten CIM sind das kostengesteuerte Konstruieren und Entwickeln (kostenorientiertes Design). Angesichts der Erfahrungstatsache, daß z.B. im Maschinenbau bis zu 70% der späteren Herstellkosten eines Produkts bereits im Rahmen der Konstruktionsaktivitäten determiniert werden, wurde schon immer nach Wegen gesucht, dem Konstrukteur bewertete Informationen zur Verfügung zu stellen, um frühzeitig die voraussichtlichen Kosten des fertigen Produkts bzw. einer Produktkomponente aufzeigen und ggf. auch noch frühzeitig konstruktiv reagieren zu können.

Der Konstrukteur muß, um kostenorientiert arbeiten zu können, über ein umfangreiches, fachübergreifendes Wissen verfügen. Diese interdisziplinären Anforderungen erfordern auch bei sehr großer Berufserfahrung eine entsprechende systemtechnische Unterstützung. Dabei geht es darum, nicht nur die dem Konstrukteur gestellte technische Aufgabe zu realisieren, sondern auch auf günstige Fertigungsvoraussetzungen zu achten, günstige Montageeigenschaften sicherzustellen und letzten Endes die kostengünstigste Konstruktion auszuwählen.

Wirkungsvolle, einfach zu handhabende systemtechnische Unterstützung ist auch für das „Wiederauffinden" von EDV-mäßig gespeicherten gleichen bzw. ähnlichen Wiederhol- und Werksnormteilen erforderlich, da es der Konstrukteur erfahrungsgemäß oftmals vorzieht, statt in bereits eingesetzten anderen Produkten Teile zu „suchen", diese jeweils neu zu konstruieren.

Die formale Aufgabenstellung, die bei der Realisierung des kostenorientierten Konstruierens zu lösen ist, besteht darin, funktionale Anforderungen, beispielsweise die auf einem CAD-Bildschirm vom Konstrukteur entworfene, dreidimensionale *graphische Darstellung* eines Bauteils nicht nur in dessen Geometrie, sondern auch *bezüglich der erforderlichen Fertigungsaktivitäten in numerische Informationen umzusetzen*. Denn diese numerischen Informationen - die Arbeitsgänge - sind die unerläßlich Voraussetzungen für eine EDV-gestützte Bewertung der Fertigungs- und Montageaktivitäten und damit die Grundlage für das kostenorientierte Entwickeln. Das Verbindungsglied zwischen der (kreativen) Konstruktionstätigkeit im Rahmen eines CAD-Systems und der (formalen) kostenrechnerischen Bewertung ist dabei der mehr oder minder *automatisch generierte Fertigungsplan* (Computer Aided Planning - CAP).

Heute bereits verfügbare Systeme gehen dabei zunächst von gleichen oder ähnlichen Teilen aus, die bereits einmal konstruiert wurden. Deren Arbeitspläne können entweder aufgrund des Erinnerungsvermögens des Konstrukteurs und/oder über Teileklassifikationsmerkmale aus entsprechenden Speichersystemen aufgerufen und als Grundlage der zu verändernden Arbeitspläne auf Bildschirmen, die parallel zu den CAD-Bildschirmen installiert sind, gezeigt werden. (Vgl. den linken Ast des Datenflusses vom CAD- zum CAP-System in Abbildung 5)

Das ist aber nicht der wünschenswerte *automatische* Ansatz des kostenorientierten Designs. Hierbei geht es darum, zwischen die Konstruktion und die Arbeitsplanerstellung ein *System von Bearbeitungsfunktionen* anzuordnen, das alle in dem betreffenden Unternehmen installierten maschinellen Kapazitäten berücksichtigt. Die entsprechenden Bezugsgrößenmengen der Arbeitsgänge werden gleichsam selbsttätig, ohne die sonst notwendige Einschaltung der Arbeitsvorbereitung, erstellt.

Soll beispielsweise eine bestimmte Fläche eines Lagerbock-Rohlings gefräst werden, so reichen - zumindest theoretisch - die Angaben über Länge und Breite der zu fräsenden Fläche, die Abtragtiefe und die Materialart des abzutragenden

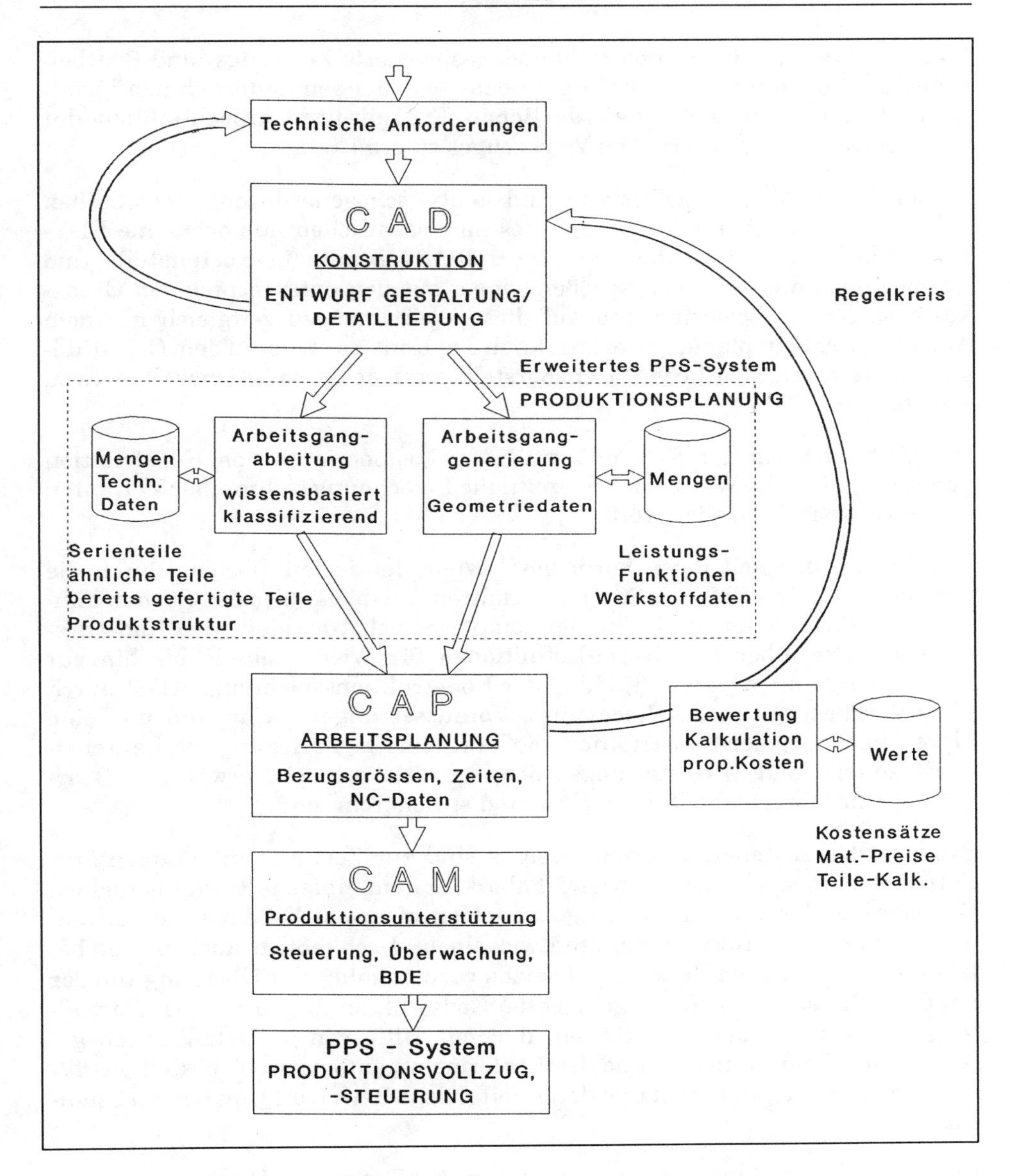

Abb. 5: Kostenorientiertes Konstruieren

Materials aus, um über entsprechende, gespeicherte Leistungs- und Bearbeitungsfunktionen für eine spezielle, in dem betreffenden Unternehmen installierte Fräsmaschine die erforderlichen Fräsminuten einschließlich der Bestimmung des erforderlichen Werkzeuges zu ermitteln.

Stehen jedoch diese - selbsttätig und analytisch generierten - technischen Arbeitsplandaten zur Verfügung, ist es im wesentlichen nur noch eine EDV-technisch/formale Aufgabe, die ermittelten Minuten je Kostenstelle und Bezugsgröße, d.h. die Bezugsgrößenmenge, mit den entsprechnenden Grenzkostensätzen zu bewerten und auf diese Weise nahezu zeitgleich mit dem Anstoß zur Arbeitsplangenerierung durch den Konstrukteur auf dem CAD-Bildschirm die voraussichtlichen Grenzherstellkosten des Produktionsvollzuges zu zeigen.

Durch diese Form der EDV-unterstützten, kostenorientierten Konstruktion könnte auf einfache Weise auch die zeitnahe Errechnung technischer Varianten und Alternativen möglich werden.

Ergänzt werden soll diese Form des kostenorientierten Designs durch die bereits erwähnten EDV-gestützten Verfahren, beispielsweise das Suchen ähnlicher Strukturen über einfache oder komplexe Suchstrategien, über Konstruktionshinweise, über DIN-Norm-Definitionen für Wiederholteile bis hin zur Speicherung und Wiederauffindung der Konstruktionszeichnung selbst durch „Bild-Vergleiche" (Image Processing). Voraussetzungen dafür sind u.a. eine klare Gliederung der Konstruktion, die hierarchische Zerlegung von Bauteilen in Einzelteile und in Gestaltungszonen, für die die bereits erwähnten Bearbeitungsfunktionen ableit- bzw. plan- und speicherbar sind.

Systeme des kostenorientierten Designs sind zur Zeit erst in rudimentärer Form, meist in entsprechenden CIM-Labors für ganz einfache Zusammenhänge verfügbar. Es besteht jedoch wenig Zweifel daran, daß sich die Idee der kostenorientierten Konstruktion weiterentwickeln und schließlich auch in der betriebswirtschaftlichen Praxis durchsetzen wird, nämlich der Übergang von der am CAD-Bildschirm sichtbar gemachten Konstruktion in *graphischer Darstellung* zu *wissensbasiert* ermittelten, d.h. mit Hilfe von in Datenbanken gespeicherten Informationen und Rechenformeln „automatisch" erstellten *numerischen Arbeitsplandaten* und deren zeitgleiche Bewertung mit Grenzkostensätzen.

Die vorstellbaren Konsequenzen sind von großer Tragweite. Heute kann davon ausgegangen werden, daß der Konstrukteur (am CAD-Bildschirm) im Rahmen der vorgegebenen, z.B. fertigungstechnischen Randbedingungen seines Unternehmens zwar alle Entscheidungsmöglichkeiten hat, eine funktionale Aufgabe zu lösen, zu diesem Zeitpunkt jedoch praktisch nichts über die voraussichtlichen Kosten der Konstruktion weiß. Erst wenn das Produkt alle Stationen des

Produktionsvollzugs, von der Konstruktion über die Arbeits- und Fertigungsvorbereitung, über die Fertigung und Qualitätssicherung bis zum Fertigwarenlager zurückgelegt hat, liegen dessen nachkalkulatorisch genau ermittelten Kosten vor. Die grundlegenden, kostenbestimmenden, konstruktiven Merkmale sind dann aber kaum mehr zu verändern. Das zynische Wort, die Wertanalyse sei der „Reparaturbetrieb der Konstruktion", hat sicherlich einen gewissen Realitätsbezug.

Das kostenorientierte Konstruieren und Entwickeln versucht aus diesem Kreis auszubrechen, indem dem Konstrukteur neben allen übrigen Informationen eben auch die relevanten Grenzkosteninformationen über die fertigungsbestimmenden Aktivitäten frühzeitig, am besten natürlich konstruktionsbegleitend, verfügbar gemacht werden. Auch diese Entwicklung dürfte zum Zusammenwachsen der beiden bisher meist eigenständigen Funktionen Konstruktion und Fertigungsvorbereitung zu einer Organisationseinheit beitragen.

Der rechte Ast der Abbildung 5 zeigt den vorstellbaren schematischen Zusammenhang zwischen den beiden wichtigen CIM-Komponenten CAD und CAP und der Kostenrechnung mit dem neu zu schaffenden EDV-System für die Speicherung von Bearbeitungsfunktionen, um die erforderliche Brücke zwischen der graphischen Darstellung des Funktionsumfangs am CAD-Bildschirm und der numerischen Ausgabe des bewerteten Arbeitsplans über das CAP-System zu schlagen. Die mit Grenzkostensätzen bewerteten Arbeitsgänge aus dem generierenden CAP-System werden als Kosteninformation im Rahmen eines „Regelkreises" dem Konstrukteur zeitnah bzw. zeitgleich aufgezeigt.

3.5 Fertigungstechnisch bedingte Weiterentwicklungen der Kostenrechnung

Am Beispiel Kostenplanung bei flexiblen Fertigungsinseln

In bestimmten Branchen haben sich in den letzten Jahren - darauf wurde bereits an anderer Stelle hingewiesen - in der Fertigungstechnologie bestimmter Branchen signifikante Wandlungen vollzogen.

Ausgelöst wurde diese Entwicklung etwa durch individueller gewordene Käuferwünsche, kleinere Losgrößen, komplexere Produkte, Veränderungen in der Fertigungstiefe und dem Zwang zu schnellen Produktionsumstellungen unter Beachtung der Wirtschaftlichkeit. Wurden früher die einzelnen Werkzeugmaschinen, beispielsweise Dreh- oder Fräsmaschinen, konsequent nach dem Funktions- oder Verrichtungsprinzip zusammengefaßt und die Werkstücke zu diesen Universalmaschinen transportiert, geht die heutige Produktionstechnik mehr und mehr dazu über, vergleichbare Teile zu Teilefamilien zusammenzufassen bzw. eine Reihe von aufeinanderfolgenden oder aufgrund der technischen Gegebenheiten möglicherweise aufeinanderfolgenden, zusammengehörenden Arbeitsschritte in sogenannten *Fertigungsinseln* zu bündeln.

Sofern die einzelnen Funktionen dieser Fertigungskomplexe - im allgemeinen rechnergesteuert - variabel an die Fertigungsanforderungen angepaßt werden können, spricht man von *flexiblen Fertigungszellen* und - bei komplexeren Zusammenfassungen von numerisch gesteuerten Werkzeugmaschinen, Materialfluß- und Informationsflußsystem - von *flexiblen Fertigungssystemen*. (Diese Definitionen werden in der Praxis nicht ganz einheitlich angewandt.)

Die Werkstücke sollen nicht unter Inkaufnahme langer, aufwendiger Transport- und Logistikkosten zu den einzelnen Maschinen gebracht werden, sondern die Bearbeitungsmaschinen werden praktisch um die zu bearbeitenden Werkstücke gruppiert. Neben kurzen Wege- und Transportzeiten tragen diese Überlegungen naturgemäß auch zur Humanisierung der Arbeit bei und damit letzten Endes insgesamt zu einer wirtschaftlicheren Fertigung.

Das abrechnungstechnische Problem flexibler Fertigungssysteme besteht nun darin, daß die einzelnen Werkstücke im Regelfall keineswegs alle denkbaren, angebotenen Bearbeitungsmöglichkeiten dieser Fertigungskomplexe in Anspruch nehmen.

Da flexible Fertigungsinseln kostenrechnerisch gesehen aber eine Planungs- und Abrechnungseinheit, d.h. eine Kostenstelle darstellen, entstehen hinsichtlich der Zurechnung der proportionalen Kosten - z.B. der spezifischen Werzeugkosten - zu den einzelnen gefertigten Werkstücken bzw. Aufträgen nicht unerhebliche abrechnungstechnische Probleme. Deren Lösung liegt in der Bestimmung *fertigungstechnisch orientierter, differenzierter Bezugsgrößen* der Fertigungsinseln und der betriebswirtschaftlich richtigen Bewertung.

Bezugsgrößen sind jene technischen Maßgrößen, zu denen sich die Kosten des Produktionsvollzugs linear verhalten. Sie sind die Basis für die Weiterrechnung der Kosten auf Aufträge und Produkte, aber auch für die Ermittlung des (periodischen) Ist-Beschäftigungsgrades und damit für die Errechnung der proportionalen Soll-Kosten bzw. der Soll-Kosten je Kostenart als Grundlage der Soll/Ist-Kosten-Vergleiche.

Auch bei der Bestimmung der Bezugsgrößen für flexible Fertigungssysteme und -inseln gelten die gleichen Grundüberlegungen wie bei jeder anderen Bezugsgrößenwahl: Bezugsgrößen müssen mit Sachverstand unter Berücksichtigung der technischen und der abrechnungstechnischen Konsequenzen festgelegt werden. Fehler in der Bezugsgrößenwahl können später auch durch noch so differenzierte Abrechnungsmethoden nicht mehr korrigiert werden.

Im einzelnen ergeben sich bezüglich der Bestimmung der Bezugsgrößenwahl zwei unterschiedliche Betrachtungsweisen:

Werden für alle Produkte, die eine Fertigungsinsel durchlaufen, alle Maschinen bzw. alle maschinellen Funktionen mit *gleichen Zeitanteilen* angesetzt - dies ist häufig bei Transferstraßen beispielsweise in der Automobilindustrie der Fall - ergeben sich folgende Bezugsgrößen:

– Bezugsgröße 1: Fertigungsstraßenstunden (für alle maschinellen Funktionen)

– Bezugsgröße 2: Rüststunden.

Werden die Werkstücke jedoch im Rahmen z.B. eines *flexiblen Transferstraßen-Systems* an verschiedenen Punkten des Produktionsvollzugs ein- bzw. ausgeschleust, oder überspringen sie planmäßig einige installierte maschinelle Funktionen, so ergeben sich für diese Fertigungsstraße - unter Annahme von 5 Bearbeitungsmöglichkeiten - die folgenden 8 Bezugsgrößen:

– Bezugsgrößen 1 bis 5: Maschinenstunden je maschineller Funktion

– Bezugsgröße 6: Personenstunden

– Bezugsgröße 7: Rüststunden

– Bezugsgröße 8: Fertigungsstraßenstunden gesamt (nur zur Fixkostendeckung).

Jede Bezugsgrößeneinteilung ist mit der Arbeitsplanung abzustimmen, da sowohl bei der stückbezogenen Plankalkulation als auch bei der periodenbezogenen Auftrags- bzw. Nachkalkulation die in den technischen Plan- bzw. Ist-Daten erfaßten Bezugsgrößenmengen mit entsprechenden, bezugsgrößenabhängigen Kostensätzen bewertet werden müssen.

Eine *flexible Fertigungsinsel* besteht üblicherweise aus mehreren - meist automatisierten - Hauptmaschinen, die einzeln planbar sind, einer Anzahl von Nebenmaschinen, z.B. Bohrmaschinen, Schleifmaschinen, Entgratmaschinen usw., für die in der Arbeitsvorbereitung und damit auch im Arbeitsplan keine Vorgabezeiten festgelegt sind, sowie Materialfluß- und Informationsfluß-Systeme (die planerisch und abrechnungstechnisch wie Hilfsmaschinen behandelt werden). Eine bestimmte Anzahl von Mitarbeitern gehört zur Fertigungsinsel.

In einem Beispiel soll eine Fertigungsinsel drei Hauptmaschinen, H1 bis H3, und 8 Nebenmaschinen, N1 bis N8, umfassen.

Die Festlegung der Bezugsgrößen geschieht dann in folgender Form:

– Bezugsgröße 1: Maschinenstunden H1

– Bezugsgröße 2: Maschinenstunden H2

– Bezugsgröße 3: Maschinenstunden H3.

In den Kostensätzen der Bezugsgrößen 1 bis 3 werden die Kosten der acht Nebenmaschinen anteilig geplant, sind in den Kostensätzen also kalkulatorisch verrechnet:

– Bezugsgröße 4: Personenstunden.

Rüstbezugsgrößen entfallen, wenn hierfür keine Vorgabezeiten existieren. Sind jedoch Vorgabezeiten für das Rüsten planbar, wird hierfür eine zusätzliche Bezugsgröße festgelegt.

Nach der Festlegung der Bezugsgrößen der flexiblen Fertigungssysteme erfolgt die analytische Kostenplanung dieser Bezugsgrößen wie bei herkömmlichen Kostenstellen/Bezugsgrößen. Damit ist aber auch die Planung und Abrechnung von flexiblen Fertigungssystemen in die entscheidungsorientierte Grenzplankostenrechnung integriert. Folgerichtig sind keine besonderen EDV-Verfahren zu deren Planung und Abrechnung erforderlich, sondern lediglich die konsequente Nutzanwendung bestehender Standard-Software-Systeme.

3.6 Der Einfluß der Informationsverarbeitung auf die betriebswirtschaftlichen Weiterentwicklungen

Bezüglich der EDV-technischen, insbesondere der Standard-Software-bezogenen Unterstützung betriebswirtschaftlicher Entwicklungstendenzen vollzog sich in den letzten Jahren, auch als Ergebnis einer Synthese von betriebswirtschaftlichen Anforderungen und Fortschritten in der kommerziellen Datenverarbeitung, ein Wandel: Wurde in den Anfängen der kommerziellen Datenverarbeitung die damals verfügbare EDV-Technik vornehmlich zur bloßen Darstellung von Zahlen und zur Erstellung von Berichten benützt, gibt die EDV-Technik heute zusätzlich eine wichtige *aktive Hilfestellung* für betriebliche und unternehmerische Entscheidungen.

Hervorzuheben ist in diesem Zusammenhang vor allem der „Siegeszug" moderner, integrierter und transaktionsorientierter, besser: fallbezogener Standard-Software-Systeme, ohne deren Vorhandensein die bewährten betriebswirtschaftlichen Lösungsansätze hinsichtlich ihres Zeitverhaltens und der zu bewältigenden Datenmengen, aber auch deren Weiterentwicklung nicht mehr realisierbar sind.

Es ist zu wünschen und zu erwarten, daß sich die synergetischen Kräfte der Synthese aus funktionaler betriebswirtschaftlicher Sicht und formaler EDV-technischer Betrachtungsweise auch hinsichtlich erkennbarer Entwicklungstendenzen in gleicher Weise wie bisher manifestieren, möglicherweise sogar noch verstärken.

Dazu ist jedoch ein Gleichgewicht zwischen dem Kenntnisstand der Benutzer über die Systeme und den Anforderungen der Systeme an den Benutzer erforderlich. Die Herstellung dieses Gleichgewichts, vor allem durch intensive Schulung der Systembenützer, ist eine vordringlich zu lösende Aufgabe und zumindest ebenso wichtig, wie eine weitere Verfeinerung der bereits vorhandenen betriebswirtschaftlichen und EDV-technischen Systeme und Aussagen.

Keineswegs dürfen aber dann, wenn sich gelegentlich betriebswirtschaftliche Aufgabenstellungen und formal/EDV-organisatorische Lösungen widersprechen oder ausschließen, EDV-Lösungen zu Lasten betriebswirtschaftlicher Aspekte dominieren. Gerade dieser Tatbestand ist jedoch bei manchen am Markt angebotenen „fortschrittlichen" Software-Systemen zu beobachten. Das Ziel der Synthese betriebswirtschaftlicher und software-technischer Anforderungen kann nicht heißen, „schlechte Informationen schneller und transparenter" (und gelegentlich auch teurer) zu verarbeiten. Die formale, datentechnische Lösung muß sich stets den funktionalen betriebswirtschaftlichen Anforderungen unterordnen.

Zudem setzt jede EDV-orientierte „Integration" im Sinne einer automatischen, fallbezogenen Koppelung aller Programmfunktionen eines Integrationskreises (etwa das „Durchbuchen" einer Bewegungsinformation über alle relevanten Programmfunktionen wie z.B. Finanzbuchhaltung, sowie Kosten-, Leistungs- und Ergebnisrechnung) absolut verläßliche, vollständige, formal und plausibel geprüfte Primärdaten mit befriedigendem Zeitverhalten hinsichtlich der Bereitstellung dieser Daten zwingend voraus.

Ist diese Forderung jedoch nicht oder nicht vollständig erfüllbar, kann die Integration in extremen Fällen, obwohl formal „richtig" gerechnet wird, zu sehr gefährlichen, weil betriebswirtschaftlich falschen oder gelegentlich sogar zu unsinnigen Ergebnissen führen. Eine „Phasen-Integration" mit der Möglichkeit zu gezielten, programmierten Kontroll-Eingriffen ist in diesen Fällen einer „seelenlosen", totalen Integration stets vorzuziehen.

Es bleibt abzuwarten, ob aus dieser, in der betrieblichen Praxis gelegentlich mit Nachdruck vorgebrachten Kritik an der heute zu beobachtenden Integrationsgläubigkeit möglicherweise ein EDV-spezifischer Entwicklungstrend zu zwar über EDV-gestützte Kommunikationsverfahren *vernetzten*, aber nicht in betriebswirtschaftlichen Sinne „zwangssynchronisierten" Systemkomplexen entsteht.

Anmerkungen und Literatur:

Der Verfasser hat in dem vorliegenden Beitrag aus seinen früheren Veröffentlichungen in folgenden Fachbüchern zitiert:

Müller, Heinrich: *Entwicklungstendenzen in der Grenzplankostenrechnung und in der Deckungsbeitragsrechnung*, in: Seicht, Gerhard (Hrsg.): Moderne Betriebswirtschaft, Band 2, Wien

Müller, Heinrich: *Entwicklungstendenzen im innerbetrieblichen Rechnungswesen - Realisierungschancen im Standard-Software-Bereich*, in: Hórvath, Péter (Hrsg.): Strategieunterstützung durch das Controlling: Revolution im Rechnungswesen? Stuttgart

Entwicklungsperspektiven des Controlling

Albrecht Deyhle

Gedankenskizzen:

Von der Zukunft her denken
Megatrends, auf denen Controlling „draufsitzt"
Entwicklungsperspektiven: „In Bildern sprechen lernen"
Controlling als Schnittmenge
Controlling und Kontrolle - woher kommt's - wohin geht's?
Zur Organisationsentwicklung des Controller-Dienstes
„Quo vadis, Controller?" - Gibt es Perspektiven in Richtung von zwei Controller-Persönlichkeiten?
Entwicklungsperspektive: Wer ist „mein" Controller?
Wie lange steht noch das Wort „Aufseher" in Sprachwörterbüchern Englisch-Deutsch?
Machen Controlling-treibende Manager den Controller überflüssig?
Controller's Wandering Around?
Der Umwelt-Controller
Controller als „Chief Business Intelligence Officer"
Synthetische Not erzeugen können
Szenario: Controller im Jahr 2022
Lust machen auf Abweichungen
Perspektive: „Frauenquote" im Controlling nimmt zu
Controller's vernetzte Themengliederung
Controller: Ein neuer Beruf?
Die alten Römer wußten es auch schon - also ist Controlling wohl ein „ewiges Thema"

Bei Entwicklungs-„Perspektiven" geht man meist so vor, daß die Vergangenheit in die Zukunft verlängert wird. Irgendwo sind wir dominant erfahrungsgeprägt. Der Nachteil der Erfahrung ist aber, daß sie hinter uns liegt. Außerdem muß erfahren mit fahren zu tun haben. Vermutlich haben die Menschen seit der Erfindung des Rades Erfahrung gesammelt.

So trägt man gewöhnlich das Erlebte vor sich her und geht von da aus seinen Weg. So nehmen wir auch für Controlling das WEG-Symbol im Sinne eines Steuerrades mit den Komponenten W = Wachstum, E = Entwicklung, G = Gewinn. Diese Steuerrad-Idee gibt es inzwischen schon gleich in mehreren Sprachen. Also scheint zu den Entwicklungsperspektiven zu gehören, daß sich Controlling weltweit etabliert.

Von der Zukunft her denken

Können wir das? Gibt es die Idee in der Art dieser Zeitmaschine, die uns in die Zukunft und in die Vergangenheit reisen läßt? Vielleicht ist aber Zukunft erschließbar mit einer der Grundregeln des Controlling - nämlich mit den *wenn ... dann ... - Fragen.*

Was wäre z.B. jetzt, wenn ich heute nacht durch eine Art Schlag des Schicksals acht Jahre älter geworden wäre? Vielleicht auch keine schlechte Frage aus Anlaß eines 60sten Geburtstages, sehr geehrter Herr Professor Eschenbach. Damit es aber arbeitstechnisch wirklich eine Perspektive aus der Zukunft gibt, muß eine solche Frage aufgeschrieben sein. Nehmen Sie also einen Stift und schreiben Sie sich auf einen Zettel oder eine Karte das Jahr 1999. Welches Alter haben Sie in diesem Jahr? Schreiben Sie sich Ihren Geburtstag des Jahres 99 dazu und stellen Sie sich ganz intensiv vor, was Sie heute machen. Aber nichts sagen, sondern einfach einmal aufschreiben - wenigstens 10 sogenannte Moderationskarten sollten es werden.

Was steht da drauf? Ist Controllerfunktion noch immer gefragt? Ist die Situation so, daß dies noch deutlicher nötig ist, in Sachen Controlling engagiert zu arbeiten? Hat es sich als vorübergehende Mode erwiesen? Ist Controller ein inzwischen etabliertes Wort? Sprechen wir im Jahre 1999 allgemein in Europa Englisch - dann sind wir den Ärger mit dem Wort Controlling = Kontrolle los. Englischsprachig heißt Controlling eben nicht kontrollieren, sondern regeln, steuern, lenken auf ein Ziel hin.

Sind wir als Controller „anerkannt" im Jahr '99? Oder geht es immer noch darum, unverdrossen stets aufs Neue Sinn und Zweck des Controlling zu erklären? Ist die Idee des Controllers, wie ein ökonomischer Lotse an Bord des Unternehmensschiffes zu wirken, eine im Volk allgemein verwurzelte Vorstellung geworden?

Auf dem richtigen

Weg / Via / Way ?

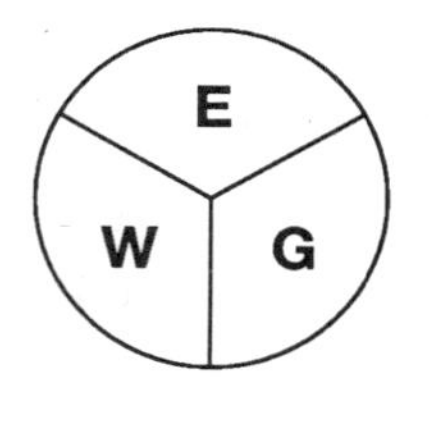

Wachstum
Entwicklung
Gewinn

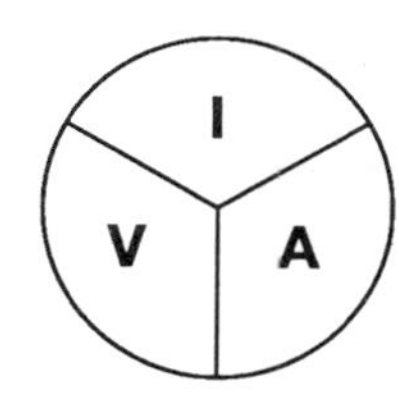

Visión
Incremento
Arrojar beneficios

Verfasser: W. Minet, Madrid, Mercedes Benz Espana

Falls kein Weg ... "weg" vom Fenster?
If there is no way, we could be a-way?

Deshalb:
Controller als ökonomischer Weg-Begleiter

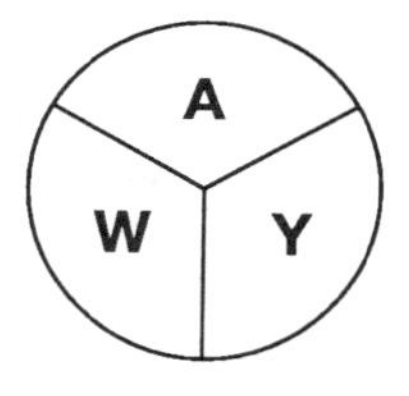

Wax
Advancement
Yield

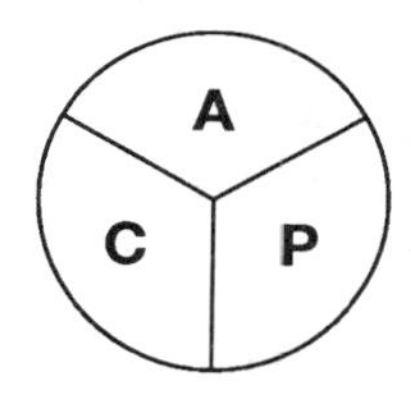

Croissance
Action
Profit

Verfasser: K. W. Herterich, Paris, mettre le cap sur les objectifs

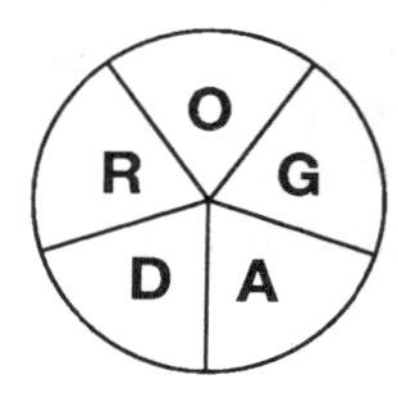

Dochód Gewinn
Rozwój Entwicklung
Ożywienie Belebung
Gospodarnośc Wirtschaftlichkeit
Aktywnośc Aktivität

Verfasser: St. Olech, Gdansk

Abb. 1: Das WEG-Orientierungsbild „weltweit" - Der Controller als Zielfindungs- und Zielerreichungsbegleiter

Was hätten Sie aufgeschrieben als Bausteine für das, was sich entwickelt haben wird?

Megatrends, auf denen Controlling „draufsitzt"

Da ist einmal der *„Basistrend Emanzipation"*. Dies ist das Finden eines guten Kompromisses zwischen *Freiraum und Bindung*. Controlling ist soviel wie Self-Controlling. Es geht darum, nicht gesagt zu bekommen, was zu geschehen habe „von oben", sondern selber einsehbar vor Augen zu haben, worin die eigenen Aufgaben und eigenen Ziele bestehen. Diese Aufgaben und Ziele sind einzubeziehen in die Ziele und Aufgaben des Gesamten. Deshalb besteht gerade die Kunst des Controllers darin, vom Ganzen auf das Einzelne „herunterzukommen" - und das einzelne Ergebnis in das Gesamtgeschehen des Unternehmens zurückzuführen. Eines der Vehikel dafür ist z.B. der Kapitalertrag-Stammbaum.

Freiraum und Bindung beherrschbar zu machen - der Führungsstil von lockerstraff („tight-loose") - ist vielleicht überhaupt das jetzige und kommende Thema Nr. 1 auf der Welt. Raus aus der Bindung auch der Planwirtschaft; dann aber vermeiden können, daß es Chaos gibt. Es muß immer noch beieinander bleiben. Schließlich kann nicht jeder so tun, als sei er Robinson für sich allein auf seiner Insel. Man ist auf andere angewiesen; möchte also gegenseitig wissen, wie man dran ist. Das ist die Bindung. Im Rahmen dessen, was vereinbart ist, besteht aber auch Freiraum. Darin liegt die Führungsphilosophie von Budgets. Der Basistrend von Emanzipation - ex manu patris = aus der Hand des Vaters entlassen sein - wird nachhaltig ohne jede Rücksicht auf wirtschaftliche Situationen den Bedarf für Controlling nötig machen.

Das fängt doch auch schon zu Hause an. Was gilt als vereinbart, wann z.B. Kinder, wenn sie abends ausgehen, wieder nach Hause kommen? Gibt's da eine Zeit, die vielleicht sogar „aufgeschrieben" ist? Hält man sich da dran, gibts mehr Freiraum. Läßt man's drauf ankommen, erzeugt sich gegenseitig größer werdender Ärger. „Schon wieder so spät ..." - bis es „kracht".

Der zweite große Basistrend für den Bedarf von Controlling auch in der Zukunft ist die Entwicklungsperspektive der nach wie vor noch größer werdenden *Komplexität der Dinge*. Die Wissenskurve, wonach sich Wissen immer schneller verdoppelt ... einer allein wird nicht damit fertig. Also hilft nur die Koordination der Teilpläne und die Zusammenarbeit der Experten im Team. Dazu gehört Methodenkönnen in der Architektur einer Planung und dazu gehört vor allem auch Erklärungskönnen der verschiedenen Experten untereinander. Schließlich muß ich als Fachmann einem jeweils anderen Fachmann verständlich machen, was mein eigener Beitrag zur Lösung eines Problems ist. Zur Komplexität gehört das, was Grundauftrag des Controllers ist: Mach's einsehbar. Dazu gehört auch die Moderationstechnik des begleitenden Protokollierens.

Schließlich ist drittens der Basistrend einzubeziehen, der auch mit dem Signalwort *„Grenzen des Wachstums"* umschrieben ist. Dies hieße auch, das Umweltthema controllingmäßig erschließbar zu machen. Kann man *nicht einfach so draufloswachsen*, so geht es mehr darum, selektiv zu arbeiten. Dazu gehören Prioritäten. Damit diese ökonomisch-logisch sind, muß mehr gerechnet werden. Irrtümer sind teurer. Kompensierendes Wachstum ist nicht ohne weiteres zu erwarten. Also muß sorgfältiger auch rechnerisch vorausgedacht werden. Unentrinnbar wird zum Controlling Rechnungswesen gehören. Schließlich ist Controlling ein Lotsendienst zum Erreichen wirtschaftlicher Ziele.

Entwicklungsperspektive: „In Bildern sprechen lernen"

Unsere rechte Gehirnhälfte ist zu wenig trainiert. Dort ist das vernetzte Denken drin. Die linke Gehirnhälfte, die analysieren, zerlegen, hintereinanderreihen und gliedern kann, ist schneller parat. Deshalb sind wir eher geneigt, „entweder-oder" zu denken anstatt „sowohl-als-auch".

Gerade Controlling ist ein Prozeß, der *„zwischen Manager und Controller hängt"*. Controlling ist das, was jeder im Management selber zu machen hat - gleichzeitig ist Controlling der Vorgang, den der Controller organisiert. Der *Controller managt das Controlling*. Und zwar in genau dem Sinn, wie Management oft umschrieben wird: Als „getting things done by other people". So *hat der Controller dafür zu sorgen, daß Controlling getan ist durch die Manager*: Das grundsätzliche Ordnungsbild ist aus der Mengenlehre ausgeborgt. *Schnittmenge ist die Menge jener Elemente, die in beiden Mengen-„Schachteln", dargestellt durch die Kreise, enthalten sind.*

Der Manager betreibt das Geschäft mit Kunden, Produkten, Verfahren, Stoffen, Logistiken, Dienstleistungen. Dazu kommt das Element, ob es auch wirtschaftlich betrieben wird. *Betriebswirtschaftliches Handeln* umschreibt deutschsprachig das Controlling.

Wer die wirtschaftliche Meß- und Regeltechnik bietet, ist der zentrale und dezentral begleitende Controller-Dienst. Nennt man diese Stellen Controlling, so nicht deshalb, weil diese das Controlling „machen". Die Controlling-Anwender sind die Manager der Linie selber. Der Controller sorgt dafür, daß die Manager Controlling machen können.

Controller ist, wer das Controlling managt. Dazu muß man sich aber das, was im Management relevant und ausgewählt berichtswürdig erscheint, auch selber als Controller zu eigen machen. Das erzeugt die Schnittmenge, das sich Einmischen. Dieser Prozeß ist es, der mit Controlling bezeichnet ist.

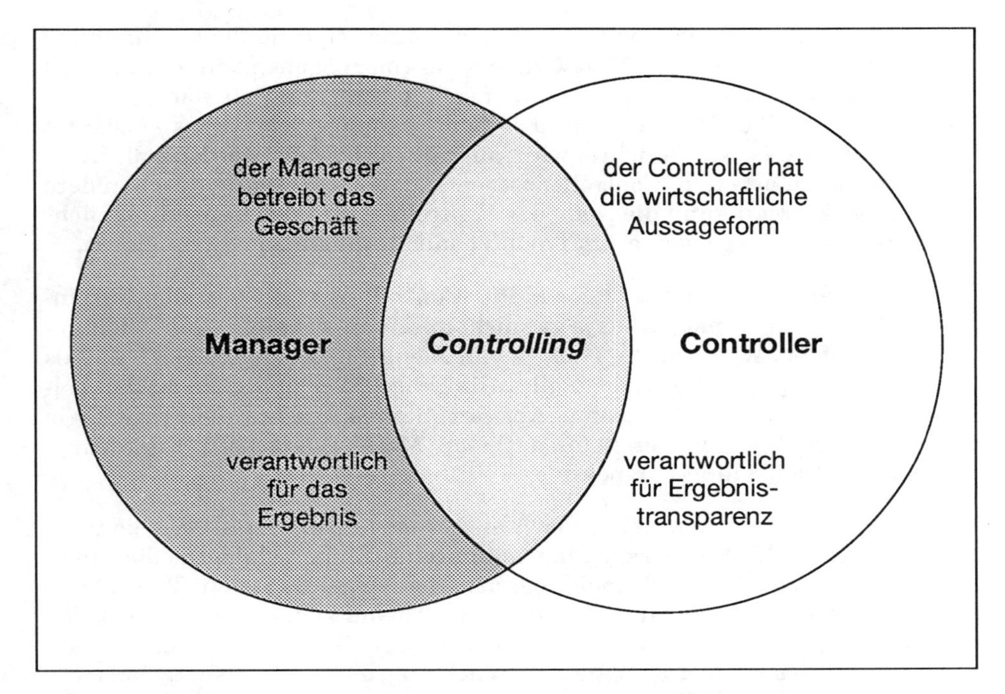

Abb. 2: Controlling-Schnittmenge: Manager und Controller im Team

„Ich bin der Controlling", ist keine sinnvolle Bemerkung. Als Controller sorge ich dafür, daß Controlling gemacht wird. Das paßt. „Gemacht wird" soll nicht heißen, nach Gefühl und jeder für sich selber im Kopf und in der Nase. Controlling heißt nachvollziehbar gemacht, einsehbar, so daß man im Bilde ist.

Der Controller ist ergebnis-transparenzverantwortlich. Er bietet die Aussageformen - die operativen wie strategischen Strukturen. Das Management ist ergebnisverantwortlich; macht die Aussagen. Beides muß sich finden. Das veran-schau-licht die Schnittmenge.

Controlling als Schnittmenge

Schnitt*menge* ist die Menge der Elemente, die in beiden „Kreisen" drin ist. Algebraisch handelt es sich um den größten gemeinsamen Teiler. Es ist jene Zahl, durch die Zähler und Nenner eines Bruches zu kürzen ist - die also vorher in Zähler wie Nenner steckte.

Das Typische der Schnittmenge ist, daß sie durch eine Stellenbeschreibung nicht getrennt werden kann. Man wird nicht davon ausgehen können, daß sich klar „abgrenzen" läßt, bis wohin der Controller berät, und ab wann z.B. der Manager entscheidet. Vollendete Stabsarbeit - completed staff work - bedeutet immer, daß auf das, was berichtet wird, auch etwas bewirkt werden soll. Es ist veranlassend zu arbeiten. Controller ist jemand, der nachhaltig durch andere hindurchwirkt. Man kann die Rolle des Controllers und das Controlling nicht separieren - durch irgendeine Art Trenntechnik auseinanderzentrifugieren.

Deshalb macht es manchmal etwas Mühe, Controlling und Controller auseinanderzuhalten. Aber man soll es ja gar nicht auseinanderhalten. Das Beieinanderhalten ist das Wesentliche. Gute Schnittmengenarbeit heißt auch, daß es *keine separierbaren Urheberrechte* gibt. Die Frage „Wer war das von den beiden?" ist in der Schnittmenge ohne Antwort. Sinnvoll ist nur die Frage, „Wie helft Ihr Euch beide besser beim nächsten Mal?" Das schafft Ergänzung, Atmosphäre, Controlling-Perspektive.

In Schnittmengen denken, ist zugleich die *vernetzte Denkweise*. Man kann es nachher nur im Bild erklären. Man müßte eine Szene schildern, die einen Manager in irgendeiner Entscheidungssituation zeigt. Da ist ein Werkleiter, der investieren will. Das ist ein technisches Thema zuerst. Dies drückt das Betreiben aus. Und dann braucht es das wirtschaftliche Spiegelbild. Nach welchen Kriterien ist die Investitionsentscheidung, die technisch nötig ist, auch wirtschaftlich sinnvoll? Dieses Hinzureichen ist Controller-Arbeit. Damit umzugehen, es anzuwenden, ist Manager-Funktion. In den Entwicklungsperspektiven des Controlling sei zu hoffen, daß die vernetzt-ganzheitlichen Betrachtungsweisen sowohl bei den Controllerkollegen wie im Controlling-anwendenden Management zunehmen und zur Tages-Kompetenz werden.

Controlling ist im Ursprung übrigens kein amerikanisches Wort. Dort heißt es entweder Controller - Corporate Controller, Plant Controller, Divisional Controller - und wenn das Ensemble gemeint ist, spricht man von *Controllership*. Es sieht so aus, *als sei das Wort Controlling deutschsprachig geprägt worden*. Wenn ich selber dazu einen Beitrag geleistet haben sollte - an den Anfängen der Controller Akademie um 1970 - so würde ich heute sagen, daß es sich *parallel entwickelt hat zum Marketing*. Marketing ist das Denken vom Kunden her. Da würde man am besten alles gratis machen, um dem Kunden etwas zuliebe zu tun. Jeder Verkaufspreis müßte eigentlich ein Hinderungsgrund sein. Aber das Ergebnis muß halt auch hinkommen. Dies fügt Controlling hinzu. Vom Markt her das Problem lösen und im Ergebnis zielführend sein - damit die Existenz des Unternehmens auch wirtschaftlich erhalten bleibt; dafür zu sorgen, ist die Sache des das Management begleitenden Controller-Dienstes.

Controlling und Kontrolle - woher kommt's - wohin geht's?

Redet man einen Controller damit an, was er denn hier so alles kontrollieren wolle, so reagiert er meist darauf etwas sauer. Irgendwie sind Controller allergisch beim Wort „Kontrolle". Wahrscheinlich haben sie dazu schon so viele Killer-Thesen einstecken müssen.

Dabei ist Kontrolle von Haus aus ein gutes Wort. Man muß Anleihe nehmen beim Französischen. Kontrolle heißt contre rôle - die andere Rolle, die Gegenrolle, die Rolle des Sparring-Partners. Das ist doch der Controller-Job - und wird es bleiben.

Bei der Heiligsprechung gibt's den advocatus diaboli - den Anwalt des Teufels. Wie ist es bei der „Heiligsprechung" eines Budgets? „Diaboli" ist im Ursprung griechisch und bedeutet durcheinanderwerfen. Bevor man „ja" sagt, klären, ob an alles gedacht wurde.

Getreu dem Spruch von Kaiser Franz Josef I. *„Es muß was g'schehn; aber 's darf nix passier'n"*. Vorne gerührt, brennt hinten nicht an. Vorher überlegen, macht nachher überlegen. Dafür zu sorgen, ist des Controllers Beitrag zur Effektivität und Existenzsicherung. Wahrscheinlich gibt es kein Problem, das ein Unternehmen trifft, das es nicht vorher schon hätte sehen können. Wenn nur jemand wie ein Controller für die Einsehbarkeit gesorgt hätte.

Kontrolle im vorhinein ist akzeptabel. Was die Leute ärgert, ist die Kontrolle im nachhinein. „Nehmen Sie mal Stellung ..." - „Wieso sind Ihre Kosten höher als geplant ...?" - „Wieso haben Sie das Auftragseingangsziel nicht erreicht ...?" - „Warum ist Ihnen (in der Forschung) noch nichts Neues eingefallen ...?" Das sind die *sich-kontrolliert-gefühlt-Fragen* - und werden es ewig bleiben; es sei denn, die Controller lernen es besser, ihr Verhaltenswissen praktisch anzuwenden, sozusagen „doppelt" zu hören.

Also keine Rückspiegelfragen, sondern Fragen in der Art „Wie geht es weiter?" „Können die Ziele noch erreicht werden?" „Wer muß dabei mithelfen?". Controlling ist das angekündigte Eintreffen. Controller-Berichtswesen bringt die *angekündigte Abweichung* - macht statt einfachem SIV (Soll/Ist-Vergleich) den *ZIV - den Ziel / Ist-Vorschaubericht*.

Wie es weitergeht, müssen die Manager selber festlegen. Das *reste à faire* kann nicht der Controller anstelle der Manager entscheiden. Das entsteht durch die Schnittmenge, durch Hausbesuch, durch miteinander Erarbeiten - begleitend protokolliert auf Papier, Flipchart, Pinwand oder Personal Computer.

Contre rôle kommt vom lateinischen *contra*. Das heißt „gegen". Also die Gegen-Rolle. Aber „contra" wiederum zerlegt sich in con oder cum. Das bedeutet „zusammen". Dazu kommt „tra" - vielleicht von trahere (ziehen) und meint

„nicht ganz drin". Das ist genau das Bild der Schnittmenge. Vgl. auch das Szenenfoto in Abbildung 3 aus einem Workshop der Controller-Akademie im Kloster Zangberg (bei Mühldorf/Inn).

Abb. 3: Controller - contra - zusammen und „nicht ganz drin", Workshop-Szenenphoto Controller-Akademie

Etwas zusammen treiben heißt, gemeinsame Elemente in der Schnittmenge haben. Nicht ganz drin sein, erzeugt die Fragefähigkeit. Wie soll ich als Controller im Management-Team noch etwas fragen können, wenn ich alles schon weiß? Es braucht die Unbefangenheit des Fragenkönnens - die „second opinion" oder auch den „Drittblick" - der methodenkompetent die Entscheidungsträger zu besseren Lösungen bringt.

Der Controller wirke als „Störenfried", ist einmal gesagt worden. Man denkt daran, jemand störe den Frieden. Vielleicht ist der Controller/die Controllerin eher jemand, *der mit Fragen stört, aber dem Frieden einer besseren, ausgewogeneren, richtigeren Entscheidungsfindung* dient.

Zur Organisationsentwicklung des Controller-Dienstes

Die Aufgabenbeschreibung des Controllers - so wie es durch die Arbeitskreisleiter des Controller Verein eV formuliert ist - lautet:

> Der Controller leistet in begleitender Rolle dem Management betriebswirtschaftlichen Service; sorgt für Kosten- und Ergebnis- sowie Strategietransparenz (Durchschaubarkeit), koordiniert die Teilpläne des Unternehmens ganzheitlich (also nicht nur zahlenmäßig); organisiert ein unternehmensübergreifendes Berichtswesen, in dem jeder selber orientiert ist, und sorgt für mehr Wirtschaftlichkeit im System.

Diese Formulierung umfaßt sowohl die Aufgabe des Controllers als auch die Rolle. Die Aufgabe schildert mehr den fachlichen Aspekt: Was es ist, das der Controller methodisch-betriebswirtschaftlich kompetent einzubringen hat. Die Rolle ist eher das Verhaltensbild; die begleitende Tätigkeit; auch die ungefragte Beratung. Das Schnittmengenbild des Controlling drückt die Rolle aus. Zwangsläufig gehört dazu, daß der Controller sich „einmischt". Aber wie soll man helfen, ohne sich einzumischen? Wie soll ausgewählt werden das, was das Management braucht, wenn gar nicht klar ist, was es ist, das gebraucht wird? Also ist Controllerarbeit immer so etwas wie themazentrierte Interaktion.

Nur: Wie soll das organisatorisch eingebaut sein? Irgendwo muß der Controller auch „zu Hause" sein in der Organisationsstruktur des Unternehmens. Wo ist der „Platz" des Controllers und gibt es Tendenzen?

Organisationsziel für die Controllerfunktion *als Zentralbereich* sei das in der Abbildung 4 gezeigte Bild.

Zusammengefügt beim Corporate Controller sind das betriebswirtschaftliche Rechnungswesen/Management Accounting; die Unternehmensplanung/Corporate Planning (inklusive der strategischen Planung) sowie die Datenverarbeitung/das Informations-Management. Der Controller hätte auch die „Maschinerie" der Informationsproduktion - inklusive der technischen Anwendungen wie CAD oder CIM. Das heißt z.B. auch, *konstruktionsbegleitendes Kalkulieren* zu erreichen. Und ein CIM-System ist ein simultanes System der Informationsproduktion. Erst dann wird es wirklich *betreibs-wirtschaftlich*, daß ein kostenwirksames Ereignis sofort sich auch gleichzeitig in Kosten ausdrückt.

Also muß der Controller sich diesen Themenkomplex zugänglich machen; mindestens muß man Ansprechpartner und Sprachkenner sein.

Eine Alternativ-Perspektive im Organisationsszenario bestünde darin, daß ein größerer Ruck erfolgt hin zur Integration der Rechnungswesen-Systeme. Dies

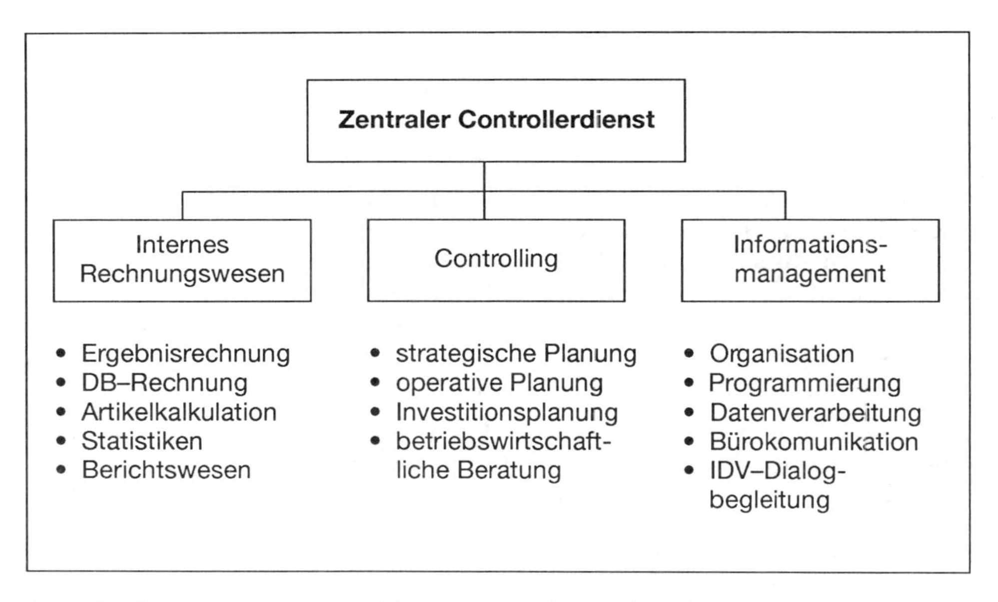

Abb. 4: Organisationsentwicklung für die Controllerarbeit

würde heißen, daß betriebswirtschaftliches Rechnungswesen und Finanzbuchhaltung enger in eine Hand kommen müßten. Drive in diese Richtung könnte das Umsatzkostenverfahren nach Bilanz-Richtliniengesetz im Jahresabschluß der Finanzbuchhaltung mitbringen. Dann ist für den Abschluß auch nötig, Information der Betriebswirtschaft hereinzufahren.

Diese durch Organisationsverbindung erreichte größere Schlüssigkeit der Rechnungswesen-Bauteile, die dann noch besser abgestimmt sein können, verbessert aber nicht unbedingt die Beratungslegitimation des Controllers. Seine Orientierungsautorität wird dadurch eher nicht besser.

Auch ist die in Verbindung mit dem Jahresabschluß ständig nötige juristische Denkweise dem marketing- und technikbegleitenden Controller nicht immer förderlich. Normalerweise hat der Controller die second opinion. Er kann von seinen Deckungsbeitragsinformationen aus sagen, was im Verkauf ein förderungs*würdiges* Produkt ist. Ob es förderungs*fähig* ist, muß der Verkauf selber sagen. Er hat da die first opinion. In der Kalkulation kann ausgedrückt sein, was zur Kostendeckung als Verkaufspreis nötig ist. Ob das auch möglich und durchsetzbar ist, muß das Management im Marketing festlegen. Der *Controller kann mit liebenswürdiger Penetranz nach besseren Lösungen bohren*; aber den Beschluß als das letzte Wort hat das Management.

In juristischen Perspektiven etwa der Bestandsbewertung nach Bilanzrichtliniengesetz oder nach Einkommensteuerrecht kann aber nicht der Verkauf oder die Technik das letzte Wort beanspruchen. Da entscheidet der Kenner in der Materie - evtl. der Controller dann, falls ihm dieser Teil des Rechnungswesens unterstellt ist.

Tendenzen gibt es in der Organisationsperspektive nach beiden Richtungen. Es gibt die Entwicklung, die fördert, daß Datenverarbeitung und Informationsmanagement in der Hand des Controllers sind. Dann würde ich in den Perspektiven, die zu formulieren sind, annehmen, daß auf die Dauer die Tätigkeit für Jahresabschlüsse mit juristischer Stimmigkeit nicht vom Controller ausgeübt werden kann.

Geht der größere Drive in die Richtung, daß Betriebs- und Finanzwirtschaft zusammengefügt bleiben oder zusätzlich wieder zusammengefügt werden sollen, dann wird aus Gründen dieser formalen Richtigkeit der Controller sein pragmatisches „Was kapiert wird, ist richtig" verlieren. Dann kann es leicht sein, daß das Datenverarbeitungs-Management Schritt für Schritt in die Rolle des Controllers als Anwendungshelfer bei Entscheidungsfindungen hineinwächst. Dann ist es die „Informationslogistik", die sich evtl. die begleitende Rolle erobert, die den Namen „Controller-Funktion" erhalten haben würde.

Eines scheint aber einigermaßen sicher zu sein in den Tendenzen zu zunehmender Komplexität: Alle Perspektiven zu erfüllen - sowohl die finanzwirtschaftliche und jahresabschlußorientierte Rechnungslegung als auch das Kommunikations-Management im Sinne der elektronischen Verständigung -, wird von einem einzigen Bereich nicht mehr erreichbar sein.

Andererseits ist dem Management nicht zuzumuten, ständig zunehmend Querschnittsfunktionen hinzunehmen und auszuhalten. Da kommt der Controller, da kommt die Informations-Managementstelle, da kommt die Logistik, da kommt das Personalwesen - jeder auf seine Art mischt sich ein in Verkauf, Produktion, Forschung. Da ist achtzugeben, daß man nicht durch Analysieren paralysiert. Nicht daß temperamentvolle Manager dann denken „Am besten machen wir gar nichts, dann gibt's nicht viele unnütze Fragen".

Vor allem die dezentralen Controller in Sparten, im Werk, die Funktionsbereichs-Controller sollten die Querschnittsfunktionen bündeln und Übersetzer spielen zwischen dem Bedarf beim örtlichen Management und dem, was unternehmensübergreifende Funktionen anzubieten vermögen.

„Quo vadis, Controller?" - Gibt es Perspektiven in Richtung von zwei Controller-Persönlichkeiten?

Das betriebswirtschaftliche Rechnungswesen, die Unternehmensplanung sowie das Organisieren einer Führung durch Ziele gehören so ziemlich einvernehmlich in das Aufgaben- und Rollenbild des Controllers. Kann es aber sein, daß in der Organisationsentwicklung zwei „Typen" von Controller sich herausbilden, die dann - je nach ihrer Fähigkeit - auch für bestimmte organisatorische Lösungen in Frage kommen oder die sich im großen Unternehmen innerhalb des Controllerteams ergänzen müßten?

Da sagte mir einmal jemand, vom Rang her Vorstandsmitglied, zuständig für Finanzen, Controller-Dienst sowie Organisation/Datenverarbeitung - mit dem Organisationskürzel FCM - im Alter Mitte 50 etwa folgendes: „Wenn ich heute Anfang 30 wäre und meine berufliche Entwicklung entscheiden müßte, so hätte ich in der Komplexität des Wissens zu wählen, ob ich entweder den Weg FC gehe - Controller-Dienst mitsamt Finanzbuchhaltung, Bilanz und externem Berichtswesen - oder den Weg CM - Controller sowie Informations-Management. Heute habe ich dies alles zu betreuen, weil ich es selber zum guten Teil mit aufgebaut und gestaltet habe. Aber wenn ich über meine nächsten 30 Jahre beruflicher Laufbahnplanung entscheiden müßte, so denke ich, daß man sich für entweder/oder ent-scheiden müsse."

Kann diese Aussage symbolisch stehen für eine Tendenz? Müßten Controllerkollegen sich im Sinn „Wohin gehst Du?" (quo vadis) entscheiden, ob sie den einen oder anderen Weg gehen wollen? Das ließe sich wie ein Ypsilon darstellen. Der Controller kommt aus dem Sockel des Ypsilons heraus mit dem, was zweifelsfrei Controller-Angelegenheit ist: Management Accounting, Unternehmensplanung/Budgetierung/Zielbegleitung. Dann wäre der linke Weg jener des Integrierens mit dem Finanz- und Rechnungswesen. Der rechte Weg wäre jener des DV-begleitenden Controlling-beratenden Informations-Managers.

Abbildung 5 zeigt außer der „Gestalt" des Ypsilons auch eine Befragung in verschiedenen Controller-Seminaren im deutschsprachigen Bereich. Die Meinung der Kollegen ist ziemlich ausgewogen über die beiden Quo-vadis-Richtungen. Etwas stärker konzentriert sich's auf dem „rechten Weg" des C und I (Controller und Informations-Manager). Die in der Mitte sich Zusammenfügenden oder in der Mitte weiter nach oben eingeklebten Punkte drücken die Meinung derjenigen aus, die noch denken, nachhaltig für alles integriert zuständig zu sein.

Die Punkte sind so entstanden, daß das Ypsilon auf ein großes Papier aufgebracht war. Die Frage hieß: „Wo ich sehe, daß mein Quo-vadis als Controller-Persönlichkeit liegt". Dann durch Selbstentscheid plaziert; manchmal etwas

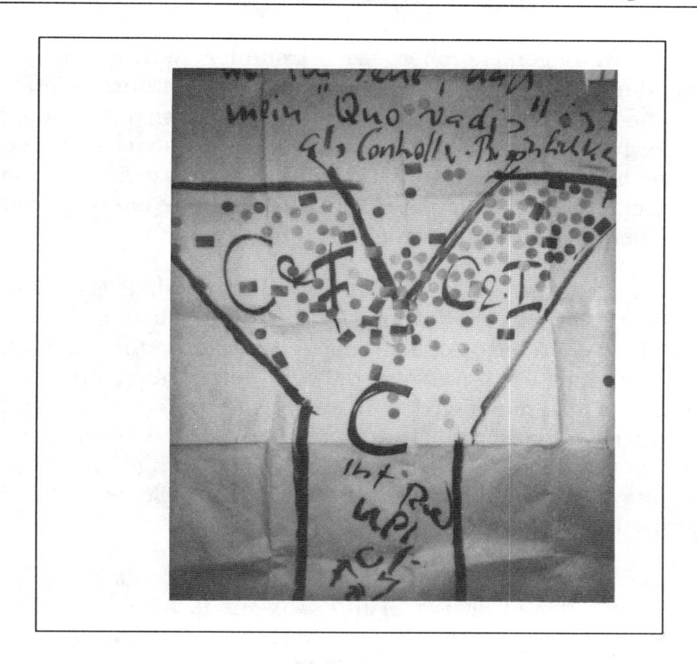

Abb. 5: „Quo vadis, Controller?" - C & F oder C & I oder nachhaltig beides?
Befragungsresultate aus vier Teilnehmergruppen

palavernd zu zweit oder zu dritt, bevor der Punkt gesetzt wurde. Vielleicht mag Abbildung 5 ein Stimmungs-„Bild" der Entwicklungsperspektiven vermitteln.

Controlling ist nach wie vor ein clearing-bedürftiges Thema, in dem jeder einzelne auch selber „vor seiner Haustüre" zur Entwicklung beiträgt.

Entwicklungsperspektive: Wer ist „mein" Controller?

Je mehr Controlling als spezifischer Service erkannt und dann auch anerkannt ist, desto eher kommt die Tendenz zur Frage von Managerseite: Wer ist für mich als Controller zuständig? Wen habe ich in Controlling-Perspektiven als Ansprechpartner? Das führt zu einer Art *„Bindestrich-Controlling"*. Gemeint ist das Sparten-Controlling, das Werks-Controlling, das Funktionsbereichs-Controlling, das Projekt-Controlling, das Controlling in Tochtergesellschaften.

Die dezentralen Controller-Funktionen sind oftmals als Stab der Spartenleitung, Werksleitung, Funktionsbereichsleitung zugeordnet. Oft erfüllt eine solche Funktion noch andere administrative Dienste innerhalb der Sparte außer der lupenreinen Controller-Funktion. Der dezentrale Controller muß in der

Betreuung „seines" Management eher ein Allrounder sein, der rundherum zuständig ist in der Anwendung von Rechnungswesen, Unternehmensplanungsmethodik und bei Führung durch Ziele, in der Lagebeurteilung, in der Informationsversorgung ... Die Schnittmenge der Bindestrich-Controller ist größer. Sie sind mehr in die täglichen Geschehnisse einbezogen; sind gelistet bei Spartenbesprechung, Werkskonferenzen und können kontinuierlich die betriebswirtschaftliche Servicefunktion einbringen.

Nachteil der Bindestrich-Controller ist, daß ihre Befangenheit größer ist. Das Einbezogensein führt auch dazu, daß man vieles dann nicht mehr in Frage stellt. Es ist schon klar - Zerobase-Anwendungen bei der Planung sind schwerer erfüllbar. Deshalb kommt es darauf an, daß die dezentralen und zentralen Controller-Funktionen zusammenwirken in einer gegenseitigen Verständigung - vielleicht auch durch Installieren eines *Controller-Arbeitskreises*, eines Controller-Teams, eines Controller-Gesprächs, einer Art „ständigen Konferenz der Controller". Ständig heißt nicht dauernd, sondern wiederkehrend nach dem jour-fixe-Prinzip trifft man sich, um Allfälliges auszutauschen.

In kleineren Firmen kann es auch so sein, daß jemand, der als Rechnungswesen-Zuständiger Controller-Funktion erfüllt, sowohl fachärztliche Funktion ausübt im Sinn der Methodenversorgung, als auch hausärztlich „dient": in der Rolle eines solchen Bindestrich-Ansprechpartners.

Wer dezentrale Controllerfunktion erfüllt, hat eine sehr anspruchsvolle Aufgabe. Er braucht *doppelte Loyalität*. Einmal für diejenigen, für die er da ist. Da kann man nicht alles, was man erfährt, gleich weitergeben. Sonst verliert der Controller die Informations-Akzeptanz. Andererseits hat der dezentrale Controller Loyalität zum Zentralbereich - also zum gesamten Unternehmen - hin. Das ist deshalb mühsam, weil die Betrachtungsweise schnell umkippt. Die Manager der Sparte werden das Gefühl haben, daß ihr Sparten-Controller für sie da ist - sie betriebswirtschaftlich begleitet und themazentriert mit ihnen arbeitet. Sobald aber der dezentrale Controller an den Zentralbereich berichtet - über die sogenannte dottet line, die Fachunterstellung - kommt psycho-logisch der Eindruck zustande, jetzt berichtet jemand „über uns". Dann entsteht der Eindruck desjenigen, der „Herr Lehrer, ich weiß was ..." meint. Ist unser Controller vielleicht einer, der uns „verpetzt"?

Wie lange steht noch das Wort „Aufseher" in Sprachwörterbüchern Englisch-Deutsch?

Schaut man in ein Wörterbuch der englischen Sprache, so ist bei Controller immer wieder anzutreffen, daß als Übersetzung „Kontrolleur", „Aufseher" angegeben ist. Nun mag gerade manch ein Manager, bei dem sich ein Controller vorgestellt hat, anschließend im Wörterbuch etwas nachblättern, was denn wohl mit diesem englischen Ausdruck gemeint sein könnte. Da steht dann „Aufseher". Also wo bin ich hier? Bin ich da im Planungsgefängnis gelandet, in dem der Controller den Aufseher spielt, von dem man eins draufkriegt, wenn man die Abweichungs-„nase" herausstreckt?

Aber selbst das Wort Aufseher könnte man, wenn man's weiß, daß es drinsteht, noch in positiver Weise interpretieren. Controller ist ein „Draufsehbar-Macher" - jemand der organisiert, daß jeder das selber sehen kann, was seine Ziele sind und wo man unterwegs zum Ziel steht und wer sonst über das voraussichtliche Erreichen des Ziels orientiert sein muß.

In einem Marketingleiter-Workshop kam einmal als Interpretation heraus, ob der Controller so eine Art Aufpasser sein könne - aber nicht jemand, der auf uns aufpaßt, sondern der eben für uns aufpaßt, damit wir es im Management unbekümmerter treiben können. Das mag seinen guten Sinn haben. Läßt man einen Controller für sich aufpassen, so hat man eher den Kopf frei. Nur müßte man mit seinem Controller dann auch kontinuierlich zusammenarbeiten.

Machen Controlling-treibende Manager den Controller überflüssig?

Könnte es sein, daß Manager, die selber im Controlling „voll drauf" sind, den Controller unnötig machen? Ist Controller eine vorübergehende Tendenz oder Mode mit der Perspektive, daß sie sich selbst erledigt, wenn die Controller ihren Job gut gemacht haben?

Gerade wenn der Controller-Job gut gemacht ist, müßten es doch die Manager selber kapieren. Controlling bedeutet Hilfe zur Selbstkontrolle - ist self control - ist *Hilfe zur Selbsthilfe*. Controller müssen nicht immer einen Fisch auf den Tisch bringen, sondern helfen, daß die Manager controlling geprägt selber fischen können.

Also braucht man den Controller eines Tages nicht mehr? Könnte ein Szenario darinliegen, daß in einem 2022er Jahr Heerscharen von Controllers „herumsitzen"; nur noch mit ihrem Personal Computer als Trost. Die Manager haben dies alles sich zur eigenen Sache gemacht.

Parallel wäre die Frage erlaubt, *ob selber beten wollende Menschen den Pastor überflüssig machen*? Oder sind nicht selber beten wollende Menschen bessere Partner des Pfarrers in der Kirche?

Selber Controlling bewußt anwenden wollende Manager sind kundige Auftraggeber für den Controller-Service. Manager, die von Controlling nichts wissen wollen und nicht „geschnallt" haben, um was es sich handelt, würden einen

Controller wohl nicht nötig machen. Die es kapiert - statt nur kopiert - haben, müßten gerade nach „ihrem" Controller-Dienst verlangen.

Controller's Wandering Around

Hausbesuchspraxis nach dem Schnittmengensymbol heißt hingehen. Zu den Entwicklungsperspektiven des Controllers wird immer gehören, daß man - analog wie ein Verkäufer - die Türe in die Hand nehmen und Schwellenangst überwinden muß. Auch informiert zu sein, heißt holen. Jeweils müßte ein Controller sich sehen lassen und am Ort des Geschehens begleitend sich einfügen.

Gerade auch ein Zentralbereichs-Controller, der international für Koordinierendes zuständig ist, kann sich nicht darauf beschränken, zu telefonieren, Briefe zu schreiben oder zu faxen. Man muß sich wohl sehen lassen. *All business is local.* Märkte sind Marktplätze - auch Controlling hat seine Marktplätze.

Das führt dazu, daß Controller ständig auch unterwegs sind. Und zwar auch international unterwegs. Der internationale Controller-Arbeitskreis könnte so gehen, daß Zentralisten sich immer wieder einmal vorort rund um die Welt sehen lassen. Dann wüßten sie auch beim Telefonieren, in welchem Arbeitsumfeld der Gesprächspartner gerade drin ist. Und dann könnten die „Zentralisten" alle zwei Jahre auch international eine große Controller-Konferenz veranstalten, die nicht nur der Orientierung, sondern auch dem Self-Training unter Controller-Kollegen dient.

Trotz der besten technischen Kommunikationsmöglichkeiten, trotz electronic mail, Video-Konferenzen etc. wird es eben wohl nötig sein, unmittelbar lebendig „das Weiße im Auge des anderen zu sehen". Bemerken, ob jemand „zuckt oder schluckt" geht eigentlich nur, wenn man sich unmittelbar nicht nur sieht, sondern auch spürt. Da ist ein technisches Kommunikationsvehikel vielleicht immer noch nicht ganz „hautnah".

Das heißt aber, daß man stets eben reisetechnisch fit sein müßte. Das hieße auch *szenario-geprägt, daß Reisetechnisches weiterhin Zuwachsraten haben müßte* - trotz aller umweltgeprägten Vorbehalte.

Der Umwelt-Controller

Was ist das für ein Typ? Zu den Entwicklungsperspektiven gehört doch sicherlich, daß Umweltorientiertes immer noch stärker in die Tagespraxis einfließt. Je mehr die Menschen sensibilisiert sind, desto eher ist *dieses Thema Bestandteil des „business as usual".*

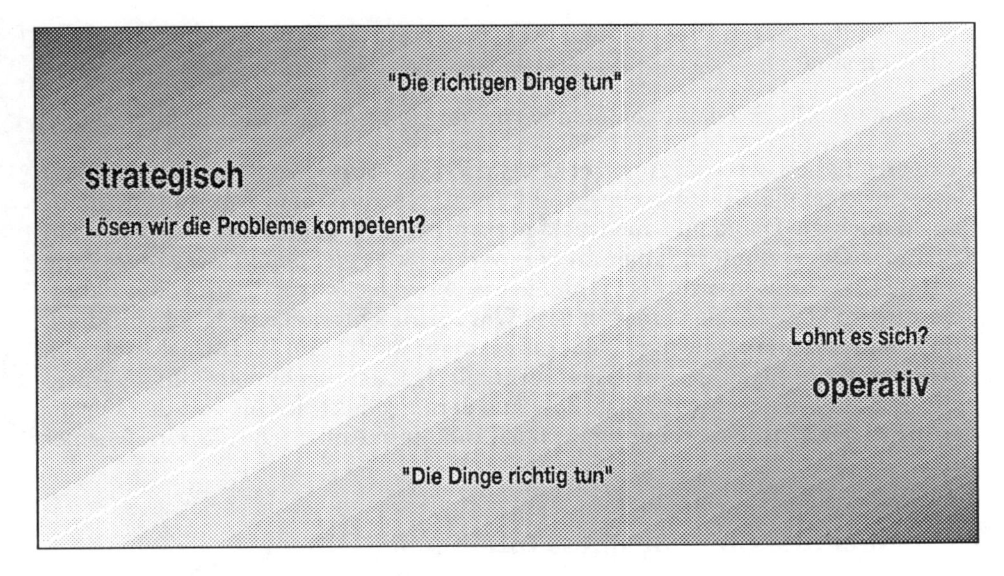

Abb. 6: Simultanes strategisch-operatives Diagnose-„Video"

Das Diagnose-Video der Abbildung 6 beträfe auch die Umwelt-Thematik.

Die richtigen Dinge tun, ist die strategische Frage. Dies beträfe das „was". Was ist „es", was sind die richtigen Dinge? Es muß eine Kundschaft geben, die es will - attraktiv findet. Und wir müssen die Fähigkeit haben, es zu können - verglichen mit Wettbewerbskollegen. Was Kunden haben wollen, ist zunehmend auch das Berücksichtigen von Umweltfolgen. Es hat sich „thematisiert". Dann gehört es zur Attraktivität eines Angebots, daß bei Versorgung, Produktion, Beschaffung auch entsprechend rücksichtsvoll gearbeitet wird.

Dies braucht mehr Equipment, mehr Infrastruktur, mehr Beobachtendes - also wird es teurer. Lohnt sich's dann vielleicht nicht mehr, daß man's macht? Oder müßte sich nicht - damit es sich weiter lohnt - *die Differenzierungsstrategie zu besserer Umweltrücksicht auch in einem höheren Verkaufspreis auswirken können?*

Ließe sich bei umweltgeprägtem differenziertem Leistungsangebot auch Preisabstand gegenüber Mitbewerbern formulieren, die weniger in dieses Thema eingebunden sind - wo auch Gesetzliches eben lockerer noch ist? Das würde heißen, *daß Umwelt in die Kalkulation einfließt und separat sichtbar gemacht werden müßte.* Dies wäre des Controllers normaler Arbeitsalltag. Etwas zu kalkulieren - und wieviel im Sinn von Zieldeckungsbeiträgen in einer kostengestützt aufgebauten Preisfindung erklärt sich aus Funktionen, die umwelterforderlich sind.

Bis man eines Tages dazu kommen wird, von *Umwelt-Wertanalyse* zu reden.

Übrigens haben wir oft Ausdrucksweisen wie strategische Erfolgsposition, Cash-Cow etc. die Strategisches und Operatives vernähen. Das soll in Abbildung 6 auch die Diagonale ausdrücken. Strategisch und operativ sind nicht ein Entweder-Oder, sondern haben in der Wirklichkeit *gleitende Übergänge*. Eine strategische Position erfordert eine Zielgruppe, die etwas will; und eine Fähigkeit, dies zu können. Daß ein E in dem Wort drinsteht, hieße zu Erfolg machen. Stärken müßte man umsetzen - oder umsatzen. Auch beim Wort Cash-Cow aus der Portfolio-Analyse ist nur „cow" strategisch; Cash ist budetmäßig operativ zu sehen als Vergleich von Cash-flow aus dem Produkt heraus mit der Veränderung in der Mittelverwendung für das Produkt in Anlage- und Umlaufvermögen.

Controller als „Chief Business Intelligence Officer"

In der Zeitschrift Management Accounting der National Association of Accountants in Montvale, New Jersey, schrieb im Februar 1989 Al Pipkin, Controller bei Coors Brewery, daß der 21st-century-Controller der Chief Business Intelligence Officer sein müsse. Das Controller's office sei das Strategic Intelligence Center of the Business. „In the future, this will be the most important part of the Controller's mission."

Und Aufhänger des Beitrags war, daß der President des Unternehmens meinte „I need someone to be concerned with looking ahead. I think you, as the Controller, should be the person. All of us are busy running the business - we don't have time to worry about next week, much less the future ..."

Also die Tagesgeprägtheit des Management, das Situationelle im Day-by-day-business, die personenorientierte Arbeitsweise im Unternehmerischen, hindern daran, konsequent langfristig zu denken.

Denken tut man vielleicht schon - aber man schreibt es nicht auf. Man denkt es nicht konsequent zu Ende. Es wird das Wirtschaftliche nicht eingefügt.

Also wird immer jemand nötig sein, der in der Controllerarbeit Drittblick beisteuert, second opinion einfügt, unbefangen in Frage stellt.

Synthetische Not erzeugen können

Das größte Hindernis, Schwierigkeiten schon zu sehen, bevor man dafür bezahlen muß, dürfte wohl darin liegen, daß es einem gerade gut geht. Wer nicht liefern kann, längere Engpässe hat im Versorgen-Können, der kommt vielleicht zur Einstellung, „hoffentlich kommt nicht ein Kunde". Also sind Stärken und Schwächen nahe beieinander. Gerade das will man im Management oft nicht zur Kenntnis nehmen. Schließlich hat man selber den Erfolg auch herbeigeführt. Warum soll's dann nicht so weitergehen? „Was ist, wenn durch eine Art Schicksalsschlag die Versorgung für unsere Produkte zusammenbricht?" „Was wäre heute, wenn gestern das Autofahren verboten worden wäre ...?" - Solche Fragetypen erzeugen synthetische Not.

Dann muß man so eine Frage aufschreiben und *moderationsorientiert im brain writing Eindrücke sammeln*. Also nicht mündlich darüber reden, sondern Einsehbarkeit erzeugen. Dann sind *auch schwache Signale besser einsehbar*.

Szenario: Controller im Jahr 2022

Die folgenden „Sternchen" sind Bauteile für ein Szenario. Trifft es zu? Welches Alternativ-Szenario wäre denkbar?

* *Immer noch Controller* genannt?
* Die Leute sprechen einen *Sprachcocktail* aus Englisch, Spanisch, Deutsch - je mehr Englisch, desto weniger Probleme mit Controller.
* Kommt immer noch *„zu Fuß"* zum Management - vorher evtl. weitgereist.
* Wendet ein Formular an *„vom alten Eschenbach"*.
* Macht *meetings round the world*.
* *Koordiniert Budgets* über 5 Kontinente.
* Trägt einen *Computer am Handgelenk*, der strahlenvernetzt ist.
* Braucht *immer noch Papier*, um etwas draufzuschreiben und es be-greif-lich zu machen.
* Hat einen *speziellen Dress*, der ihn als Controller auszeichnet (Robe, Talar, Anstecknadel).
* Hat nicht lernen müssen, mit Waffen umzugehen, sondern kann mit Methode überzeugen.
* Wendet „in Fleisch und Blut" übergegangene *Verhaltenspraxis* an: Fragt nicht nach rückwärts; setzt sich neben jemand hin, begleitend statt gegenüber mit Kon-frontation.
* Braucht *immer noch Unverdrossenheit*, um in heiterer Form ein Thema zu bringen, das nicht immer lustig ist - wie Kosten z.B.
* Kann *Troubleshooter sein rund um die Welt* - schießt aber nicht, sondern löst den Knoten.
* Ist „Prolöt" - *Problemlösungsteam-ergänzungsgeeignet*, wo immer es sei.

Lust machen auf Abweichungen

Viele Sprachregelungen im Vokabular des Controllers sind nicht sexy. Das gilt auch für das Wort „Abweichung". Man *fühlt* es als persönlichen Vorwurf. Abweichung wird gesagt; als Abweichler wird es empfunden.

Vor allem sind Abweichungen keine frohe Botschaft, wenn sie mit Rückspiegelfragen gekoppelt sind. Das wären Fragen in der Art „Wie erklärt sich diese Abweichung; nehmen Sie einmal Stellung zu dieser Kostenüberschreitung; wieso bloß so wenig verkauft; warum jetzt erst so spät mit diesem Projekt ...?" All diese Fragen schaffen *ungewollt* das Klima, als müsse man sich rechtfertigen. Also versucht man zu begründen, daß man selbst es nicht gewesen sei - oder macht einen Angriff auf das System, das solche unangenehmen Fragen hervorruft (beat the system).

Folglich ist die Logik der Diagnose, die zeitlich vor die Therapie gehört, zu ergänzen durch die Psycho-Logik im Controlling, daß man ein Gespräch am besten so „führt", daß man therapeutisch fragt und diagnostisch dabei denkt. Therapeutische Fragen sind solche, wie es weitergeht. „Ist das Ziel erreichbar?"

Wieviel Kosten, bis das Jahr zu Ende ist? Solche Fragen erzeugen Aktionen, bringen themazentriertes Arbeiten, fördern das gegenseitige sich Helfen; führen zum Controlling, anstatt zur Kontrolle.

Die vergangenheitsgeprägten Fragen führen zum Gefühl der Kontrolle. Das hat nichts zu tun mit der Methodik von Rechnungs- und Planungswesen. Dies ist die Art, wie mit der Methodik umgegangen wird. So wie Messer, Gabel, Löffel Werkzeuge zu Tische sind, braucht es dazu eben die Tischmanieren. Wenn jemand mit der Gabel dem Nachbarn eins reinsticht, liegt es nicht daran, daß die Gabel falsch gebaut ist. Die Art, wie man das Werkzeug führt, ist verbesserungsbedürftig.

Also gehört zu den Perspektiven der Controllerarbeit, *sich immer aufs neue zunehmend Verhaltenskompetenz anzueignen*. Mit Fachkenntnissen und Methodik allein ist es nicht getan; zum Anforderungsprofil des Controllers gehört auch die Moderationsfähigkeit und das Handhaben-Können von Verhaltensweisen. Auch psycho-logisch gibt es eine Grammatik, die gesetzmäßig läuft - nicht nur in der Rechenlogik einer Ergebnisrechnung oder Kalkulation.

Kommt kein solches Aha-Erlebnis, besteht bei den Managern immer die Tendenz, Abweichungen möglichst wegzubekommen. Die kriegt man dadurch z.B. gar nicht erst auf den Tisch, daß man keine Planung aufstellt. Wobei mit Planung gemeint ist, daß man es schriftlich macht (nicht für sich allein im Kopf). Andere Methoden, Abweichungen zu vermeiden, bestehen darin, daß man die Planungen stets an das Ist, das sich ereignet hat, anpaßt. Wieder eine Variante,

Abweichungen zu killen, ist die Abgrenzung von Ist-Kosten gemäß der Planung. Man geht über Aufwandsausgleichskonten, die vielleicht im 13. oder 14. Monat aufgelöst werden. Dann stören sie niemand mehr im Berichtswesen. Oder man vereinbart im Verkauf mit einem Kunden, daß eine Auftragsbestätigung schon einmal hinausgeht und im nächsten Monat wieder storniert wird. Hauptsache, gerade jetzt zum Monatsende stimmen formal das Ist und das Budget überein.

Ein Ansinnen, Istzahlen zu glätten, muß ein Controller verweigern. Das *kostenwirksame Ereignis* ist betreibswirtschaftlich zu zeigen und nicht irgendwas Geglättetes, Angepaßtes. Das mag in der Finanzbuchhaltung sinnvoll sein, wenn Informationen nach draußen gehen. Aber betreibskonformes Berichten heißt, die Dinge so zu zeigen, wie sie sind. Saure Gurken-Zeiten müssen auch so aussehen. Daß Reparaturen nicht gleichmäßig vorkommen, weiß der Mann im Betrieb.

Die Arbeitsphilosophie des Controllers müßte sein, daß man im Stil arbeiten darf: „Freut Euch, da ist eine Abweichung ... Es wäre ja langweilig, wenn es keine gäbe".

Dazu gehört auch der Slogan, daß man bei der Planung vom Zufall zum Irrtum gelange. Die Irrtümer sind die Abweichungen. Das ist in Ordnung so. Bloß sind Irrtümer lernfähig. Zufälle müßte man eben gut versichern. Aber damit aus Irrtümern etwas gelernt werden kann, *muß auch die Spielregel gültig sein, daß man sich irren darf*.

Da mag sinnvoll sein, ein Zitat einzufügen, das auf Papst Johannes XXIII zurückgeführt wird: „Er war voller Verständnis für die Irrenden (die Menschen haben eben Abweichungen), aber unnachgiebig mit dem Irrtum (in der Sache; der durch geeignete Maßnahmen bewältigt werden muß)". Das ist Controlling-Denkweise.

Perspektive: „Frauenquote" im Controlling nimmt zu

Übrigens, kann es sein, daß unter den Controller-Kollegen immer mehr Frauen dabeisein werden? Gehört das auch zu den Perspektiven für die Controller-Kollegenschaft der 90er und Nuller Jahre? Fällt es Frauen leichter, teambegleitende Rollen auszuüben? Immerhin ist zu beobachten, daß der Marktanteil von Frauen auch in Training-Programmen für dieses Thema beharrlich zunimmt.

Controllerinnen berichten meistens, daß sie es schwerer hätten, in der Manager-Männerwelt die „Eintrittskarte" zu erhalten. Die fachliche Kompetenz der Frau Controllerin ist offenbar härter geprüft. Dann aber mag es eine Frau leichter haben, die begleitende Rolle zu spielen. Controller-Arbeit bedeutet typisch, durch andere hindurchzuwirken auf ein Ziel hin. Vielleicht haben das die Frauen in der Geschichte immer schon verhältnismäßig besser gekonnt.

Controller's vernetzte Themengliederung

Controlling läßt sich nicht einfach so gliedern, daß man eine Reihenfolge bildet. Dann wäre es ja viel leichter erklärbar. Hintereinander läßt sich's aufzählen und besser abhaken. Dazu würde auch die linke Hälfte des Gehirns reichen.

Controlling ist ein vernetzter Stoff - eine Kombination aus Spalten und Zeilen mit den eingangs erwähnten Basistrends im Rücken.

Abbildung 7 zeigt, wie das gemeint ist. Die Spalten sind des Controllers Werkzeuge- oder Denkzeuge-Trio. Hier ist im Sprachgebrauch richtig, Control*ler* zu sagen. Es sind parallel die Methodik des meist betriebswirtschaftlich geprägten Rechnungswesens; die Methodik der Unternehmensplanung strategisch und operativ; die Organisation der Führung durch Ziele (management by objectives).

Controller's "Tool-Boxes" / **Controlling-Anwendungen**	*System der Management-Rechnung*	*System der Unternehmens-planung*	*Führung durch Ziele System der*
z. B. Vertrieb	stufenweise Deckungsbeitrags-rechnung	Sortiments-prioritäten bei Planung des Auftragseinganges	Ziele und Kompetenzen von Profit Center-Chefs
Produktion	flexible Plankosten-rechnung	Aufgaben- und Maßnahmenplanung	Zuständigkeit der Kostenstellenleiter
Forschung und Entwicklung	Projekt-kalkulation	Projekt-Bearbeitungsstand und Erwartungsrechnung	Projekt-management vernetzt

Abb. 7: Controller's Themen - Gliederung „vernetzt"

Dieses Trio hat sich entwickelt über die grundsätzlichen Anwendungen des Management Accounting - einmal als Decision Accounting zur Entscheidungsfindung. Entscheidungen gehen nie nach gestern, sondern betreffen stets die Zukunft. Über gestern ist nichts mehr zu entscheiden. Also ist Entscheidungsfindung zugleich Unternehmensplanung. Erst ist es mehr das rechnerische „Lohnt es sich?" (Abb. 6); dann kommt das Strategische, qualitativ zu Formulierende hinzu.

Die dritte Bahn entsteht aus dem Responsibility Accounting. Rechnungswesen zielorientiert. Man sucht die Zuständigkeitszahl. Das fragt immer nach Kompetenzen und nach dem, dem es delegiert ist, Maßnahmen in Gang zu setzen.

Jede der drei Werkzeugbahnen hat ihre eigene Sprache - die Rechnungswesensprache; etwa das Thema proportionale und fixe Kosten (besser Produktkosten/Proko und Strukturkosten/Struko) oder Einzelkosten und Gemeinkosten. Zum Planungssystem gehört das Vokabular von strategisch und operativ, von Portfolio, Szenario. Führung durch Ziele spricht von „top down" und „bottom up" - fragt nach der Zumutbarkeit; will erreichen, daß man weder über- noch unterfordert ist; will Motivation erzeugen und nicht Frust. Der zentrale Controller habe diese Methodik zu formen, integriert zu bieten und weiterzuentwikkeln.

In den Zeilen der Matrix der Abb. 7 sind zu finden die Controlling-Anwendungen innerhalb der Branchen, in Sparten und Werken, in Funktionsbereichen. Da muß es heißen Controlling. Dies ist das Anwenden; wer es bietet und Service dafür leistet, ist der Controller. Dezentrale Controller-Funktionen sind mehr zeilenorientiert. Aus den Zeilen kommt die *Informationsbedarfssituation*. Aus den Spalten das *Informationsversorgungsangebot*. Paßt das zueinander? Sind wir über- oder unterversorgt? Ist, was das Management braucht, auch verstanden? Ist, was Controller zu bieten haben, auch rübergekommen?

Also ist die Matrix gegenseitig sich verbessernd behilflich.

„Hinter" dem Bedarf für die Rechnungswesen-Systeme des Controllers steht als Basistrend „Grenzen des Wachstums". Zunehmende Komplexität - die Wissenskurve - steht als Bedarfs-Trend hinter der Unternehmensplanung. Es bedarf der Koordinationsfunktion, weil einer allein, der alles wissen kann, nicht mehr möglich ist. Der Wunsch nach Emanzipation - das Finden von Konsens aus Freiraum und Bindung - verlangt nach wirklich praktischer Handhabung einer Führung durch Ziele.

Wenn auch vielleicht je nach wirtschaftlicher Situation der Bedarf an Controlling größer wird, z.B. wenn es einem schlechter geht, und umgekehrt: Der Trend nach mehr Selbermachen-Dürfen ist ohne Rücksicht auf konjunkturelle Lagen ein Megatrend. Deshalb wird Controlling in den Perspektiven der kommenden Zeit ein gefragtes Thema bleiben.

Controller: Ein neuer Beruf?

Ist Manager ein Beruf? Oder ist die Rolle, Manager zu spielen, etwas, was zu dem praktisch hinzukommt, was man „von Haus aus" als Beruf gelernt hat? Managen heißt, Ziele erreichen und dabei Mitarbeiter so zu motivieren, daß ein Team arbeitsteilig tätig ist und gleichzeitig gemeinschaftlich Ziele erreichen kann. Controller-Funktion in diesem Sinne ist ein „service to the management".

Daraus folgt, daß auch Controller nicht ein Beruf ist, sondern eher eine praxisbegleitende Rolle; wenn auch nicht bloß Rolle wie im Theater. Vielleicht steht das eigenständig irgendwo dazwischen - also zwischen Beruf und Rolle.

Würde Controller ein Beruf werden, so müßte ein Berufsbild gebaut werden, eine Ausbildung zum Controller formuliert werden. Dann könnte Controller auch ein geschützter Titel sein, den nur derjenige/diejenige tragen darf, der/die diese Ausbildung zurückgelegt und entsprechende Examen bestanden hat.

Dann müßte dies aber parallel beim Manager genauso passieren. Da dies nicht zu vermuten ist, dürfte auch der Controller kein reiner Ausbildungsberuf werden, sondern eher ein situationen-meisterndes Praxistraining verlangen.

Buchhalter ist ein Beruf. Wirkt ein Buchhalter im Sinne des „Vorwärts-Buchhalters", so tritt die Rolle des Controllers hinzu zu dem, was man in der Ausbildung zum Buchhalter gelernt hat. Vorwärts-Buchhalter heißt, daß man nicht einfach registrierend bucht, was sich ereignet hat und in Belegen seinen Niederschlag fand. Der Vorwärts-Buchhalter macht die Bilanz zum vorhinein, macht eine Vorschau-Gewinn- und Verlustrechnung. Dazu muß er das Management fragen, welche Abschlüsse noch kommen, welche Kosten noch unterwegs sind, welche Investitionsfälle noch auftreten werden - und die Vorwärtsbuchhaltung muß nicht auf den Groschen stimmen.

Dadurch kommt Management-Beratung zustande; das Arbeitsbild wird controllerisch. Der Controller hat auch das Recht zur ungefragten Beratung. Das Verhaltensbild des Buchhalters wird verkäuferisch. In der Schweiz ist wohl auch unter diesen Perspektiven der Ausbildung zum eidgenössisch-diplomierten Buchhalter mit einem Schrägstrich hinzugesetzt worden „/Controller".

„Accountant" ist wohl ein Beruf. Gestaltet man das Rechnungswesen zu einem „Informations- und Rechnungswesen", so wirkt man in dem Moment als Controller. Zahlenangebote werden Beratungsanlässe in der Entscheidungsfindung und orientieren auf dem Weg zur Zielerreichung. Als in den USA der Ausbildungsgang sowie die Abschlußprüfung zum „Certified Management Accountant - CMA" eingerichtet worden ist (parallel zum „Certified Public Accountant - CPA"), hat man sich für die Bezeichnung Accountant entschieden. Es hätte aber auch heißen können „Certified Controller". Vermutlich ist es so, daß die amerikanischen Kollegen ausgesprochen oder unausgesprochen meinten, daß die berufliche Funktion das Accounting darstellt, das man erlernt und dessen Können man testiert erhalten hat. Damit praktisch umzugehen, so daß das Management daraus Anwendungshilfe erhält, ist die Controller-Rolle.

Die alten Römer wußten es auch schon - also ist Controlling wohl ein „ewiges Thema"

Schaut man in das lateinische Wörterbuch, um herauszufinden, woher unser Controlling-Umgangssprachenwort „Planung" stammt, so muß es wohl von *„planus"* kommen. Dies hat die Bedeutung einmal von *„eben, glatt, deutlich, klar"*. So ist die Planung. Sie macht einen klaren, ebenen, überschaubaren Weg zum Ziel.

Gleichzeitig steht aber für planus auch drin im lateinischen Wörterbuch die Bezeichnung *„Landstreicher"*. Dies wäre ein Kontrastprogramm. Gerade der Landstreicher verhält sich eben nicht so planvoll. Die Manager nennen so etwas gerne das Tagesgeschäft, in das sie sich jetzt hineinstürzen müssen. Dann kann ja vielleicht ruhig später wieder geplant werden. Aber so ist es nicht. Das Geplante, Geradlinige und das tägliche Geschehen mischen sich ständig zueinander. Die *Abweichung ist das Landstreicherische*; der Fahrplan ist gerade und eben. Beides zusammen macht Controlling - in den früheren Zeiten schon und wohl weiterhin; nur eben mit anderem Anspruchsniveau formuliert und praktisch gehandhabt.

Dazu trägt gerade auch bei das Zusammenwirken von Lehre/Forschung an der Hochschule und das mehr praxis-begleitend gemachte Trainieren und Weiterbilden. Zu diesem Tun wünscht der Verfasser, ebenfalls an einem 12. Mai auf die Welt gekommen, Herrn Professor Dr. Rolf Eschenbach von Herzen alles Gute.

Visionäres Controlling

Rudolf Mann

Inhalt:

Unser Controlling ist an einem Punkt angelangt, wo ein zweiter Evolutionssprung bevorsteht. Der erste Evolutionssprung war vor fünfzehn Jahren. Bei der Entstehung des strategischen Controlling. Jetzt stehen wir unmittelbar vorm zweiten. Weil die Welt, in der wir leben, turbulent geworden ist. Weil wir an einem Umbruch stehen. Es geht (auch) um das Überleben der Unternehmen, wenn alles im Wandel ist. Um ihre Lebensfähigkeit. Darum geht es in diesem Beitrag. Die Zeit ist jetzt reif.

Visionen sind weder Tagträume noch Hirngespinste, Illusionen oder Utopien. Visionen sind vielmehr Vorstellungsbilder über die Zukunft, die sich von selbst erfüllen. Wenn wir den ersten Schritt gehen und dann loslassen. Die Erfüllung der Vision ist ein metaphysischer Prozeß. Weil alles, was wir Menschen schaffen, zuerst im Geiste entsteht, bevor wir es in unserer Realität wiederfinden.

Damit sich Visionen von selbst erfüllen, gibt es eine Voraussetzung: Visionen brauchen ein festes Fundament: Sowohl die Visionen, als auch die Visionäre. Sie brauchen eine klar definierte, stabile Grundlage, auf der sie stehen können. Damit sie einen festen Halt haben, wenn die erste Gretchenfrage kommt: „Glaubst du wirklich daran, daß es geschieht?" Deshalb beginnt dieser Beitrag mit dem Fundament.

1 Grundlagen für eine Controlling-Vision

Aus meiner Sicht ist heute das, was mit dem Controlling entstanden ist, durch folgende Merkmale gekennzeichnet:

1. Operatives Controlling bedeutet Gewinnsteuerung. Es beschäftigt sich mit Zahlen oder, anders ausgedrückt, mit Ereignissen, Entwicklungen und Fakten, die in betriebswirtschaftlichen Zahlen meßbar sind. Was zählt, hat eine Zahl. Was nicht in Zahlen ausdrückbar ist, zählt nicht.
2. Damit bildet das Controlling nicht die (ganze) Realität ab. Es ist nur der Schatten der Realität, der sich in Zahlen darstellt. Wie bei allen Schatten kann es die Realität exakt abbilden oder verzerren. An der Form der Schatten (Zahlen) kann man sie nicht erkennen. Sondern nur an dem Objekt, das den Schatten wirft und an der Richtung, aus der das Licht kommt.
3. Die Instrumente des operativen Controlling umfaßt Zielsetzung und Planung, das Berichtswesen durch den Plan/Ist-Vergleich, die Analyse von Ursachen und die Gegensteuerung. Operatives Controlling ist ein Regelkreis. Er funktioniert nur dort zuverlässig, wo er geschlossen ist. Wo alle Bausteine vorhanden sind und funktionieren. Aber die meisten Unternehmen haben keine klaren Ziele. Und Ursachen werden im operativen Controlling schon gar nicht gefunden. Das operative Controlling konzentriert

seine Aufmerksamkeit ausschließlich auf die Symptome der eigentlichen Probleme, genau wie die Schulmedizin.

4. Wir nennen das operative Controlling „Gewinnsteuerung", obwohl es gar keine Steuerung ist. Es ist nur nachträgliches Kompensieren von Abweichungen, die man nicht rechtzeitig, sondern erst nach ihrem Eintritt festgestellt hat. Sonst könnten wir sie nämlich in Zahlen nicht messen. Dem operativen Controlling geht es wie einem Autofahrer, der sein Auto lenkt, indem er durch die Rückscheibe schaut. Wir nennen das Feedback-Steuerung. Wenn es irgendwo geknallt hat (Abweichungen), erkennen wir, daß wir falsch gefahren sind.

5. Die Controlling-Instrumente im operativen Bereich sind heute ausgereizt. Wir wissen, wie es geht. Im Grunde haben auch alle Unternehmen EDV-Unterstützung, durch die ohne großen Aufwand ein einfaches Controlling möglich wäre. Trotzdem gibt es im deutschsprachigen Raum noch circa 300.000 Unternehmen ohne Controlling.

6. Im Zuge des Prozesses in Richtung Selbstentfaltung der Menschen (Wertewandel) und in Richtung Dezentralisierung und Selbstorganisation von Unternehmenseinheiten entwickelt sich das Controlling immer mehr von der Fremdsteuerung und Fremdkontrolle zur Selbststeuerung und Selbstkontrolle jedes einzelnen Verantwortungsträgers. Controlling ist Hilfestellung für die Hauptaufgabe unseres menschlichen Lebens: immer mehr die Selbstverantwortung für unser eigenes Leben zu übernehmen. Trotzdem denken viele noch bei „Kontrolling" „nach rückwärts", statt an den Lernprozeß für die Zukunft.

7. Seit der ersten Ölkrise hat sich das Bewußtsein verstärkt, daß die Steuerung eines Unternehmens mit Zahlen alleine nicht ausreicht. Wir müssen vor die Zahlen schauen, die Ursachen zukünftiger Erfolge und Mißerfolge bereits erkennen, bevor sie sich in Zahlen ausdrücken. Es war die Geburt des strategischen Controlling. Eines Frühwarn- und Steuerungssystems mit „weichen" Informationen, mit den „Vorsteuergrößen" der betriebswirtschaftlichen Zahlen.

8. Strategisches Controlling beschäftigt sich nicht mit der Gewinnsteuerung durch die Veränderung von Zahlen, sondern mit der Existenzsicherung durch die bessere und frühzeitigere Anpassung an Entwicklungen von außen. Es hat die gleichen Bausteine, wie wir sie vom operativen Controlling kennen, allerdings mit anderen Inhalten. Aber der strategische Plan/Ist-Vergleich läuft in fast keinem Unternehmen. Vielleicht will man es gar nicht so genau wissen.

9. Strategisches Controlling ist das Bindeglied von der strategischen Planung zum strategischen Management. Es hilft, die strategische Planung in einem Regelkreis mit den laufenden Entscheidungen so zu verzahnen, daß wieder ein organisierter Lernprozeß stattfindet, der hilft, rechtzeitig einzugreifen.

Leider hat sich aber das Ziel, zu dem strategisches Controlling führen soll, als Sackgasse erwiesen: Strategisches Management hat nicht das gebracht, was man von ihm erwartet hat. Es ist immer mehr zum Alibi geworden, so weiterzumachen wie bisher, nur nach außen abgesichert durch ein paar strategische Instrumente. Die Fortsetzung des mechanistischen Managements, das Unternehmen wie Maschinen behandelt, obwohl der Mensch in dem Aufbruchprozeß, der gerade läuft, immer stärker seinen eigenen Sinn und seine persönliche Aufgabe sucht.

10. Deshalb stehen wir vor einer zweiten Evolutionsstufe. Operatives Controlling als Gewinnsteuerung und strategisches Controlling als Existenzsicherung durch Anpassung des Unternehmens an Veränderungen von außen sind nach wie vor notwendig, aber nicht mehr ausreichend, um die Anforderungen der Zukunft zu erfüllen.

2 Evolutionssprung im Controlling

Wir stehen jetzt also vor dem zweiten Evolutionssprung im Controlling. Vor der Entwicklung einer dritten Controlling-Generation. Sie ergänzt die ersten beiden Phasen um den Teil, den diese nicht schaffen, aber sie macht ihre Existenz natürlich nicht unnötig. Genauso, wie wir immer noch eine Buchhaltung brauchen, auch wenn wir sie nicht mehr zum Steuern benutzen.

Die drei Controlling-Generationen unterscheiden sich fundamental, jeweils als Antwort auf die verstärkten und veränderten Herausforderungen von außen:

- Die erste Controlling-Generation war durch die Schnellebigkeit unserer Zeit entstanden. Die Perioden der Buchhaltungs-Informationen haben einfach nicht mehr ausgereicht, um rechtzeitig zu handeln. Die Gewinnsteuerung des operativen Controlling ist eine vorrangig introvertierte Sicht. Bei Abweichungen zwischen Ziel und Plan einerseits und Plan und Ist andererseits werden Faktoren ermittelt, die diese Abweichung bewirken und Gegensteuerungsmaßnahmen eingesetzt, um sie zu verändern. Alles aus der Sicht des Unternehmens, aus der Nabelschau.

- Die zweite Phase des Controlling bezieht Faktoren mit ein, die sich (noch) nicht in Zahlen ausdrücken lassen, deren Wirkungen sich aber später in Zahlen niederschlagen, wenn man nicht handelt. Diese Vorsteuergrößen der Zahlen beziehen zwangsläufig das Umfeld des Unternehmens mit ein, das Unternehmen betrachtet sich in Bezug auf seine Aktionen und deren Wirkungen im Umfeld.

- Die dritte Generation verändert die Position des Betrachters. Nicht mehr das Unternehmen betrachtet sich und sein Umfeld, um aufzuzeigen, was zu tun ist, sondern das Umfeld betrachtet das Unternehmen. Letztlich entscheidet das Umfeld, ob das Unternehmen in Zukunft noch „mitspielen" darf. Das Unternehmen steht nicht mehr im Mittelpunkt der Betrachtung, es ist ein Mitspieler, einer von vielen, in dem Zusammenleben aller Menschen miteinander und mit der Natur.

Vielleicht werden die drei Generationen etwas deutlicher durch ein konkretes Beispiel: die ökologische Orientierung.

- In der ersten Phase mußten alle Umweltschutz-Aktivitäten der Zahlenprüfung standhalten. Außer Zwangsinvestitionen wurden nur solche realisiert, bei denen durch staatliche Förderung der Mehraufwand kompensiert wurde.

- In der zweiten Phase wurden Umwelt- und Umfeldfragen in die systematische Analyse miteinbezogen, aber eigentlich nur, um eine bessere Vorausschau zu gewinnen für das, was auf das Unternehmen zukommt. Nur dort wurde gehandelt, wo es unvermeidlich war. (Auch wenn manche Werbebroschüren ganz andere Geschichten erzählen.)

- In der dritten Phase entscheidet nicht mehr das Unternehmen, ob es etwas für den Umweltschutz tut oder nicht, sondern das Umfeld entscheidet, ob das Unternehmen noch mitspielen darf. Das hat begonnen, seitdem 1989 das Umweltbewußtsein im deutschsprachigen Raum gekippt ist. Umweltorientierung hat sich vom Produktvorteil zur Überlebensfrage entwickelt, über die das Unternehmen alleine gar nicht mehr entscheidet.

Das, was nach dem zweiten Evolutionssprung als dritte Generation des Controlling hervorkommt, nenne ich „Ganzheitliches Controlling". Genauso, wie sich der Charakter eines Menschen nicht wandelt, wenn er ein anderes Hemd anzieht, genügt es jetzt nicht, einfach den Namen zu verändern für das, was man bisher getan hat. Ganzheitliches Controlling bedeutet, das Unternehmen im Bewußtsein der Verantwortung für unseren Planeten Erde zu führen. Dann brauchen wir keine Regeln mehr für die ethische Unternehmensführung, weil die Orientierung am kosmischen Schöpfungswillen Unternehmen so verändert, daß jeder der Beteiligten gewinnt: das Unternehmen, der Mitarbeiter, der Kunde und der Lieferant und die Natur. Das alte Spiel „ich gewinne, du verlierst", ist vorbei.

Die Aufgabe des Controlling - nicht des Controllers - ist hierbei, dem Unternehmen zu helfen, Ziele zu formulieren, Umstellungspläne und -konzepte zu entwickeln, durch einen Plan/Ist-Vergleich aufzuzeigen, ob der Kurs noch stimmt, und bei Kursabweichungen ein Signal zu geben. Genau wie bisher. Nur eben nicht zur Gewinnverbesserung des Unternehmens oder zur Lebensfähigkeit des Unternehmens, sondern zur Schaffung einer neuen Welt, einem Zusammenleben in Frieden und Harmonie.

Um ein Ganzheitliches Controlling zum Funktionieren zu bringen, braucht man zuerst ein Zielbild, ein Vorstellungsbild, wie ein ganzheitlich geführtes Unternehmen funktioniert. Ganzheitlich bedeutet mehr, als das Unternehmen als ein vernetztes System zu betrachten, bei dem die linearen Zusammenhänge als einfache „wenn ..., dann ..."-Beziehungen nicht mehr funktionieren. Obwohl das bereits das Ende der empirischen Betriebswirtschaftslehre bedeutet. In der ganzheitlichen Sicht gehört noch dazu,

- daß sich Unternehmen wie lebende Organismen verhalten, die den Naturgesetzen mehr gehorchen als den physikalischen Gesetzen und bei denen Lebensenergie die Quelle und die Bedingung ist für die Lebensfähigkeit überhaupt;
- dazu gehört das Begreifen, daß Unternehmen evolutionäre Individuen sind, mit der Chance für Einzigartigkeit. Weil wir heute wissen, daß austauschbare Leistungen zur Umsatzrendite von null tendieren;
- es sind zusätzlich holografische Bilder, in denen ein Teil des Bildes das ganze Bild zeigt, weil in jedem Menschen das Bild des ganzen Unternehmens so vorhanden ist, wie in jedem Unternehmen das Bild seiner Umwelt, jeweils als Ausdruck der inneren Verbundenheit und Unlösbarkeit;
- und letztlich geht es in der Ganzheitlichkeit um Leib-Seele-Geist-Einheiten. Das ist ein totaler Umbruch, da sich die Unternehmensführung über 40 Jahre ausschließlich auf die Leib-Ebene des Unternehmens konzentriert hat.

Das ganzheitliche Bild des Unternehmens im Einklang mit jedem einzelnen Menschen und seinem ganzen Umfeld kann man in einem Vorstellungsbild aus sieben Teilen beschreiben. Diese sieben Teile sind aber ein Ganzes, untrennbar miteinander verbunden. Aber unsere Sprache und die Schriftform machen es notwendig, einen Teil nach dem anderen zu betrachten, auch wenn sie alle zusammen gehören und eigentlich unteilbar sind. Am besten könnte man sich die sieben Teile wie durchscheinende Bilder vorstellen, die man nicht nebeneinander legt, sondern übereinander, um dann das ganze Bild zu erhalten.

3 Die sieben Facetten der Vision

Für diese sieben Teile des visionären Bildes gibt es natürlich keine Reihenfolge. Nur die Schriftform zwingt dazu, über ein Bild nach dem anderen zu berichten. In Wirklichkeit ist es wie in einem großen Kreisverkehr, bei dem es egal ist, wo man hineinfährt. Wenn man einmal die Runde gemacht hat, ist das ganze Bild da.

Bild 1: Die Neue Führung

Die Führung durch Macht, Druck, divide-et-impera und Abhängigkeit ist zu Ende gegangen. Ihr ist die Führung aus natürlicher Autorität nachgefolgt. Das Grundprinzip „Vertrauen ist gut, Kontrolle ist besser" hat sich einfach umgedreht: „Kontrolle ist gut, Vertrauen ist besser". Weil wir Menschen in einem Boot sitzen und ganz tief in uns spüren, daß es gegeneinander nicht mehr funktioniert.

Vertrauen zu anderen Menschen ist nur möglich, wenn man sich selbst vertraut. Seinem Selbst. Seinem inneren Selbst. Im Bewußtsein, daß es eine innere Führung für unser Leben gibt, die uns immer wieder zurückführt auf den besten Weg. Die sorgt, daß das, was geschieht, immer zu unserem Bestem ist. Auch dann, wenn wir es nicht erkennen. Weil wir begriffen haben, daß alles Sinn macht, was in unserem Leben geschieht.

Nur auf dieser Basis entsteht natürliche Autorität, die innere Berufung zur Führung, die ausstrahlt und von allen anderen gespürt wird. Sie ist ohne Zweifel. Wahrheit und Souveränität strahlen aus.

Diese Neue Führung hört auf mit dem Helfenwollen. Denn die wichtigste Aufgabe aller Menschen ist, Selbstverantwortung und Selbständigkeit zu entwickeln für das eigene Leben. Jeder der helfen will, nimmt dem anderen die Chance, dieses Ziel zu erreichen. Führung in diesem Sinne ist,

- den Raum schaffen, in dem Menschen mit Freude an einer gemeinsamen Aufgabe arbeiten,
- Energie zum Fließen zu bringen, dabei Blockaden auflösen, damit sich im Unternehmen die Lebenskraft verstärkt und
- Vorbild sein, leben statt sagen, offen sein für den Lernprozeß, den Nächsten lieben wie sich selbst. Den Nächsten kann man nur lieben, wenn man gelernt hat, sich selbst zu lieben.

Führung heißt jetzt, Raum schaffen, in dem Menschen Lebenssinn und Erfüllung finden.

Bild 2: Die Neue Kooperation

Wenn wir bisher von Kooperation gesprochen haben, dachten wir an Unterwerfung. Unternehmen wollten kooperieren, damit der kleinere Partner nicht merkt, wie seine Abhängigkeit zunimmt, bis die Fusion funktioniert. Menschen kooperierten, bis es klar war, wer das Sagen hat. Staaten kooperierten, damit sie sich besser beobachten konnten. Deshalb gibt es jetzt die Neue Kooperation.

Die Neue Kooperation begründet sich auf einer gemeinsamen Idee. Dabei geht es darum, daß die Partner Synergie-Effekte erreichen, indem sie ihre Einzigartigkeit ausprägen. Es gibt nicht mehr nur einen Brennpunkt, wie beim Kreis, sondern zwei. Das Symbol ist die Ellipse. Je stärker die Pole auseinandergehen, das heißt, ihre Einzigartigkeit ausprägen, desto größer wird das Feld, das sie einbeziehen, solange die gemeinsame Idee als Bindeglied vorhanden bleibt. Zur Neuen Kooperation gehören

- Vertrauen statt vertragliche Bindungen und ständiges mißtrauisches gegenseitiges Beäugen
- Geben und Teilen statt Erwartung
- Synergie-Effekte aus der Entfaltung der Einzigartigkeit statt aus der Zerschlagung von Strukturen
- ein gemeinsames visionäres Bild, was entstehen soll
- die Bereitschaft, dem anderen entgegenzugehen, bevor man dafür etwas bekommt und
- die Offenheit, den anderen Standpunkt zu akzeptieren.

Bild 3: Neues Bewußtsein

Unser altes Weltbild geht davon aus, daß das, was unsere Sinnesorgane wahrnehmen, die Realität ist. Daß es außerhalb dieser Wahrnehmungen nichts gibt. Darauf gründet sich auch das ganze Controlling.

Das neue Bild geht von der Erkenntnis aus, daß hinter allem, was unsere Sinnesorgane wahrnehmen, dem Offensichtlichen, noch etwas anderes existiert, etwas Verborgenes, nämlich der Sinn, warum es geschieht. Aber zwischen Sinnes-Wahrnehmung und Sinn-Erkennen gibt es eine Schranke, die uns beschränkt. Im Indischen nennt man diese Schranke den Schleier der Maja. Wir hatten verlernt, gleichzeitig beides zu sehen.

Wir haben also für unser neues Bild ein Seh-Training absolviert. Daß wir beides gleichzeitig sehen dürfen, das, was die Sinnesorgane zeigen und das, was als Sinn dahintersteht. Dazu war es notwendig, Informationsaufnahme von der Bebzw. Verurteilung zu trennen. Die Unterscheidung zwischen „gut" und „böse" loszulassen, aus dem Dilemma der Dualität herauszukommen, das wir als „Sündenfall" bezeichnen.

Seit wir gelernt haben, beides gleichzeitig zu sehen, wissen wir, daß oben alles umgekehrt ist als unten. Oben und unten sind - wie bereits gesagt - durch die Schranke getrennt. Unten steht der Gewinn, oben der Sinn, unten stehen Schulden, oben die Schuld, unten steht der Preis, oben das Wertbewußtsein. Da muß ein Unternehmen, dem das Wertbewußtsein der Führung verlorengeht,

Preise nachlassen. Weil oben alles umgekehrt ist als unten, sind unten Abweichungen unsere Störungen, die wir bekämpfen, die uns Ärger und Sorgen bereiten. Oben sind Abweichungen Helfer, Freunde, Lehrer, Heiler, sie geben uns rechtzeitig Signale zur Wandlung.

So sind wir langsam in der Beobachtung dessen, was geschieht, bewußter geworden. Wir haben gelernt, genau hinzuschauen, um alles zu sehen, vom Urteil loszulassen und damit den Sinn zu erkennen, zu erfahren, was wir lernen dürfen.

Bild 4: Die Neue Kommunikation

Die alte Kommunikation sind Rituale mit dem Ziel, recht zu behalten. Wir nennen das: überzeugen, überreden, durchsetzen, bezwingen, besiegen, meistern, durchdrücken, bewältigen, sich durchboxen, sich behaupten, das Ziel erreichen, den Durchbruch schaffen. In der Neuen Kommunikation hat jeder recht. Weil es darum geht, wahrzunehmen, was jeder der Beteiligten von seinem Standpunkt aus sieht. Das ist zwangsläufig unterschiedlich, weil jeder einen anderen Standpunkt hat. Das ist die Folge der Arbeitsteilung im Unternehmen. Es ist, wie wenn einige Menschen um eine Plakatsäule stehen, jeder schaut zwar auf die gleiche Säule, aber jeder hat einen anderen Text vor sich, weil rundum verschiedene Plakate hängen. Wer hat dabei recht?

In der Neuen Kommunikation gibt es fünf Stufen:

- Das Wahrnehmen des anderen Standpunktes ohne Diskussion, ohne Suche nach Schuldigen, weil es in vielen Fällen gar nicht notwendig ist, daß die Beurteilung der Lage von jedem gleich gesehen wird. Das eigentliche Entscheidungsproblem ist nie, die Lage gleich zu beurteilen.

- Auf einer anderen Ebene gibt es den Kompromiß, wenn man die Gemeinsamkeiten und die Unterschiede ganz einfach gemeinsam feststellt und sich auf den größten gemeinsamen Nenner einigt.

- Darüber gibt es auf einer emotionalen Ebene das gemeinsame Wunschbild. In den Wünschen sind wir uns meistens schneller einig, als in der Sache. Aus einem gemeinsamen Wunschbild gibt es aber immer eine gemeinsame Sachlösung.

- Die vierte Ebene ist die Ebene des gemeinsamen geistigen Bildes, der aus der Innenschau entdeckten gemeinsamen Vision. Diese Vision wird dann im Unternehmen von allen getragen, wenn sie frei ist von persönlichen Bestandteilen und nur das Unpersönliche enthält, das die Menschen im Unternehmen miteinander verbindet. Deshalb kann man heute Visionen nur noch im Team entdecken. Die Vision des Unternehmers oder Top-Managers hat zu wenig Anziehungskraft, weil die persönlichen Teile der Vision abstoßen. Nur die Teamarbeit sichert, daß die Vision von persönlichen Bestandteilen gereinigt wird.

– Die fünfte Ebene liegt darüber. Wir kennen sie alle. Sie heißt: „Dein Wille geschehe". Die Ausrichtung auf den kosmischen Willen führt automatisch alle Menschen zum Konsens.

Bild 5: Neue Vorstellungsbilder

Alles, was wir Menschen schaffen, entsteht aus dem Geist. Das, was wir heute in einem Unternehmen vorfinden, ist das materialisierte Abbild unseres Denkens von gestern. Und das, was wir heute denken, werden wir morgen als „Realität" vorfinden.

Unternehmen sind menschliche Geschöpfe. Sie sind aus menschlichem Geiste entstanden. Deshalb brauchen wir nur unsere geistigen Bilder zu verändern, wenn wir im Unternehmen etwas verändern wollen. Die Urkraft jeder Schöpfung liegt in diesen geistigen Bildern.

In einer Zeit, die immer turbulenter wird und sich schneller wandelt, reichen operative Steuerungsinstrumente nicht mehr aus. Sie sind oft schwerfällig und an die vorhandene Realität zu stark gebunden. Wir können, wenn das Unternehmen sich wandeln soll, neue Vorstellungsbilder, Visionen, schaffen, die die zukünftige Existenz des Unternehmens bestimmen. Visionen, die dem intuitiven Bereich entstammen, haben das Potential, sich von selbst zu erfüllen. Voraussetzung ist nur, daß wir (uns) vertrauen und bereit sind, den ersten Schritt zu gehen. Alles andere geschieht von alleine. Hier steckt die stärkste Wirkungskraft, um Unternehmen aus schwierigen Situationen herauszuholen. In dem Bewußtsein, daß die Schwierigkeiten aus unserem eigenen Denken resultieren, brauchen wir nur unsere Einstellung und unsere Vorstellungsbilder zu verändern. Dieser Prozeß beginnt im Unternehmen oben, in der Führungsspitze. In einem offenen Kommunikationsprozeß werden alle Menschen in den Prozeß einbezogen. Trotzdem heißt das nicht, daß der Mensch in mittlerer oder unterer hierarchischer Position nichts verändern kann. Er hat immer eine Chance, im Unternehmen etwas zu verändern, die von keinem anderen Menschen im Unternehmen aufgehalten werden kann: Wenn er bei sich selbst anfängt. Deshalb heißt das Grundprinzip dieses Wandlungsprozesses: Wenn du deine Umwelt verändern willst, ändere dich.

Bild 6: Die Neue Energie

Es gibt Kräfte im Unternehmen, die Prozesse in Bewegung bringen. Leistungsprozesse, Innovationsprozesse, Veränderungs- und Anpassungsprozesse. Wie wir aus der Physik wissen, gibt es Bewegung nur durch Energie. Das gilt auch im Unternehmen. Aber es handelt sich um keine mechanische, elektrische oder kinetische Energie, keine Wärme- oder Atomenergie, sondern um Lebensenergie, Vitalkraft.

Lebensenergie kommt in das Unternehmen durch den Menschen. Nur durch ihn. Wir Menschen sind alle Energie-Kanal und -Verstärker. Wir können die uns unendlich zur Verfügung stehende universelle Lebensenergie durch uns durchleiten und auf ein Ziel ausrichten. In unserem Beruf können wir diese Energie für das Unternehmen einsetzen, in dem wir arbeiten. Solange wir offen sind für den Energiezufluß, können wir unendlich viel Energie geben, sie fließt immer nach. Aber wenn wir verschlossen sind, bei Blockaden, und wenn die Energie auf Meinungsverschiedenheiten, Disharmonie und Reibungsverluste gelenkt wird, geht sie für das Unternehmen verloren.

Energieverlust im Unternehmen wird spürbar durch mangelnde Attraktivität der Unternehmensleistungen. Dann sinken die Erträge. Oder man spürt es durch erhöhten Energieverzehr in Beziehungen durch Unordnung, Macht- und Meinungskämpfe und durch nicht geregelte Konfliktaustragung. Dann steigen die Kosten und die Produktivität nimmt ab. Lebensenergie im Unternehmen ist die Vorsteuergröße für die Zahlen, die wir später betriebswirtschaftlich als Ertrag und Kosten messen.

Auch bei der neuen Vision, die im Unternehmen entsteht, ist Energie in Form von Wunschkraft, Freude, Begeisterung, Anziehungskraft, Stolz und Spaß an der Arbeit notwendig, damit sie sich umsetzt. Die Zeit, in der das Gerücht umging, Arbeit müsse ernst, schwer und mühsam sein, nähert sich langsam ihrem Ende.

Bild 7: Der Neue Mensch

Die vorhergehenden sechs Bilder zeigten, worum es eigentlich geht: Um ein neues Menschenbild, das in unserem Unternehmen wirkt. Der Mensch, der nicht mehr in erster Linie Kostenfaktor ist, sondern Träger der Potentiale des Unternehmens, ist Teil des Frühwarnsystems zur Sicherung der Zukunft.

Der Mensch ist Träger der Potentiale, weil Potentiale Gewinnchancen der Zukunft sind, die nur durch den Menschen wirken können. Sonst könnte es nie in einer notleidenden Branche Unternehmen geben, die außergewöhnliche Erfolge erreichen. Potentiale sind die Vorsteuergrößen des Gewinns, im Aufbau steuerlich begünstigt, als Bestand steuerfrei (weil sie nicht in der Bilanz stehen), bei der Nutzung werden die Potentiale nicht verbraucht, sondern aufgebaut. Es sind immaterielle Güter und alle immateriellen Dinge werden durch ihre Nutzung verstärkt. Materielle Güter werden durch Nutzung verbraucht.

Die Potentiale liegen im Menschen, weil jeder Mensch einzigartig ist. Ein einzigartiges Individuum, das, wenn wir seine Entfaltung unterstützen, dem Unternehmen hilft, einzigartig zu sein. Das ist der einzige Weg, um nachhaltig die Austauschbarkeit der Unternehmensleistungen durch den Wettbewerb zu vermeiden. In einer Zeit, in der austauschbare Leistungen zur Umsatzrendite von null tendieren, eine Überlebensfrage. Auf der anderen Seite hilft das Unternehmen dem einzelnen Mitarbeiter, produktiver und qualifizierter zu arbeiten, wenn er seine Stärken verstärken kann. Dinge, die wir gerne tun, müssen erfolgreich werden. Dort, wo unsere Stärken sind, haben wir Spaß an der Arbeit.

Der Mensch im Unternehmen ist aber auch Teil des Frühwarnsystems, das mehr Sensibilität und Weitsichtigkeit braucht, als uns unser Plan/Ist-Vergleichssystem geben kann. Jeder Mensch empfängt Signale, die Hinweise geben auf notwendige Veränderungen. Wenn das Unternehmen gelernt hat, mit Kritik umzugehen und Konflikt als Innovationsmotor konstruktiv zu behandeln, entsteht aus der Wachsamkeit und dem kritischen Bewußtsein der Mitarbeiter eine neue Dynamik.

Aber die Situation ist nicht einseitig. Der Mensch gibt dem Unternehmen nicht nur seine Potentiale. Das Unternehmen gibt auch etwas zurück. Das Unternehmen wird - wenn der Mensch bewußt beobachtet, was geschieht - zur Einweihungsstätte für ihn selbst, in der er seine eigene Erfüllung findet. Das, was früher Einweihungstempel, Mysterienstätten und Einsiedlerhütten waren, kann das Unternehmen heute dem Menschen geben. Mitten im Beruf Erfüllung geben, Lebenssinn. Dem Menschen helfen, sein Lebensdrama zu lösen und das Ziel zu erreichen, das Gegenstand seiner inneren Sehnsucht ist.

4 Controlling im Neuen Unternehmen

Wie beim strategischen Controlling ist es natürlich nicht der Controller als Person, der den Wandlungsprozeß des Unternehmens plant, überwacht und steuert. Es ist die gesamte Führung des Unternehmens, das alle Ereignisse, die geschehen, als Hilfestellungen für den notwendigen Änderungsprozeß begreift.

So entsteht in einer neuen Offenheit, in einer neuen Bewußtheit für die Dinge, die sich zur Zeit in unserer Welt verändern, ein Neues Unternehmen als Beitrag zu einer neuen Gesellschaft. Weil die Natur uns immer deutlicher zeigt, daß wir neue Antworten geben müssen, um weiter zu überleben. Aber nicht nur die

Natur ist es, die neue Antworten verlangt. Wichtige Produktions- und Dienstleistungsbereiche unserer westlichen Gesellschaft stehen vor der Herausforderung, sich selbst und ihr Leistungsprogramm zu wandeln. Gleichgültig, ob wir auf die Rüstungsindustrie, die Automobilindustrie, die chemische Industrie, die Pharmaindustrie, den Energie-Sektor oder den Banken-Bereich sehen. Es scheint so, daß die Branchen, die in der Zukunft gefährdet sind, die vor den größten Herausforderungen stehen, zur Zeit ihre Augen vernebelt bekommen durch hohe Gewinne. Da hat sich etwas verändert in der Signalwirkung des Gewinns: Früher war der Gewinn des Unternehmens ein Signal, ob man richtig im Kurs liegt oder nicht. Die Perioden der Änderungsprozesse waren wesentlich langfristiger als die Perioden der Gewinnfeststellung. Diese Zeit ist vorbei.

Heute ist der Gewinn Verführer, weil er „weitermachen" signalisiert, auch wenn die Frühwarnsignale schon längst deutlich machen, daß es nicht mehr so weitergeht. Da die Perioden der Veränderungsprozesse immer kürzer geworden sind, haben wir heute eine Situation, wo die Periode der Gewinnfeststellung länger dauert als der Zeitraum des externen Änderungsprozesses. Hierin liegt das Problem, das uns vom operativen Controlling über das strategische Controlling zu einer dritten Generation des Controlling geführt hat. Möge es genügend Unternehmen geben, die diese Zeichen so frühzeitig erkennen, daß sie den Wandlungsprozeß beginnen, bevor sie von außen dazu gezwungen werden, und es vielleicht schon zu spät ist. Die Wirtschaft braucht Vorbilder, Unternehmen, die den Neuen Weg wagen. Unsere Gesellschaft braucht eine dynamische Wirtschaft, die diesen Wandlungsprozeß als erste beschreitet, weil es keinen Bereich in unserer Gesellschaft gibt, der so sensibel und flexibel auf die Herausforderung unserer Zeit antworten kann als die Wirtschaft.

Literatur

[1] Mann, Rudolf: *Das ganzheitliche Unternehmen. Die Umsetzung des Neuen Denkens in der Praxis zur Sicherung von Gewinn und Lebensfähigkeit.* München 1991

[2] ders.: *Das visionäre Unternehmen. Der Weg zur Vision in 12 Stufen*, Wiesbaden 1990

[3] ders.: *Der ganzheitliche Mensch. Lebenssinn und Erfüllung im Beruf*, Düsseldorf/Wien/New York 1991

... über Prof. Eschenbach.

... über Rolf Eschenbach.

Hans Robert Hansen, Rudolf Krüger

Rolf Eschenbach wurde am 12. Mai 1931 in Jena geboren und verbrachte seine Kindheit und seine Jugendjahre in Mitteldeutschland und Schlesien. Sein Vater war Landwirt.

Nach dem Abitur 1950 begann er eine Lehrzeit als Brauer und Mälzer in der Brauerei Henninger in Frankfurt am Main. Der Gesellenprüfung folgten Wanderjahre in Brauereien und Mälzereien in Stuttgart, Trier, Bern, Heidelberg, Frankfurt am Main, Lich und Kulmbach und das Studium des Brauwesens an der Technischen Universität München in Weihenstephan, der weltberühmten Ausbildungsstätte für den Führungsnachwuchs der Brauereien.

Sein akademischer Lehrer für Betriebswirtschaftslehre war Professor Dr. Kinnebrock, ein auch in der Industrie hochangesehener Wirtschaftsprüfer und Steuerberater. Dieser nahm Eschenbach nach Abschluß seines Studiums als wissenschaftlichen Assistenten an sein betriebswirtschaftliches Institut an der Technischen Universität München und ließ ihn daneben an der von Kinnebrock geleiteten Landestreuhand Weihenstephan, einer Wirtschaftsprüfungs- und Steuerberatungsgesellschaft auf allen Gebieten mitarbeiten, die Gegenstand einer Wirtschaftsprüfungsgesellschaft sind. Eschenbachs Hauptarbeitsgebiete waren damals die Unternehmensplanung (auch Thema seiner betriebswirtschaftlichen Dissertation) und die Bewertung ganzer Unternehmen (auch Thema seiner betriebswirtschaftlichen Habilitationsschrift). Eschenbach wurde zum vereidigten Sachverständigen für die Bewertung von Brauereien und Mälzereien an den Industrie- und Handelskammern in München und Frankfurt/Main bestellt. Er qualifizierte sich darüber hinaus als Arbeitsstudienmann und wurde der erste REFA-Lehrer in der Brauwirtschaft.

Von der Hochschule wechselte der junge Privatdozent im Jahre 1964 wiederum in die Industrie und zwar als Vorstandsassistent in die zur Oetker-Unternehmensgruppe gehörende Dortmunder Hansa-Brauerei AG. Mit 35 Jahren wurde Eschenbach in den Vorstand berufen. Er war dort für die Bereiche Produktion und Materialwirtschaft verantwortlich und begann bereits Ende der 60er Jahre mit dem Aufbau einer Controlling-Abteilung. Während seiner Jahre im Ruhrgebiet hielt Eschenbach auch regelmäßig Vorlesungen an der Wirtschafts- und Verwaltungsakademie in Dortmund. Er war der Gründungspräsident des Juniorenkreises der Industrie- und Handelskammer zu Dortmund.

1972 wechselte Eschenbach, der inzwischen von der Technischen Universität München zum außerplanmäßigen Professor bestellt worden war, in den Vorstand der Deutschen Brau AG, ein Unternehmen der Reemtsma-Unternehmensgruppe in Hamburg. Dort war er verantwortlich für die Materialwirtschaft der gesamten Braugruppe und die Koordination der Investitionen aller Getränkeunternehmen der Reemtsma-Gruppe.

1975 wurde Prof. Eschenbach an die Hochschule für Welthandel in Wien, die heutige Wirtschaftsuniversität (WU) berufen und übernahm die Leitung des Instituts für Unternehmensführung, das heute zu den gefragtesten Instituten der WU gehört. Er begründete den Österreichischen Controllertag, der 1991 zum 12. mal stattfindet und sich zum führenden Kongreß für zukunftsorientiertes Management und Controlling in Österreich entwickelt hat, und das Österreichische Controllerinstitut, eine gemeinnützige Forschungs- und Ausbildungsorganisation. Seiner alten Hochschule in München ist er treu geblieben. Seit 27 Jahren hält er dort Vorlesungen über Unternehmensführung und betreut Diplomanden und Doktoranden.

Für einen Lehrstuhl ist es ein besonderes Renommee, wenn ein früherer Schüler in einer anderen Universität Professor wird. So konnte es sich die ganze Weihenstephaner Fakultät zur Ehre anrechnen, daß er auf eine Lehrkanzel an der hoch angesehenen Wirtschaftsuniversität Wien berufen wurde. An der WU konnte er seine theoretischen Kenntnisse, wissenschaftlichen Erfahrungen und seine vielfältige Praxis einbringen. Er gab dem von ihm geleiteten Institut für Unternehmensführung wesentliche Impulse.

Die Weihenstephaner sind Professor Eschenbach außerordentlich dankbar, daß er ihnen auch während seiner bisherigen Wiener Zeit trotz starker Inanspruchnahme die Treue gehalten hat und seine bei den Studenten sehr beliebten

Vorlesungen aus Unternehmensführung auch weiterhin hält. Für die Studenten ist ein Wissenschaftler einer anderen Hochschule ein ganz besonderer Gewinn. Dies verdient umso mehr Anerkennung, als mit der räumlichen Entfernung ein bedeutendes zeitliches Opfer verbunden ist. Professor Eschenbach gehört ferner dem Betriebswirtschaftlichen Ausschuß am Lehrstuhl für Wirtschaftslehre der Brauerei an und arbeitet - zur Zeit geschäftsführend - in der Arbeitsgemeinschaft Weihenstephan für Materialwirtschaft, einem Zusammenschluß führender Materialwirtschaftler aus Deutschland und Österreich, mit.

Wirtschafts- und Universitätskontakte führten Prof. Eschenbach nach Japan, Australien, Neuseeland, in die Sowjetunion und in viele Länder Zentraleuropas.

Besonderen Wert legt Eschenbach auf die praxisgerechte Ausbildung seiner Studenten. Eigene rund 20-jährige Industrieerfahrung vom Lehrling bis zum Vorstand, seine Praxis als Berater und als Aufsichts- und Beiratsmitglied in Unternehmen fließen in Forschung und Lehre ein.

Die bevorzugten Arbeitsgebiete sind strategische Unternehmensführung, Controlling und Materialwirtschaft. Seine praxisgerechte wissenschaftliche Arbeit wurde 1988 durch die Verleihung des Forschungspreises der Wirtschaftsuniversität Wien (Czipin-Preis) besonders gewürdigt. In rund 140 Veröffentlichungen und 220 Vorträgen hat er versucht, Forschungsergebnisse und Erfahrungen weiterzugeben. Prof. Eschenbach gehört dem Rektoratskollegium der Wirtschaftsuniversität seit der Gründung im Jahre 1987 an.

In seiner Freizeit kann man Eschenbach auf dem Sportplatz Marswiese im Wiener Vorort Neuwaldegg beim Lauftraining beobachten. Zusammen mit seinen Assistenten und Studenten nimmt er an der alljährlichen Managementmeile seiner Universität teil.